"O Brasil precisa e pode mudar para melhor. Qualquer mudança começa em reconhecer a realidade como ela é. Embarque com o Paulo nesta viagem para o Mundo Real e ajude o Brasil a enterrar o Reino das Utopias."

RICARDO AMORIM, *economista e consultor, comentarista do programa Manhattan Connection.*

"Com cirúrgica precisão, Paulo Rabello de Castro diagnostica os males do populismo inconsequente que tem levado o país ao descompasso político e ao retrocesso econômico, apresentando sugestões que o retirariam do caos atual."

IVES GANDRA DA SILVA MARTINS, *advogado tributarista, presidente-fundador da Academia Internacional de Direito e Economia.*

"Ágil, acessível e bem humorado, o livro de Paulo Rabello é essencial para quem acredita num Brasil moderno e virtuoso."

BRUNO BARRETO, *cineasta.*

"O Poder Público, concebido para servir a sociedade, virou uma máquina desproporcional, que se serve do público. E perdemos o senso de urgência para fazermos as mudanças necessárias. O livro mostra que a sociedade paga essa conta."

CARLOS SCHNEIDER, *coordenador geral do Movimento Brasil Eficiente.*

"Time bom é time que treina muito, planeja o jogo, respeita o técnico e coloca toda energia na disputa. É exatamente neste campo – descontada a analogia – que o livro de Paulo Rabello de Castro nos inspira e nos ensina."

JOÃO DORIA JR., *fundador e presidente do LIDE – Grupo de Líderes Empresariais.*

"Na minha longa vida de repórter aprendi uma grande lição: o que está na cabeça das pessoas, as ideias nas quais acreditam, abraçam e defendem, é o decisivo para o futuro de qualquer sociedade e país. E são as percepções da realidade, calcadas nas ideias, que dão as melhores explicações sobre os sucessos ou insucessos. Em outras palavras: acreditar nas coisas erradas, como boa parte do Brasil faz hoje, é o que explica nossas mazelas."

WILLIAM WAACK, *jornalista, moderador e produtor do programa PAINEL da GloboNews.*

"Este é o livro que devemos ler se queremos mudar o Brasil. É a defesa de uma sociedade sustentável e sem demagogias."

ASPÁSIA CAMARGO, *cientista política e Deputada Estadual (PV).*

"O termo grátis vem da Roma Antiga, onde os aristocratas, para se elegerem ao Senado, tinham como 'clientes' os plebeus, dos quais compravam votos a troco de pão e moradia. Nascia o clientelismo. Depois, para conter a revolta dos mesmos plebeus, começaram a dar pão e circo. No momento em que escolhemos nossos governantes para os próximos quatro anos, nada melhor do que a advertência deste livro de que não existe governo gratis, sempre alguém paga a conta, e geralmente os mais pobres, justamente os que se consideram protegidos pelos populistas de plantão."

MERVAL PEREIRA, *colunista político do jornal O Globo, membro da Academia Brasileira de Letras.*

PAULO RABELLO DE CASTRO
COLABORAÇÃO: **Augusto Cattoni**

O MITO DO GOVERNO GRÁTIS

O mal das políticas econômicas ilusórias e as lições de 13 países para o Brasil mudar

EDIÇÕES DE
janeiro

© 2014 desta edição, Edições de Janeiro
© 2014 Paulo Rabello de Castro

Todos os direitos reservados e protegidos pela Lei 9.610, de 19.2.1998.
É proibida a reprodução total ou parcial sem a expressa anuência da editora e do autor.

EDITORES
José Luiz Alquéres
Ana Cecilia Impellizieri Martins

COORDENADORA DE PRODUÇÃO
Cristiane de Andrade Reis

ASSISTENTE EDITORIAL
Aline Castilho

COPIDESQUE
Elisabeth Lissovsky

REVISÃO
Vania Santiago

PROJETO GRÁFICO E CAPA
Marcelo Martinez
Laboratório Secreto

DIAGRAMAÇÃO
Filigrana

EDIÇÕES DE JANEIRO
Praia de Botafogo, 501, 1º andar, bloco A
22250-040 | Rio de Janeiro, RJ
+55 (21) 3796-6708
contato@edicoesdejaneiro.com.br
www.edicoesdejaneiro.com.br

C353m

    Castro, Paulo Rabello de, 1949-
        O mito do governo grátis : o mal das políticas econômicas ilusórias e as lições de 13 países para o Brasil mudar / Paulo Rabello de Castro, - 1. ed. - Rio de Janeiro : Edições de Janeiro , 2014.
        il.
    ISBN 978-85-67854-30-4

        1. Brasil - Política econômica. 2. Brasil - Política social. I. Título.

14-15935   CDD: 338.981
                                    CDU: 338.1(81)

A Geralda, mulher valente, exemplo de vida e mãe de brasileiros que não desistiram do Brasil (inclusive o autor...), e que chega perto dos cem, tendo seguido sempre à risca uma verdade simples, mas preciosa: qualquer conquista tem seu preço, mas o que deixamos como legado é o que fazemos a qualquer preço.

O mesmo é verdadeiro na vida das nações.

INSPIRAÇÃO...

"A solução pro nosso povo
Eu vou dá
Negócio bom assim
Ninguém nunca viu (...)
É só vim pegar (...)
Nós não vamo pagar nada!
É tudo *free*!"

"Aluga-se" (trechos), canção de Raul Seixas

"There is no such thing as a free lunch!"

Friedman, Milton, *There's No Such Thing as a Free Lunch*, Open Court Co., 1975

"Amar foi meu delito
Mas foi um sonho tão bonito
Hoje estou no fim
Senhora liberdade
Abre as asas sobre mim!"

"Senhora liberdade" (trecho)
canção de Wilson Moreira e Ney Lopes

SUMÁRIO

Prólogo 11

I GOVERNO GRÁTIS, COMO SE CHEGA LÁ

1. Governo grátis para você! 19

2. Governos grátis no mundo 26

3. A economia do declínio no Brasil 36

II DO PLANO REAL AO GOVERNO GRÁTIS

4. Brasil: sete pecados capitais do governo grátis 43

5. Estados brasileiros: entre o avanço e a dependência 91

6. O Brasil do Real e quarenta anos de mergulho 101

III GOVERNO GRÁTIS EM VÁRIAS RECEITAS

7. Argentina: quando a lenda vira realidade mágica 119

8. Venezuela: bancarrota de um abençoado 143

9. Grécia: uma tragédia olímpica 161

10. Rússia: muita ogiva e pouco juízo 174

11. Estados Unidos: gigante vergado pela armadura 200

12. China: a longa marcha de retorno 231

IV DANDO A VOLTA POR CIMA

13. Singapura: um leão no jardim de casa 273

14. Suíça: governo com hora marcada... para acabar 289

15. Suécia: bem-estar não é quebrar o Estado   302

16. Canadá: bons líderes fazem diferença   321

17. México: a águia pegou a serpente   336

18. Chile: o topo da montanha é para poucos   355

19. Colômbia: o duro avanço entre extremos   373

V UM BRASIL EFICIENTE É POSSÍVEL

20. O gigante acordou   395

21. Gestão eficiente contra o Estado paquiderme   402

22. Sistema tributário simplificado e carga decrescente   419

23. Estimular poupança e compartilhar riqueza   429

24. Por um país com juros normais   447

25. Inovação, indústria e potência nacional   459

26. Educação de alto padrão   472

EPÍLOGO: CARTA DO POVO BRASILEIRO   485

POST-SCRIPTUM   491

1974 - 2014: LINHA DO TEMPO, NO BRASIL E NO MUNDO   496

REFERÊNCIAS ESTATÍSTICAS   498

AGRADECIMENTOS   509

PRÓLOGO

O mito do governo grátis, aquele que promete distribuir vantagens e ganhos para todos, sem custos para ninguém, é o fenômeno político que está na raiz do declínio do vigor da economia brasileira e na estagnação do seu processo produtivo. Mas não existe nada de especialmente errado com a sociedade brasileira. O problema está em quem nos governa, e como temos sido governados, por administrações sucessivas.

O governo grátis pode acontecer em qualquer lugar. Basta que as condições políticas e econômicas se tornem propícias ao surgimento de atores que irão organizar seus interesses em torno do domínio das instituições do Estado. Tal domínio é exercido por uma minoria, que pode ser de um partido político predominante ou de oligarquias que controlam a sociedade pela força ou por seu carisma. Porém, o modo mais eficaz de domínio de um povo não é pelas armas, e sim pela promessa de um sonho impossível de "governo grátis", na construção de uma ilusão coletiva que permite o apoio da maioria iludida àqueles que lhe prometem trazer comida, emprego, moradia e segurança, enfim, prosperidade, sem qualquer custo, para quem quer que seja, em momento algum.

O governo grátis, como expressão de controle social, é o ápice do ilusionismo político. É um fenômeno que vai reaparecendo, de tempos em tempos, em sociedades maduras ou, sobretudo, nas de formação recente. O governo grátis pratica um regime de "extrativismo econômico" que vai deixando, na sua passagem, um rastro de decadência quase sem volta.[1] É óbvio que nenhuma nação, por mais rica que seja, tem como sustentar, indefinidamente, a tragédia de um governo grátis, que destrói os músculos da sociedade, transformando-a num molusco que apenas deriva ao sabor das ondas de promessas refeitas e, ao final, sempre incumpridas.

Este livro tem duas razões de ser, e a segunda decorre da primeira. Seria útil que o Brasil aprendesse a identificar o mito de um governo grátis. Isso ajudaria a produzir, na sociedade brasileira, um ponto de virada que há muito tempo não acontece. As partes do livro que tratam do governo grátis no Brasil e em várias

---

[1]. Este livro estava sendo elaborado quando surgiu a obra, agora festejada como *best-seller* mundial, dos professores Daron Acemoglu e James Robinson, *Porque falham as nações*, na edição portuguesa de Temas e Debates, Círculo de Leitores, Lisboa, 2013, a partir do original *Why Nations Fail: The Origins of Power, Prosperity and Poverty*, Deckle Edge, 2012. No livro citado, Acemoglu e Robinson elaboraram suas hipóteses de explicação sobre o fracasso de nações, um dia prósperas, ou da impossibilidade de outras vencerem a barreira da pobreza coletiva, a partir da centralidade da existência, em cada sociedade, de instituições políticas e econômicas abertas, isto é, "inclusivas", ou de instituições perversas, "extrativas". As primeiras estimulam, e as segundas impedem, ou atrasam, o surgimento de iniciativas em favor do progresso social. "Hoje, os países fracassam porque suas instituições econômicas extrativas não criam os incentivos necessários para as pessoas pouparem, investirem e inovarem. As instituições políticas extrativas apoiam essas instituições econômicas, consolidando o poder daqueles que se beneficiam da extração" (Acemoglu, Robinson, 2013, p. 443). Aqui, seguimos pela mesma linha dos autores americanos, inclusive empregando os conceitos de extrativismo ou inclusividade, como já o fizemos em outras obras nossas, que remontam aos anos 1990. A novidade conceitual neste livro estará, possivelmente, na sua expressão-título, o governo grátis, que é o modo empregado pelos donos do poder extrativo de convencer a sociedade a lhes emprestar apoio na senda do ilusionismo político. Sem o artifício do governo grátis seria muito mais difícil a um governante "extrativista" estender sua permanência no topo da escala de poder. O emprego artificioso do governo grátis é fundamental para explicar a eventual popularidade ou tolerância social com os tiranos, déspotas e neo-oligarcas da atualidade. Acemoglu e Robinson pouco exploram o governo grátis como ferramenta de ascensão e permanência do poder "extrativo" ou como razão da leniência da sociedade com a destruição do progresso, ou o "declínio", como assim chamamos a lenta perda de vitalidade social que surge na esteira da gratuidade como regime de ilusionismo coletivo. O chamado *free lunch*, conceito tão bem empregado por Milton Friedman para traduzir a ideia de que tudo tem um "custo de oportunidade" no plano individual ou corporativo, ganha neste livro um emprego novo, o *free lunch* coletivo, o governo grátis, que é a porta da ruína da prosperidade de um povo.

nações importantes do planeta buscam elevar a consciência e a urgência de escaparmos do estado de servidão atual. É a primeira razão de escrever este livro. A segunda é mostrar um plano. Longe de ser um roteiro detalhado, o plano em que confio, e que apresento ao leitor na parte final do livro, é uma agenda conceitual, embora com estimativas de resultados esperados, como convém a uma obra desta natureza. Mas é plano, e pode bem funcionar, na sua lógica de liberação do que há de melhor no talento, no empreendedorismo e na alma persistente do povo brasileiro. Só não contém as novidades estapafúrdias de propostas milagrosas. É um plano que reúne "os melhores momentos", por assim dizer, de toda a vastíssima experiência visitada em outras economias e sociedades, e que leva em conta cada uma das habituais restrições de ordem política em nossa comunidade brasileira. É um plano pragmático, produto de quatro décadas de observação e análises ininterruptas.

Ao longo da primeira parte se discutem os "pontos de virada".[2] Eles são como janelas de oportunidade que se abrem por um curto período, quando algo diferente, na rotina de vida de indivíduos, empresas ou nações, pode ser concebido e realizado. Para aproveitar momentos de virada, é necessário que a vontade repercuta o que passa pela consciência e que exista algum plano para não desperdiçar a oportunidade. Consciência, vontade e plano são elementos essenciais de uma virada.

Por quarenta anos tenho observado a realidade brasileira com a visão e o método de economista. Se esticarmos nossa mirada um pouco mais para trás, digamos, até o pós-guerra brasileiro e mundial, haveremos de concordar que a morte de Getúlio Vargas em 1954, há cerca de seis décadas, foi um "ponto de virada" para o Brasil. Ali se encontraram, de uma só vez, na

---

2. Em inglês, *turning point* ou *tipping point*. A definição do termo, pelo Merriam-Webster Dictionary é "the critical point in a situation, process, or system beyond which a significant and often unstoppable effect or change takes place". Disponível em: http://www.merriam-webster.com/dictionary/tipping%20point. A expressão em inglês será usada muitas vezes no texto.

sociedade brasileira e nas cabeças de suas melhores lideranças, a consciência, a vontade coletiva de fazer e o plano de uma revolução industrializadora e expansionista de fronteiras, da qual a construção de Brasília por Juscelino Kubitschek constituiu um epítome do longo processo de sonho nacional, tornado realidade.

Eram tempos férteis. Embora pontos de virada não se reproduzam sem alguma dificuldade, mal passados dez anos, houve o contragolpe de 1964, pelos civis e militares que dele participaram, produzindo-se mais um aproveitamento de janela de oportunidade, dessa vez para institucionalizar o avanço industrial e urbano com um vasto conjunto de legislações, avançadas para aquele tempo, abrangendo todas as esferas econômicas e sociais, desde a criação de um banco central e de nova legislação bancária e do mercado de capitais, o fomento às poupanças, a organização dos orçamentos de governo em todos os níveis, bem como da dívida pública, uma completa modernização do sistema tributário, a instituição de um fundo habitacional conjugado a indenizações por tempo de serviço e dispensa imotivada (FGTS), a desburocratização da economia, a criação de novos polos regionais de desenvolvimento, como a Zona Franca de Manaus, entre tantos outros, o fomento ao investimento industrial estatal e privado, via Banco Nacional de Desenvolvimento Econômico (BNDE), um enorme plano rodoviário e energético, a consolidação previdenciária e da saúde, a pesquisa agropecuária e assistência técnica rural, e por aí vai. O fato é que a virada do período 1954-1964 impulsionou a economia para um salto de produtividade e crescimento ao estilo da atualidade chinesa. Em termos de média decenal, atingimos, então, uma taxa de 10% de expansão anual do Produto Interno Bruto (PIB). Para nunca mais.

No novo ponto de virada, agora centrado no ano de 1974, entram em crise, quase ao mesmo tempo, a economia mundial, com a alta violenta e súbita do preço do petróleo, e a economia brasileira, com a inflação galopante e o rápido desgaste da legitimidade política do regime militar. Forma-se, nesse momento, a condição propícia para o Brasil adotar um regime econômico que vinha sendo experimentado também, em graus e estilos diversos, em várias outras partes do mundo: o governo grátis. Há quarenta anos temos lidado com esse fenômeno. O governo grátis torna-se, assim, o interesse central das investigações deste livro, pois é ele o agente esterilizador e impeditivo do surgimento de novas oportunidades de virada para o avanço da economia brasileira. Mas atenção: não se trata de negar o avanço de rotina no Brasil, aquele que os acréscimos quase vegetativos de mão de obra e de capital físico são capazes de produzir. A linha do tempo apresentada ao final deste livro[3] mostra o espantoso mergulho do PIB brasileiro, ao longo de quatro décadas de incapacidade de nos surpreendermos pelo avanço rápido da produtividade.

Avanços momentâneos, como o do período em torno do anúncio do Plano Real, não se apresentam como pontos de virada. Um ponto de virada exige, além de consciência e vontade, a proposição de um plano carregado de um bom diagnóstico sobre o que nos retarda como país e a identificação do que nos atrapalha como sociedade produtora de uma vontade nacional. Sem plano e sem vontade, temos capengado no regime alternativo, que é o do governo grátis, aquele em que, na aparência, nada custa para ninguém, mas cujas instituições de governo trabalham "extrativamente" em benefício, sobretudo, de si mesmas. Nesse ambiente, que pode ser inflacionário ou hipertributário, o governo adota a crescente mistificação dos que acabam lhe concedendo mais uns anos no poder.

Pontos de virada para o mergulho na escuridão e crise de governos grátis em várias economias, ditas avançadas ou emergentes, são objeto de nosso estudo. Há, também, viradas para dar a volta por cima em regimes extrativistas, que vendem o mito do governo grátis, quando uma janela de oportunidade é aproveita-

---

[3]. Ver no Anexo 1.

da por lideranças capazes de devolver cidadania onde antes só se governava com mentiras e tirania, disfarçada ou escancarada. Conduzimos nosso leitor numa visita guiada pela rica experiência de treze países, buscando identificar o onde, o como e o porquê do seu sucesso em se desamarrarem do governo grátis, nas suas mais diversas manifestações, ou pelo contrário, em que medida se tornaram presas do mito do governo-peixaria, o que distribui peixe para todos, multiplicando aparentes vantagens sem custo nem ônus para ninguém. São histórias fascinantes, todas mostrando que a virada é possível, desde que a consciência se encontre com a vontade política, munida de um plano eficaz. A sedução do governo grátis é uma ameaça constante mas, contra ela, há sempre uma saída.

O governo grátis é o grande adversário da prosperidade e o inimigo número um da ascensão social e patrimonial dos brasileiros. O livro oferece denúncia, antídotos e meios de superação desse mito. É um brado de luta e de esperança.

GOVERNO GRÁTIS, COMO SE CHEGA LÁ

1. GOVERNO GRÁTIS PARA VOCÊ!

Governos são agentes provocadores de esperança. Como expressão política de um coletivo dos cidadãos, o governo é a representação de vontades individuais harmonizadas e que dão significado à vida compartilhada por todos na *polis* (cidade, em grego, e daí, a palavra "política", que é o debate dos cidadãos sobre o rumo de sua cidade). Desde que não seja mera tirania, já que o tirano prescinde, em larga medida, da opinião dos tiranizados, o governo dos cidadãos surge como maneira prática de o coletivo realizar as esperanças dos representados. Quanto mais a comunidade ou "sociedade" se alarga e se torna complexa, vão surgindo as dificuldades naturais da representação dos verdadeiros ou predominantes interesses dos cidadãos, daqueles que vivem em conjunto, embora possam estar separados por bairros, por estratos sociais distintos e até por regras de exclusão da convivência em razão de impedimentos econômicos de acesso ou por situações anormais de privilégios praticados dentro da *polis*.

Quando a exclusão é dominante, surge a cidade dividida, a cidade partida, fragmentada, que exibe bolsões de autoexclusão que se denominam favelas, ou qualquer outro nome, sinalizando que a vida na *polis* será vivida em separado. Nessas situações de sociedades complexas e excludentes, a representação política dos cidadãos fica tão complicada que ninguém mais tem certeza de que o governo ainda represente o coletivo social. O governo passa a ser um território virtual no qual os cidadãos, em múltiplos conflitos, marcam encontro para acertar seus ponteiros. E o governante vira uma espécie de arbitrador improvisado da realidade social conflituosa. Esse arbitrador de conflitos, o árbitro social encarnado no governante, mais genericamente, no "governo", se oferece como capaz de conduzir a sociedade no atendimento de suas demandas, para o que se requer o exercício do mando, do poder, cuja expressão mais incisiva é a do poder de tributar. Ao taxar a sociedade, pela convocação compulsória de todos ou de alguns de seus membros (os chamados a contribuir, portanto "contribuintes"), o governo passa a ter a possibilidade de realizar e entregar algumas, talvez muitas, das demandas mais frequentes da população, dos cidadãos. Esse atendimento acontece com o gasto público. O gasto ou despesa pública é o ato de transformar esperanças, demandas, desejos, sobretudo os mais repetidamente vocalizados, em algo palpável. Atendimento público, obra pública, gasto social, despesa de governo, custeio e despesa de capital são, todas elas, expressões que descrevem atividades específicas do governo na transformação de esperanças em realidades.

Quando, entretanto, miramos a realidade dos governos, tanto locais como nacionais, espalhados pelo mundo, e quando nos deparamos com a forma de gastar dos nossos governos no Brasil, nas três esferas em que se compõem – União federal, estados federados e municípios –, percebemos a diferença aterradora entre o conceito geral, relativamente puro, de governos considerados entes coletivos realizadores de esperanças e, do outro lado, os governos da vida real, que passam a impressão de estarem mais prontos a realizar expectativas de grupos que o apoiam na incumbência de governar. A representação política nas sociedades largas e complexas passou a atrair os profissionais dessa função, que chamamos de "políticos". A possibilidade de sobrevida do político como tal, sua perpetuação nessa atividade de intermediação de desejos e esperanças dos cidadãos, depende de uma inequação que, na matemática, corresponde a algo que nunca se equilibra, entre um lado e outro da expressão algébrica. Na inequação política, no cotejo entre o discurso das promessas políticas e o conjunto das realizações possíveis, há que restar um saldo positivo entre benefícios e sacrifícios, conforme percebidos pelos cidadãos eleitores; a esperança deve superar a desilusão; a prestação do serviço público tem que parecer mais valiosa do que o imposto que a financia. Esta é a inequação positiva da estabilidade política na *polis* e que mantém o governante no poder. É a percepção de um saldo positivo para o cidadão o elemento que produz a quota de esperança líquida da sociedade, já descontados os tributos que fazem parte do custo social da vida na *polis*.

Quando, porém, a inequação política se inverte na percepção do cidadão, tornando-se negativa, essa é a hora em que se instala a insatisfação crescente da maioria contra o governo e contra quem representa tal governança. Se a inequação produz um resultado ou saldo negativo, os benefícios não mais justificam os sacrifícios, e soa imediatamente o alarme da alternância do poder, da troca do governante que exerce o mando ineficaz. O governante em sociedades complexas tudo fará para evitar que a inequação de saldo negativo se associe ao seu nome e à sua gestão. Seu objetivo fixo, a permanente mira política do governante, está em realizar, ou deixar que percebam, como se por ele realizado, o maior saldo possível de benefícios em relação ao que cada cidadão contribuinte acha que pagou. No limite, o governante tentará deixar no governado a sensação de que nada pagou para o muito que recebeu. Nesse limite está o populismo, termo que define a situação de máxima ilusão do cidadão perante o discurso de realizações do governante. No populismo, não há mentira nem mentiroso. Apenas ilusão de ótica. O político populista é aquele cujo discurso faz a leitura coletiva da realidade parecer outra coisa. Como na mágica, há uma distração quan-

...os detalhes da realidade e uma concentração na vontade de acreditar. Há emoção ao invés de razão. Por isso, o populismo se repete como experiência política de ilusionismo coletivo nos mais diversos países e nas mais variadas situações ao longo de toda a história humana.

O ponto culminante do ilusionismo político é o governo grátis. O mito do governante que seja capaz de produzir benefícios coletivos sem qualquer custo para a sociedade é a forma mais sofisticada de se criar a ilusão coletiva da gratuidade a respeito de tudo que seja ou provenha do setor público. O mito do governo sem custo para quem quer que seja é, enfim, o governo grátis para você! O governo grátis fala ao ouvido de cada cidadão, tem interlocução pessoal com o representado e, finalmente, mora no coração de cada um deles. O governo grátis provoca uma sintonia absoluta entre os cidadãos e pode, com isso, invocar um uníssono, que é a reação dos indivíduos como massa. Obviamente, o contraditório do mito do governo grátis é a desilusão total que finalmente haverá de provocar, a perda da fé na possibilidade de o cidadão obter algum benefício do governo superior aos custos que ele está suportando, em geral uma dolorosa percepção que a sociedade tenta adiar, agravando o problema.

O mito do governo grátis, aquele que distribui vantagens a todos sem nenhum custo para a sociedade, está na raiz do declínio da produtividade e na atual estagnação do processo produtivo brasileiro. Mas não é privilégio nosso. Ao longo do texto, percorreremos dramáticas experiências de outras nações, entre nossos vizinhos e alhures, cuja familiaridade com a promessa populista do governo grátis também faz parte arraigada da cultura social, revelando uma esperança quase inabalável na possibilidade metafísica de um líder carismático, movido pela generosidade e absoluta sintonia com "seu povo", ter e exercer o dom privilegiado de conceder, livre de efeitos negativos à sociedade, vantagens à maioria dos cidadãos sem prejuízo ou sacrifício para qualquer outra parte.

No governo grátis, a despesa pública sempre haverá de crescer mais rápido do que os recursos da economia privada que a financia. A velocidade do crescimento da despesa pública é, portanto, um importante teste prático da existência de um regime de governo grátis. Mas a expansão, sobretudo se galopante, da despesa pública exigirá um esforço de financiamento pelo governante e seus prepostos, que tentarão – e, por algum tempo, se forem ágeis e cativantes, conseguirão – criar um mecanismo de extração de recursos, via emissões de papel-moeda ou assunção de dívidas, e via tributos, confiscos e desapropriações, para gerar aportes daqueles cidadãos entre os mais produtivos e empreendedores, por serem os mais capazes de suportar a arrecadação extratora. A concepção do regime de governo grátis é muito simples: tirar de quem pode e repassar (uma parte, claro) para quem precisa, ou diz precisar.

E logo se formará uma longa fila de candidatos a participar do último grupo, dos "necessitados". É um reflexo natural dos incentivos à inação que, de pronto, se instalam na sociedade a partir do governo grátis. Mas não é por defeito do tecido social. É mera resposta de qualquer sociedade atenta aos estímulos recebidos das instituições do governo. Os mais produtivos entre os cidadãos serão, normalmente, os selecionados a pagar a conta da mágica social. E tentarão se defender conforme seu caráter: os mais empreendedores reagirão com ainda mais empenho no trabalho e com a busca de mais produtividade, de modo a reequilibrar a equação do excesso de imposto a que são submetidos. Essa reação de resistência à perda de rentabilidade do negócio taxado também é natural e ajudará o governante populista a ampliar a busca dos recursos extrativos com que planeja contar para manter e fomentar, entre os demais cidadãos, a ilusão do governo grátis. O final desse mecanismo será, no entanto, o declínio inapelável da capacidade de trabalho e de contribuição dos elementos mais produtivos da sociedade. Não haverá mais poupança, inovação ou, muito menos, criação de valor. Finalmente, haverá a falência do empreendedorismo. Vencerá o princípio da acomodação. Mas será uma falência lenta. Daí o emprego da palavra "declínio", para se expressar com clareza a lenta subjugação do espírito empreendedor de um povo ao ditame do governo grátis.

Em vez da "destruição criativa", no sentido empregado pelo notável economista Joseph Schumpeter, que cunhou o termo para definir o eventual afastamento dos empresários menos hábeis e das práticas menos eficientes nos processos produtivos capitalistas – o que abriria espaço aos mais hábeis, mais capazes e inovadores – no regime do governo grátis, é justamente o mais capaz que pagará um pedágio mais alto por sua competência e maior capacidade contributiva. No governo grátis, pratica-se o extrativismo das competências. Trata-se de uma "destruição inútil" que, no entanto, produzirá seguidas reduções no desempenho econômico e na produtividade geral. O governo grátis é o inimigo número um da prosperidade e da maior riqueza para todos.

Sendo, como de fato é, tão ferozmente prejudicial à sociedade, por que será que o governo grátis sempre representa um apelo tão recorrente na história de tantas e distintas nações, quer maduras, avançadas ou incipientes? A razão só pode estar no fato de o governo grátis ser a forma mais sutil de ilusionismo político. É uma poderosa ferramenta de manutenção e expansão do poder, na medida em que a momentânea confiança dos cidadãos num governo grátis promove reconduções eleitorais sucessivas de um governante populista, mesmo num ambiente formalmente democrático, em que a crítica e o debate aberto sejam permitidos. O governo grátis, num país de cultura empreendedora como a brasileira, produz também uma guerra renhida entre o governante, que se apropria constantemente do produto social, e os empreendedores de todos os portes e segmentos, aí incluídas as famílias. É desses que, em geral, se conseguirá extrair, diretamente, os recursos tributários com os quais o governo grátis fará sua política de assistência e benefícios populistas. Outra parte dos recursos tributários será extraída indiretamente da população, que estará desatenta sobre como atuam e incidem os tributos que nos chegam escondidos nos preços das mercadorias e dos serviços que adquirimos. O contribuinte, em geral, não se dá conta de que, em cada compra de mercadoria ou serviço que faz, ele está pagando, e com desvantagem, pelas vantagens que o governo grátis lhe concede. Tal bondade de alto custo vem enlatada e bem escondida nos preços finais dos bens e serviços.

No Brasil, em média, os impostos representam quase metade do valor de uma compra. Por isso, nunca poderá haver acordo, não há conciliação possível entre os pagadores de impostos e o governo grátis. Passado algum tempo, um dos dois terá que deixar de existir.

A constante, talvez perpétua, peleja entre o espaço da liberdade do cidadão e o jugo dissimulado ou ostensivo do governo grátis é o tema desta obra. No final, cada um haverá de meditar se a experiência de um governo grátis terá valido a pena. As histórias recentes de muitas comunidades e povos estão repletas de embates entre a delicada liberdade e a tentadora servidão a um governo grátis.

Não existe governo grátis. Mas haverá sempre um à espera da oportunidade de morar dentro de você, enquanto você permitir.

2. GOVERNOS GRÁTIS NO MUNDO

Regimes de governo grátis jamais sofrem escassez de oferta no ambiente da política. Mundo afora, haverá sempre algum político disposto a tentar o ilusionismo como rampa de acesso ao poder. Instituições públicas muitas vezes são cooptadas e redefinidas como instrumentos de gestão dos interesses associados aos inquilinos de um governo grátis. Pode ser uma empresa estatal ou uma agência reguladora, como poderia ser um órgão permanente do Estado, como uma Secretaria de Receita Pública, um ou vários ministérios, a força pública ou as forças armadas do país, até um conjunto bem mais amplo de órgãos e poderes, no Legislativo e Judiciário, capazes de formar uma malha enraizada de interesses que lhe sejam exclusivos e quase impenetráveis em sua fortaleza de mútua proteção. Essas formas espúrias de organização do poder estatal foram estudadas em grande profundidade por Acemoglu e Robinson[1] e apelidadas, sem pejorativo, de "instituições extrativas" porque são verdadeiras ferramentas do poder que promete sem ter como cumprir, que tributa sem qualquer intenção de devolver à sociedade, que corrompe e é corrompido sem limites, que não possui qualquer barreira ética na carreira ao poder, que absolutamente não convive com transparência de conduta ou clareza de orçamentos, muito menos

---

1. Why Nations Fail, 2012.

com mensuração de resultados ou avaliação de objetivos. Essas instituições extrativas seriam as responsáveis pelo "fracasso" de nações inteiras.

Os regimes de governo grátis existentes em países mais diversos entre si não parecem ser fruto de um determinismo, seja ele religioso, étnico, político ou geográfico. Acompanhar como países "resvalam" até o mais completo desgoverno da gratuidade universal é como anotar o protocolo evolutivo de uma terrível patologia política e social. Como na vida de indivíduos ou organizações empresariais, dar a volta por cima e sair do governo grátis é sempre uma janela aberta para a liberdade de quem foi capturado pela espiral da mediocridade como forma de gestão pública. Mas, em geral, a saída é uma janela estreita, apertada, enquanto o plano inclinado para a morte da prosperidade é uma larga plataforma que conduz a sociedade para um buraco. Não é muito difícil cair lá dentro e, uma vez no fundo, muito mais desafiador é o processo de autorresgate. Cuba, com seu drama de mais de meio século de servidão política e econômica, embora não tratemos aqui de sua prolongadíssima caída até o mais fundo desvão do regime de governo grátis no mundo (em que tudo é grátis, mas a oferta de qualquer coisa é quase nula) bem retrata, pela imensa frustração de seu povo cordial e quente, como é dura a tarefa de se ganhar o direito a uma reconstrução de vida.

Interessa-nos saber de duas coisas muito bem: primeiro, que nenhuma nação é imune ao mito do governo grátis. Grandes nações, de admiráveis líderes, países maduros e bem-preparados, nem por isso deixaram de cortejar a falência do regime de governo grátis. É importante visitar algumas dessas experiências. Em segundo lugar, também é reconfortante saber que, embora nações jovens tenham mais "propensão" ao apelo da gratuidade universal, o governo grátis não lhes pode ser atribuído como uma condição histórica inevitável, muito menos permanente. Pelo contrário, se nações jovens podem cair mais facilmente na tentação do governo grátis, também dele podem se livrar até com mais facilidade, já que nenhuma conduta política ainda está escrita em pedra. O fundamental é estarmos todos atentos sobre como se entra, por que se fica e como se sai de um regime de governo grátis.

O Brasil, como nação jovem e ainda carregada de boas promessas, que seu passado de lutas legou ao presente, e que devem ser reformuladas como proposta de um futuro melhor tem, como outras, momentos de profunda afirmação de cidadania, mas, também, vem enfrentando escorregões perigosos na direção do governo grátis. Uma pegada visível do caminho do retrocesso é a constatação de que o maior avanço institucional das últimas décadas, o combate à inflação trazido pelo Plano Real em 1994, passados vinte anos, vem se mostrando desgastante, com a inflação, na prática, fora do limite traçado e com o crescimento da economia frustrado pela incapacidade nacional de investir o que é preciso.

Muitos especialistas reconhecem que "é hora de reformas", porque nessa vintena de anos o Brasil se recusou a avançar no que se propunha em 1994, tendo ficado na agenda mínima – segurando a inflação pelos cabelos desgrenhados dos juros altos e da tributação de manicômio –, se é que tal conduta pode significar algum cumprimento de uma agenda nacional. Se chegou a haver agenda, ela se perdeu, substituída por improvisos. Alguns até engenhosos e interessantes. Mas improvisos na gestão pública moderna são convites para o vírus do governo grátis, sempre rondando para se desenvolver e ocupar espaços. E quanto espaço vago tem ocupado o regime do governo grátis no Brasil, a partir do Plano Real editado em 1994.

Para colocarmos em contexto e entender melhor o regime de governo grátis no Brasil atual, treze referências – *benchmarks* – positivas e negativas, em todo o mundo, são examinadas neste livro, para determinar onde havia, ou não, governo grátis em algum estágio de evolução e que tratamento foi dado a esse regime quando a sociedade local dele se saturou. Essas referências são diversificadas não apenas do ponto de vista geográfico, como também pela variedade de seus respectivos governos. Tais são: Singapura e Suíça; Suécia, Canadá, México, Colômbia e Chile; Estados Unidos, China e Rússia; Grécia, Argentina e Venezuela. Esses países estão, portanto, em todos os continentes do planeta, cada qual com tradições políticas, econômicas, históricas e culturais bem distintas. O risco comum, no entanto, enfrentado por todas essas sociedades, sem exceção, vem da oferta permanente, de uma "provinha" que seja, de governo grátis, sempre vendido à população como uma promessa de prosperidade eterna e sem custo.

Os dois primeiros países da lista – Singapura e Suíça – têm, há décadas, uma política fiscal responsável, em que a sabedoria das lideranças políticas e da população não permitiu que o mito do governo grátis evoluísse. Ambas estão entre as nações mais ricas do mundo e sabem que só se chega à prosperidade sustentável com muito trabalho, seriedade e compromisso com o bem-estar das futuras gerações. Peter Drucker, guru da moderna gestão de organizações, aduziria que isso só se consegue "com muito conhecimento, e posto para funcionar, de modo produtivo".[2] No caso de Singapura, os gastos sociais não são de execução direta pelo governo, mas por meio de fundos de investimento que financiam a previdência, a habitação e, em certo grau, a educação superior. Na Suíça, a maior parcela das despesas públicas, bem como boa parte da arrecadação de tributos, é praticada no próprio cantão (o governo local), embora haja um Imposto de Valor Agregado (IVA) nacional, bem mais baixo do que nos vizinhos europeus. Em Singapura, não raro, o governo devolve aos

---

[2]. Peter F. Drucker, *Managing in a Time of Great Change*, Truman Talley Books, 1995, p. 250, "The essence of management is to make knowledges productive" (A essência da gestão é tornar os conhecimentos produtivos).

contribuintes "saldos" da tributação que não precisou utilizar; a população recebe o cheque do imposto devolvido em casa.

Outros exemplos de "volta por cima", já que ninguém vive sempre no topo, provêm de países tão distintos como Suécia, Canadá, México, Colômbia e Chile. A Suécia e o Canadá mantiveram por muitos anos a disciplina fiscal, mas, devido a uma série de problemas supervenientes, desviaram-se do caminho do aprendizado, havendo abandonado as boas práticas fiscais a ponto de colocar em risco a prosperidade antes alcançada. Mas o desvio não durou para sempre. Apareceram lideranças com disposição e conhecimento para virar o jogo em favor de um melhor futuro. O povo disse "sim" à mudança, abandonando o regime de gratuidade generalizada.

México, Colômbia e Chile quiseram, em períodos distintos, se afastar de repetidas crises socioeconômicas e dar um salto de qualidade em suas respectivas governanças. Nesse momento – um verdadeiro ponto de inflexão ou de virada –, as elites desses países foram obrigadas a fazer um exame de consciência até achar um consenso capaz de colocar ou recolocar ordem na casa. Esse processo não foi sem dor, mas não se faz omelete sem quebrar ovos. Todos esses países saíram de suas crises fiscais mais fortalecidos do que antes e apresentam hoje perspectivas muito positivas.

A Suécia – vale a pena voltar até ela –, por ser o berço do estado do "bem-estar social" – lá pelos nos anos 1970 –, começou a apresentar fortes distorções em seu experimento de "governo gratuito, com responsabilidade", a ponto de o país engatar um processo de gradual empobrecimento, que durou até os anos 1990, quando a marcha para a decadência foi interrompida e medidas corretivas corajosamente adotadas. A prosperidade pôde ser retomada e, hoje, a Suécia tem uma das economias mais vibrantes da Europa, pois soube, afinal, incorporar os avanços tecnológicos da gestão pública eficiente ao regime de bem-estar social que sempre objetivara, mantendo a responsabilidade fiscal ao longo do caminho.

A situação não é muito diferente daquela um dia vivida pelo Canadá, que, a partir dos anos 1980, começou a ter déficits orçamentários crescentes e enfrentou a explosão da dívida pública. Tanto a Suécia como o Canadá conheceram uma carga tributária sufocante, baixo crescimento, déficits recorrentes e desvalorização cambial. Hoje, esses dois países voltaram a ser exemplos de solidez financeira e de prosperidade social.

Os casos do México, Colômbia e Chile são distintos, por serem sociedades jovens, que ainda não alcançaram o mesmo nível de desenvolvimento socioeconômico e cujas histórias políticas recentes são mais conturbadas.

O México só começou a colocar "a casa em ordem" depois da crise financeira dos anos 1990, quando, coincidentemente, o país entrou para o Nafta, o Acordo de Livre-Comércio da América do Norte. Desde então, tem havido sadia alternância no poder, mas nem por isso ocorreu quebra do compromisso com sólidas políticas econômicas, inclusive com maior abertura ao comércio externo. Aliás, tal comprometimento é compartilhado também pela Colômbia e pelo Chile. A Colômbia ainda paga o preço de sua guerra contra as narcoguerrilhas, outrora marxistas, das Forças Revolucionárias da Colômbia (Farc) e do Exército de Libertação Nacional (ELN) e tem uma política social que tenta recuperar o atraso do país. O Chile se tornou o primeiro país da América Latina a ser considerado "avançado", com um PIB *per capita* em torno de US$ 20,000. O avanço chileno veio depois de o país ter superado os anos de ditadura e feito ajustes econômicos iniciados, justamente, naqueles anos de chumbo, mas mantidos pelos governos civis que se sucederam no poder ao sangrento regime militar. Esses três países têm hoje uma carga tributária moderada e adequada, boa capacidade de investir e taxas de crescimento de médias a altas para a região, além de inflação baixa, de dar inveja aos demais países da região.

Um terceiro grupo, de países ricos e territorialmente grandes ou imensos, é o que apresenta maior desafio. Por diferentes razões, Estados Unidos, China, Rússia, Argentina e Venezuela, aos quais se soma a Grécia, nem grande nem rica, salvo pelo tesouro de sua história, que se confunde com a do próprio mundo ocidental, correm o risco de enfrentar sérios problemas estruturais devido ao descontrole financeiro e fiscal por que passam. São países onde o governo grátis se tornou, em maior ou menor grau, quase uma trágica sina.

Não há como passar ao largo da China sem mirar sua milenar experiência, cuja história recente reflete a força e a exuberância do seu passado, com tamanho brilho que ofusca os sérios desafios enfrentados por uma máquina pública crucificada entre a busca da eficiência e a tentação do governo grátis, e claramente refletidos na fragilidade do sistema financeiro chinês, em particular devido à crescente dívida de governos locais, de empresas públicas e subsidiadas pelo Estado.

A dívida na China cresceu ainda mais rápido do que o PIB chinês, que já é o segundo do mundo, embora apenas metade do PIB americano. Essa dívida levou à criação de um sistema financeiro paralelo, ou na "sombra", como é chamado. A grande dúvida sobre a China é se, ou quando, o país terá de fazer reformas políticas radicais, acabando com outro monopólio complicado, o do Partido Comunista.

Como a China, a Rússia é o país que faz, no momento, a transição incompleta do comunismo para uma economia de mercado. Os russos desenvolveram o maior paradigma de governo grátis no regime soviético e têm mais dificuldades do que os chineses para se adaptar ao capitalismo. Houve uma difícil transição que, nos anos 1990, os levou a uma grande recessão, acompanhada de desvalorização cambial, déficits e dívida, num sistema político ainda sem a primazia da lei, dominado por oligarcas brutais. Além disso, o país não conseguiu desenvolver uma economia diversificada e permanece muito dependente no setor de petróleo e gás. A flutuação do preço dessa *commodity* dita os rumos da economia russa, fato comum nas economias dependentes da exportação de petróleo ou de outra *commodity* similar. Não existe na Rússia qualquer indústria relevante além da fabricação de armamentos, leves e pesados. Um sério problema na Rússia é a saúde pública, com a morte precoce de muitos homens devido ao excesso de álcool e fumo, além de doenças infecciosas, como tuberculose e Aids.

Os Estados Unidos, o maior gigante do planeta na economia, têm "déficits gêmeos" no orçamento fiscal e no balanço de pagamentos. O primeiro déficit tem uma solução relativamente mais fácil, mas politicamente dolorosa, por exigir cortes orçamentários lineares (*budget sequester*) que tiveram que ser adotados como resposta ao bloqueio da oposição às propostas de ajuste da administração Obama. O segundo déficit provavelmente terá solução mais adiante, na medida em que as importações dos EUA de petróleo começarem a cair drasticamente, devido ao gás de xisto, cuja exploração doméstica está em pleno curso. Tudo aponta para uma renovação industrial nos EUA, em termos de competitividade, além dos superávits que são proporcionados pelas indústrias de informação e do entretenimento.

O maior problema financeiro americano, porém, é o da dívida de cerca de US$ 17 trilhões que representa um sério risco atuarial para o país. A dívida americana é uma verdadeira espada de Dâmocles. Nenhum enfrentamento desse risco foi adotado, nem mesmo contemplado. Para enfrentar essa ameaça, seria necessário que o governo dos EUA parasse de tomar empréstimos – uma impossibilidade no momento – e passasse a contar com um crescimento econômico robusto e contínuo para poder começar a conter o principal da dívida. De forma realista, ainda não foi achada uma solução, aliás sequer seriamente debatida, pela sociedade. O risco permanece e se agrava com o passar do tempo.

A Grécia é o caso mais gritante de governo grátis no Velho Continente: perdeu qualquer controle fiscal com a preparação dos Jogos Olímpicos de Atenas de 2004. De fato, a Grécia só não afundou completamente porque a Alemanha não permitiu, por justo receio de que tal *débâcle* afetasse os bancos e a economia alemã. A Grécia sempre foi vítima dos supostos encantos do governo grátis.

As experiências de dois países sul-americanos, Argentina e Venezuela, são, sem dúvida, as mais emblemáticas de como o populismo pode ser nefasto a um país. O mito do governo grátis é seguido como um mantra pelos governos kirchnerista e chavista. A Argentina conheceu, na véspera da Primeira Guerra Mundial, um ciclo de crescimento comparável à atual taxa de crescimento chinesa. Contudo, pouco restou daquela prosperidade sem paralelo, quando a qualificação "argentino", para europeus, era sinônimo de "muito rico". Desde os anos 1940, quando se iniciou o peronismo no país, uma incrível perda de riqueza se instalou e tomou impulso. A Argentina deixou de ser a nação mais rica do mundo em desenvolvimento. Essa riqueza foi desperdiçada devido a sucessivos erros políticos. Na atualidade, enfrenta, de novo, alta inflação, desvalorização cambial, fuga de capitais e se encontra à beira de um abismo cambial devido a problemas não equacionados desde a decretação da moratória em 2001. Quanto futuro já foi roubado de nossos vizinhos pela hidra do governo grátis em sua versão peronista?

A Venezuela, pobre menina rica, igualmente amaldiçoada pela abundância do "ouro negro", foi traída pela acentuação do governo grátis na era Chávez. A empresa petrolífera estatal, a Petróleos de Venezuela (PDVSA), foi drenada e exaurida em seu caixa para financiar políticas populistas do governo e com isso garantir a reeleição sucessiva dos governantes do absurdo. Tal como a Rússia, a Venezuela foi incapaz de diversificar sua economia e ainda permanece inteiramente dependente da receita do petróleo para fechar as contas públicas. Como na Argentina, a inflação é muito alta – a maior de região – e machuca a população profundamente. Trata-se de um caso raro de país exportador de petróleo que não tem reservas sequer para honrar os compromissos internacionais. O país sobrevive em intenso estado de conflito interno, com a autoestima no chão, abusado pela tirania da imensa ignorância de seus líderes.

A principal questão que nos colocamos é sobre o rumo do Brasil: se vai pender para o lado da Suécia, Canadá, México, Colômbia e Chile; ou se para o lado da Venezuela e Argentina. Há tempos os governos brasileiros parecem sofrer de uma atração fatal pelo regime de governo grátis. Será a sociedade brasileira capaz de resistir à inclinação de seus políticos e a suas terríveis agendas ocultas?

Uma coisa é certa: a farra cambial nos anos recentes teve o mérito de levar milhões de brasileiros a conhecer "o outro lado da Lua", ou seja, a de que outro mundo é possível, não dependente da bondade oficial nem de salvadores da pátria. Nas suas recentes viagens ao exterior, milhões de brasileiros levam simpatia para fora e de lá trazem conhecimentos novos, no retorno para casa. Se tais conhecimentos se tornarem "produtivos", como recomenda o lendário mestre de gestores, Peter Drucker, o Brasil irá pender para o lado certo no futuro.

3. A ECONOMIA DO DECLÍNIO NO BRASIL

O governo central no Brasil – União federal e suas principais instituições – se converteu num gastador compulsivo e dissimulado. Vinte anos passados, desde o advento de um plano que se propôs a devolver controles e eliminar o governo grátis inflacionário de uma vez por todas, a nação se vê às voltas com resistente inflação de preços e um governo grátis que tributa e esbanja sem freio nem vergonha. O governo grátis inflacionário virou governo grátis tributário. Em 2013, o rega-bofe se tornou um escárnio: o gasto total do governo cresceu quase 15%, o dobro da velocidade do crescimento do PIB tributável, que paga a gastança: o PIB nominal aumentou apenas cerca de 8%. O mau exemplo se repete em quase todos os anos desde a criação da nova moeda, o real. Não é por acaso. O Estado gasta demais, o cidadão paga a conta, e isso se transformou no grande nó que amarra o desenvolvimento do país.

O estouro continuado da despesa pública está no centro da explicação – a única plausível – para o baixo desempenho da economia brasileira nos últimos anos. A afirmação pode soar contraintuitiva. Mas é exata. No Brasil, é o próprio governo que atrapalha o desenvolvimento que ele se propõe a conduzir. Nem Keynes, o economista inglês amigo do gasto público deficitário, quando defendia tal tratamento em certos casos de anemia profunda da demanda, discordaria que sua lição de ampliar a despesa do governo como remédio numa severa recessão em nada se aplica para justificar a explosão do gasto público na situação do Brasil. Tendo a despesa pública brasileira se tornado um perigoso veneno, como podemos melhor denunciar e combater essa tragédia coletiva? Seria o setor político brasileiro capaz de reconhecer e compreender o mal que representa o excesso do gasto público?

A natureza nos ensina de modo interessante. No cultivo de citros, a doença mais insidiosa e grave de um pomar é o "declínio". De origem desconhecida, o declínio vai atingindo as árvores mais vulneráveis, sempre de modo gradual. A árvore não morre, mas já não consegue produzir tantos frutos quanto antes. Algo a devora devagar e por dentro, como um câncer. A anterior vitalidade, um dia vivida nas fases de alto crescimento, acaba substituída por uma produtividade recessiva da planta. Como no declínio dos citros, também alguma coisa consome o vigor da economia brasileira. E por ser algo lento e mudo, nos torna "adaptados" e condescendentes com a malignidade do processo. No declínio da economia, a única estrutura que explode em crescimento vigoroso é o próprio governo, devorando o resto à sua volta. Ao crescer, desde o lançamento do Plano Real, ao dobro do ritmo da economia produtiva, o setor público brasileiro segue inchando em patológica progressão. Instalou-se um processo de substituição das forças da sociedade e dos mercados pela articulação típica dos processos facciosos nas decisões de gastar. Gasta-se para nada. Gasta-se para agradar a grupos, para pacificar descontentes, para comprar mais poder, e, sobretudo, para ir ficando mais.

Vamos aos números. Logo antes da inauguração da nova moeda, o gasto total do setor público brasileiro, nos seus três níveis de comando, não passava da quarta parte do PIB brasileiro. Os 25% do PIB em gastos governamentais, correntes e de investimentos, eram confortáveis em termos de equilíbrio público/privado. É bom lembrar que 25% do PIB já representava nível superior ao de países em semelhante estágio de renda *per capita*. Hoje, o tamanho do setor público, medido pelos gastos, atinge 40% do PIB brasileiro, ombreando-se com o nível da velha Europa, mas sem apresentar uma qualidade de serviço público minimamente comparável à dos europeus. Está aí o cerne da questão. O Estado brasileiro explodiu, consumindo tudo à sua volta. Avançou como uma célula anormal, devorando tudo sem piedade. A enorme velocidade com que isso tem ocorrido é o traço essencial que distingue o caso da expansão do Estado no Brasil, por qualquer comparação internacional que se faça. Não existe paralelo mundial para o que vem sucedendo no Brasil desde o Plano Real. O tamanho do Estado quase dobrou, empurrando a carga tributária a um patamar insuportável, ao fazer da nação um dublê de selva burocrática e de manicômio tributário.

O GOVERNO GRÁTIS

- **NO SOCIAL:** PREV. SOCIAL + PENSÕES + BOLSAS + LOAS
- **NA ECONOMIA:** SUBSÍDIOS + ISENÇÕES + VANTAGENS + PERDÕES

INSTITUIÇÕES EXTRATIVAS

Governo Grátis organiza e provoca:

+ GASTO PÚBLICO	− INVESTIMENTO
+ CARGA TRIBUTÁRIA	− PIB
+ BUROCRACIA	− INOVAÇÃO
+ CONTROLES POLÍTICOS	− EMPREENDEDORISMO

→ **QUEM PAGA A CONTA?** ←

A extração de meios para a "sobrevivência" do governo é alcançada pelo confisco da poupança das famílias e pela derrama sobre o caixa gerado nas empresas, como mostra a sequência no quadro. Ano após ano, as famílias deixam de fazer poupanças voluntárias e as empresas deixam de investir seus lucros, tragados pelos escorchantes impostos que o Estado vai recolhendo, sem dó nem piedade, ao longo do processo produtivo. O Estado "extrativista", pelo contrário, quer sempre mais. Pior. Os recursos extraídos da sociedade passam longe dos investimentos sociais e da melhoria da infraestrutura. Como a capacidade de investir do Estado é incomparavelmente menor do que a dos contribuintes, trocamos a força investidora do setor privado pela debilidade do Estado nos investimentos. Não é surpresa que nossa taxa de investimento em proporção do PIB seja a mais baixa entre todos os nossos vizinhos na região e uma das mais baixas do mundo emergente.

A capa da revista *The Economist* estampou o Brasil como um foguete descontrolado (de fato, a estátua do Cristo caindo do Corcovado, numa insólita expressão do humor *trash* dos britânicos). A revista fazia referência a outra capa deles, em 2010, em que o Cristo Redentor decolava do morro, exprimindo a esperança dos estrangeiros na força da economia investidora do Brasil naquele momento. Má avaliação e equívoco flagrante de prognóstico.[3]

O Brasil nunca contratou o progresso acelerado antevisto pela revista inglesa. Estamos nos comendo por dentro. Apenas temos muito para devorar, antes de fenecer. O que vemos no Brasil atual não é progresso; é mera transferência da vitalidade

---

[3]. A propósito, Acemoglu e Robinson, autores do festejado *Why Nations Fail* (2012, p. 546), também cometem o mesmo equívoco interpretativo ao considerar, por volta de 2010, que o Brasil seria um grande exemplo de superação de instituições extrativas. Apontam o Brasil como exemplo. No entanto, o pífio comportamento da economia produtiva e os seguidos exemplos de corrupção no governo são flagrantes evidências de que muito pouco mudou; pelo contrário, o regime de governo grátis vem se agravando no Brasil.

de uma grande nação para um insaciável aparelho estatal que, no caminho, vai distribuindo "os peixes" em vez de entregar as varas de pescar. Minamos as chances de progresso verdadeiro. Mantemos, apesar da arrecadação pantagruélica, uma educação de baixa qualidade e um sistema de saúde pública de fancaria. Nada, senão o excesso de gasto, explica o mal que nos acomete.

    O diagnóstico do excesso da despesa pública tem nas eleições presidenciais seu grande momento. O debate eleitoral propicia a chance de constatarmos, primeiro, quão distantes estão os políticos, em sua maioria, de um diagnóstico verdadeiro do que realmente tem sufocado o progresso sustentado no país e, segundo, quão próximos ainda estamos de continuar repetindo, por mais algum tempo, a trágica política do "declínio" na economia.

```
              ┌─────→ QUEM GANHA COM ISSO? ←─────┐
              │                   ↓              │
              │         INSTITUIÇÕES INCLUSIVAS  │
              │                   ↓              │
              │         governo trabalha para:   │
              │                                  │
     ┌────────────────────┐         ┌──────────────────────┐
     │ META DE GASTO PÚBLICO │──┐   │ + PRODUTIVIDADE      │
     └────────────────────┘   │   └──────────────────────┘
              ↓               │             ↓
     ┌────────────────────┐   │   ┌──────────────────────┐
     │ − CARGA TRIBUTÁRIA │───┼──→│ + PIB                │
     └────────────────────┘   │   └──────────────────────┘
              ↓               │             ↓
     ┌────────────────────┐   │   ┌──────────────────────────┐
     │ − BUROCRACIA       │───┼──→│ + POUPANÇA E INVESTIMENTO │
     └────────────────────┘   │   └──────────────────────────┘
              ↓               │             ↓
     ┌────────────────────┐   │   ┌──────────────────────┐
     │ = FIM DO GOVERNO GRÁTIS │─┘ │ + INOVAÇÃO           │
     └────────────────────┘       └──────────────────────┘
```

II

DO PLANO REAL AO GOVERNO GRÁTIS

4. BRASIL: SETE PECADOS CAPITAIS DO GOVERNO GRÁTIS

Governos fracos são, de fato, os que não conseguem exercer a liderança enfrentando questionamentos públicos, no intuito de convencer a sociedade do que precisa ser feito. Conversas difíceis nem sempre são mal recebidas pela população. O autoengano tem um limite no autointeresse e, principalmente, no instinto de sobrevivência coletivo. É interessante o exemplo de negação da verdade pelos ingleses, que preferiram não enxergar o perigo do nazismo durante a segunda metade dos anos 1930. O estadista Winston Churchill permaneceu, por alguns anos, como voz solitária, alertando para o erro de a Inglaterra continuar cedendo espaços para o expansionismo alemão do *Führer* Adolf Hitler. Mas chegou um momento em que se tornou impossível negar o perigo iminente de invasão da Inglaterra pelos alemães. Se isso ocorresse, teria sido uma carnificina de consequências trágicas para o povo britânico. Nesse momento, porém, os ingleses ouviram seu líder. E ninguém mais na Inglaterra ousou fugir ao peso do sacrifício que a defesa contra a ameaça nazista poderia representar. Churchill, no seu célebre discurso, prometeu "sangue, suor e lágrimas".[1] Mas o povo ficou ao seu lado, para o que desse ou viesse.

No Brasil, a ameaça iminente é outra e, por natureza, muito menos grave e dramática: trata-se de anos e anos de gastos públicos malfeitos, excessivos, desviados e descontrolados. Algo precisa ser feito, o que é visto e apresentado à população como um sacrifício. Não é. O grosso da população teria amplos benefícios pelo reforço de verba, economizada dos desperdícios e da malandragem financeira, passando a apoiar as prioridades de infraestrutura e gastos sociais eficientes. Para tanto, grupos de interesse seriam contrariados e, esses sim, gostam de fazer barulho quando lhes pisam nos calos.

Gastos públicos malfeitos são a grande fonte de estagnação da economia brasileira, injustiças sociais e corrupção. Os gastos públicos são altos e crescentes. São marcados também pela ineficiência e pelo desperdício. Maior eficiência na gestão pública exigirá uma ampla revisão das más interferências do Estado brasileiro. Alguns exemplos ilustram o grave estado de desperdício:

- Pelo menos 855 quilômetros da ferrovia Norte-Sul foram construídos com trilhos de baixa qualidade, que reduzirão a quantidade de carga transportada pela via e ameaçam a sua segurança. A constatação é do Ministério dos Transportes, responsável pela obra.[2] Para não chamar de moles os trilhos de aço importados da China, os técnicos que vistoriaram as obras afirmam no documento que o material tem "baixa dureza". A falta de qualidade foi identificada mesmo sem a inau-

---

[1]. Winston Churchill declarou no Parlamento inglês em maio de 1940 que podia oferecer apenas *Blood, toil, sweat and tears* (Sangue, trabalho, suor e lágrimas) quando assumiu o cargo de primeiro-ministro inglês e liderou a resistência contra o nazismo.

[2]. *Folha de S.Paulo*, 20 de abril de 2013.

guração da via. Até aqui, passaram pelos trilhos já assentados apenas trens transportando carregamentos da própria obra. Os técnicos encontraram o aço com vários defeitos. Há partes se despedaçando e manchas que indicam que os trilhos podem trincar.

- A energia eólica no Brasil tem hoje a capacidade de geração de 3,4 gigawatts (GW) distribuída em 140 parques, ou usinas, mas 48 deles, mesmo prontos, não podem operar por falta da conexão entre a usina e a rede elétrica apesar de terem a capacidade de alimentar 3 milhões de casas.[3] As usinas paradas, localizadas nos estados da Bahia e Rio Grande do Norte, deixam de gerar 1,2GW, pouco mais de um terço da capacidade total, num momento de escassez de eletricidade. Em operação, esses parques poderiam iluminar 2 milhões de casas, diz a Abeeólica (Associação Brasileira de Energia Eólica).

- Apesar de a presidente Dilma Rousseff afirmar que as obras de transposição do Rio São Francisco estão "andando", o veículo *Folha de S.Paulo* percorreu os dois canais da obra – o leste e o norte – e encontrou placas de concreto rachadas sendo remendadas, em vez de substituídas por novas peças.[4] A conclusão, prevista inicialmente para 2012, foi remarcada para dezembro de 2015. A construção dos 477km de canais é a mais cara ação federal de combate aos efeitos da seca no Nordeste e, pelo andar das obras, não deve ficar pronta tão cedo. Aliás, as obras começaram antes de um projeto executivo ter sido aprovado.

---

3. UOL Notícias, 20 de dezembro de 2013; *Exame*, 6 de fevereiro de 2014
4. *Folha de S.Paulo*, 23 de novembro de 2013.

- Fracassou a tentativa de lançamento do satélite brasileiro CBERS3 pelo foguete chinês "Longa Marcha 4B" da estatal chinesa *Great Wall*, da base militar de Taiyan.[5] Fracassos de lançamento de foguete não são incomuns; ocorreram, frequentemente, com foguetes russos da cápsula Soyuz e, no caso dos americanos, no conhecido caso do Saturn V, que matou todos os astronautas a bordo na missão Apolo I em 27 de janeiro de 1967. O que é surpreendente é o fato de o Ministério de Ciência e Tecnologia não ter contratado um seguro. Assim, o contribuinte brasileiro amarga um prejuízo de R$ 160 milhões.[6]

- Outros exemplos de desperdício de recursos públicos referem-se à Petrobras, especificamente à compra da refinaria de Pasadena no Texas e à construção da refinaria de Abreu e Lima em Pernambuco. Ambos os casos foram bastante veiculados na mídia e tornaram-se tema polêmico na campanha presidencial de 2010. No primeiro caso, da compra de Pasadena, houve suspeitas de superfaturamento e evasão de divisas. Em 2006, a Petrobras pagou US$ 360 milhões por 50% da refinaria (US$ 190 milhões pelos papéis e US$ 170 milhões pelo petróleo estocado em Pasadena). O valor é muito superior ao pago um ano antes pela belga Astra Oil pela refinaria inteira: US$ 42,5 milhões. Em 2008, a Petrobras e a Astra Oil se desentenderam e uma decisão judicial obrigou a estatal brasileira a comprar a parte que pertencia à empresa belga. Assim, a aquisição da refinaria de Pasadena acabou custando

---

5. *O Globo*, 9 de dezembro de 2013.
6. Ver http://g1.globo.com/sp/vale-do-paraiba-regiao/noticia/2013/12/corte-antecipado-na-propulsao-impediu-cbers-3-de-manter-orbita-diz-inpe.html

US$ 1,18 bilhão à petroleira nacional, mais de 27 vezes o que a Astra teve de desembolsar.

- Em relação à construção da usina Abreu e Lima em Pernambuco tratava-se de uma parceria teórica com a petrolífera estatal venezuelana Petróleos de Venezuela S.A. (PDVSA). Teórica porque a estatal venezuelana jamais colocou um centavo na obra, ficando todo o custo sob a responsabilidade do Brasil. Quando o ex-presidente Luiz Inácio Lula da Silva lançou o projeto em 2005, a previsão de orçamento era de cerca de US$ 2,5 bilhões. Mas o custo subiu para mais de US$ 20 bilhões sem qualquer explicação para esse surpreendente aumento.[7] Isso gerou estranheza. Dois ex-diretores da estatal brasileira foram envolvidos nesses dois casos de aparente superfaturamento e de desperdício de recursos públicos.

Tais exemplos de flagrante incompetência somam-se aos casos corriqueiros de má gerência.[8] O governo brasileiro não incluiu nas despesas primárias da programação orçamentária e financeira de 2014 os gastos adicionais decorrentes do uso intensivo das usinas térmicas, que produzem uma energia mais cara (e suja) que as hidrelétricas. O Tesouro terá de arcar com essa despesa adicional, que não foi considerada na meta fiscal. As estimativas desse custo variam de R$ 13 bilhões a R$ 18 bilhões. Esse é só um exemplo de má programação, e os equívocos orçamentários vão se tornando cada vez mais frequentes. A sociedade tem que exercer um acompanhamento mais estreito do orçamento que financia com seus impostos. O Congresso é lerdo nessa função. O Tribunal de Contas, pela natureza do seu trabalho, acaba exercen-

---

7. *O Globo*, 29 de agosto de 2014.
8. O mais irônico é que o ex-presidente Lula apresentou a presidente Dilma ao Brasil como a "Gerentona".

do uma supervisão tardia. Um órgão de atuação independente no acompanhamento e avaliação da execução orçamentária foi estabelecido pela Lei de Responsabilidade Fiscal. Trata-se do Conselho de Gestão Fiscal, previsto no art. 67 daquela Lei Complementar à Constituição Federal. O Conselho nunca foi regulamentado para poder funcionar. Isso indica o estado de vontade política do Executivo e do Congresso. Entes fiscalizatórios ou de acompanhamento independente não são bem-vistos pelos políticos, que não querem mudar para melhor. Mas cabe à sociedade cobrar sua existência a fim de melhorar a gestão efetiva do governo.

Os erros de previsão orçamentária na administração federal se sucedem por superestimação de receitas e subestimação de despesas. Nas demais esferas da administração pública, esses equívocos são ainda mais frequentes, pois o setor público como um todo quase não "conversa" entre si. Um exemplo desse desacerto é o esforço mal distribuído entre a União, os estados e os municípios para realizar um superávit fiscal primário, ou seja, determinada meta de economia de recursos para cobrir a conta de juros do setor público. A lei orçamentária anual é seguidamente descumprida. Os entes federados encontram dificuldades de honrar suas metas fiscais, e o governo federal é obrigado a ajustar a conta em cima dos contribuintes. Já as despesas correntes dificilmente são cortadas – isso apesar das reiteradas declarações da presidente e de seu ministro da Fazenda sobre cortes de despesas, sempre anunciados e muito raramente executados. O ônus de uma execução fiscal com tendência crônica ao gasto exagerado é sempre uma conta sobre os ombros de cada brasileiro que arca com a carga tributária mais injusta do planeta.

É até esperado que o governo insista na tecla de que o país nunca esteve tão bem. De fato, são raros os governos com capacidade de autocrítica. Não procede, contudo, a euforia que tomou conta da mídia externa e de alguns segmentos da opinião pública local, bem como de certos setores da academia, quanto às efetivas possibilidades de o país retomar, sem transformação corajosa, o caminho de expansão acelerada de modo a projetar a economia brasileira como uma das potências deste século. O Brasil não está indo para lá.

Basta comparar comportamentos mais recentes do PIB e das taxas de investimento de países emergentes e avançados pré e pós-crise financeira mundial. Após a deflagração da crise em 2008, a posição do Brasil é mais parecida com a do grupo de países já maduros e estabilizados. Os desempenhos do PIB e do investimento total no Brasil na gestão Dilma têm sido muito fracos, embora a economia brasileira, distintamente dos países avançados, nunca tenha entrado em crise pelo estouro da bolha financeira: pelo contrário, o país dela muito poderia haver se beneficiado, tanto durante quanto após os dois mandatos do presidente Lula.[9]

O recente texto do professor emérito Albert Fishlow da Universidade de Columbia e da Universidade da Califórnia, Berkeley, *"It's Better than it Seems: Brazil in the Coming Decades"*,[10] preparado para o Centro de Política Hemisférica da Universidade de Miami, reflete esse otimismo fora de compasso com a realidade. De acordo com Fishlow, Dilma teria agido de três maneiras. Primeiro, na defesa do setor industrial, por meio de uma desvalorização da moeda que desencorajou as importações e beneficiou as exportações. Nesse contexto, a desvalorização do real em 2012 teria se dado pela compra vultosa de dólares por parte do Banco Central do Brasil e pela adoção de barreiras à entrada do capital especulativo, essencialmente pelo aumento de IOF nas operações cambiais. Segundo, pela adoção de medidas tributárias, para reduzir o

---

9. Ibid, nota 7.
10. *"It's Better than it Seems: Brazil in the Coming Decades"*, mimeo by the Center for Hemispheric Policy, University of Miami, November 7, 2012 (9 pages). Disponível em: https://www6.miami.edu/hemispheric-policy/Task_Force_Papers/Fishlow-GlobalizationTFPaper.pdf.

fardo do setor manufatureiro. Isso foi feito com a ampliação e aceleração das medidas do Programa Brasil Maior, especialmente quando a estagnação da economia produtiva local voltou a ameaçar naquele ano. Fishlow viu na desoneração da folha de pagamento outro claro benefício às empresas. Em terceiro, o governo teria promovido a expansão da ciência e tecnologia e maior acesso a créditos de longo prazo para projetos de investimento através da expansão da Política Industrial, Tecnológica e de Comércio Exterior (Pitce), que fora lançada em 2004, com o objetivo de fortalecer e expandir a base industrial brasileira por meio da melhoria da capacidade inovadora das empresas e da Política de Desenvolvimento Produtivo (PDP) de 2008 do Ministério do Desenvolvimento, Indústria e Comércio Exterior (MDIC).[11] Nenhum desses avanços pode ser contestado. A questão é avaliar a essencialidade de seus impactos no curto e longo prazos sobre a taxa de investimento do país, que se encontra travada há tantos anos.

A julgar por seus objetivos originais, no entanto, o PDP não foi exitoso. Quando foi lançado em 2008, o Brasil tinha um crescimento pontual robusto que nos anos seguintes se evaporou. Os investimentos continuam mais travados do que nunca e o crescimento industrial virou uma quimera.

Fishlow afirma que as coisas serão melhores para o Brasil nas próximas décadas. Isso também parece inegável no médio prazo, até porque o país chegou a conjugar três sortes grandes, que nada dependeram da eficiência do desenho da política oficial: o *bônus demográfico*, pela entrada de cerca 80 milhões de jovens adultos ao mercado de trabalho, que começou em 2005 e

---

11. A Pitce foi lançada em 31 de março de 2004, com o objetivo de fortalecer e expandir a base industrial brasileira por meio da melhoria da capacidade inovadora das empresas. O PDP prevê um conjunto de medidas de estímulo ao investimento e à inovação, apoio ao comércio exterior, à defesa da indústria e ao mercado interno. Ambos foram iniciativas do Ministério do Desenvolvimento, Indústria e Comércio Exterior (MDIC) e da Agência Brasileira de Desenvolvimento Industrial (ABDI).

se estenderá até 2025; a *explosão de preços de commodities*, iniciada em 2003, coincidindo com os dois mandatos de Lula e que se estendeu pelo período de governo da presidente Dilma, algo inteiramente inédito, e que afastou, por completo, o constrangimento estrutural externo da economia brasileira; e, em terceiro plano, a *pletora de óleo descoberto na camada pré-sal*, que promete abastecer o país com mais dólares na década de 2020 e faz acelerar investimentos na área de óleo e gás. Essas considerações devem ser vistas com um grão de sal: o bônus demográfico pode ser uma faca de dois gumes se a produtividade não acompanhar tal crescimento; o auge das *commodities* parece ter acabado, e nada garante que o legado do pré-sal não seja algo frustrante, dependendo do rumo dos preços do petróleo.[12]

Fishlow admite ainda que muitos obstáculos têm de ser superados até a consolidação final de um estágio de desenvolvimento avançado. O brasilianista cita em seu trabalho Ruchir Sharma, diretor e presidente da equipe de *equity* de Mercados Emergentes do banco Morgan Stanley, que credita o desenvolvimento brasileiro à exportação de *commodities*. Sharma duvida dos futuros ganhos do pré-sal e dos recursos provenientes do comércio com outros países latino-americanos. Na realidade, parafraseando o professor Fishlow, mas invertendo sua frase-título, antes de estar tudo melhor do que parece, de fato, parece que tudo poderia estar bem melhor.

De fato, a administração Dilma cometeu todos os pecados capitais que poderia praticar durante sua tumultuada gestão. Apontamos os "sete pecados" principais, não por espírito de crítica, mas por ser importante inventariar as dificuldades que surgem de uma administração defensiva, hesitante e mal-humo-

---

12. As exportações para a China representaram em 2011 o equivalente a 17,31% do total dos produtos exportados pelo Brasil. Cerca de 90% dos produtos vendidos para o mercado chinês são *commodities* como minério de ferro, petróleo bruto, soja, açúcar e café, segundo a Associação de Comércio Exterior do Brasil (AEB). Esse bônus externo se iniciou no início dos anos 2000 e proporcionou ao Brasil a possibilidade de acumular reservas internacionais.

rada. O afago do ego é inimigo do aperfeiçoamento da gestão. Mário Henrique Simonsen dizia: "A desgraça do trapezista é pensar que, de tão bom, ele aprendeu a voar". A crença no governo grátis também pode atingir o próprio gestor, na medida em que ele começa a acreditar ser dotado de superpoderes. O resultado é a falência da gestão eficaz. E, afinal, é bom não perder de vista que o surgimento de um governo grátis quase nunca é obra de um único mandatário: em geral, são vários os governantes que, sucessivamente, contribuem para a política do declínio. Veremos como esse é o caso no Brasil.

PRIMEIRO PECADO: INVESTIMENTOS EMPACADOS

O primeiro e maior pecado capital das últimas administrações federais no Brasil está no fracasso do esforço de investimento. A gestão federal nessa área tem sido a pior possível e os números gerais do desempenho dos investimentos refletem a dificuldade de se superar a síndrome dos anos de alta inflação. Aliás, os anos inflacionários nunca foram "superados", e sim, apenas contornados. Os governos do Plano Real substituíram as emissões inflacionárias pelas tributações deflacionárias no financiamento da gastança nacional. Só que os gastos públicos, sempre crescentes, nunca se traduziram em maior investimento. E por quê? Do lado do setor público, a opção foi sempre a de gastar mais, nas rubricas de consumo geral, ou seja, aumentar as despesas correntes e concentrar as energias do ministro da Fazenda em produzir recursos fiscais (o tal superávit primário) para o pagamento dos encargos financeiros da dívida pública. Do lado privado, não houve muita opção: a tributação crescente pós--Real foi estreitando a margem de lucros das empresas, os mesmos resultados econômicos que, tradicionalmente, eram retidos e reinvestidos. O empresário ficou sem ter seus próprios recursos em mãos para investir mais.

Brasil 1959-2014, Investimento x crescimento do PIB (médias quadrienais)

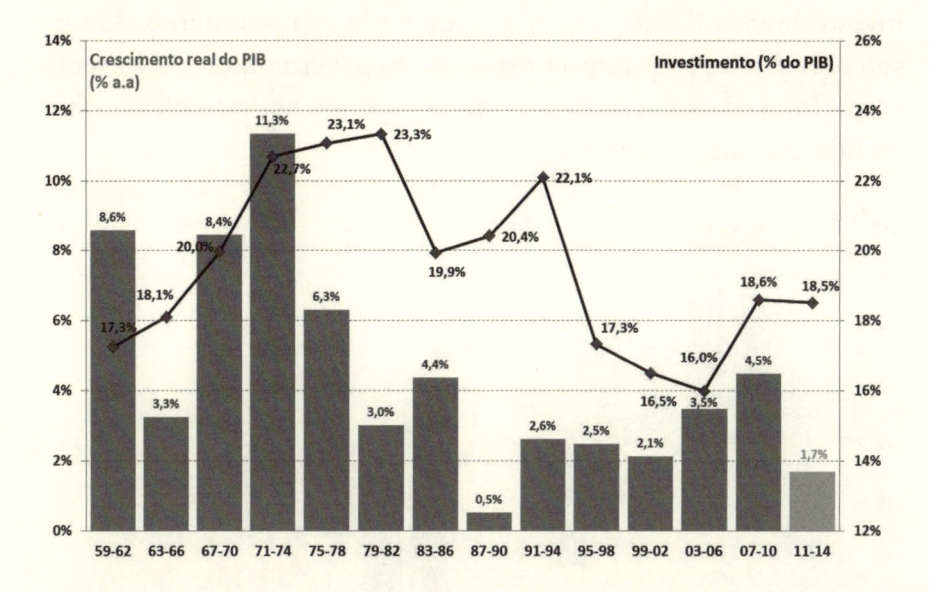

[Gráfico: Crescimento real do PIB (% a.a) e Investimento (% do PIB) por quadriênio]

Período	Crescimento real do PIB (% a.a)	Investimento (% do PIB)
59-62	8,6%	17,3%
63-66	3,3%	18,1%
67-70	8,4%	20,0%
71-74	11,3%	22,7%
75-78	6,3%	23,1%
79-82	3,0%	23,3%
83-86	4,4%	19,9%
87-90	0,5%	20,4%
91-94	2,6%	22,1%
95-98	2,5%	17,3%
99-02	2,1%	16,0%
03-06	3,5%	16,5%
07-10	4,5%	18,6%
11-14	1,7%	18,5%

Fonte: Banco Central do Brasil e IBGE.

A política econômica entortou a propensão a investir dos principais colaboradores do desempenho produtivo nacional, simplesmente matando a galinha dos ovos de ouro na sanha enlouquecida de tributar cada vez mais. O governo tomou dos particulares os recursos com que fariam seus investimentos privados, mas não devolveu à sociedade, na forma de mais investimentos públicos, os bilhões que expropriou. A proporção de investimentos totais na economia acabou ficando bem menor do que era no momento em que a taxa de crescimento do país superava 5% ao ano. Especialmente em relação ao período de crescimento acelerado da economia, entre as décadas 1960 e 1970, a diferença do comportamento dos governos recentes em relação aos seus compromissos de investimento é espantosa. Prevalece o descompromisso. A taxa de poupança pública é nula ou negativa e o governo toma da sociedade e consome os recursos tributados em consumo, juros estéreis ou desperdícios flagrantes. O que deixa de ser investimento privado não se converte em investimento público; portanto, na soma, após a interferência patética do governo, a sociedade como um todo investe menos do que poderia, crescendo sempre menos do que seu potencial. No entanto é este mesmo governo que se apresenta como fonte de solução "grátis" para os impasses que ele, ocultamente, provoca ou acentua.

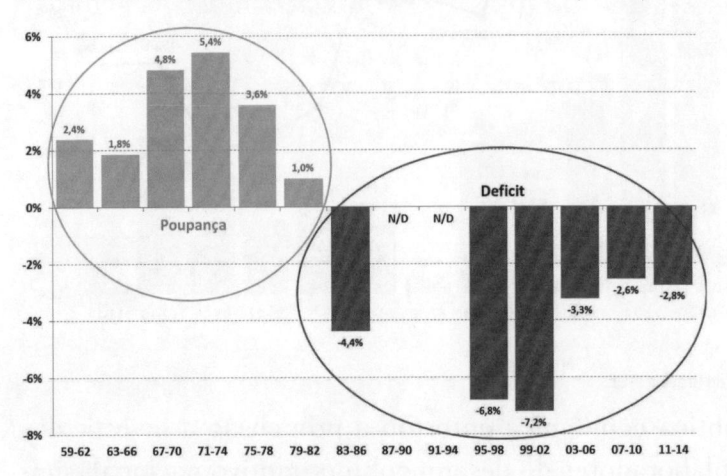

Brasil 1959-2014, Resultado Fiscal do Setor Público* (% PIB)

Poupança: 2,4% (59-62); 1,8% (63-66); 4,8% (67-70); 5,4% (71-74); 3,6% (75-78); 1,0% (79-82)

Déficit: -4,4% (83-86); N/D (87-90); N/D (91-94); -6,8% (95-98); -7,2% (99-02); -3,3% (03-06); -2,6% (07-10); -2,8% (11-14)

Fonte: IBGE, Ipeadata e Bacen. (*) Os quadriênios entre 1987 e 1994, para os quais não há dados precisos disponíveis, correspondem ao período de hiperinflação.

Brasil 1947-2013, Investimento da Administração Pública* (% PIB)

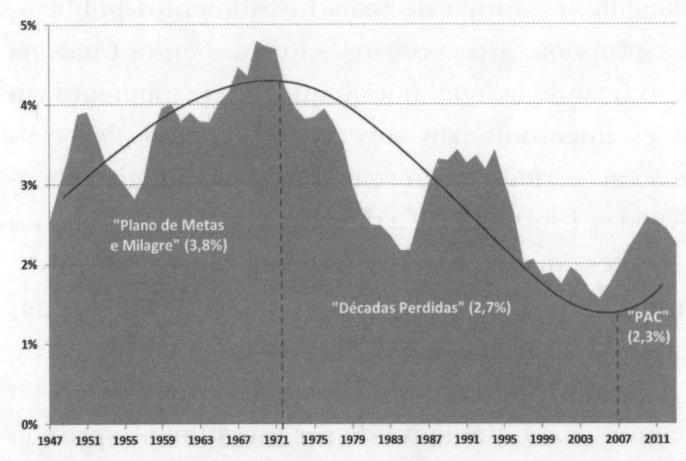

"Plano de Metas e Milagre" (3,8%)

"Décadas Perdidas" (2,7%)

"PAC" (2,3%)

Fonte: IBGE, Sistema de Contas Nacionais Referência 2000. (*) Compreende as três esferas do governo (União, estados e municipios), excluindo as empresas estatais. Média móvel três anos.

Nesse contexto, questões burocráticas se sucedem a impasses ambientais para atrapalhar ainda mais os investimentos públicos na atualidade; licitações são contestadas por órgãos da fiscalização; obras emperram e atrasam sem justificativa aparente; não há compromisso com a boa execução orçamentária nem uma contabilidade confiável dos desembolsos realizados. Acumulam-se "restos a pagar".[13] No entanto, o crescimento do país depende rigorosamente desses investimentos públicos, geralmente na necessitada infraestrutura. A má execução do governo nessa área é fatal para o desempenho econômico do país. Entre as obras com orçamento acima de R$ 5 bilhões, os atrasos são de, pelo menos, um ano. Levantamento feito pelo jornal *O Globo* nos balanços do Programa de Aceleração do Crescimento (PAC), lançado pelo governo do presidente Lula em 2007, mostrou que, em dez megaobras, que somavam, à época, R$ 171 bilhões, os prazos de conclusão previstos no cronograma inicial tiveram todos de ser revistos.[14]

Além disso, atrasos são comuns também em grandes obras de saneamento, que beneficiariam cidades com mais de 500 mil habitantes. Apenas 7% de 114 obras estavam concluídas no prazo fixado, e 60% apareciam como atrasadas, paralisadas ou não iniciadas. Embora a maioria dos atrasos no PAC seja motivada por problemas ambientais, de fiscalização ou gerenciais — ou seja, em princípio, não faltam recursos para as obras —, os entraves acabam onerando os fluxos financeiros no âmbito do programa, acumulando um elevado volume de recursos já reservados, mas sem aplicação efetiva. Entre 2007 e 2011, segundo dados da Secretaria de Orçamento Federal (SOF), do valor total empenhado para o PAC, de R$ 125 bilhões, apenas R$ 86,7 bilhões foram gastos no período.

---

13. Os "restos a pagar" são as despesas empenhadas, mas não pagas dentro do exercício financeiro. O conceito dos restos a pagar está ligado aos estágios da Despesa Pública, representados pelo Empenho, Liquidação e Pagamento. O empenho é o primeiro estágio da despesa pública e de onde se origina o processo de restos a pagar.

14. Paulo Celso Pereira, *O Globo*, 13 de julho de 2013.

A presidente Dilma foi chamada pelo ex-presidente Lula, na campanha presidencial de 2010, de "mãe do PAC" e intitulada pelo ex-presidente de "grande gestora", mas isso não chegou a ser comprovado. Dilma foi eleita e executou o PAC 2, na sequência do anterior, que coordenou como ministra-chefe da Casa Civil entre 2005 e 2010. O resultado prático não foi melhor do que no primeiro PAC. As novas concessões de aeroportos e rodovias, por exemplo, ficaram emperradas em discussões infindáveis sobre os modelos a serem adotados quanto à remuneração dos concessionários. No final, quando testado, o modelo finalmente adotado não resultava em qualquer candidato interessado.[15] O baldado esforço para se construir um modelo viável para executar a obra do trem de alta velocidade – o trem-bala – entre Rio, São Paulo e Campinas foi emblemático de todas as dificuldades de planejamento e implantação de investimentos, impossíveis de serem superadas dentro do quadro vigente da administração pública. O trem-bala nunca partiu da prancheta para os trilhos, apesar de haver custado alguns milhões em planejamento desperdiçado. Este é o quadro real de um país cujo investimento não sai na hora marcada nem chega ao destino que havia inicialmente traçado. E sem investimento público bem-feito e realizado de modo oportuno, é simplesmente impossível ao setor privado fazer sua parte na retomada do crescimento esperado, há décadas, pela paciente população brasileira.

SEGUNDO PECADO: DESPREZO PELA PETROBRAS

A Petrobras está completando sessenta anos. Poucas empresas no mundo ostentam uma história tão impressionante de realizações nos segmentos em que atua. A empresa, além de ser responsável pela produção e comercialização de gasolina, de óleo diesel, de etanol e de gás, é utilizada como instrumento das políticas econômica e socioambiental do governo federal, que a

---

15. No modelo de concessão, o governo mantém uma participação de 49% na empresa.

controla por meio das ações detidas pela União, diretamente, e por entes vinculados ou associados ao governo, como o BNDES e fundos de pensão estatais. Hoje seria plausível afirmar que a Petrobras "é grande demais para quebrar" (*too big to fail*, na expressão conhecida em inglês) e, da mesma forma, tornou-se "grande demais para se salvar" (*too big to bail*). Na prática, os negócios da Petrobras ficam no meio do caminho entre um adequado controle de sua governança como corporação pública de grande porte, que de fato é, e de empresa de capital misto, cujo controle é exercido sob pesada influência política.

A organização interna da governança, com um Conselho de Administração conduzindo as determinações da Assembleia Geral de acionistas, e uma Diretoria, que executa as orientações do Conselho, sob a égide de uma lei das Sociedades por Ações, tudo isso está de pé no organograma da Petrobras. A condução do dia a dia das decisões empresariais, no entanto, pode divergir substancialmente do que expressa sua estrutura de poder formal. A Petrobras tem sido vítima dessa duplicidade de senhorio: de um lado, a sociedade, com seus interesses comuns e corretos, embora difusos e de longo prazo, e, de outro, os vetores de determinação política curto-prazistas dos grupos de interesse que a dominam.

O Brasil ainda não conseguiu resolver a questão do domínio da racionalidade empresarial sobre as influências políticas nas empresas detidas pelo controle do Estado. Os grupos de interesse têm sempre levado a melhor dentro da empresa. A Petrobras é, possivelmente, o maior laboratório desse conflito permanente e nada comprova mais a existência desse tipo de problema do que a presença do dedo – para não falar da mão inteira – dos interesses de grupos político-partidários que disputam vagas abertamente em diretorias da empresa. Por trás, está o interesse de influir em decisões de investimentos, especialmente nos projetos novos, como as refinarias em construção, e as aquisições feitas no Brasil e no exterior. Ao fim, aquilo que poderia ser uma trajetória empresarial brilhante, já que sustentada por diversas competências técnicas, desenvolvidas por habilidosos colaboradores nos campos da pesquisa, exploração, refino e distribuição, resulta em desastre financeiro pela interferência inoportuna da política baixa, anulando os ganhos trazidos pelas áreas profissionais da empresa. É assim que se explica a aparente contradição entre os seguidos anúncios de novas descobertas de campos de óleo e gás, e de conquistas tecnológicas e de novos mercados, no cotejo com preços cadentes das ações da empresa. Ambas as realidades convivem, mas com a propensão permanente de a política de interesses anular e negativar as contribuições técnicas.

O ex-presidente Lula afirmou que a Petrobras, por seu envolvimento com a exploração e a produção do petróleo proveniente do pré-sal, traria "riqueza e autossuficiência energética" para o Brasil.[16] Mas, apesar do ufanismo sem fundamento do ex-presidente, a Petrobras só colheu más notícias depois que passou a explorar as profundezas do oceano Atlântico. A empresa comprometeu suas receitas subsidiando o preço da gasolina por imposição do governo a partir do fim do governo Lula e no governo Dilma, para conter a inflação crescente devido ao afrouxamento dos gastos fiscais do próprio governo. Ainda atrasou pagamentos a fornecedores, acumulou R$ 7,3 bilhões em dívidas fiscais e precisa gastar US$ 16,5 bilhões por ano com a importação de combustíveis.[17] Onde está a autossuficiência proclamada? O fato é que o Brasil, que chegou a atingir a autossuficiência em petróleo, acabou perdendo a posição, devido à queda na produção e ao aumento da importação para atender o consumo interno.

A estatal que, há alguns anos, parecia ter um céu de brigadeiro pela frente, perdeu o brilho por não estar capitalizada para explorar as enormes jazidas do pré-sal descobertas em 2008. A

---

16. *Folha Online*, "Lula diz que o Brasil autossuficiente em petróleo é 'dono de seu nariz'", 24 de abril de 2006.

17. *Veja*, Edição 2361, ano 47, n. 8, 19 de fevereiro de 2014.

Ecopetrol da Colômbia tem um valor de mercado mais elevado, embora tenha menos ativos e investimentos do que a Petrobras. Por decisões estratégicas equivocadas, o governo brasileiro afastou investidores e, na tentativa de conter a inflação crescente com expedientes fáceis, decidiu manter o preço da gasolina abaixo do preço pago para importá-la.

A Petrobras ficou com o ônus de financiar a diferença – R$ 3,9 bilhões, em determinado momento, segundo estimativas do Centro Brasileiro de Infraestrutura – o que repercute de forma negativa sobre sua capacidade de investir. Os subsídios para a gasolina atrapalham a Petrobras e estrangulam a indústria do etanol, que perdeu competitividade devido ao seu preço defasado. Essa política atingiu também os acionistas, que esperavam manter o rendimento de alguns anos atrás, mas viram o preço da ação despencar na Bolsa, fazendo com que não tenham vontade de manter esses papéis e, muito menos, de subscrever um eventual aumento de capital.

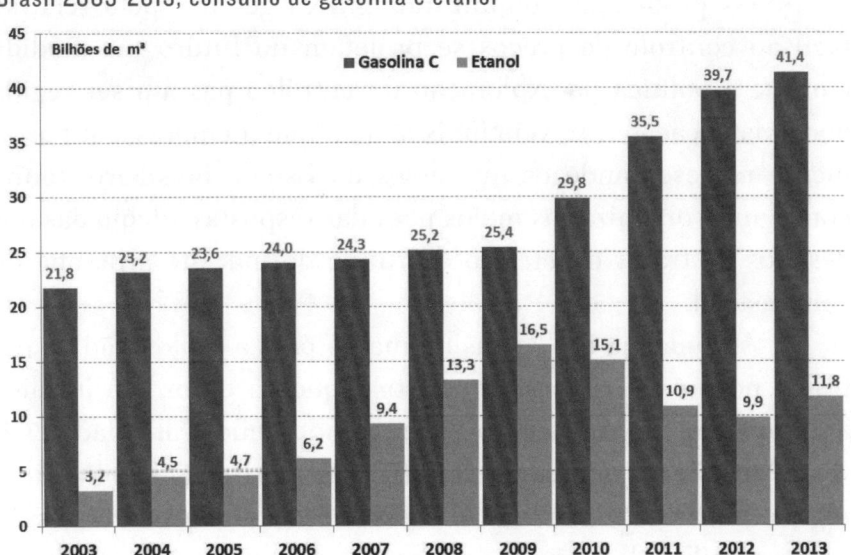

Brasil 2003-2013, consumo de gasolina e etanol

Ano	Gasolina C (Bilhões de m³)	Etanol (Bilhões de m³)
2003	21,8	3,2
2004	23,2	4,5
2005	23,6	4,7
2006	24,0	6,2
2007	24,3	9,4
2008	25,2	13,3
2009	25,4	16,5
2010	29,8	15,1
2011	35,5	10,9
2012	39,7	9,9
2013	41,4	11,8

Fonte: Agência Nacional do Petróleo, Gás Natural e Biocombustíveis (ANP).

A economia brasileira perdeu mais com a política de controle de preços dos combustíveis do que se a Petrobras tivesse sido contemplada com os reajustes devidos nos momentos certos. Com 10% do total de investimentos produtivos do país sob sua responsabilidade, a contenção do potencial da Petrobras espalhou perdas em todas as direções, proporcionais ao seu tamanho. A estatal reduziu o pagamento de impostos de 2,1% do PIB para 1,6%. O setor de álcool entrou em colapso com a gasolina subsidiada, e o déficit da conta petróleo explodiu. Mas o governo não abre mão de ter a Petrobras como arma contra a inflação. Ao subsidiar a gasolina, o governo criou uma crise generalizada no setor de álcool. Os efeitos apareceram quando as vendas caíram 19%, entre 2008 e 2013, com enorme perda para os investidores no setor e para a arrecadação. O controle de preços ainda prejudicou a balança comercial dos combustíveis. O déficit nas trocas comerciais da estatal foi de US$ 24,4 bilhões em 2013, o triplo do saldo negativo do ano anterior. Com o desestímulo ao etanol, aumentou a demanda pela gasolina importada.

Os problemas conjunturais graves gerados pelo recurso fácil ao controle de preços se projetam no futuro, na medida em que a política de exploração do petróleo passa a ser regida por uma vocação intervencionista, sem que a empresa, supostamente representando os interesses do Estado brasileiro, tenha conseguido organizar os meios para dar respostas adequadas aos desafios de trazer o petróleo do fundo do mar até a bomba de combustível.

A mudança das regras no marco para a exploração de petróleo no pré-sal representou virtual quebra da ordem jurídica anterior para, segundo o governo, garantir que a atividade estivesse "realmente em mãos estatais". Por motivação ideológica, o regime jurídico de exploração e produção mudou da concessão para à partilha. As regras de concessão de exploração e produção de petróleo no país foram definidas pela Lei 9.478, de 1997, que quebrou o monopólio da Petrobras, permitindo a entrada de competidores privados, nacionais ou estrangeiros, no mercado brasileiro. O modelo de concessão é comum entre os países mais desenvolvidos, como Estados Unidos, Noruega, Canadá, Grã-Bretanha e Austrália. A lei de 1997 era "respeitada" internacionalmente por sua transparência e bem reconhecida como incentivo à competição. Ela ajudou o país a se modernizar no setor de petróleo. A participação da indústria do petróleo no PIB, que não passava de 3% na década de 1990, subiu para 12% em 2010. Desde 2010, o regime de exploração de petróleo adotado no pré-sal passou a ser o de "partilha", ou seja, o setor privado não mais adquire o direito de explorar determinada área mediante uma série de pagamentos ao poder público, como bônus, *royalties* e participações especiais, como seria no regime de concessão; na partilha, a exploração pode ser de execução privada, mas mediante contrato sobre um "custo de produção em barris de óleo", mais uma participação no chamado "óleo excedente". Daí o termo "partilha", que é a forma combinada de se repartir o óleo que excedeu ao custo de produção. Logo se percebe que a concessão é um regime legal em que a função fiscalizadora do governo é mais preservada, não resultando em conflitos de execução direta. O regime de partilha é mais interferente e, não necessariamente, mais lucrativo para o Estado.

O Palácio do Planalto escolheu, durante a campanha presidencial de 2010, o modelo de partilha, no qual o Estado continua "dono" do petróleo, mas escolhe sócios de empresas nos empreendimentos de exploração. Uma parte ou, até mesmo, a totalidade do petróleo fica em mãos do governo, enquanto as empresas, agora prestadoras de serviço, são remuneradas pela exploração. Com o pré-sal, a Petrobras ficou obrigada por lei a participar em 30% do investimento em todos os novos campos, paradoxalmente no momento em que enfrenta sérios problemas de caixa. Faltam, ademais, fornecedores de equipamento e mão de obra qualificada, essenciais para atender a produção, criando assim um grande gargalo na produção de petróleo. Nesse modelo de partilha, ganha a licitação a empresa que oferecer a maior parcela de petróleo ao Estado. O sistema de partilha é adotado principalmente na África (Líbia, Egito e Nigéria) e na Ásia (China e Índia). Está previsto também que a Petrobras tenha participação mínima garantida em cada consórcio vencedor. Agora, a previsão é que o pré-sal esteja em plena produção, não em 2020, mas em 2025 ou 2030, um atraso nada surpreendente.

Para administrar as reservas que vier a receber, o governo patrocinou a criação de uma nova estatal do petróleo, a Pré-Sal Petróleo S/A ou PPSA, que, diferentemente da Petrobras, terá apenas o Estado como sócio. O Brasil lutou muito para consolidar no exterior sua imagem de país que honra compromissos, que tem legislação estável e é amigável à iniciativa de particulares. Mas a maneira como as mudanças de modelo exploratório ocorreram acabou repercutindo sobre a percepção de segurança jurídica no país, quanto ao que foi acordado, se continuará prevalecendo, inclusive noutros setores, como transportes e energia elétrica. A fama de intervencionista colou no governo Dilma. Com essas mudanças, muitos empresários do setor foram transformados em meros prestadores de serviços.

Outro problema é o destino de *royalties*. Depois de dois anos de discussões no Congresso, a única preocupação dos parlamentares foi definir que o destino do dinheiro será principal, mas não exclusivamente, a educação. O ministro Aloizio Mercadante afirmou que 75% dos recursos irão para a educação e 25% para a saúde.[18] Enquanto isso não era decidido, os leilões de novas licitações de poços ficaram paralisados. Assim, a produção

---

18. G1, "Royalties vão injetar R$ 368 bilhões na educação em 30 anos, diz ministro", 11 de setembro de 2013.

do pré-sal deve ocorrer apenas no futuro distante – como também os recursos daí advindos –, mas a polêmica sobre o tempo que isso vai tomar já está em vigor com as mudanças nas regras de exploração e com a falta de clareza sobre o conteúdo local das plataformas, o que proporciona grande desafio para as empresas e fornecedores.

A fama de intervencionismo na Petrobras é exacerbada pelo fato de o preço dos combustíveis permanecer semicongelado como parte da luta do governo contra a inflação. A equação torna-se mais complicada porque a importação de gasolina e de óleo diesel nunca foi tão alta e há grande defasagem entre o preço cobrado no mercado internacional e o preço do mercado brasileiro. "A dívida da empresa fechou em 2013 acima dos R$ 196 bilhões, a produção não cresce e estamos importando cada dia mais derivados", resume o diretor do Centro Brasileiro de Infrestrutura (CBIE), Adriano Pires, lembrando que a ação da companhia chegou a ser cotada a quase R$ 50 entre 2007 e 2008 na Bovespa, e atualmente patina em cerca de um terço daquele valor.[19] "O grande *trade-off* da Petrobras é: como um presente tão ruim pode dar um futuro tão brilhante? Não vejo nenhuma mudança de política para que tenhamos esse céu de brigadeiro que projetam", opina.

O descompasso entre produção e consumo interno levou o país a perder a autossuficiência, comemorada pela Petrobras e pelo governo em 2006, quando a produção de petróleo equiparou-se ao volume de derivados consumidos à época no país, ainda que mantida a necessidade de importação de algum volume de combustível. Para os analistas, porém, mais grave do que produção estagnada e falta de refinarias é a interferência política e o uso da estatal como arma contra a inflação.

Em certa medida, a situação atual da companhia é consequência de opções políticas equivocadas, segundo os analistas,

---

[19]. Instituto Millenium, 20 de dezembro de 2013.

feitas no passado em nome da empresa, pela interrupção dos leilões de novas áreas de exploração por seis anos, até a definição do novo marco regulatório para o pré-sal. "A Petrobras vive um círculo perverso: está andando com o freio de mão puxado em razão da dificuldade de autofinanciamento e do maior endividamento", segundo o especialista David Zylbersztajn, ex-diretor geral da Agência Nacional do Petróleo (ANP). Embora as descobertas no pré-sal representem um grande trunfo, o Brasil perdeu "uma janela de oportunidades".

"Quando, em 2007, se decidiu retirar 41 áreas de leilão, havia liquidez de sobra no mundo, o Brasil chamava muita atenção para investimentos e não se ouvia falar de gás de xisto", diz Zylbersztajn, citando o grande salto na produção de energia nos Estados Unidos, que tem feito a maior economia do mundo sonhar com autossuficiência energética e menor dependência de importação de petróleo, incluindo daquele que viria dos campos de exploração brasileiros.

Excesso de interferência política e desprezo pelo cumprimento de regras básicas de boa governança do setor, como permitir que os preços de combustível (gasolina e álcool) sejam reajustados nos momentos certos, são atitudes oficiais que representam, na verdade, um solene desprezo do governo grátis pelo futuro de uma grande empresa brasileira e pelos milhares de acionistas que detêm suas ações, muito especialmente os próprios empregados da Petrobras, cujas reservas do fundo previdenciário são afetadas negativamente pela duvidosa gestão da empresa. Além disso, ao haver atraído para o engano centenas de milhares de trabalhadores do setor privado, detentores de FGTS, que aplicaram, no ano 2000, até metade do seu fundo de garantia em ações da empresa, fortemente desvalorizadas nos últimos anos, o governo grátis trancou as suadas economias desses brasileiros num porão financeiro escuro e sem saída, em completo desrespeito ao compromisso de boa gestão que assumira, anos antes, quando fez propaganda oficial para capturar tais investidores.

Esse é o pecado capital do governo, recorrente e visível há anos, quase nunca fixando metas corporativas mensuráveis pelo Conselho de Administração da empresa, mas preferindo sacrificar os acionistas, os pagadores de impostos e até os consumidores, a longo prazo, só para reforçar o caixa do Tesouro ou controlar, por pouco tempo, o custo de vida, pelo congelamento do preço final dos combustíveis. Afinal, a má gestão do setor representado pela Petrobras também significa um profundo desprezo do governo grátis pela sociedade brasileira.

TERCEIRO PECADO: APAGARAM O SETOR ELÉTRICO

O setor sob influência estatal direta mais afetado pelos baixos investimentos é o setor elétrico. O governo se vangloria de não ter havido apagão de grandes proporções no Brasil desde o governo Fernando Henrique Cardoso, no início dos anos 2000. Mas era de se esperar um corte do fornecimento de eletricidade dessa gravidade? Têm ocorrido, no entanto, desde 2010 "apaguinhos" em série, em quase todas as regiões do Brasil, justamente por atraso crônico de investimentos. O risco de novos apagões é real e eles só não ocorreram em maior número devido à entrada em operação das dispendiosas usinas termelétricas. O programa de construção de usinas para atendimento emergencial em condições hidrológicas extremas foi a última vez que o Brasil planejou o setor elétrico com um olhar verdadeiro de longo prazo. Isso foi na virada do milênio, há mais de uma década. É como se houvesse uma premonição do que aconteceria de desastroso nos dez anos seguintes. Esse foi o apagão do planejamento e da ação coletiva. Apagaram a noção de um plano articulado. Para se ter uma ideia de como o Brasil empobreceu nas últimas décadas, o II Plano Nacional de Desenvolvimento (PND) foi executado na segunda metade da década de 1970 e implantado sob responsabilidade do ministro João Paulo dos Reis Velloso.[20]

Desde então, o país recusou-se a ter um planejamento econômico com números, tabelas e cálculos de resultados econômicos esperados e programas setoriais amarrados em metas confiáveis. A partir daí, o país passou a viver em estado de apagão intelectual permanente. No setor elétrico, esse apagão intelectual também aconteceu. Os investimentos em energia elétrica, antes predominantemente estatais, na fase pós-privatizações, viveram na dependência do desempate dos conflitos de orientação: de um lado, pelo ordenamento, nem sempre correto, da Agência Nacional de Energia Elétrica (Aneel) e, de outro, pelas intervenções, não raro incompreensíveis, dos diversos órgãos ligados ao Ministério da Energia.

O governo não apenas se conformou com a diminuição dos investimentos próprios e das companhias privadas, como também adotou medidas destinadas a diminuir o alto custo da energia para as indústrias e consumidores residenciais. Não há quem não saiba que a energia elétrica é um item gravoso na formação dos preços industriais brasileiros. O governo, no entanto, esperou uma crise de redução grave de chuvas sobre os mananciais e reservatórios, em 2013, para promover um aumento intempestivo da demanda por meio de uma redução de preços. Com isso, ampliou o fosso entre a oferta diminuída pela carência hidrológica e a demanda estimulada por uma demanda reativa ao preço em queda. O governo, desta feita agindo como governo grátis, insistiu que os custos cobrados pelas empresas privadas fossem também reduzidos, embora os fatores principais de custo fossem os impostos e encargos cobrados pelos governos estaduais e federal. O Imposto sobre Circulação de Mercadorias e

---

20. O ex-ministro João Paulo dos Reis Velloso preside atualmente o Instituto Nacional de Altos Estudos (Inae), entidade produtora dos mais férteis e insistentes estudos sobre como o Brasil pode retomar a sempre adiada marcha para um crescimento semelhante aos países, como Coreia ou Canadá, com quem chegou a se comparar nos anos 1970.

Serviços (ICMS) incidente na conta de luz é uma das principais receitas na maioria dos estados, como o é, também, o ICMS sobre os serviços de telecomunicações.

Assim, apenas uma reforma tributária bem articulada e solidamente negociada poderia, mediante implantação gradual, vir a reduzir o impacto dos tributos no preço da eletricidade. Mas o governo federal não queria saber de planejamento espaçado no tempo. Precisava, no seu cálculo político tosco, de um anúncio de impacto. Com isso, acabou atingindo o valor de mercado das empresas privadas e, inclusive, da sua maior estatal, a Eletrobras.

A Eletrobras, segundo portal da empresa atualmente no ar, é "líder em geração e transmissão de energia elétrica no Brasil e leva energia elétrica, bem-estar e desenvolvimento para os brasileiros através de suas 168 usinas hidrelétricas, termelétricas, eólicas e termonucleares, mais de 61 mil quilômetros de linhas de transmissão e seis empresas distribuidoras".[21] A empresa é responsável por quase 40% da geração e por 56% das linhas de transmissão de eletricidade. A Eletrobras já não vinha tendo bons resultados operacionais, mas o que realmente azedou a relação com os investidores foi a decisão do governo de reduzir o valor da conta de luz de consumidores e empresas e comprometer a rentabilidade das companhias do setor elétrico. A Eletrobras é controlada pela União. Por isso, tem que aceitar as novas regras, contra seus objetivos, apesar das perdas de receita inevitáveis e do sério prejuízo para os acionistas. Mais um desrespeito a quem confiou, um dia, na gestão responsável por parte do sócio controlador da empresa.

A importância da Eletrobras para o setor é enorme: controla 12 subsidiárias e detém 50% de Itaipu. Mas o setor elétrico atravessa um momento de crise. São duas as frentes de perdas. A primeira: as indenizações pela nova política de preços, que chegam a R$ 17 bilhões; a segunda: as receitas perdidas, que podem

---

21. Ver http://www.eletrobras.com/elb/admin/main.

passar de R$ 20 bilhões até 2017. A *holding* federal do setor elétrico tem acumulado significativos atrasos de pagamentos com usinas térmicas e distribuidoras de energia. Isso porque o Tesouro Nacional não aportou recursos suficientes para a Conta de Desenvolvimento Energético (CDE). Os repasses insuficientes para a Eletrobras decorrem de dificuldades do Tesouro, numa indicação de que os resultados fiscais são ainda piores do que os anunciados. Já os atrasos de pagamentos confirmam que a política de modicidade tarifária tornou-se grave fator de desequilíbrio nas finanças das empresas do setor elétrico.

Além dos fatores mencionados, há a questão da remuneração de investimentos realmente efetuados e auditados pela Agência Nacional de Energia Elétrica (Aneel) e auditores externos societários.

A Eletrobras contabilizava em seu balanço R$ 31 bilhões em indenizações a receber por investimentos já feitos e ainda não amortizados, mas a União pagou apenas R$ 14 bilhões. A empresa, então, arcou com as consequências. Mais uma arbitrariedade do controlador. Outra medida adveio de não ter dinheiro para bancar os subsídios das tarifas de energia, algo que não faz parte de seu compromisso social, já que implantou com sucesso programas bem concebidos, como o Luz para Todos. A Eletrobras vem transferindo parte do ônus de programas governamentais para quem se relaciona com ela, incluindo controladoras de usinas térmicas e distribuidoras. O Tesouro Nacional não colocou recursos suficientes na CDE, deixando um "buraco" de R$ 1,5 bilhão em 2013. Um dos casos mais graves é o de um conjunto de quatro geradoras que responde por cerca de 50% do abastecimento de energia elétrica de Manaus, incluindo o polo industrial da região.

Como a Eletrobras é estatal, tem lhe sido imposto acatar as decisões do governo. Como o mercado é implacável, a queda das ações foi drástica e preocupante. Com a fuga de investidores privados – as ações não pararam de cair desde que as medidas do governo foram tomadas – cresce a chance de o governo ter que fazer aportes do Tesouro ao grupo, impactando ainda mais a política fiscal do governo. O consumidor pagou menos pela luz; porém, pagará mais em impostos para financiar o desastre financeiro da Eletrobras.

O Brasil fez muita força para acertar os ponteiros do setor elétrico nos difíceis anos 1990. O povo pagou um alto preço fiscal, com altos impostos, para cobrir os excessos praticados nas terríveis décadas perdidas, antes da virada do milênio. Não merecia, portanto, o povo brasileiro estar na iminência de vir a pagar por tudo de novo, dessa vez, algo como dez a quinze vezes mais do que o ajuste anterior. Trata-se de um profundo desprezo pelo cidadão; uma ação típica de governo grátis, que faz bondades com o bolso alheio na hora mais errada.

QUARTO PECADO: INDÚSTRIA MAL DEFENDIDA

A atual falta de competitividade industrial brasileira não pode ser atribuída principalmente ao atraso do câmbio. A indústria brasileira escorrega, há muitos anos, num plano inclinado. O governo grátis é inteiramente responsável pela decadência industrial do país. São erros sucessivos de políticas econômicas os responsáveis pela rampa descendente da indústria. Líderes setoriais privados têm a mania de recorrer ao governo como sendo a solução dos problemas enfrentados; mas o governo grátis é, ele mesmo, "a" doença, a causa primária do definhamento da indústria nacional. Administrações seguidas vêm se alternando entre discursos protecionistas e práticas de abandono do setor à sua própria sorte. Razões muito importantes contribuem para explicar porque a indústria empacou. São todas decorrentes de políticas econômicas arcaicas, reflexo do extrativismo econômico (mesclado com seleção adversa de falsos "vencedores" industriais) que o governo grátis exerce sobre quem se atreve a manufaturar no país.

O parasita depende da árvore. Sem pejorativo, o governo grátis é uma praga parasita agarrada ao tronco e aos galhos de uma árvore sadia, a indústria brasileira. O câmbio manipulado foi, na verdade, apenas uma maneira de um governo de vertente populista aproveitar a tendência mundial à valorização cambial nos produtores de *commodities*, em anos mais recentes, para passar ao povo a sensação de que era o governo que produzia o milagre de fazer enriquecer o povo.

No período anterior, de vacas magras, após a quebra do país em 1999, também por erros graves de política econômica na administração Fernando Henrique Cardoso (FHC), foi o câmbio desvalorizado que passou a compensar os demais desacertos e restrições da política doméstica. O povo brasileiro, naquela altura, se sentia bastante pobre, e a indústria era estimulada, em função do câmbio mais favorável, a produzir empregos nos setores de bens comerciáveis com o exterior, para pagar as contas do país, exportando mais. Isso passou e acabou. Com a posterior bonança das *commodities*, a partir de 2003, o drama da restrição externa vivida por FHC virou a comédia burlesca de Lula, com dinheiro entrando a rodo pelas vendas lucrativas de *commodities* do setor primário. A indústria, antes objeto de mitológica admiração pelo pensamento de esquerda, passou de admirada a esquecida. Por trás, sempre permaneceram – intocáveis e inabaláveis – os verdadeiros inibidores da eficiência econômica na indústria, que nunca foram afastados nem combatidos, com força e decisão, por qualquer governo pós-Real: a desmedida carga tributária, o elevado custo de matérias-primas, o custo energético desproporcional aos concorrentes, a infraestrutura profundamente deficiente, estradas de escoamento abaixo da crítica, o custo crescente da mão de obra, a burocracia maluca e juros mais do que elevados, verdadeiros campeões do mundo. É só consultar todos os documentos das principais entidades patronais da indústria para concluir que os pleitos setoriais são meras repetições, cansativas reproduções de críticas, conclusões e recomendações de mudanças preconizadas dez, quinze, até vinte anos atrás, desde muito antes da edição do Plano Real.

O governo grátis é, seguramente, o exemplo mais explícito de ignorância consentida e assumida. Os compromissos populistas de um governo que apela para a gratuidade de sua própria existência também exigem o total descompromisso desse mesmo governo com uma efetiva mudança de rumos no país, mediante uma revisão corajosa e inteligente de políticas evidentemente equivocadas. O governo grátis é, assim, um enorme e interminável pantanal de mediocridades.

Nenhum governo, desde os anos 1980, levou a contento um plano de defesa do equilíbrio competitivo da indústria nacional. Isso coincide – e não por acaso – com o declínio da indústria no Brasil. Houve tentativas, para não dizer que governos lerdos não tentam, mas quase sempre prejudicadas pelo crônico constrangimento fiscal e financeiro do país. O que sempre faltou foi criatividade, diálogo com os próprios interessados e compromissos sérios. Nunca faltaram recursos, tanto quanto conhecimentos aplicados e vontade de executar o combinado. Mesmo quando a restrição orçamentária estrutural foi afastada, já na gestão Lula, pelos ganhos enormes com *commodities*, não apareceu quem enxergasse, nas equipes do governo grátis, a oportunidade de se fazer um planejamento agressivo em prol da maior competitividade industrial, como fizeram todos os vencedores no mundo, a exemplo do Japão, da Coreia e da China, assim como do próprio Brasil, com bastante sucesso, nos anos 1950 a 1970.

A participação da indústria de transformação no PIB retrocedeu a 13%, um nível que o setor não conhecia desde o longínquo ano de 1955, ao tempo da implantação do Plano de Metas do então presidente Juscelino Kubitschek. O desempenho do PIB brasileiro tem se apoiado, desde a crise inflacionária e da estabilização do Plano Real, na exportação de matérias-primas – petróleo bruto, minério de ferro e produtos diversos do agronegócio, como soja, em particular. A gestão Dilma, embora tivesse noção desse afundamento gradativo de largos segmentos do setor manufatureiro nacional, não conseguiu enfrentar a questão de modo prático e incisivo. Nenhum segmento documenta melhor este recuo do que a indústria brasileira de máquinas e equipamentos, pois esta é a "ferramenta" dos demais segmentos industriais. A proporção de conteúdo nacional nas vendas de máquinas, nos anos recentes, tem tido uma queda dramática, como atesta o quadro.

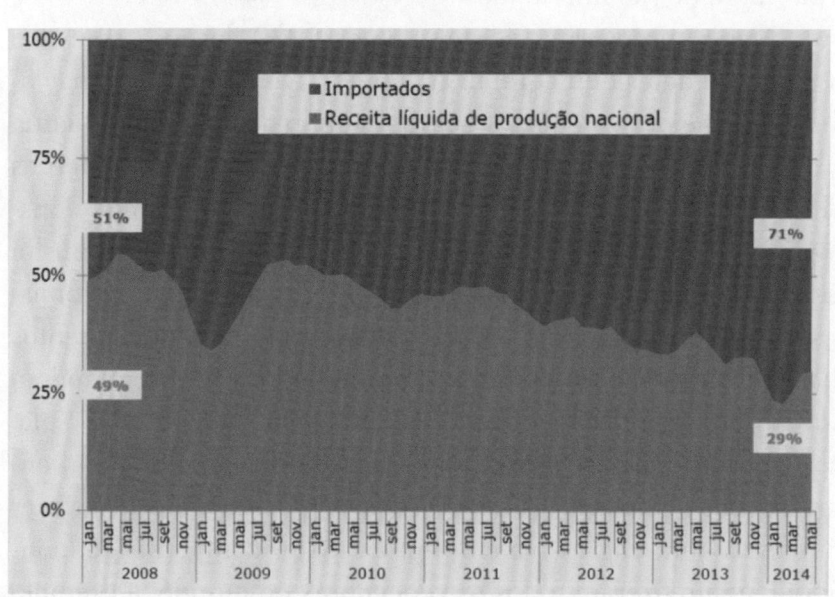

Brasil, Mercado de máquinas e equipamentos*

Fonte: DCEE/Abimaq.(*) (Média móvel 3 meses).

    O abandono setorial chegou ao paroxismo. Foi veiculado em 2014 que uma grande companhia do setor de alumínio nacional parou sua produção numa das fábricas porque percebeu, por ser autossuficiente em energia, que seus lucros seriam maiores vendendo a eletricidade, antes adquirida por contrato, do que produzindo alumínio para venda, como seria seu negócio normal. Parece anedótico, mas é tragicamente verdadeiro. Claro que, no caso do alumínio, como em vários outros ramos, também concorre no rol de dificuldades o *dumping* terrível da China, derrubando as chances competitivas dos nacionais antes os importados, largamente subsidiados e aqui internalizados com carga tributária favorecida. Muitas indústrias brasileiras perdem a razão econômica de continuar fabricando. Viram distribuidoras de similares importados, que nos chegam muito mais baratos, ou fecham as portas, simplesmente.

O que se constata é que uma desoneração tributária, ou uma desvalorização cambial, ou os dois instrumentos juntos garantiriam a retomada de um bom desempenho industrial. Órgãos do governo concordam que a mudança tem que ser gradual, e com absoluta determinação, mas não adotam qualquer medida para esse enfrentamento.[22]

As empresas nacionais conseguiram obter, recentemente, uma taxa cambial menos valorizada em relação ao dólar. Mesmo assim, no cotejo com os custos de produção dentro do país, calculados pelo índice salarial da indústria paulista, ainda ocorre uma importante defasagem entre o equilíbrio competitivo histórico (apresentado conforme o traçado da linha reta no quadro a seguir) e o ponto de valorização excessiva do salário industrial no confronto com a taxa de câmbio. Para se entender sem dificuldade, quanto mais forte o real perante outras moedas, ou seja, quanto mais apreciada a nossa taxa de câmbio, mais "valorizado" será o salário pago – no sentido de ser mais custoso para a indústria nacional, embora mais vantajoso para o empregado. Naturalmente, deve-se buscar um equilíbrio que não represente perdas para o trabalhador, tampouco eliminação da competitividade da indús-

---

22. Associação Nacional dos Fabricantes de Veículos Automotores (Anfavea) encomendou em 2011 um estudo à consultoria PricewaterhouseCoopers que concluiu que a falta de competitividade de produtos brasileiros se devia ao "custo Brasil". Esse estudo foi apresentado a várias entidades governamentais – ministérios da Fazenda, Desenvolvimento, Indústria e Comércio Exterior, e Ciência e Tecnologia, e ao BNDES – e o governo respondeu com o aumento da carga tributária.

tria, o que terminaria por matar empregos, uma vez destruído o poder de concorrência do parque industrial instalado no país.

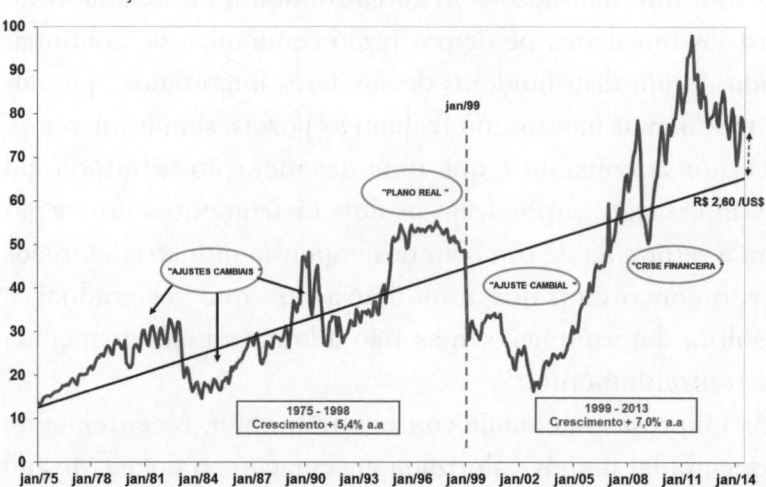

Brasil, Relação Salário / Câmbio na Indústria Paulista.

Fonte: BACEN e FIESP. Razão entre o salário nominal calculado pela FIESP e a taxa de câmbio nominal (R$/US$).
Elaboração: RC Consultores

É função primordial de um governo responsável, em sua política econômica, buscar tal equilíbrio entre mais câmbio (a vantagem concorrencial da nossa indústria) e mais salários (o avanço no poder de compra do trabalhador). No entanto, a relação entre o câmbio e os salários pagos pela indústria não depende apenas dessas duas variáveis. O governo grátis, no seu populismo, tentará tirar proveito de uma variável à custa da outra, estimulando que o câmbio se aprecie, daí favorecendo os importados que puxarão para baixo a inflação interna e jogarão para cima o poder de compra dos nossos assalariados. Nada mal para quem busca popularidade com a manipulação da economia, fazendo favor com o bolso alheio, no caso, com o bolso da indústria nacional. Por seu turno, o governo responsável não pode contemplar apenas a desvalorização do câmbio como medida dura, impopular, porém inevitável, que deve ser empregada de qualquer maneira. Empobrecer a massa trabalhadora e consumidora nunca foi solução. É preciso buscar soluções para a indústria fora do mero ajuste cambial.

É necessário pensar noutro modo de atacar a questão. Um sistema tributário novo que simplifique o que aí está é um começo excelente, na medida em que no sistema tributário reside a principal desvantagem competitiva da indústria brasileira. A desoneração da mão de obra, pela passagem da contribuição previdenciária para o faturamento, foi um bom começo, o único ensaiado pelo governo Dilma. Seria preciso ir muito mais rápido e caminhar mais longe. Quanto mais o governo grátis conseguir "desinventar" suas próprias maldades, estará produzindo espaços para a maior competitividade industrial e deixando de encomendar uma futura desvalorização corretiva do real.

O teste competitivo final de todos os segmentos industriais brasileiros está na restauração da capacidade financeira da indústria. Não é suficiente buscar apenas a elevação da produtividade do trabalho ao enfrentarmos concorrentes externos com suas peculiares estruturas de preços distorcidas por subsídios dados na origem, como faz a China. Seria necessário, concomitantemente, realizar melhoria significativa das instalações portuárias e dos investimentos em transportes. O principal a ser feito, no entanto, é o *mea culpa*, que o governo grátis no Brasil ainda não fez, em relação ao seu pecado de abandono daquilo que foi o sonho de toda a nação brasileira: um pujante setor produtivo industrial.

QUINTO PECADO: OBSESSÃO POR SUPERÁVIT PRIMÁRIO E JUROS ALTOS

O Brasil é campeão mundial em pagamento de encargos sobre a dívida pública. Durante duas décadas fomos levados a crer que um aumento dos juros pelo Banco Central representaria sinal de austeridade pública e da vontade do governo em controlar a inflação. No entanto, tal leitura está completamente equivocada. O superávit fiscal primário, requerido anualmente no orçamento público para pagar os juros do governo, é uma decorrência do próprio tamanho projetado dos encargos da dívida pública, que tem atingido dimensão anormal no Brasil. O país se autoimpõe, desde o Plano Real, um verdadeiro flagelo, em termos de política de juros. É uma tragédia financeira sem paralelo, inclusive entre países muito endividados e até quebrados. O nível dos juros reais no Brasil é o maior do mundo. Os encargos financeiros públicos, na proporção do PIB, idem. E para servir a esse despautério, o governo maltrata os contribuintes, que pagam a conta da obsessão pelo superávit primário, recolhendo 5% do PIB em impostos com o único objetivo de pagar o serviço da dívida pública, anualmente R$ 250 bilhões, o que corresponde a *dez vezes* os gastos totais com a Copa do Mundo, todo ano, ano após ano!

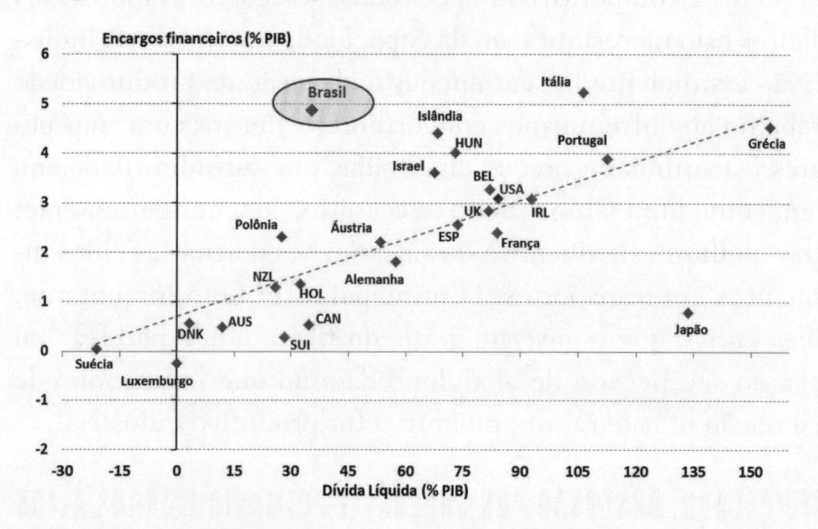

Encargos de juros e dívida líquida no Brasil e no mundo.

Fonte: OCDE e FMI. Elaboração: RC Consultores

A explicação dessa maluquice financeira só pode estar numa típica atitude de governo grátis, adotada no dia em que a nova moeda – o Real – foi criada, há vinte anos. Naquele dia, 1º de julho de 1994, o Brasil começava vida nova, com o compromisso de não inflacionar mais. Dentro desse pacto, não haveria mais preços congelados, ou atrasos nas revisões de preços públicos, e indexação diária ou mensal de contratos. Os brasileiros queriam moeda confiável. Mas o governo grátis, já impregnado pelo lema do "tudo pelo social", que virou "tudo para todos", tampouco se dispôs a controlar seus gastos. O longínquo brado do então primeiro candidato presidencial, na redemocratização do país – "É proibido gastar!" –, já estava esquecido e sepultado. E se era para continuar gastando, sem inflar a economia, alguém seria escalado para pagar a conta do governo grátis. Pronto! Tudo resolvido com a nova linha de política econômica: a Receita Federal arrecadará o que for preciso para cobrir o gasto público, do tamanho que for, e o ministro da Fazenda formará o tal "superávit primário" para saldar os juros da dívida pública, custe o que custar. E assim se fez: desde então, nunca mais se deixou de extrair até a medula dos pagadores de impostos.

Em bom português, o que fez o Plano Real foi substituir a inflação da moeda falsa pela pior inflação, da tributação enlouquecida, conjugada aos juros mais altos do planeta. E esse mito de política econômica austera virou dogma de boa conduta, como se o Brasil não tivesse qualquer outra opção ou maneira de fazer uma estabilização mais inteligente.

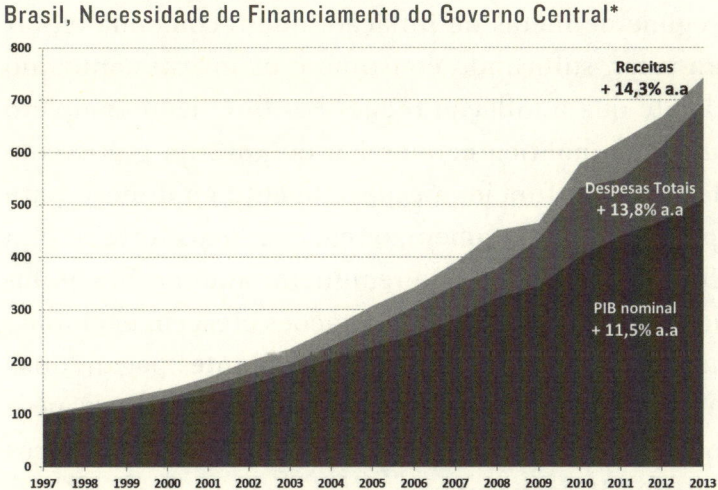

Brasil, Necessidade de Financiamento do Governo Central*

Fonte: Resultado do Tesouro Nacional, Resultado Primário do Governo Central; IBGE. (*) Índices com base 1997=100

Chega a ser patético que os economistas oficiais descubram, após tanto tempo, no exame médico-legal do cadáver do crescimento industrial brasileiro, que não houve compromisso nem plano consistente, no Plano Real, para se fomentar um "crescimento econômico vigoroso e equilíbrio externo". De equilíbrio externo até se cogitou, pois o Brasil andava meio quebrado, até ser salvo, por pura sorte, no superciclo das *commodities*. Mas isso se deve à incrível sorte do país no período do presidente Lula, cujo carisma chega a ponto de muitos fiéis o sentirem capaz de despachar com o Altíssimo. Sobre o crescimento do país, no entanto, ninguém jamais cogitou, muito seriamente, dentro do governo grátis.

Os gastos públicos, estes sim, têm realizado um desempenho fantástico, com taxa real de expansão de 5% ao ano, durante os vinte anos do Real. Para cobrir a conta do gastador oficial, foi eleito, como pagador, o povo brasileiro, que viu sua carga tributária crescer em dez pontos percentuais do PIB, com a arrecadação tributária havendo superado até a explosão da despesa – aliás, como convém a um país "austero" – e atingir a incrível marca de crescimento de 5,7% ao ano, já descontada a inflação. E como essa sempre se manteve resistente a baixar, se criou o regime de metas de inflação, que recomenda elevar os juros para valer, sufocando consumo e os investimentos no setor privado até que a inflação recue. Por fim, ficou completo o tripé fabuloso da política econômica do governo grátis com o câmbio flexível, que funciona especialmente na direção para baixo. Sempre que os juros sobem, o real fica "mais forte" e vêm dólares de fora ser aplicados e se remunerar aqui no Brasil, fazendo-nos uma visita rápida. As importações crescem e a indústria local murcha. Enquanto isso, os contribuintes pagam duas contas, que jamais pararam de crescer, primeiro, a da despesa pública não financeira e, em seguida, os encargos financeiros sobre a dívida pública acumulada.

A conclusão é inevitável: se o governo grátis não segurar sua própria despesa, que é a pública, em desabalada expansão há vinte anos, o investimento privado persistirá em constante contração. Tudo isso era evidente desde o primeiro dia do Real, menos para o governo grátis. Será sempre do setor privado empresarial e do bolso do consumidor brasileiro que o governo arrancará recursos para continuar cobrindo os encargos financeiros mais elevados do mundo. E dirá que faz isso em nome do superávit primário. A obsessão por fazer superávit primário é, nessa circunstância, também um decreto silencioso de diminuição do nível de investimento no país. Não é surpresa que a estagnação da taxa de investimento privado esteja ocorrendo de modo estrutural. Medidas de compensação ao setor privado são de quase óbvia inutilidade, embora o governo grátis as empregue a fim de fazer bonito para a plateia. Quem disse, então, que não precisamos de um "plano real dos impostos"? O "extrativismo econômico" a que se referem Acemoglu e Robinson no seu livro *Why Nations Fail* encontra no Brasil um exemplo perfeito, com a pinça financeira dos juros mais altos do planeta conjugada a um sistema tributário desenhado para sugar o que for possível das atividades mais rentáveis e das pessoas mais capazes de investir e inovar. Curioso que os dois autores não tenham se fixado nesse caso clássico de extrativismo, para preferirem – em vez disso – ressaltar uma suposta virtude de inclusividade às instituições econômicas do Brasil atual. Os autores de Porque falham as nações terão que fazer uma releitura do que aconteceu no Brasil desde o Real e, em especial, rever a tão elogiada gestão do presidente Lula, apresentada no livro como exemplo máximo do que deve ser feito por governos responsáveis.

A exigência de um esforço fiscal crescente para cobrir os encargos financeiros da dívida pública, enquanto o governo continua gastando demais em termos correntes, produz um efeito contrário ao equilíbrio interno e externo que otimizaria a taxa de crescimento. A nova taxa de crescimento brasileiro que surge como decorrência dessa política econômica de governo grátis será de nível bem mais baixo, por conta da excessiva carga tributária marginal incidente sobre o PIB das famílias e do setor privado. Em outras palavras, enquanto aumenta a carga tributária, o crescimento do PIB murcha até um novo ponto de baixa rotação do crescimento. Some-se a isso que o dispêndio público excessivo produz uma propensão inflacionária crônica, até pela ineficiência relativa dos gastos públicos. A pressão inflacionária crônica, por sua vez, produzirá uma reação-padrão da autoridade monetária, que defenderá a meta de inflação mediante elevação dos juros nominais (e reais). O Banco Central não tem mandato para conter a despesa pública, muito menos para aumentar a carga tributária. No entanto, ao elevar os juros, a autoridade monetária faz o contrário do que deveria ao, involuntariamente, aumentar a despesa com juros no orçamento federal anual.

É exatamente isso que o Banco Central provoca: a necessidade de se tributar mais para se tentar obter um maior superávit fiscal primário, que resultará, por seu turno, em gastos adicionais com juros, ou seja, mais despesa pública! E se o custo de rolagem da dívida pública for atrelado a um juro variável e crescente – que é o caso do Brasil –, então o superávit primário requerido aumentará ainda mais, produzindo um aumento extremamente gravoso sobre a carga tributária. O crescimento potencial, de longo prazo, da economia brasileira tem sofrido, com tal política extrativista, um abalo permanente. O círculo vicioso do superávit primário, alimentador de juros escorchantes e gastos públicos crescentes, parece não acabar nunca. É o governo grátis em plena atividade defraudadora do crescimento nacional.

SEXTO PECADO: INFLAÇÃO RESISTENTE

Segundo a jornalista Miriam Leitão, autora premiada sobre a saga da inflação brasileira, de julho 1964 a julho de 1994, a inflação acumulada medida pelo IGP-DI, foi de 1.302.442.989.947.

180%. Ou, para simplificar o número indigesto, um quadrilhão, trezentos e dois trilhões por cento.[23] O índice atingiu um patamar surrealista no fim dos anos 1980 (durante o governo Sarney) e, ainda mais, no início dos anos 1990 (no breve governo Collor), quando voltou a beirar os 100% ao mês. Naquela época, o Brasil foi campeão do mundo em planos econômicos e em experiências monetárias heterodoxas, com sucessivos cortes de zeros na moeda e nas referências de preços e pela criação de padrões monetários sem lastro nem confiabilidade – passando pelo cruzeiro, cruzeiro novo, cruzado, cruzado novo, de novo o cruzeiro, cruzeiro real e, finalmente, o real.

O Brasil aprendeu a controlar a inflação com o Plano Real. Foi possivelmente o último, entre países de grande porte, com inflação descontrolada, a colocar um breque no processo de destruição de valor e de autoestima que a corrosão dos preços em disparada provocava. Essa dificuldade de fazer a elite nacional privilegiada sair dos seus processos de exploração de vantagens é uma marca registrada da sociedade brasileira. Atrás de um governo grátis haverá sempre uma elite inescrupulosa e antiética. O processo inflacionário só acontece quando o governo promove e as elites apoiam a escravização financeira e fiscal dos cidadãos. São milhões a serem explorados por meia dúzia de espertos. E o governo se torna aliado da mentira inflacionária ao emitir moeda sem lastro, desmesuradamente. O governo tem o dever constitucional de não emitir moeda falsa, mas o faz persistentemente, a fim de continuar financiando seus próprios gastos sem controle, que não quer ou não tem como controlar.

Economistas aliados do governo grátis, que já vicejava no Brasil antes do Plano Real, se juntaram, no período das "décadas perdidas", para ajudar as autoridades do momento a escolher desculpas e justificativas para explicar a espiral de preços e salários. "Cultura inflacionária" era uma desculpa chique entre os

---

23. Miriam Leitão, *Saga brasileira – A longa luta de um povo por sua moeda*, Record, 2011.

mais intelectualizados. Outra: inflação importada, vinda fresquinha do resto do mundo. Ainda outra: as perdas internacionais. E mais uma: a rigidez dos salários e os reajustes automáticos de preços. E finalmente, claro, a melhor mentira de todas: o "excesso" de exportações, quando "se tirava comida do prato dos brasileiros" para exportar alimentos e o país, assim, fazer mais dólares.

O fato é que quase nunca se admitiu, em debates acadêmicos nos anos 1980, ao menos se chegar a ponto de avaliar o que se passava com a gestão do orçamento público e das emissões catastróficas de moeda. O debate público era dominado pela tese do governo grátis e a culpa, sempre, do sistema produtivo oneroso, da ganância do empresário por lucros e do sistema financeiro conspirador. E o governo fingia acreditar. O povo precisou de muito sofrimento até ir chegando à própria conclusão de que estava sendo impiedosamente enganado. Mas chegou lá, aos trancos e barrancos, depois da tragédia do confisco da poupança, ocorrida no primeiro dia do governo de Fernando Collor de Mello, o maior crime financeiro praticado por um governo na história do Brasil.

Com a inflação em alta descontrolada, qualquer governo deixa de ser governo. O governante passa a ser governado pela impulsão inflacionária, e os grupos em condição de especular contra a má política econômica não perdem um segundo. Fortunas grandiosas se fizeram no Brasil, sempre apostando que o governo se daria mal com seus ataques estúpidos contra a inflação. E o governo sempre se dava mal, às vezes mandando até aviso prévio ao mercado sobre como iria agir, e perder a briga, ao tentar segurar a inflação pelo congelamento do câmbio para, meses depois, largar a bomba atômica das "maxidesvalorizações", como as de dezembro de 1979 e de fevereiro de 1983. A tragédia do combate malogrado contra a inflação se repetiu durante vinte anos, de meados dos anos 1970 até o Plano Real. Uma geração inteira de brasileiros "morreu" financeiramente com a tragédia da inflação. O Brasil afundou na escuridão coletiva. Poucas vozes bradavam, embora impotentes, no meio de uma gritaria enorme de tolices econômicas de todos os tipos.

Finalmente, chegamos à Unidade Real de Valor (URV), com o atrelamento momentâneo dos preços a uma referência de transição que logo se converteu na nova moeda, o Real. Os ganhos da chamada remonetização da economia foram imediatos e legitimaram o presidente Fernando Henrique Cardoso, a quem se atribui o mérito da importante conquista. O presidente que originalmente bancou a mudança – Itamar Franco – ficou em segundo plano, outra característica das muitas máscaras políticas dos planos econômicos brasileiros.

O fato é que chegamos, não sem dificuldades recorrentes, a um controle razoável do processo inflacionário. O expediente do uso de metas de inflação utilizado pelo Banco Central, a partir de 1999, deu mais visibilidade aos participantes no mercado sobre os limites da manipulação governamental que, apesar de tudo, nunca deixou de existir. O "regime de metas", como é chamado o estabelecimento de uma banda de inflação admissível pelo Banco Central, é enxergado por muitos como o Santo Graal do controle da inflação. Esse regime de metas é o que determina e "autoriza" o Comitê de Política Monetária, um grupo de técnicos dentro da instituição, inclusive seu presidente, a fazer subir ou baixar os juros na economia, sem dar muitas satisfações a quem quer que seja. Embora essa transferência de poder do governo grátis para um grupo com compromisso específico de conduzir a meta de inflação seja uma alternativa melhor do que apenas depender da cabeça de ministros dentro do governo, a verdade é que o coeficiente de arbítrio da autoridade monetária continua enorme. Pouca ou nenhuma coordenação ocorre entre as políticas de juros e a orçamentária, entre a arrecadação fiscal e as despesas financeiras do governo. O Conselho Monetário Nacional, que deveria operar tal coordenação, deixou de exercer funções vitais e decisórias para ser um mero autorizador de resoluções. Com isso, murchou no governo, e muito mais na sociedade, a percepção sobre os enormes riscos que ainda pairam sobre um processo inflacionário debelado de modo incompleto.

Na atualidade, o Banco Central desistiu de trazer a inflação ao chamado "centro da meta", de 4,5% ao ano, ou para um nível ainda mais baixo, como 3%, o que permitiria impor a necessária restrição aos contratos de qualquer natureza com cláusula de reajuste anual para, em seguida, se começar a enfrentar o demônio restante, da indexação anual de salários e preços públicos, como transportes, energia, telecomunicações etc. A economia brasileira segue inflacionária, não por uma "cultura" de inflação, mas pelo simples hábito de a população reivindicar reajustes anuais de preços, salários, contratos. Quanto mais alta a inflação pregressa, mais justificado parece ser o hábito da reposição de valor por uma correção monetária.

O fato é que todos perdem com uma inflação mais elevada. Mesmo com reposição periódica de valores. Basta lembrar que a alta do custo de vida, na forma de elevação dos preços livres, sempre corre na frente dos reajustes anuais de salários. Sem contar que as tabelas de correção do Imposto de Renda, diante de uma inflação crescente, são normalmente "esquecidas" pelo governo. O governo grátis é tolerante com a inflação alta, pois é um modo semelhante ao que tinha antes, na fase dos preços galopantes, de manipular e manobrar a população com o coeficiente da mentira inflacionária.

Ao término da gestão Dilma, a inflação oficial segue teimosamente arranhando o teto da meta de inflação. Mas esse é apenas um fato estatístico. A realidade é pior. Como há preços monitorados pelo governo grátis, como petróleo, energia elétrica, pedágios e passagens, com reajustes em situação de atraso crônico, a verdade por trás da estatística é que a inflação verdadeira já furou o teto da meta oficial. Isso compromete definitivamente a confiança no atual arranjo de condução da política econômica.

SÉTIMO PECADO: O FIM DO CRESCIMENTO

O Brasil se beneficiou do efeito prolongado do que conseguiu fazer na sequência do Plano Real até o início dos anos 2000, quando implementou algumas reformas necessárias, embora incompletas.[24] A principal é que o manicômio inflacionário foi substituído pelo manicômio tributário devido ao fato de os gastos públicos terem crescido mais rápido que o PIB. O risco de todos os ativos brasileiros caiu na sequência, depois que ficou claro para o mercado que o compromisso com a disciplina fiscal, as metas de inflação e o câmbio flexível seria mantido, mesmo com a troca de partido no governo em 2002.[25] Além disso, as condições externas, incrivelmente favoráveis, alavancaram o crescimento do país.

Esses mesmos fatores, outrora responsáveis pela aceleração do crescimento brasileiro – a credibilidade da política macroeconômica, o apoio do ambiente externo e as chamadas reformas "microeconômicas" –, agora ressaltam o pessimismo evidente em relação ao Brasil que se tornou disseminado no país e no exterior.

O primeiro fator de pessimismo se deve à visão de que a má gerência macroeconômica contribui para a erosão da credibilidade, antes conseguida a duras penas. A desaceleração do crescimento veio acompanhada de alta inflação e do relaxamento da política fiscal, que acomodou a inflação no teto da banda que, por sua vez, levou a crescentes intervenções no mercado de câm-

---

[24]. Ver Teresa Ter-Minassian, *Structural Reforms in Brazil: Progress and Unfinished Agenda*, Policy Brief No. *IDB-PB-158*, Department of Research and Chief Economist, Inter-American Development Bank, maio 2012; Otaviano Canuto, Matheus Cavallari e José Guilherme Reis, The Brazilian Competitive Cliff, Vox EU, fevereiro 2013.

[25]. Esses compromissos foram assumidos pelo Partido dos Trabalhadores na candidatura de Lula à Presidência por meio de uma Carta ao Povo Brasileiro. Para emular tal compromisso, ao final deste livro apresentamos a Carta do Povo Brasileiro.

bio para conter a volatilidade do real. A isso se soma a tentativa de controlar a inflação com preços administrados e com a adoção de políticas pouco transparentes, que levaram, entre outras coisas, ao *downgrade* da dívida soberana brasileira para apenas um grau acima do nível de *junk*.[26]

Não se pode imaginar que o Brasil retorne à instabilidade macroeconômica do período pré-estabilização, mas não há dúvida de que a credibilidade da política macroeconômica tenha sido afetada negativamente pela forma como o governo tem tentado reagir ao ambiente de baixo crescimento e de alta inflação, que poucos ousam classificar de estagflação. O segundo fator de pessimismo quanto ao crescimento brasileiro refere-se ao fato de o ambiente internacional não ser mais o mesmo. Essa visão, evidentemente, remete ao fato inconteste de que o crescimento, antes da crise financeira de 2008, esteve sempre ligado a fatores externos, muito mais do que domésticos. O influxo de capitais, melhores termos de troca e juros internacionais mais baixos, inegavelmente, empurraram o Brasil para a frente. Com a inversão do clima externo, as perspectivas do Brasil também pioraram. As coisas não devem melhorar com a desaceleração da China, com o pífio crescimento das economias americana e europeia, muito menos com a eventual, mas quase certa, alta de juros nos Estados Unidos. Todos esses fatores inevitavelmente representam desafios futuros para o Brasil.[27]

Fatores externos explicam muito, mas não explicam tudo, embora ainda afetem as condições gerais do país. O Brasil, no entanto, tem um enorme mercado doméstico que representa em torno de 60% do PIB brasileiro. Apesar de depender muito da exportação de *commodities* e de manter uma participação pequena no comércio internacional, os mercados do comércio internacional brasileiro permanecem diversificados, tanto para

---

26. Jonathan Wheatly, "Brazil's Economic Policies: More Nails to the Coffin", Financial Times, 7 de abril 2014.
27. Paribas, "Brazil – Slow Deterioration", abril 2014.

as exportações quanto para as importações.[28] Isso nos remete à terceira causa de pessimismo em relação ao crescimento brasileiro: as bases empresariais, fundamentais para o crescimento, estão sendo minadas e erodidas pelo próprio governo. Isso é a maior preocupação, mais do que a má gestão macroeconômica ou a deterioração do ambiente externo.

Um ambiente empresarial saudável é imperativo para o crescimento, especialmente no atual clima externo. A futura dinâmica demográfica reduzirá o tamanho (relativo) da população economicamente ativa. Assim, é imprescindível aumentar sempre a produtividade para se chegar a um crescimento satisfatório. A produtividade no Brasil teve um pico em meados dos anos 2000, mas voltou a estagnar em seguida. O crescimento da produtividade está limitado pelo ritmo da acumulação de capital – seja o humano, pela educação e treinamento, ou pelas aquisições físicas de máquinas, equipamentos, patentes, tecnologias novas etc. – e, principalmente, pelo fardo imposto pela tributação e burocracia, enfim, o "custo Brasil" no ambiente de negócios. O Brasil precisa de um choque de eficiência e de gestão para a produtividade, soltando as forças produtivas do país e impedindo que os gargalos de sempre o mantenham acorrentado ao crescimento pífio que voltou a apresentar. É imprescindível retomar a agenda das reformas estruturais que o Brasil deixou para trás enquanto permanece atolado no pântano da estagnação, imobilizado pelo fardo da enlouquecida carga tributária, pelos juros, pela infraestrutura deficiente, pela burocracia debilitante, arcaica e corruptora, e pela mão de obra cada vez mais onerosa.

O paquiderme, valente criatura, quanto mais se debate sem ajuda nem rumo, mais afunda no lodaçal. Esse paquiderme é a economia brasileira atual. A perda do crescimento vigoroso que o Plano Real nunca chegou a nos trazer é o grande engano dessa quadra da vida política do país. Continuamos a viver em

---

28. Otaviano Canuto, "Brazil: Chasing Animal Spirits", *The World Post*, 17 de junho 2014.

pleno extrativismo econômico. O desafio é, portanto, denunciar a política econômica, que muitos ainda insistem em afirmar ser correta. Não. Insistir que o errado está certo será a maneira de perecer, de matar o resto da vitalidade das forças produtivas. A política econômica tem que mudar. O governo grátis é o único e especifico responsável pelo nosso atoleiro. Ele é o paquiderme. Nós estamos sendo arrastados pelo mastodonte.

O próximo desafio brasileiro nada tem a ver com a vantagem de suas grandes "riquezas" naturais. Nossa tragédia é gerencial e de foco em verdadeiros objetivos. É séria a crise, mas poderia ser remediada. Depende da eliminação do governo grátis e de suas falsas promessas. Devemos nos concentrar nos problemas efetivos. Falou-se de desafios que se cristalizaram ao longo do governo Dilma. Quando se analisam investimentos, indústria, inflação e crédito, ainda não há motivo de otimismo.

Um país só cresce quando consegue ser internacionalmente competitivo. Tal condição requer planejamento de longo prazo e total determinação do governo. O crescimento requer inovações e incorporação de boas práticas de gestão. Jaime Ardila, ex-presidente da General Motors para a América Latina, declarou: "O câmbio é a menor das nossas preocupações; o problema são os custos de infraestrutura, logística e mão de obra".[29] Ardila cita especialmente as dificuldades nos portos e nas estradas e o monopólio mantido pelos transportadores, os chamados cegonheiros. Agora, as vendas brasileiras perdem espaço também na América do Sul. A General Motors (GM) do Brasil tem perdido contratos de exportação para Chile, Colômbia, Equador e Venezuela, cujos mercados passaram a ser abastecidos pela China, Coreia do Sul e Tailândia. Um exemplo citado pelo ex-presidente da GM na América do Sul é o da picape S10, exportada da Tailândia para esses mercados a preços entre 20% e 30% mais baixos do que os do Brasil. "A ironia é que a S10 foi

---

29. *O Estado de S.Paulo*, 18 de novembro de 2012.

desenvolvida aqui no Brasil", disse o executivo. Ou seja, ficamos até sem o que nasce da nossa criatividade. Alguém mata nosso progresso potencial, passando rasteiras sucessivas no progresso potencial da indústria brasileira.

A montadora Renault deixou de vender para o México 7 mil unidades ao ano do compacto Sandero produzido no Paraná. "A Colômbia passou a ser a fornecedora do modelo, pois tivemos uma evolução desfavorável de custos e nossa competitividade se degradou muito", disse o então vice-presidente para as Américas da Renault, Denis Barbier. A fábrica local da Renault em Medellín recebe as peças do Sandero de diversas partes do mundo, como Brasil, França e Romênia, e apenas monta o carro localmente.[30] A trágica ironia é que os automóveis produzidos no Brasil vão ficando obsoletos por falta de estímulos competitivos, em relação aos produzidos no México, por exemplo, e que vão tomando nossos espaços nos mercados americano e europeu. Os veículos brasileiros têm destino preferencial na vizinha Argentina, sempre que esse país lhes permite a entrada.

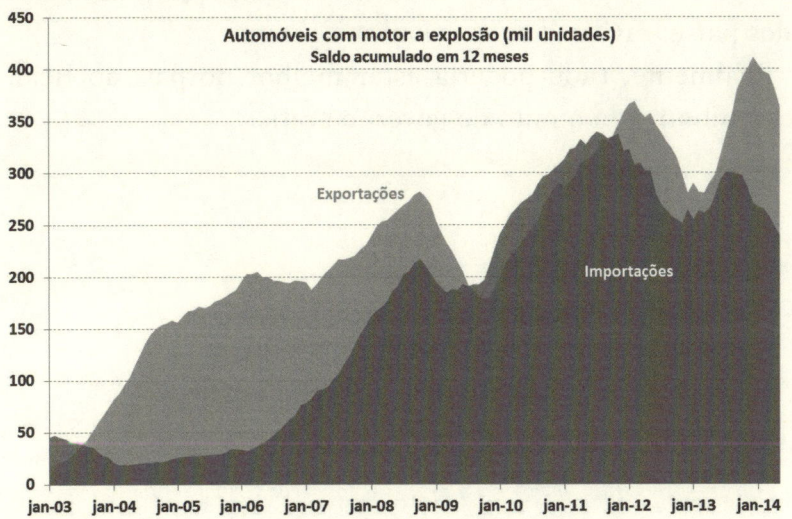

Exportações e Importações à Argentina

Automóveis com motor a explosão (mil unidades)
Saldo acumulado em 12 meses

Fonte: Ministério do Desenvolvimento, Indústria e Comércio Exterior.

---

30. Ibid.

O Brasil, sem dúvida, melhorou muito desde que estabilizou sua moeda, há exatamente vinte anos. Retrocessos não são vislumbrados, mas, de certo, o que prejudica o país é a insistência nas práticas típicas de um governo grátis. É possível resumir tudo que tem acontecido pós-Real pelo maior paradoxo brasileiro: o governo arrecada demais, gasta muito e mal, e está sempre "sem recursos". É a mais pura verdade: nunca sobra para investir no setor público. Chama a atenção, por fim, o alinhamento do nosso governo grátis ao de outros países sofrendo da mesma doença política e moral. O Brasil, não obstante seu imenso tamanho territorial e a imensa disposição de sua população, permanece, em termos de crescimento econômico, a reboque de outros países latino-americanos – México, Colômbia, Peru e Chile. E escolhe se alinhar, preferencialmente, a vizinhos na contramão da história – Argentina, Venezuela e Cuba. Como escreveu ironicamente *O Estado de S.Paulo* em seu editorial: "O governo brasileiro pode apresentar ao mundo, com muito orgulho, uma rara combinação de resultados econômicos – uma das taxas de crescimento mais pífias do globo e uma inflação muito mais alta que a da maior parte dos países civilizados."[31]

Realmente, tudo poderia estar melhor no país do Real, que descambou para o mito do governo grátis.

---

31. *O Estado de S.Paulo*, 2 de dezembro de 2012.

5. ESTADOS BRASILEIROS: ENTRE O AVANÇO E A DEPENDÊNCIA[32]

DÍVIDA E DEPENDÊNCIA

O nível de endividamento público de um país é o fator determinante para a sua estabilidade econômica e suas possibilidades de crescimento. O histórico brasileiro registra inúmeros períodos de desequilíbrios fiscais, tanto do Governo Federal, quanto dos estaduais e municipais, principalmente, por falta de mecanismos eficazes para o controle do endividamento e dos gastos públicos.

No caso específico dos estados brasileiros, o aumento do endividamento teve início na década de 1960 devido aos grandes investimentos em infraestrutura da época. Mas esse tipo de endividamento faz sentido porque retorna pelo investimento. Nas décadas seguintes, o fácil acesso aos financiamentos internacionais, em conjunto com a posterior elevação da instabilidade do cenário mundial, desequilibrou as finanças dos estados, ocasionando, na década de 1980, um forte aumento da inadimplência. Nos anos seguintes, foram editadas diversas leis visando ao refinanciamento das dívidas dos estados e municípios. Os entes

---
32. Colaboração de Marcel Caparoz.

federados brasileiros entraram na década de 1990 em situação financeira crítica. A federalização das dívidas pela União, na esteira do Plano Real, possibilitou o ajuste fiscal dos entes federados, embora mediante taxas de juros muito elevadas, que o próprio governo federal também enfrentava na época.[33] Foi um ajuste indispensável, porém bastante oneroso para ambos os lados.

Na sequência da consolidação das dívidas pregressas dos estados, foi aprovada a Lei Complementar nº 101 de 4 de maio de 2000, denominada Lei de Responsabilidade Fiscal (LRF), que regulamenta o art. 163, incisos I a IV, da Constituição Federal, sobre finanças públicas, dívida pública e mobiliária e concessão de garantias. A LRF trouxe consigo algumas normas rígidas que garantiram sua efetividade, estabelecendo regras de controle do endividamento, atreladas à receita fiscal líquida de cada estado, com o intuito de limitar o comprometimento fiscal futuro das unidades da federação brasileira.

Os governos estaduais não poderiam imaginar o tamanho do desafio em direção à eficiência na gestão pública. Passados mais de quinze anos do refinanciamento federal por eles obtido, a maioria dos estados brasileiros ainda tem um elevado grau de comprometimento de sua receita fiscal com a rolagem da dívida

---

33. Segundo os advogados Flavio Brando e Marcus Vinicius Furtado Coêlho, este último presidente do Conselho Federal da Ordem dos Advogados do Brasil (OAB), "em 1998, a União assumiu R$ 101,9 bilhões de dívidas estaduais, sendo R$ 77,5 bilhões refinanciados pelo prazo máximo de 30 anos, a uma taxa de juros real mínima de 6% a.a., R$ 11,4 bilhões a amortizar com receitas de privatizações estaduais e R$ 13 bilhões referentes à diferença de encargos pela rolagem das dívidas entre a data de corte e a data de assinatura dos contratos (valores expressos em reais constantes de 1998). O montante assumido pela União equivalia, à época, a 11,3% do PIB e a 77,9% da dívida líquida de estados e municípios em dezembro de 1998". Esses valores indicam a importância da consolidação de dívidas levada a cabo pela administração FHC. A Lei nº 9.496/1997 regulamentou o refinanciamento da dívida dos estados pelo governo federal, dando à União a faculdade de assumir a dívida mobiliária, assim como outras operações de crédito interno e externo ou de natureza contratual, bem como assumir os empréstimos tomados pelos estados e pelo DF junto à Caixa Econômica Federal, compensar os créditos dos estados contra a União, refinanciar os créditos da União junto aos estados. A lei contemplou também um programa de Reestruturação e de Ajuste Fiscal, com reforma fiscal, administrativa e patrimonial no âmbito estadual. O refinanciamento seria quitado em até 30 anos, em parcelas mensais.

consolidada, sendo a situação financeira de alguns realmente crítica, como é o caso do estado do Rio Grande do Sul. Mais adiante, um capítulo será dedicado a propor a maneira de transformar o esforço de pagar o serviço das dívidas estaduais num mecanismo virtuoso, capaz de transformar, nos anos à frente, parte dos juros devidos num fluxo de novos investimentos locais.

OS ESTADOS ENCARAM O DESAFIO

Nosso objetivo nesta etapa é debater a diversidade de situações fiscais e financeiras apresentada por uma federação de 27 estados brasileiros. Nem todos reagem do mesmo modo ao desafio do ajustamento. Alguns reproduzem reações típicas de um regime de governo grátis, por mais que estejam circunscritos aos rigores da nova lei de responsabilidade. Outros são estimulados pelo desafio do ajustamento e, inclusive, inovam a maneira como enfrentar o ressarcimento das dívidas. A atitude política de cada governo estadual no enfrentamento do seu ajuste, com vistas ao aumento dos investimentos locais, é elemento determinante de sua posição relativa no *ranking* de competência gerencial pública, a seguir apresentado.[34]

A fim de compreender melhor a evolução da gestão pública dos recursos financeiros dos estados, foram analisados 28 indicadores analíticos, abrangendo receitas, despesas, endividamento e aplicação dos recursos entre as áreas de fundamental importância para a sociedade, como saúde, educação e segurança pública. A principal fonte foram os Balanços Orçamentários publicados no Sistema de Coleta de Dados Contábeis (SISTN), complementado por dados do Banco Central do Brasil.

A metodologia de pontuação aqui utilizada busca pontuar os estados de acordo com seu grau de singularidade na gestão

---

[34]. A RC Consultores, em parceria com o Instituto Atlântico, desenvolveu, ao longo do ano de 2013, um extenso e inédito estudo a respeito da eficiência da gestão pública dos estados brasileiros, permitindo a identificação da evolução conquistada pelos estados nos últimos anos.

de governo. Portanto, por critério de destaque ou singularidade perante o conjunto dos estados, a pontuação de cada unidade federativa, num determinado indicador, depende da distância relativa da unidade perante a média entre todos os estados. Caso se apresente um indicador estadual dentro de um intervalo padrão, este não obtém pontuação, por não haver apresentado destaque suficiente, positivo ou negativo, naquele item.

Foram analisados 23 dos 27 entes federativos, sendo excluídos da análise os estados do Acre (AC), Amapá (AP), Roraima (RR) e Distrito Federal (DF), em função das características extremas que seus balanços apresentam.[35] Os resultados obtidos apresentaram informações um tanto surpreendentes, com estados maduros, como Rio de Janeiro e Rio Grande do Sul, por exemplo, em posições apenas intermediárias na classificação final, enquanto estados economicamente menores, como o do Ceará, obtiveram desempenho mais destacado na qualidade da gestão pública medida pelo ranking da pesquisa.

RANKING DE GESTÃO PÚBLICA

O quadro apresenta a classificação final obtida. Nas cinco primeiras colocações, temos representantes de quatro regiões distintas do país nas primeiras colocações. Esta característica reforça a não existência de um viés aparente que inclinasse os resultados na direção de determinada região ou nível de renda *per capita*. O ranking da pesquisa, ao contrário, facilita a identificação, de maneira imparcial, daqueles estados com maior eficiência na gestão dos recursos públicos, independentemente da sua localização geográfica e de sua capacidade produtiva. Por

---

35. Os três estados excluídos na região Norte são de constituição recente, com atividades econômicas ainda em estágio inicial de desenvolvimento e, por isso, fortemente dependentes de transferências da União. Dessa forma, seus Balanços Orçamentários apresentam características próprias, que poderiam afetar consideravelmente as médias nacionais e enfraquecer a capacidade do estudo de apontar diferenças sutis entre os estados da Federação. O Distrito Federal (DF) encontra-se no extremo oposto. Por se tratar de uma quase cidade-estado, a administração estadual não tem transferências a outros municípios.

compreender um período total de oito anos, de 2005 a 2012, o estudo permite uma análise dinâmica da gestão pública dos estados ao longo do tempo, sendo os resultados gerados em função de dois quadriênios, 2005 a 2008 e 2009 a 2012. O fato de os quadriênios citados contemplarem dois mandatos distintos impede intepretações equivocadas quanto à melhor eficiência de um governo em detrimento do outro.

Gestão pública dos estados brasileiros: resultados da pontuação

#	2005 - 2008		#	2009 - 2012		#	2012		#	RANKING FINAL	
1	ES	19,0	1	SP	17,5	1	SP	16,8	1	SP	37,8
2	SP	16,8	2	CE	14,8	2	SC	15,0	2	ES	27,2
3	TO	16,8	3	AM	14,8	3	ES	13,8	3	AM	26,8
4	PR	14,8	4	SC	14,0	4	MT	11,5	4	CE	26,6
5	AM	12,5	5	TO	11,3	5	PI	11,3	5	SC	26,6
6	CE	11,3	6	ES	9,0	6	MG	10,8	6	TO	20,3
7	PE	7,8	7	PR	6,5	7	PR	7,3	7	PR	18,8
8	MA	6,8	8	GO	6,3	8	RJ	7,0	8	MG	13,6
9	MG	5,0	9	MS	5,3	9	GO	6,5	9	PE	11,7
10	SC	4,5	10	MG	4,8	10	CE	6,5	10	GO	10,9
11	BA	4,3	11	PB	4,5	11	BA	6,0	11	MS	10,6
12	MS	3,3	12	PE	4,3	12	AM	5,8	12	MT	9,6
13	PA	3,3	13	PI	4,0	13	PE	5,5	13	PA	7,3
14	RS	2,5	14	PA	3,8	14	MS	5,3	14	BA	7,2
15	RN	2,5	15	MT	2,8	15	PA	2,3	15	RJ	6,8
16	MT	1,0	16	RJ	2,5	16	MA	1,5	16	PI	5,4
17	RJ	0,5	17	BA	1,8	17	PB	1,0	17	PB	3,9
18	RO	0,5	18	AL	0,8	18	RS	0,5	18	RS	2,1
19	GO	0,3	19	RS	0,5	19	AL	0,3	19	RN	0,5
20	AL	-2,0	20	RN	-0,3	20	RN	-1,0	20	AL	0,0
21	PB	-4,0	21	RO	-1,0	21	RO	-2,3	21	MA	-0,1
22	SE	-4,3	22	MA	-3,5	22	TO	-3,3	22	RO	-2,1
23	PI	-10,0	23	SE	-6,0	23	SE	-6,0	23	SE	-12,3

Secretaria do Tesouro Nacional (STN). Elaboração: RC Consultores.

Os cinco primeiros colocados na pesquisa, no ranking final, foram: São Paulo, Espírito Santo, Amazonas, Ceará e Santa Catarina, respectivamente. Os cinco últimos estados do ranking foram Sergipe, Rondônia, Maranhão, Alagoas e Rio Grande do Norte. Como observado anteriormente, estados social e economicamente maduros, como Minas Gerais, Rio de Janeiro e Rio Grande do Sul obtiveram resultados algo decepcionantes, permanecendo em classificações aquém da sua capacidade. Minas Gerais ocupou a 8ª posição, Rio de Janeiro, apenas a 15ª, e o Rio Grande do Sul, a 18ª.

O estado de São Paulo, por ser uma unidade federativa bastante desenvolvida, com economia diversificada e de grande escala, obteve uma pontuação suficientemente grande para contemplá-lo na primeira colocação, sendo, portanto, o estado mais eficiente do Brasil em relação à gestão pública. A grande capacidade de arrecadação do estado, baseada no ICMS, importante fonte de receitas estaduais, compreendendo, em média, 85% da geração de receitas próprias, foi um grande trunfo para a obtenção desse resultado. Além disso, o alto grau de diversificação da economia reduz a vulnerabilidade do estado de São Paulo a choques econômicos, diminuindo o risco de quedas abruptas da sua capacidade de arrecadação, por não ser dependente de um setor específico da economia. Por outro lado, o grande estoque de dívida do estado paulista impede melhor desempenho na sua gestão, uma vez que grande parte do seu orçamento fica comprometida com os encargos gerados por essa dívida, inviabilizando a obtenção de novos financiamentos para importantes investimentos, por estar o grau de alavancagem financeira já no teto estipulado pela Lei de Responsabilidade Fiscal.

Uma das surpresas do levantamento é o estado do Espírito Santo, que obteve a segunda colocação no ranking final, tendo liderado inclusive o ranking da eficiência na gestão pública no quadriênio de 2005 a 2008. Entretanto, o resultado no quadriênio seguinte foi aquém do registrado no período precedente, em função da menor pontuação obtida nos indicadores relativos ao endividamento público e na geração de caixa ("Ebitda" estadual), resultado de uma política de elevação dos gastos públicos sem correspondente aumento das receitas fiscais. Para se ter uma ideia do tamanho da deterioração das contas públicas no estado, a proporção dos gastos correntes comprometidos com folha salarial e encargos sociais do funcionalismo público, que era de 41% em 2005, saltou, oito anos depois, para 69%, o segundo maior patamar do país no ano de 2012, ficando atrás apenas do estado de Sergipe, com 70%.

O estado do Amazonas também se destacou no estudo, ficando na terceira colocação geral. Parte de seu bom desempenho na eficiência na gestão pública é fruto dos esforços para a redução da dívida pública, que diminuiu consideravelmente entre os anos de 2005 e 2012, do equivalente a 35% da receita corrente, para apenas 23%, o quarto menor nível de endividamento do país. Os estados de Minas Gerais, Rio Grande do Sul e São Paulo apresentam respectivamente 129%, 127% e 125%.

ENTRE AVANÇOS E DEPENDÊNCIA

Uma posição fraca na classificação final do estudo não significa, necessariamente, que um estado não esteja fazendo sua lição de casa. Casos como os de Mato Grosso e Piauí confirmam isso, visto que suas classificações obtiveram consistentes melhoras, quando considerada a pontuação apenas do ano de 2012. Esse fato demonstra que, embora alguns estados tenham descuidado da eficiência na gestão pública, em anos anteriores, estariam sendo tomadas medidas que contribuem para o avanço dos seus indicadores financeiros. Nos casos de Mato Grosso e Piauí, houve melhora na geração de caixa ("Ebitda"), demonstrando esforço para equilibrar o orçamento do estado, seja pelo aumento da receita, seja pelo controle da evolução dos gastos. Mais importante, no entanto, é que grande parte dos recursos poupados pelos estados foi direcionada para a amortização de suas dívidas públicas, contribuindo para uma situação financeira mais equilibrada e sustentável no médio e longo prazos.

Na ponta de baixo do ranking, chama atenção a predominância de estados da região Norte e Nordeste do país. Dos dez estados menos bem classificados em relação à eficiência na gestão, apenas Rio de Janeiro e Rio Grande do Sul não pertencem a essas regiões. Sergipe ficou na última posição, com uma pontuação final bastante negativa.

De maneira geral, os estados das regiões Norte e Nordeste apresentam, como característica central, grande dependência da União federal em relação à geração de receitas, pela dificuldade na obtenção de receitas próprias, principalmente via tributos (ICMS e IPVA). Essa elevada dependência do governo federal prejudica o avanço da sociedade local no aperfeiçoamento de suas instituições. O menor grau de dinamismo econômico desses estados em relação aos grandes centros produtivos induz a gestão pública estadual a permanecer muito dependente das transferências correntes, como Fundo de Participação dos Estados (FPE) e Fundo de Desenvolvimento da Educação básica (Fundeb). É bastante difícil quebrar este círculo vicioso de dependência e estabelecer políticas que signifiquem real avanço na direção de se estabelecer instituições mais inclusivas.

Além disso, o custo para manutenção da máquina pública, que pode ser considerado um gasto fixo para os estados, possui um peso relativamente maior no orçamento dos estados menores. O excessivo comprometimento de receita com despesas administrativas, judiciárias e legislativas reduz drasticamente a capacidade estadual de executar investimentos em áreas fundamentais, como saúde e educação. Assim, os estados menores e com menor eficiência na gestão acabam não ofertando um serviço adequado aos cidadãos, comprometendo seu desempenho geral na classificação do estudo. Mais uma vez, aparecem sintomas do regime de governo grátis nos estados com menor grau de desenvolvimento relativo, em que os tributos são utilizados em maior medida para o financiamento da própria máquina pública.

O estado de Minas Gerais ocupou a 8ª posição no ranking geral, devido aos altos gastos em relação às suas receitas. O esforço para amortizar uma grande dívida pública não tem resultado suficiente, já que, em 2012, alcançou 129% de suas receitas correntes, tornando-se o estado mais endividado do Brasil. Ao lado de gastos correntes, que consomem quase completamente as suas receitas (96% em 2012), o estado ficou abaixo da média nacional em investimentos em saúde, educação e transportes.

O estado do Rio de Janeiro, por seu turno, ocupou apenas a 15ª posição, um resultado surpreendente para o segundo estado "mais rico" da federação. A posição do estado fluminense é semelhante à do mineiro, com agravantes. Os gastos correntes do Rio de Janeiro chegaram a superar as suas receitas correntes em 2012, atingindo surpreendentes 101%. Apesar da gastança corrente, o estado apresentou indicadores abaixo da média para investimentos em saúde e educação. Sua dívida interna também mostra níveis preocupantes. Apesar da melhora nos últimos anos, a dívida fluminense ainda representou 95% das receitas correntes em 2012.

Por fim, o estado do Rio Grande do Sul ocupou a 18º posição no ranking geral. O quadro é bastante semelhante ao do Rio de Janeiro e de Minas Gerais. Os gastos correntes dos gaúchos também superaram as suas receitas. E muito. Em 2012, os gastos correntes gaúchos corresponderam a 107% das receitas, representando o pior desempenho entre todos os estados nesse indicador. A situação do Rio Grande do Sul é pior do que a de Minas Gerais e Rio de Janeiro porque parte considerável de seus gastos não pode ser reduzida facilmente, já que as receitas do estado estão muito comprometidas com pessoal e encargos sociais. Em 2012, a dívida interna gaúcha correspondeu a 127% de seus gastos correntes.

A busca pela eficiência na gestão fiscal no Brasil precisa ser objeto de grande esforço em todas as esferas públicas do país, do governo central aos municípios. A geração de superávits primários por parte do governo central e dos governos estaduais precisa ser alcançada através, principalmente, do controle da evolução dos gastos públicos, e não pela busca insaciável por mais e mais arrecadação. A política de foco apenas na obtenção de recursos tributários, representando uma verdadeira escalada do governo grátis ao nível estadual e local, tem comprometido a capacidade produtiva de toda a economia brasileira, impondo uma carga de impostos cada vez maior para as famílias e empresas.

O elevado grau de transferências de recursos do setor privado para os governos reduz drasticamente a eficiência dos investimentos no país, em função dos entraves existentes na esfera política brasileira, sob forma de burocracia e corrupção na execução dos projetos. O controle explícito da evolução dos gastos públicos estaduais, em conjunto com um esforço de simplificação fiscal, contribuiria decisivamente para uma melhoria na eficiência pública em nível local. Esse é o grande avanço que alguns estados brasileiros já vêm obtendo. Só dessa forma será reduzida a dependência dos entes federados às verbas federais, tornando possível ofertar serviços de maior qualidade para a sociedade, ampliando investimentos e reduzindo custos improdutivos para a economia dos estados brasileiros.

6. O BRASIL DO REAL E QUARENTA ANOS DE MERGULHO

APÓS O MILAGRE

Vinte anos de inflação devastaram o Brasil. O país passou por oito diferentes definições do seu dinheiro até chegar ao real.[36] Entre 1974 e 1994, a economia brasileira sofreu uma desarrumação completa e as maquininhas de remarcação de preços passaram a ser o grande instrumento de castigo do povo brasileiro. Com os preços corrigidos diariamente, não havia reajuste salarial que conseguisse repor o poder de compra do assalariado. Tampouco isso resultava interessante para o empresário que, apesar dos reajustes frequentes, absorvia sempre um pedaço da mordida da inflação. Viver do próprio trabalho virou prejuízo. Especular com a dívida do governo – corrigida pela inflação diária – era o que valia a pena naqueles tempos de dinheiro falso e de promessas perdidas de um crescimento acelerado da economia. A distribuição da renda nacional, que nunca fora equitativa, piorou muito. O percentual da população vivendo abaixo da linha de

---

[36]. Os oito padrões monetários do Brasil desde 1942, quando se aposentou os mil-réis, estão em http://www.bcb.gov.br.

pobreza beirava os 40% logo antes da edição do Plano Real. Será que o país ainda tinha jeito?[37]

A promessa do "milagre" de uma economia próspera para todos os brasileiros, na qual se havia amparado a popularidade do regime militar, chegara a um melancólico fim já em meados dos anos 1980. Curioso como a responsabilidade moral de governar sem dissimulação, proposição que legitimaria, inicialmente, a chamada Revolução de 64, aos poucos foi se desfazendo na marcha inflacionária instalada a partir de meados dos anos 1970. O engano ficou patente num episódio aparentemente sem maior importância histórica: a tentativa de o governo dissimular a inflação ocorrida em 1973, oficialmente encerrada em 12% – à época um índice considerado excepcional (!) –, porém, de fato, mais próxima dos 20%, índice que não poderia ser "assimilado" politicamente por um governo cujo discurso oficial esbanjava sucessos, na esteira do tricampeonato mundial de futebol, em 1970, com a melhor equipe de atletas de todos os tempos.

Esse parece ter sido, olhando na distância do tempo, o momento do desvio, o ponto de inversão (*tipping point*) da economia brasileira.

---

37. Essa pergunta é respondida em *Brasil: este país tem jeito?* Rio Fundo, 1992, de minha autoria, com Paulo Carlos de Brito, no qual é proposto um plano de combate à hiperinflação com retomada do crescimento. Propostas desse livro teriam inspirado medidas do Plano Real, lançado dois anos depois.

Brasil 1910-2015, Crescimento real do PIB (média móvel decenal centrada)

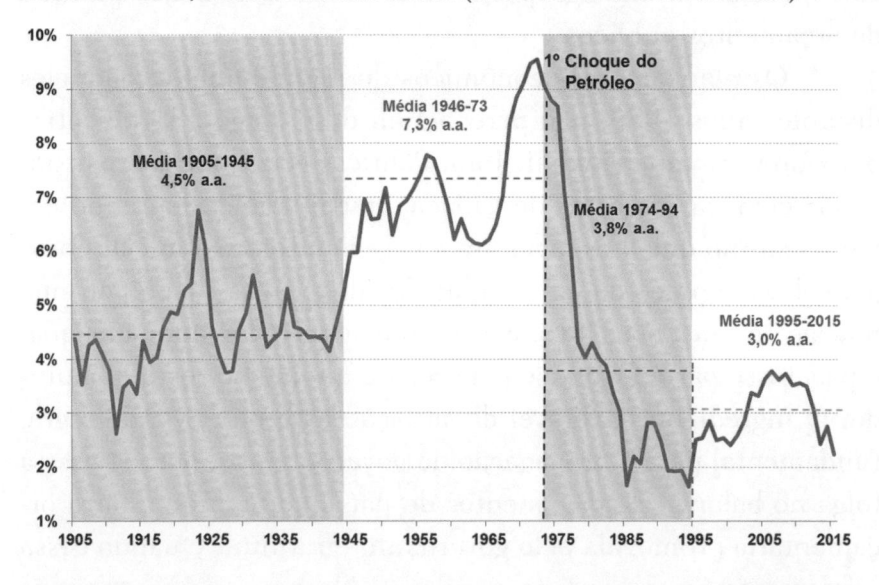

Fonte: IPEADATA, IBGE e Banco Central do Brasil.

TEMPOS DE CRISE

Aqui parece nascer o "rio Amazonas" de governo grátis que, de forma acanhada ou ostensiva, tem vigorado pelo último meio século no Brasil. Estatisticamente, é o que aponta o quadro da expansão secular da economia brasileira, que inverte seu traçado de desempenhos crescentemente positivos, vindo do início do século XX, para mostrar uma queda dramática depois daquele formidável ano de 1973 (a economia cresceu 13,9% reais, só naquele ano, um número de fazer inveja aos chineses de hoje). Parece localizar-se aí, nessa virada de desempenho, o começo da tentativa de governos sucessivos, uns mais, outros certamente menos, de propiciar ganhos e vantagens a segmentos diversos da população, com pinta de gratuidade geral, muitos deles até determinados por lei, embora financeiramente insustentáveis. Mas tais manobras não eram inteiramente bem-intencionadas. Havia, não raro, o intuito escondido de fazer passar a agenda oculta do governante, fosse ela o prolongamento do mando castrense, a corrupção envolvendo grupos e interesses civis ou a manipulação de orçamentos públicos.

Os planejadores econômicos do regime militar, naqueles distantes anos 1970, não perceberam desde logo a significativa piora do vento que vinha de fora. Políticas econômicas expansionistas começavam a ser derrubadas por mudanças sutis no cenário externo que lhes facilitara a base de expansão inicial, fosse pelo elevado preço de uma *commodity* de exportação ou por uma relação de troca mais favorável, ou uma guerra longínqua na qual o país fosse parte favorecida, a seca ou a fome no resto do mundo. O ingrediente favorável da situação externa é, via de regra, fundamental para a propagação do governo grátis, por ser essa a folga no balanço de pagamentos do país que permite a farra orçamentária promovida pelo governante "gratuito". Quando cessa a folga externa, cessa logo o milagre. No novo momento, mais adverso, a insistência na manutenção das vantagens do expansionismo governamental dependerá da multiplicação das apostas dos donos do poder. Os riscos à estabilidade política e econômica duramente conquistada aumentarão exponencialmente.

O segundo ingrediente rotineiro de um governo grátis, na sua "marcha da insensatez",[38] percorrida até o desastre completo e final, é o coeficiente de cegueira do próprio governante e do seu entorno político, convencidos de que, de fato, seriam eles a salvação do povo. Não há quem, vivendo da euforia do poder num governo grátis, possa ficar imune à traição do seu limite de competência.

O PLANO INCLINADO

Em 1974, o governo militar não via como não insistir na marcha forçada à frente da economia brasileira. Afinal, a manutenção do regime dependia muito do desempenho do país

---

[38]. Expressão cunhada pela historiadora norte-americana Barbara Tuchman, como título de seu livro, em cujo tema a estupidez dos governantes é brilhantemente explorada. Barbara Tuchman, *The March of Folly: from Troy to Vietnam*, Random House, 1985.

como milagre de superação do subdesenvolvimento. Ainda havia a preocupação com a necessidade de apresentar resultados concretos de crescimento, objeto que se perderia por completo nas décadas seguintes. Um segundo Plano Nacional de Desenvolvimento (II PND) foi então lançado.[39] A resposta a dificuldades financeiras originadas no exterior, com uma recessão americana decorrente do primeiro "choque do petróleo", seria enfrentada, na visão daqueles governantes, com mais progresso a qualquer custo e com toda a coragem possível, derrotando as previsões pessimistas e calando as Cassandras de sempre. O déficit público, embora crescente, passou a ser objeto de negação oficial. Apagaram-se os efeitos redistributivos imediatos da inflação com a generalização do mecanismo da correção monetária de preços e do valor de ativos de renda fixa. A indústria nacional obteve créditos subvencionados, a taxas fixas no então BNDE, muito abaixo do curso da inflação crescente. A agricultura era contemplada, igualmente, com vultosos créditos altamente subsidiados, via programas diversos de expansão de fronteiras agrícolas e pelo orçamento monetário direto do Banco Central.

Os pesados custos do financiamento inflacionário do país foram sendo contornados, pagos e "apagados" por emissões de moeda escritural nas contas especiais dos bancos oficiais. Poucos se deram conta de que tudo aquilo era obra de uma variante de governo grátis em plena gestação. A quebra do setor habitacional, na esteira do descompasso entre a inflação já galopante e o poder de compra dos salários em queda, resultou em outra conta multibilionária, no início da década "perdida" de 1980.[40]

---

39. Sob a eficiente coordenação do ministro João Paulo dos Reis Velloso, conforme mencionado antes. O plano anterior, I PND (1972-1974), fora lançado em novembro de 1971, na presidência do general Emílio Garrastazu Médici.

40. A conta do subsídio aos mutuários, da ordem de mais de R$ 60 bilhões em valores atuais, está sendo arcada até hoje pelos contribuintes e vem sendo amortizada aos bancos participantes do Sistema Financeiro da Habitação (SFH), incidindo como despesa nos orçamentos federais desta década.

No entanto, a cegueira do povo sempre foi menos intensa do que a dos governantes. A necessidade de se redefinir a forma de competir e fazer progredir a economia brasileira, bem como uma urgente melhoria na distribuição da renda e da riqueza nacional já eram pontos pacíficos no pensamento das lideranças civis desde o final dos anos 1970.[41]

Mas o governo grátis e inflacionário foi acumulando suas próprias contradições, inapelavelmente tragado por um mar de complicações políticas internas, relacionadas à objeção de segmentos reacionários ao projeto de redemocratização iniciado pelo grupo militar no poder. Além disso, vinham de fora muitas outras e pesadas muralhas no caminho do sonhado desenvolvimento nacional. Ainda em 1973 aconteceu a surpreendente elevação dos preços do petróleo pela Organização dos Países Exportadores de Petróleo (Opep), enquanto a crise política norte-americana começava a se aprofundar, na esteira do fiasco dos EUA na guerra do Vietnã, com o enorme déficit fiscal provocado pela escalada da guerra no sudeste asiático e o resultante abandono da paridade do dólar com o ouro (o padrão-ouro) anunciado pelo presidente Richard Nixon. O mesmo governante que viria, em seguida, a renunciar, para espanto da sociedade americana, para não ser cassado por seu envolvimento no escândalo de Watergate.[42]

A resposta coletiva do Brasil a tantas ondas de impacto foi a de tentar justificar o refrão, depois tornado tão famoso

---

[41]. Ver a respeito os *Anais da IV Conclap*, 4ª Conferência Nacional das Classes Produtoras, publicação inédita da Confederação Nacional do Comércio (CNC), realizada no Rio de Janeiro em 31 de outubro de 1977. Os Anais dessa Conclap são um retrato daquela época, com suas esperanças, dúvidas e contradições. É o documento que melhor analisa o momento econômico e social ao fim dos anos 1970, e no qual as lideranças empresariais propõem mudanças radicais, fazendo uma crítica aberta da política econômica de então e pedindo, inclusive, a abertura do regime e a volta da democracia.

[42]. Podemos apreciar melhor como o Brasil se viu envolvido pelo cenário mundial adverso por meio do quadro da linha do tempo (1974-2014) no Brasil e no mundo, apresentada ao final do livro.

quanto falacioso, do país como uma "ilha de tranquilidade" num mundo turbulento.

A penúria das diversas propostas de governo grátis, a de tentar virar o jogo apenas com a "fuga para a frente" – movida unicamente pela intensa vontade de acertar, dando vantagens e distribuindo incentivos para todos – diante de um quadro de piora radical das condições de funcionamento da economia mundial, demonstra o quanto fomos iludidos pela boa intenção, digamos assim, de governantes sucessivos, todos dedicados a não destruir a ilusão coletiva da possibilidade do avanço sem custos.

Depois do ponto de virada, em 1973, nunca mais fomos os mesmos, e isso fica patente na linha cadente das taxas de desempenho da produção interna, que desaba, fragorosamente, do nível "chinês" que conseguira atingir em virtude das grandes reformas institucionais que moveram a economia brasileira nos anos 1960, até a situação lamentável de uma nação megainflacionária e sem rumo nos anos 1980. Evidentemente, os artífices do governo grátis não precisaram fazer muita força para ver a situação da pobreza piorar a olhos vistos.

ENTRE DOIS MUNDOS: A CONSTITUINTE DE 1987-1988

Vinte longos anos se passaram desde então, na insistência paroxística de um governo grátis após outro de continuar acomodando, nos orçamentos inflacionários, as múltiplas demandas de uma sociedade cada vez mais desconfiada de que "a fila não andava mais", para o que contribuiu, como evidência dessa generosidade desproposidata dos governantes e, especialmente do Congresso Nacional, o imenso rol de promessas de novos direitos sociais, sem fontes definidas de recursos para tal, contidos na Constituição "cidadã", promulgada em 1988.

Os constituintes de 1987-1988 se viram tão divididos quanto a nação que representavam na redemocratização do país. Todos os direitos buscados por um povo frustrado por carências seculares, tão fundas e doloridas por conta da escravidão secular e de maus-tratos de negros e índios, bem como pela quebra das promessas de acesso a uma classe média rarefeita, formaram o caldo de reivindicações sociais no plenário da Constituinte eleita ao final de 1986 – demandas tão justas quanto impraticáveis no contexto da absoluta restrição orçamentária de então.

O EMBATE CONSTITUCIONAL

Os "racionalistas" juntaram-se num Centrão para enfrentar a onda entendida como de esquerda (embora fosse, sobretudo, expressão de mais desejo por governo grátis). Entretanto, esse grupo pouco foi além de reativo. Pouca criatividade puderam os racionalistas exercer para colocar o texto constitucional um pouco mais atualizado frente ao mundo que iria ruir, já no ano seguinte à promulgação da Carta, com a queda do Muro de Berlim (1989). O país buscava o antigo socialismo, aquele do controle direto do capital pelo Estado e dos meios de produção pela burocracia governamental, que acabara de se provar inteiramente disfuncional em todos os países em que fora ensaiado como forma de acelerar o alcance de uma sociedade próspera e equilibrada, pelas oportunidades geradas para cada cidadão. Mas, afinal, qual seria a tradução de tantas demandas por mais equilíbrio social numa sociedade caracterizada por um histórico processo de exclusão?

A dialética dos grupos organizados no embate constitucional acabou gerando apenas mais "inclusão orçamentária", ou seja, não o acesso a uma forma de acumulação palpável, previsível, pelo grosso da população, e, sim, um acesso efetivo, mas segmentado, e ampliado, para a minoria já pertencente ao aparelho estatal, os servidores públicos, os políticos, os membros do Judiciário e do Ministério Público. O governo grátis, como "instituição extrativa", conseguiu se estruturar com minúcia, razão principal dos extensos capítulos na Constituição dedicados aos direitos da burocracia que defende o próprio Estado, mesmo que a despeito da Nação. Outro capítulo constitucional minucioso elevou os direitos contidos na legislação trabalhista ordinária como defesa intransigente do assalariado do setor privado, como se a disputa por renda dos trabalhadores brasileiros proviesse do empresário empregador e não do mundo lá fora, que há pouco se abrira, na virada dos 1990, para uma enorme viagem hipercompetitiva, iniciada na Ásia com o despertar econômico da China e, em seguida, disseminada para todo o mundo relevante, ao qual o Brasil pretendera, um dia, se ombrear.

O Brasil tomou o bonde da inclusão não competitiva em 1988. Fez, naquele momento, mais uma opção pelo ponto de inversão negativo já escolhido, sutilmente, desde 1974. O ano de 1988 representa, neste sentido de desenho político-social, uma escolha muito semelhante à dos governos militares dos anos 1970. Jogou-se o ajuste financeiro decorrente dos novos direitos sociais para dentro de um orçamento público quebrado. O resultado matemático não poderia ser outro: hiperinflação aberta, derrota do poder de compra das massas empobrecidas, obscuridade total da política econômica cujo ápice é atingido no momento do desgovernado Plano Collor, tão estapafúrdio quanto seus mentores principais, o presidente depois destituído e sua equipe de confiscadores da poupança privada. O caráter extrativo das instituições nacionais, antes subentendido na própria marcha inflacionária, se transforma em manifestação ostensiva com a hiperinflação dos preços: é o Estado literalmente se apropriando do dinheiro da população como "método" tosco de tributar a sociedade.

ENFIM UM PLANO: O REAL

O Plano Real, implementado em julho de 1994, por seu caráter legalista e não invasivo, é recebido pela população de modo entusiasmado. O candidato presidencial, então ministro Fernando Henrique Cardoso, eleito em seguida, converte-se num verdadeiro "presidente-moeda". O Real, como novo padrão monetário, passa a representar a nova legitimidade política, o novo pacto do governo com o povo sofrido. Esse pacto é comemorado de modo efetivo. A mera remonetização do país, a confiança recomposta numa moeda de valor minimamente previsível, consegue devolver poder de compra significativo à população, de modo a resgatar da pobreza um contingente não desprezível de brasileiros. O coeficiente de "pobreza medida" cai da faixa de 40% da população para cerca de 30% por efeito imediato da estabilização da economia.

Mas onde está o plano por trás do Plano Real? Será que houve, de fato, um planejamento orientado para a volta do crescimento sustentado? A "ficha", sobre a ausência de um planejamento mais amplo, ainda está caindo, muito lentamente. Os mais atentos observadores da cena econômica, analistas e, ao mesmo tempo, participantes daqueles tempos heroicos começam a convergir para uma constatação gritante: o mundo oficial do Plano Real não teve olhos para "fazer o crescimento econômico acontecer".[43]

Muitas providências para eliminar os freios ao progresso foram tomadas pela equipe do Plano Real. O esforço pela estabilização, com suas múltiplas implicações, teve lances de grande criatividade e ousadia técnica. Mas a ótica do plano de 1994 ficou adstrita ao que representou a pessoa do presidente-moeda, a manutenção do seu compromisso de inflacionar o mínimo possível. Com isso, foi possível ao grupo político em torno de FHC organizar e estender, por incríveis vinte anos à frente, um novo *pacto de acomodação*[44] com todas as imensas forças reacionárias do país – quer dizer, todas as estruturas privadas e estatais reacionárias a qualquer proposta de "demolição criativa" do arcaico

---

43. O reconhecimento explícito da lacuna de uma proposta para o desenvolvimento.

44. O primeiro politicólogo a apontar e definir claramente tal "política de acomodação", como artifício central da estabilidade entre classes dominantes e populares, foi Walder de Góes, atento e crítico observador das contradições aparentes e recursos quase infinitos da política "conservantista", como a ela se referia sempre.

edifício do Estado Novo brasileiro.[45] Esse pacto de acomodação resistiu ao tempo e se apresenta articulado na política brasileira até os dias de hoje. O arco de acomodação de interesses passou de vasto para se apresentar como um verdadeiro buraco negro contra qualquer tentativa de articular uma sociedade aberta e fincada no acesso às oportunidades.

Os verdadeiros donos do velho governo grátis, emergente da ditadura militar e adotado facilmente pelos grupos de esquerda na redemocratização, continuaram os mesmos de sempre, em pleno século XXI, duas décadas após o Plano Real, e com seus privilégios intocados. Todos estavam contemplados: os empresários beneficiários de empréstimos estatais privilegiados, em todos os setores da economia; as próprias estatais; os rentistas recebedores de juros anormais sobre a dívida pública; os participantes do restrito clube do programa de privatização para poucos; os representantes do velho sindicalismo celetista, tanto patronal quanto assalariado formal, montado em verbas federativas exclusivas; os aposentados e pensionistas agraciados com regras absurdas de acesso; os servidores públicos estáveis, irredutíveis e irremovíveis; os subvencionados pelo ensino superior gratuito; até chegar, nos dias atuais, aos novos donos de direitos sociais difusos, enunciados nos artigos finais da Constituição Cidadã.

O VELHO ESTADO NOVO, AINDA DE PÉ

O velho acerto político do Estado Novo continua de pé – mudou a dimensão social do pacto, que hoje assume uma mag-

---

45. O Estado Novo, obra da genialidade política de Getúlio Vargas e sua equipe, organizou a transição do velho Brasil imperial e agrofundiário do século XIX para suportar as pressões advindas do século XX, de rápida urbanização e industrialização acelerada, inclusive pela migração externa. O Estado Novo teve sua funcionalidade comprometida pelo próprio sucesso, pois não foi desenhado para acomodar toda a população brasileira, mas apenas os setores mais organizados nas jovens cidades que explodiam. Portanto, as instituições "inclusivas" – e de fato o foram – do Estado Novo, não comportavam senão segmentos limitados da população, não um povo inteiro de 100, muito menos 200 milhões de pessoas, demandando cidadania efetiva e não apenas mais promessas.

nitude impensável na era getuliana. O ex-ditador jamais cogitaria propor e tentar gerir um acordo político tão vasto. Mas a política social de acomodação obteve sua continuidade no Plano Real, ganhando fôlego nunca antes experimentado ao concentrar o financiamento do pacto político na estrutura diretamente produtiva do país, nos consumidores e atividades produtivas rentáveis. O financiamento inflacionário pré-Plano Real converteu-se em financiamento tributário. O descontrole do sistema de preços e o desconforto social, trazidos pelas enormes emissões de moeda, foram "reordenados" e reprogramados de modo a gerar equivalente montante de receitas sem repercussão inflacionária. Uma carga crescente de impostos e, sobretudo, de contribuições, não por acaso apelidadas de *sociais*[46] foi sendo proposta pelas equipes econômicas. A carga tributária logo pesou sobre a estrutura produtiva. Não é por coincidência que o país avança, em seguida, com duas legislações importantes de acomodação da avalanche tributária: as leis do Simples e Simples Nacional, e as leis de refinanciamento de tributos em atraso, conhecidas como Refis.[47] São essas as legislações que compatibilizam, provisoriamente, a escalada tributária necessária para financiar a tradicional política de acomodação, com o acréscimo de milhões de novos contem-

---

46. Em 1982 surge, ainda na última fase do regime militar, o Fundo de Investimento Social (Finsocial), na esteira de um Programa de Integração Social (PIS), com a concepção original de ser um fundo de capitalização de trabalhadores, e que foi também redefinido para virar tributo. O Finsocial virou Contribuição de Finalidade Social (Cofins), na Constituição de 1988. O termo social dispensava explicações técnicas embaraçosas sobre a clara distorção impositiva contida num tributo aplicado diretamente sobre o faturamento das empresas e incidindo em cascata sobre cada etapa da produção. Esta evidente estupidez tributária era justificada por um só termo: ser social.

47. Simples Federal, aprovado pela Lei nº 9.317, de 5 de dezembro de 1996, foi extinto em 1º de julho de 2007, conforme disposto no art. 89 da Lei Complementar nº 123, de 14 de dezembro de 2006, a qual instituiu o novo regime para as microempresas e empresas de pequeno porte denominado Simples Nacional. O Programa de Recuperação Fiscal (Refis) foi instituído pela Lei nº 9.964, de 10 de abril de 2000, destinado a promover a regularização de créditos da União decorrentes de débitos de pessoas jurídicas, relativos a tributos e contribuições administrados pela Secretaria da Receita Federal (SRF) e pelo Instituto Nacional do Seguro Social (INSS). Várias outras providências de refinanciamento de impostos têm ocorrido desde então.

plados do governo grátis em decorrência do pacto ampliado pela Constituição de 1988.

O especialista que identificou de modo mais claro a continuidade do processo de extração econômica pós-Plano Real, economista Raul Velloso, aponta o motor desse fenômeno como equivalente a um "modelo de expansão dos gastos públicos correntes".[48] Noutra pesquisa, Velloso faz constatação impressionante: à altura do ano de 2008, o governo federal já emitia e pegava, todo mês, cerca de 48 milhões de contracheques a brasileiros beneficiários de alguma prestação pecuniária continuada.

De lá para cá, a legião de beneficiários detentores de contracheques mensais cresceu bem mais rápido do que a de contribuintes ou de trabalhadores na população economicamente ativa. O governo grátis no Brasil não parou de ampliar o tamanho do seu pacto de adesão por dependência.

UM "MODELO" DE EXPANSÃO DO GASTO

O fenômeno do governo grátis é mais do que um simples "modelo" de expansão fiscal. Trata-se de fenômeno de natureza essencialmente política, o que não deixa de ser apontado por Raul Velloso em sua clássica exposição do tema.

A compreensão do regime de governo grátis como a reprodução de um arcaico pacto de adesão de massas pobres em apoio ao governo no Brasil é uma abordagem que talvez facilite organizar sua neutralização por forças modernizadoras da sociedade brasileira. Não é embate, como se pode perceber – entre esquerda e direita –, muito menos entre socialismo e capitalismo. Nem

---

[48]. A expressão se refere à existência de um "modelo". De fato, os governos pós-real acentuam a tendência ao crescimento dos gastos correntes. Nesse sentido, é mais do que um "modelo". É fruto de um pacto amplo para não mudar nada de relevante na sociedade brasileira. Por outro lado, é menos do que um "modelo", no sentido de não ser algo estudado e justificado tecnicamente. A acumulação de gastos públicos prescinde de qualquer justificativa técnica, bastando o apelo ao atendimento social. O modelo de expansão do gasto público corrente é minuciosamente apresentado no livro de Raul Velloso, *Panorama fiscal brasileiro, vol. II, Reorientar o gasto corrente para crescer mais*, Movimento Brasil Eficiente, Ed. da Fecomércio, 2010.

chega a ser uma luta entre conservadorismo, no sentido clássico-liberal, e progressivismo.

Trata-se de um enfrentamento definitivo entre a pós-modernidade inclusiva (proposta da sociedade do Conhecimento, século XXI) e o arcaísmo excludente (sociedade urbano-industrial do início do século passado). Por ora, a pós-modernidade é apenas uma demanda genérica que emerge das ruas, em manifestações poderosas, mas ocasionais.

Ao final de 2013, já eram contados aproximadamente 60 milhões de beneficiários de contracheques do governo federal. Essa "folhona" de pagamentos, na expressão bem-humorada e correta do economista Roberto Macedo, outro veterano especialista na análise das finanças públicas da prolongada crise fiscal brasileira, revela-nos a efetiva extensão do governo grátis.[49] Com a expressão não queremos convir uma ilegitimidade intrínseca deste ou daquele grupo de "elegíveis" ao benefício governamental. Pelo contrário, o que há de mais sério e complicado é o fato de serem, todos, benefícios lícitos, já que foram alcançados por meio de lei.

A questão é a extensão moral e a generosidade financeira da lei ou da nomeação. O conjunto dos benefícios concedidos é que vai se tornando pesado demais para a sociedade que o paga. Não importa qual benefício seja o mais antigo, o mais verdadeiro ou mais justificável por um critério de justiça. As bondades do governo grátis têm que caber no bolso do país que as financia.

Como proporção dos gastos da União, aí compreendendo o orçamento previdenciário, a "folhona" atinge a impressionante marca de 71% do total despendido pelo governo central. Em número de pessoas beneficiárias, isso corresponde a quase metade da população economicamente ativa. E também à metade da população eleitoral brasileira. Se acrescidos os dependentes de cada

---

[49]. Roberto Macedo, "Mais de 50 milhões na 'folhona' de pagamentos da União", *O Estado de S.Paulo*, Opinião, 1º de maio 2014.

beneficiário, seria fácil supor que praticamente toda a população de eleitores estaria, direta ou indiretamente, sob a influência da "folhona". Haveria saída pela democracia com voto majoritário? Creio que a resposta esteja do outro lado da equação: o de quem paga a conta. Esses pagadores de imposto também são os milhões de brasileiros beneficiários de contracheques do governo que, no momento seguinte, ao efetuarem uma compra, já se tornam parte do segmento pagador da "folhona". E há mais pagadores de tributos diretos e indiretos do que os 60 milhões de beneficiários das vantagens do governo.

Além disso, cresce entre os pagadores de tributos a consciência, mesmo que mal informada, de que a conta está errada, de que a "folhona" acaba fazendo mal ao país, no sentido de ser liquidamente negativa, mesmo para os que recebem certo benefício. Não seria possível outro Brasil, mais assistido onde de fato precisa e menos oneroso onde a competência de cada um pode responder pela força do conjunto da sociedade? Cresce a percepção de que esse outro país é possível e desejável.

Antes que seja tarde, é fundamental tentarmos alcançá-lo.

Brasil 2014, a grande folha de pagamentos da União

	Lista	Proporção nos gastos totais da União (%)	
		União - 2012	Projeção RC Consultores 2014
INSS	> 1 S.M.	23,7%	22,9%
	= 1 S.M.	15,9%	15,3%
Servidores	Ativos	13,2%	12,5%
	Inativos	9,9%	9,3%
Benefícios	Seguro Desemprego	4,9%	4,8%
	LOAS	3,3%	3,6%
	Bolsa Família	2,8%	3,0%
Total		73,7%	71,4%

OBS: > I S.M. : benefício mensal de valor superior a um salário mínimo = I S.M.: benefício de I Salário mínimo

	Número de beneficiários			
	Lista	2008	Maio 2014	Variação
INSS	> 1 S.M.	7.316.041	9.605.165	+ 2.289.124
	= 1 S.M.	16.291.706	21.152.689	+ 4.860.983
Servidores	Ativos	1.146.828	1.169.577	+ 22.749
	Inativos	980.337	974.604	-5.733
Benefícios	Seguro Desemprego*	7.784.154	8.326.213	+ 542.059
	LOAS	3.489.233	4.226.589	+ 737.356
	Bolsa Família*	12.370.915	13.900.000	+ 1.529.085
Total		49.379.214	59.354.837	+9.975.623

Fonte: Secretaria do Tesouro Nacional, Ministério da Previdência Social, Secretaria de Gestão Pública (Segep).
*Estimativa RC Consultores.

GOVERNO GRÁTIS EM VÁRIAS RECEITAS

7. ARGENTINA: QUANDO A LENDA VIRA REALIDADE MÁGICA

UMA COPA DIFERENTE

A Argentina, o "Reino Mágico do Governo Grátis", tornou-se mais uma vez emblemática do estresse que domina muitos países emergentes. Atualmente, o país enfrenta mais uma das crises periódicas que o atingem em ciclos de dez a doze anos. Os episódios recentes foram em 1975-1977, 1987-1989 e 2000-2002. E, de novo, ao final melancólico da gestão de Cristina Fernández de Kirchner, em 2014-2015.

Os gastos públicos descontrolados têm levado a economia platina à beira da bancarrota. Mais uma vez. Apesar de o Estado vir obtendo uma arrecadação histórica a partir de uma das cargas tributárias mais elevadas do mundo, o déficit fiscal é o quarto mais elevado em meio século e alcançou 6% do PIB no início de 2014.[1] Possivelmente, a situação argentina terá desdobramentos em toda a região, e o Brasil vai acabar também pagando a conta. A desvalorização cambial é aguda, e o país já opera com cinco tipos de cotação do dólar: oficial, paralelo (*Blue*), poupança, cartão de crédito e transações no mercado financeiro (*liqui contado*). Tama-

---
1. *O Estado de S.Paulo*, 5 de abril de 2014.

nha é a complicação para se transacionar com moeda estrangeira que poucos entendem bem o que está acontecendo. Uma triste situação para um grande e poderoso exportador de *commodities* altamente valorizadas nos mercados mundiais! O que, afinal, estaria sugando e esgotando as forças produtivas da Argentina?

O governo de Cristina Kirchner viu a inflação disparar, enquanto a fuga de capitais levou as reservas internacionais do país a menos de US$ 30 bilhões. A desvalorização cambial, numa única semana, chegou a 20%. Isso, depois de apagões, em dezembro de 2013, que impediram a população de Buenos Aires de usar os aparelhos de ar-condicionado, num verão excepcionalmente quente, e de uma greve de policiais por melhores salários que levou a saques de lojas.

Embora não se saiba ao certo se os argentinos ficaram orgulhosos e felizes, o fato é que eles derrotaram o Brasil numa vitória apertada, da "Copa Sul-americana de Tributação", por apenas um golzinho de diferença. Segundo a Organização para a Cooperação e Desenvolvimento Econômico (OCDE), a Argentina tornou-se, em 2012, a campeã absoluta da América Latina em carga tributária, na proporção com o PIB: a carga tributária argentina chegou a 37,3% do PIB, numa região em que a média é de apenas 20,7%. É sempre bom lembrar, os melhores estudos mundiais sobre carga tributária mostram que o crescimento de um país atinge seu melhor desempenho quando uma carga tributária nacional fica entre 20% e 30% do PIB do respectivo país. O Brasil, "campeão" tradicional, teve naquele ano de 2012 uma carga tributária de "apenas" 36,3%.[2] Mas, sem muito esforço, o Brasil recuperou, para alívio do governo, a liderança do campeonato regional de impostos, já no ano seguinte. A disputa permanece intensa sobre que governo levará a Copa para casa e haverá de tomar mais recursos durante arrancados de sua população para, em seguida, lançá-los ao puro desperdício.

---

2. Assis Moreira, *Valor Econômico*, 21 de janeiro de 2014.

GLÓRIAS DE UM DISTANTE PASSADO

A República Argentina, segundo maior país da América do Sul em território e o terceiro em população, é constituída como uma federação de 23 províncias e uma cidade autônoma, a capital Buenos Aires. É o oitavo maior país do mundo em área territorial e o maior entre as nações de língua espanhola. Espanha, Colômbia e México, porém, são mais populosos. A Argentina nem sempre foi conhecida apenas pela sua alta carga tributária e outros dramas econômicos e financeiros. Ela chegou a ser um dos países mais ricos do mundo na passagem do século XIX para o XX, quando Buenos Aires se tornou conhecida como a "Paris do Sul". Aliás, basta ver como muitos prédios *porteños* lembram as construções parisienses.

A economia argentina é a terceira maior da América Latina depois, respectivamente, da brasileira e da mexicana. Mas poderá ser superada, em breve, pelo PIB da Colômbia. A Argentina é um país extremamente rico em recursos naturais. Para começar, conta com as terras mais férteis do planeta – o pampa argentino –, onde se desenvolve um setor robusto do agronegócio voltado para a exportação (soja, trigo e carne, em particular). Historicamente, a população argentina nunca sofreu crises de desabastecimento nem episódios de fome. Ela soube explorar, no século XIX, os grandes espaços vazios de seu território, quando tinha uma excepcional vantagem produtiva em seus campos fertilíssimos. Até os anos 1930, a Argentina era mais rica, em termos *per capita*, que muitos países europeus. Tornou-se, assim, um ímã de imigração, não apenas para muitos milhares de italianos e espanhóis, mas também para outros tantos europeus, franceses e alemães, até ingleses e asiáticos

A intervenção orientadora, contida e pontual, do Estado – agindo como elemento aglutinador e de fomento – na segunda metade do século XIX, permitiu que o país se beneficiasse de um ambiente internacional favorável. O mundo crescia, e a

Argentina, fornecedora do mundo, mais ainda. Na transição do século retrasado para o passado, a Argentina já exportava produtos agrícolas e recebia um grande fluxo de bens de capital, de mão de obra qualificada, de recursos financeiros e de tecnologia. Mas um desastre aconteceu no meio do caminho. Uma ideologia se impôs a qualquer racionalidade. O povo se encantou por um ditador charmoso – Juan Domingo Perón, presidente da Argentina de 1946 a 1955 e de 1973 a 1974 –, e caiu, ainda mais enfeitiçado, nos braços de sua mulher, Evita Perón, cujo maneirismo trágico se entranhou fundo na alma argentina. A morte prematura da primeira-dama ajudou a imortalizar a relação freudiana bilateral entre largos estratos do povo e a figura trágica e maternal de Evita.

As políticas econômicas adotadas depois da Segunda Guerra Mundial, com a ascensão de Perón ao poder, contribuíram para o fim do "milagre" argentino. De tombo em tombo, a Argentina tornou-se, depois da moratória de 2001, um pária para os capitais estrangeiros. Outro momento auspicioso surgiu na primeira década dos 2000, com a subida de preços das *commodities* que a Argentina sempre exportou. Mas, infelizmente, o *boom* internacional dos anos 2000 foi desperdiçado pelos mandatos tortuosos do casal Kirchner, que pôs tudo a perder pelo catastrófico aumento dos gastos públicos, na ânsia de sustentar as políticas populistas do governo grátis lá implantado.

As políticas liberais do distante passado, em relação à migração e ao capital estrangeiro, não obstante as *tonterias* recentes, haviam deixado ao país um imenso legado que se traduziu em preciosos recursos humanos e materiais indispensáveis ao desenvolvimento do país. Ao mesmo tempo, a política educacional daqueles governos liberais havia permitido que os imigrantes se integrassem produtivamente à sociedade local, o que contribuiu para a coesão social que parece não mais existir neste momento. A política de inclusão social progressiva, praticada ao longo da segunda metade do século XIX, explica saltos seguidos da produtividade argentina, fruto da capacidade da força de trabalho e da mobilidade física e social que contribuíram, concomitantemente, para a difusão, rápida e generalizada, de tecnologias estrangeiras adaptadas à economia local. Hoje em dia, em contraste com o passado, a economia argentina é fechada ao exterior e pouco produtiva. A estagnação tomou conta do antigo dinamismo. Um tango melancólico domina a cena econômica.

A Grande Depressão dos anos 1930 afetou o modelo argentino de crescimento que, no passado, havia se voltado para suprir o resto do mundo. Políticas protecionistas, de início temporárias, destinadas primeiramente a permitir a adaptação às novas circunstâncias internacionais de depressão econômica naqueles anos difíceis de queda de preços de *commodities*, degeneraram-se em políticas permanentes de subsídios e proteção desmedida à indústria local, depois da Guerra de 1939-1945. Medidas toscas, já na fase Perón, aceleraram as intervenções na economia, e a política financeira do Estado argentino tornou-se altamente controladora das atividades empresariais. O empresariado local passou a sobreviver à sombra do Estado argentino, cada vez mais voluntarioso e mandão. A resultante instabilidade política e econômica reduziu o investimento e gerou distorções e ineficiências das quais o país nunca mais se livrou.[3]

A Argentina, no entanto, ainda tem um robusto setor de exportação de *commodities* agrícolas e uma base industrial relativamente diversificada, com destaque para a indústria automotiva.[4] A Argentina já foi autossuficiente em combustíveis. E continua sendo um país muito rico. Talvez a expressão deva ser "um

---

[3]. Development Centre Studies: Argentina in the 20th Century: an Account of Long-Awaited Growth – Summary, Development Centre Studies, OCDE.

[4]. O Brasil assinou com a Argentina o Acordo Automotivo que rege o comércio de veículos entre os dois países à margem das regras do Mercosul. Buenos Aires, contudo, desrespeita as regras quanto ao desembargo de veículos brasileiros enviados à Argentina e exige regras de conteúdo nacional que ferem o espírito do acordo.

país miseravelmente rico", pois a facilidade com que os argentinos exploram imensos recursos naturais certamente os torna "mimados" e "estragados" em sua relação com a fartura e a abundância. Isso é tanto verdade que não se fala em outra coisa na Argentina de hoje além do que lhes poderá trazer a nova megaprovíncia de óleo e gás de xisto que tem o sugestivo nome de "Vaca Muerta". Os argentinos já contam com essa nova fonte de exploração mineral para curtir a sombra e a água fresca de um ócio à beira-mar.[5]

ESPIRAL DO MAL

Nada resiste a uma deterioração constante da situação financeira nacional. O país perdeu credibilidade internacional. Os primeiros a desconfiar de qualquer nova regra econômica são os próprios argentinos. O início dessa espiral do mal, que empurrou a Argentina para uma transformação "ao revés", de país eficiente para o que é hoje, foi o populismo que tomou conta das políticas argentinas, quando Juan Domingo Perón chega ao poder em 1946 e o "peronismo" se torna um grande movimento popular nas cidades e, em particular, na província de Buenos Aires.[6] A "venda" do mito do governo grátis tornou-se preocupação constante de *todos* os governos subsequentes. O peronismo é uma espécie de ideologia oficial, embora o movimento, longe de ser unido, se caracterize pela luta constante entre várias facções internas dentro do Partido Justicialista, como é chamado. Os vários grupos que disputam a hegemonia do partido peronista só têm em comum a defesa do populismo para alcançar e manter o poder. Não houve qualquer ponto de inflexão na Argentina que levasse a reformas duradouras. Mesmo a tentativa de uma "revolução produtiva", conduzida pela dupla Carlos Menem e

---

5. Passou a existir a suspeita de que a expropriação da Repsol sobre os direitos que detinha com a compra da YPF tem a ver com a descoberta da província petrolífera de Vaca Muerta.
6. Para uma leitura sobre os efeitos do peronismo, recomenda-se a coluna de Roger Cohen, "Cry for Me, Argentina", publicada no *The New York Times*, 14 de fevereiro de 2014.

Domingo Cavallo, não rendeu o fruto desejado. Menem cresceu na política partidária por ser também um peronista alternativo, e seu ministro da economia, o cordobês Domingo Cavallo, conseguiu, no máximo, produzir uma breve interrupção no processo de afundamento da nau da economia. Essa inflexão momentânea, com a rigidez do regime de paridade entre o dólar americano e o peso argentino, outro delírio de grandeza da elite local, levou à maior tragédia política e econômica do final do século XX.

Entre o fim da Segunda Guerra Mundial e o desenlace melancólico da Guerra das Falklands-Malvinas em 1982, as intervenções militares tornaram-se comuns na Argentina. Golpes militares aconteceram em 1955, 1962, 1966 e 1976, quando as forças armadas derrubavam governos civis sem lograr dar um rumo definitivo ao país, o que demonstra que as forças contra-peronistas tampouco tiveram um projeto de Estado ou de governo. Ficou evidente uma das principais características argentinas: a única constância, o único fio condutor do país, tem sido a instabilidade política e econômica que levou à impressionante perda de vitalidade do país. Um dos grandes fatores da instabilidade argentina, ironicamente, é que os próprios peronistas não conseguem dar coesão ao seu movimento.

Em junho de 1973, três anos antes da terrível ditadura militar iniciada com o golpe que levou à *Guerra Sucia* (guerra suja) e instituiu o terrorismo de Estado, com desaparecimentos e assassinatos estimados em 30 mil oposicionistas, o presidente Hector José Campora fora eleito. Teve, contudo, de renunciar em julho, para que um já senil Juan Domingo Perón voltasse à Presidência, retornando de seu exílio na Espanha. A nova fase do ditador durou muito pouco, pois veio a falecer, por problemas de saúde, em 1974. Assumiu, então, sua segunda mulher, Isabel, ou Isabelita como era chamada, numa referência a Evita, a poderosa primeira-dama do primeiro mandato de Perón. Na Argentina, a história se repete como uma farsa. Para se sustentar no poder,

Isabelita aliou-se à Alianza Argentina Anticomunista, criada por José Lopez Rega, que articulou um esquadrão da morte patrocinado pelo governo para lutar contra os peronistas de esquerda. Um morticínio entre supostos aliados se seguiu de modo bizarro. Só na Argentina poderia um governo falsamente de esquerda se aliar a um grupo de extermínio de extrema-direita para matar esquerdistas radicais. Esse terceiro governo Perón acabou com o golpe militar de 1976, o que não foi surpresa alguma.

O MAL, SERVIDO DE TODAS AS FORMAS

Iniciou-se, então, uma ditadura de juntas militares, com três sucessivos governos, liderados respectivamente pelos generais Jorge Videla, Roberto Viola e Leopoldo Galtieri – que jogou o país, no final, à desastrosa aventura da guerra contra o Reino Unido sobre o arquipélago das Falklands-Malvinas. Dizem que o principal assessor para todos os assuntos do general Galtieri era o conhecido escocês Johnny Walker. Para muitos argentinos, porém, esse conflito ainda não está resolvido, e frequentemente os governos peronistas o ressuscitam para tentar obter alguma vantagem política eleitoreira, apesar de a derrota não se dever apenas ao superior poderio militar do Reino Unido, mas, sobretudo, aos erros dos próprios militares argentinos. Incrivelmente, os peronistas, o principal alvo das forças armadas, foram, subsequentemente, os maiores defensores da guerra patriótica.

Alguém poderia concluir que nada une mais um povo desesperado do que uma bandeira de defesa de um suposto interesse nacional defraudado. Os governos militares, enquanto instalados no poder, tentaram impor uma reforma "conservadora" da economia, com um tipo de abertura incondicional que arrasou a indústria local. A razão do insucesso sempre esteve nos gastos públicos, que permaneciam descontrolados. Assim, a desastrosa política econômica dos militares logrou apenas a destruição da competitividade nacional. Os problemas "tradicionais" permaneciam – inflação, gastos públicos desenfreados, seguidos de desvalorização monetária e recessão.

Enfim, a venda do mito do governo grátis na Argentina não ficou como privilégio dos peronistas: todos os tipos de mandantes na Casa Rosada, sede do governo nacional, fizeram carreira vendendo "um terreno na Lua" para os argentinos comuns.[7] A promessa de abundância para todos, sem custos para ninguém, – ou seja, o governo grátis – foi verbalizada e tentada de formas diversas, mas ideologicamente semelhantes, por peronistas; por militares que se opunham aos primeiros; por esquerdistas sinceros, em seus delírios redistributivos; e também por neoliberais de boa formação, como Domingo Cavallo e sua equipe da Fundación Mediterránea.

Depois do período da ditadura (1976-1982), vieram Raúl Alfonsín e Carlos Saúl Menem, ambos eleitos de modo regular. Com Alfonsín, o partido de oposição aos peronistas e militares, a União Cívica Radical (UCR), chegou ao poder apresentando uma base política precária. Temeu-se pela repetição do cenário de intervenção militar, tão frequente no passado. Mas com o descrédito das forças armadas devido ao fiasco da guerra contra o Reino Unido e mais a vergonha pelos assassinatos durante a ditadura, esse temor de golpe acabou sendo infundado. A UCR, partido socialdemocrata que, apesar do nome, de radical não tinha nada, é visto como um partido à direita dos peronistas e defensor dos interesses da classe média profissional, liberal e urbana. Alfonsín patrocinou o *rapprochement* com o Brasil, assinando com José Sarney, enquanto presidente, o Tratado do Mercosul. Mas a equipe de Alfonsín foi péssima para a economia, tentando dominar uma inflação astronômica por meio de estúpidos congelamentos de preços, seguidos de inconsistentes "reformas" mo-

---

[7]. Gerardo de Santis, professor titular de Economia Política da Faculdade de Periodismo e diretor do Centro de Investigación en Economía Política y Comunicación (CIEPYC) da Universidad Nacional de La Plata (UNLP).

netárias. Sua principal tentativa foi a criação de uma nova moeda estável e confiável, o austral. Essa moeda foi criada sem qualquer disciplina fiscal, condição essencial para uma mudança do regime monetário de um país.

Mais uma vez, os congelamentos de preços com troca do nome da moeda não passariam de mais uma manifestação de ilusionismo econômico da pior qualidade, a criação de um ambiente "mágico", aliás muito semelhante ao realismo mágico que permeou boa parte da literatura premiada de autores latino-americanos. O que era divertido e curioso nas histórias fantásticas, se encarnava como grotesco nos planos econômicos sem pé nem cabeça dos construtores de "barragens de preços", como se poderiam apelidar os temerários economistas que inspiraram o Plano Austral ou o seu irmão mais novo, o Plano Cruzado, no Brasil. As "barragens" construídas pelos congelamentos gerais de todos os preços, salários e câmbio, convertiam-se, inapelavelmente, em avalanches inflacionárias quando se rompiam os diques virtuais de contenção.

O Brasil, que enfrentava problemas semelhantes aos dos argentinos, adotou também reformas monetárias heterodoxas com congelamentos indiscriminados, sendo o mais impactante e desastroso deles o Plano Cruzado, editado pela figura trágica de um ministro da Fazenda da ocasião, o empresário Dilson Funaro, que não aparentava a mínima familiaridade com fundamentos básicos da economia. O então presidente José Sarney, ávido pela autolegitimação de uma Vice-Presidência convertida, por morte súbita de Tancredo Neves, em Presidência acidental, deu asas à tolice intervencionista dos economistas deslumbrados com a ilusão de poderio, enquanto assessores de Funaro. Não durou sequer um ano a trágica experiência, tanto na Argentina como no Brasil.[8]

Na Argentina, que é mesmo nossa *hermana* querida, até pelo que dela copiamos de tolices econômicas, os "radicais" do

---

[8]. Funaro, o melancólico ministro, veio a falecer do câncer que também combatia, pouco tempo após o fracasso do Plano Cruzado.

presidente Alfónsin, tal como os militares que o haviam precedido, tampouco tinham um plano coerente de país, repetindo os mesmos erros anteriores dos peronistas. Os planos econômicos não passavam de farsa de economistas confusos e presunçosos, endossados e apoiados por políticos em estado de angústia pela falta de alternativas para manter seu mando e poder. O desastre da administração de Raul Alfonsín foi tamanho que o então presidente, no melhor momento de seu autojulgamento político, decidiu antecipar a própria saída do cargo, após a vitória do oposicionista Carlos Menem, a fim de apressar alguma medida que segurasse a completa destruição da economia. Naquele momento, a hiperinflação já crepitava na pira da mais completa decadência da confiança.

O BEM QUE TAMBÉM VIRA MAL

Carlos Saúl Menem, peronista de ocasião, foi eleito para lidar com a terrível situação fiscal herdada de Alfonsín. Assumiu em 1989, prometendo aos argentinos uma "revolução produtiva". Em 1991, anunciou uma reforma monetária – o programa de *convertibilidad* – consistindo na adoção da paridade do peso com o dólar. A possibilidade de converter pesos em dólares livremente deu aos argentinos a efêmera ilusão de prosperidade. A paridade do peso com o dólar, na base de um para um, poderia ter sido o ponto de inflexão de mudanças na Argentina, até pela rígida disciplina de gastos (equilíbrio fiscal absoluto) exigida pelo programa. Mas a persistente irresponsabilidade fiscal impediu que isso acontecesse. A prosperidade argentina durou alguns anos, influenciando a estabilização da moeda no Brasil através do Plano Real, que tinha uma estrutura de implantação bem mais inteligente e flexível. O fim do governo Menem foi caótico, com o esgotamento da paridade e a volta da inflação. A grave crise econômica e financeira implicou a destruição completa da esperança, trazendo de volta à Presidência a UCR. Ironicamente, esses foram dois casos raros de transição política democrática entre peronistas e radicais. Pena que sempre resultando em tragédias econômicas, promovidas por ambos os lados.

Depois do "justicialista" Menem, assumiu a Presidência o "radical" Fernando de la Rua, que recebeu uma economia em frangalhos, tanto quanto Menem a havia recebido de Alfonsín. De la Rua teve de lidar com a herança maldita da administração Menem, com déficit fiscal estrutural e perda da competitividade das exportações. Mas o novo inquilino da Casa Rosada nada tinha a acrescentar. Por incompetência e falta de visão, foi obrigado a renunciar, passados apenas dois anos no poder. A Assembleia Legislativa de então nomeou para a Presidência o vice-presidente Adolfo Rodriguez Saá, um peronista. Em dezembro de 2011, Saá decretou a moratória da dívida externa – na época, o maior calote da história –, pela qual a Argentina paga até hoje as consequências.[9] Apesar de ter entrado em acordo com a maioria dos credores, o país ainda enfrenta problemas jurídicos com alguns deles, inconformados com a extensão da perda imposta pelo devedor caloteiro.[10] Não é para menos: os credores saíram com um recorte de 75% do valor de seus créditos. O risco de sequestro de bens e valores de argentinos depositados ou localizados em vários países do mundo ainda existe por conta das ações judiciais em curso por causa do calote.

Sem acesso aos mercados de capitais tradicionais, a Argentina obteve, alguns anos mais tarde, créditos de dois bancos chineses, China Development Bank (CDB) e China Export-Import Bank (CHEXIM), de US$ 14,1 bilhões desde 2005, e de US$ 2,1 bilhões, em 2013.[11] Os chineses estão interessados em preservar seu principal fornecedor de soja e querem se prevenir contra qualquer impedimento eventual de embarques para a China.

---

9. Márcio C. Coimbra, "Moratória Argentina", Legis Center, 6 de janeiro de 2002.

10. Ainda correm julgamentos em Nova York de credores minoritários contra o governo argentino, e bens argentinos correram o risco de serem sequestrados para o pagamento da dívida.

11. Assis Moreira, "Financiamentos da China na AL Superam US$ 100 Bi", *Valor Econômico*, 4 de abril de 2014.

O calote de 2001 causou forte depreciação da moeda e mais uma disparada da inflação. Rodriguez Saá teve de renunciar abruptamente. Ele foi presidente por apenas oito dias, de 23 a 31 de dezembro de 2001, tempo suficiente para decretar a moratória. A Assembleia indicou à Presidência Eduardo Duhalde, outro peronista da esquerda populista, que rescindiria a esfrangalhada paridade do peso com o dólar.

Em poucas semanas, entre dezembro 2001 e janeiro 2002, a Argentina conviveu com três presidentes e uma crise institucional sem precedentes. Foi sem dúvida a mais grave crise econômica e social, até então, de sua turbulenta história. Esses eventos acabaram levando a uma crise política que se transformou no maior desafio institucional desde 1890, quando uma crise financeira internacional afetara o país, levando a inúmeras bancarrotas, falências e concordatas.

A MORTE DA REALIDADE NA ARGENTINA

A Argentina sofria com crises econômicas desde o final do século XIX e o país foi, aos poucos, se acostumando à instabilidade financeira que o caracterizou, com persistentes déficits fiscais em conta-corrente, inflação alta, crescente dívida externa e fuga de capitais, já no final do século XX. Foram, por assim dizer, cem anos de "aprendizado" sobre como arruinar um país extraordinariamente rico. Contudo, na comparação de sucessivos episódios de euforia, projetos econômicos de puro "realismo mágico" e inevitável tombo mais adiante, na fórmula recorrente de apelo ao governo grátis, a Argentina nunca sofreu tanto quanto no evento de 2001.

Esse foi, certamente, o mais importante retrocesso enfrentado por nossos vizinhos, porque todos os setores da sociedade foram gravemente afetados. A crise que antecedeu o abandono da regra de conversibilidade culminou com o retorno do ex-ministro de Menem, responsável pela paridade com o dólar,

Domingo Cavallo. Literalmente, Cavallo obedeceu ao ditado de "quem pariu Mateus que o embale". O estado de sítio foi declarado diante da situação caótica decorrente de uma corrida aos bancos. Cavallo foi obrigado a decretar o *corralito*, o "curralzinho", numa alusão ao corredor estreito por onde passa uma cabeça de gado de cada vez ou, no caso, por onde podiam passar, bem aos poucos, os saques de dólares dos depositantes argentinos. O congelamento das contas bancárias impunha limites semanais para saques. Tentava-se assim interromper a retirada de depósitos em contas-correntes e em poupança, que seriam trocados por dólares e/ou transferidos diretamente para o exterior.

Em março de 2001, Domingo Cavallo ainda tentou aplicar um severo ajuste ao orçamento federal, de US$ 2,5 bilhões. Um corte de US$ 361 milhões no orçamento das universidades, cortes de US$ 220 milhões nos salários dos professores, redução de US$ 129 milhões da renda familiar, cortes de US$ 127 milhões nas pensões, cortes de US$ 50 milhões nos programas de saúde com a demissão de 40 mil funcionários públicos e imposição da flexibilidade do trabalho. A taxa de desemprego subiu de 14,7% em 2000 para 21,5% no início de 2002. As medidas exigidas pelo Fundo Monetário Internacional (FMI) levaram ao colapso econômico em 2001, e a economia sofreu sua maior queda desde a Grande Depressão de 1930. O desemprego chegou a atingir 25% da população ativa.

MAIS UMA FARSA, PÓS-REALISTA

É curioso constatar que o brilhantismo de vários ministros da economia, como o próprio Domingo Cavallo, não tenha conseguido impedir o colapso da economia. O brilhantismo acadêmico não se traduziu em boas políticas de governo e de adequada governança. A brutal crise de 2001 levou a uma nova eleição presidencial e deu início à era Kirchner, que começa com o calote de 75% da dívida externa e o alívio de pagamentos ao exterior. O sortudo Néstor Kirchner inicia seu mandato coincidindo com o começo da maior alta de todos os tempos no preço das *commodities* exportadas pela Argentina e Brasil. Os vizinhos sentem a melhora que vem de fora ao mesmo tempo. As contas da região começam a ser pagas.

Néstor Kirchner foi eleito presidente em 2003, depois de derrotar outros peronistas rivais com quem rompera, e assim se torna o primeiro presidente eleito após o grande tombo argentino do início dos anos 2000. Néstor Kirchner, político da Patagônia, deu nova esperança à população argentina. Supostamente um socialdemocrata, foi sucedido em 2007 por sua mulher, Cristina Fernández de Kirchner, reeleita em 2011. Mais uma vez, Brasil e Argentina se copiam mutuamente. No Brasil, Lula ajuda a eleger Dilma, uma ministra sem voto popular anterior.

Na Argentina, o casal Kirchner enfrentou uma prolongada briga com os fazendeiros por conta de um imposto de exportação – as notórias *retenciones* – instituído pelo governo. A crise, que começou no governo de Néstor, chegou a seu auge no de Cristina, com uma prolongada greve do setor agropecuário. O periódico *La Nación* informou, em julho de 2009, que todos os partidos de oposição e a Comissão do Campo concordaram em lutar contra as *retenciones* sobre exportações de grãos e exigiram a reforma do Escritório Nacional de Controle de Comercio Agropecuário (Oncca) que regula e restringe o comércio de produtos agrícolas. Mas as "retenções" proporcionaram grande receita adicional para o governo, que pôde assim manter impunemente seus altíssimos gastos. Os anos de bonança de exportação de *commodities* só não foram espetaculares para as contas públicas porque viabilizaram também altos gastos.

Esse embate entre peronistas urbanos e *estancieros* do campo tornou-se uma grande clivagem política na Argentina, talvez a maior de todas para o peronismo. Segundo os economistas Juan Manuel Garzón e Nicolas Torre, da Fundacíon Mediterránea, a Argentina "perdeu o protagonismo que havia conseguido nos mercados internacionais de carne bovina e também desperdiçou o grande potencial exportador na cadeia de produção" por não ter um modelo exportador, ter permitido a volatilidade cambial e adotado uma política externa adversa.[12] A Argentina teria perdido US$ 6 bilhões em exportações de carne bovina no último quadriênio. Se o país não tivesse perdido diversos desses mercados internacionais devido às políticas de restrição às exportações, o governo da presidente Cristina Kirchner poderia ter exportado significativamente mais carne bovina. Reversamente, se a política de exportação fosse eficiente, o governo poderia impor *retenciones* mais leves e, no entanto, arrecadar mais. Assim, a falta de eficiência prejudicou a política de financiamento do governo.

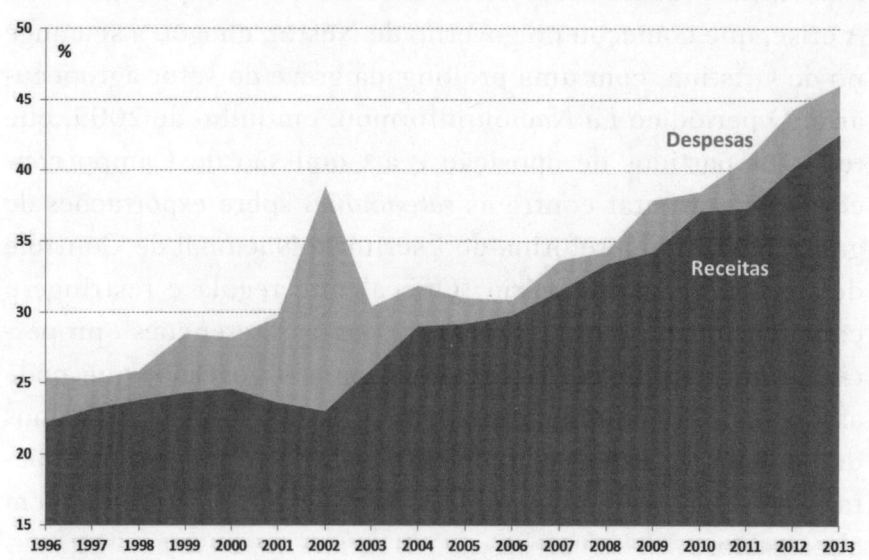

Argentina 1996-2013, Despesas e Receitas Totais do Governo (% PIB)

Fonte: FMI.

---

12. Ariel Palacios, "A Argentina teria perdido US$ 6 bilhões em exportações em 4 anos", *O Estado de S.Paulo*, 14 de abril de 2014.

Com o "Casal K", a Argentina se tornou o país da América Latina com o maior grau de intervenção estatal na economia, bem acima do Brasil e até da Venezuela. Sem investimento e sem modernização, a maior parte da indústria argentina continuou pouco produtiva e com escasso poder de competição. A proteção comercial garantida pela política dos Kirchners jamais foi condicionada à busca de maior eficiência e qualidade.

O gasto público na Argentina, considerando os três níveis de governo (União, províncias e municípios), alcançou em 2012 quase 42% do PIB, segundo o economista-chefe da Fundação de Pesquisas Econômicas Latino-Americanas (Fiel), Daniel Artana.[13] A política de forte aumento dos gastos com aposentadorias e pensões, educação e, principalmente, subsídios concedidos a indivíduos e ao setor empresarial, fez disparar a participação do Estado na economia argentina, segundo o economista.

Aliás, a previdência social passou por duas reformas contraditórias nos últimos vinte anos. Em 1994, o governo Menem privatizara o sistema com a criação da Administradora de Fondos de Jubilaciones y Pensiones (AFJP) para cuidar dos aposentados e pensionistas que tiveram grandes perdas com o enorme déficit do sistema estatal anterior. Mas o sistema estava de novo praticamente falido em meados dos anos 2000. Ademais, a presidente Cristina Fernández de Kirchner anunciou, em 2007, que iria extinguir os planos de aposentadoria privada vigentes no país. Essa foi outra medida intervencionista do governo de Kirchner que já reestatizara a empresa Aerolíneas Argentinas, devolvida pelo grupo espanhol Marsans, quando estava praticamente falida, e a petroleira Repsol YPF, também privatizada por Menem. Contrariamente ao que ocorre em geral, o governo Kirchner insistia em receber uma indenização da empresa petrolífera estatizada, mas, depois de longas negociações, a Casa Rosada aceitou pagar

---

13. *Valor Econômico*, "Argentina é o país da América Latina com maior participação do Estado na economia", 15 de agosto de 2012.

US$ 5 bilhões à Repsol YPF, como ressarcimento pela expropriação. O dinheiro será pago em títulos públicos com vencimento em dez anos. Diante do posterior anúncio da descoberta do megacampo de Vaca Muerta, ficou claro que tudo não passava de um péssimo negócio imposto aos espanhóis.

O mais significativo dessa transferência "dos fundos de pensão privados de volta para o sistema de repartição estatal" é que, na prática, ela constituiu outro *corralito*, porque o governo assumiu controle dos ativos dos pensionistas sob pretexto de que, segundo a Constituição, aposentadorias e pensões são da alçada estatal. O governo tentou "salvar" os fundos privados com o dinheiro público (ou seja, do contribuinte): "Todos os trabalhadores em atividade contribuiriam para uma administradora privada. Mas, na hora de receber o benefício, o trabalhador recebia apenas uma parte da sua aposentadoria do Estado e outra da AFJP".[14] À primeira vista, faria até algum sentido, mas em seguida nota-se que o dinheiro, que deveria ser ressarcido aos aposentados, já fora usado pelo governo para pagar dívidas e financiar obras. Os aposentados perderam duas vezes. Ou melhor, três vezes, porque o governo teve de aumentar impostos para realimentar o sistema de aposentadoria.

O episódio demonstrou uma mistura de intervencionismo estatal com corrupção que deixou o contribuinte como único prejudicado e ilustrou a falência do sistema previdenciário do país. O intervencionismo kirchnerista sempre se traduziu em medidas toscas, demagógicas e imediatistas e nunca em políticas de longo alcance, aliás, como parece ter sido a regra geral na Argentina. O resultado só poderia ser o agravamento de uma situação econômica já complicada. E o governo continua injetando dinheiro no sistema previdenciário.

---

14. Osvaldo Coggiola, "A falência mundial dos fundos de pensão – reforma previdenciária na França e na Argentina", *Correio da Cidadania*, 2004; Maria Rita Loureiro, "Mudanças na política de previdência social na Argentina, Brasil e Chile em contexto de redemocratização e inserção na economia global", Escola de Administração Pública da Fundação Getulio Vargas, São Paulo, 2012.

O orçamento de 2012 manteve a relevância populista do Gasto Público Social (GPS) como "ferramenta-chave" de redistribuição de recursos.[15] A quantia angariada pelo GPS é superior aos 80% dos fundos distribuídos pelo Regime de Coparticipação Federal de Impostos, semelhante aos Fundos de Participação dos Estados e dos Municípios no Brasil. O descontrole financeiro levou à queima das reservas cambiais argentinas, que estavam em US$ 52 bilhões quando Cristina assumiu, mas em 2014 contabilizam apenas US$ 30 bilhões.[16] Uma reforma controversa das regras do Banco Central já ampliara as possibilidades de o Tesouro usar as reservas internacionais, cuja queda levou o governo a instaurar outro imposto – sobre carros de luxo – para tentar estancar a fuga de capitais, como se mais um imposto pudesse lograr o sucesso desta tentativa.

Para ilustrar, o governo Cristina Kirchner teve uma dívida de 45% do PIB, e, segundo levantamento realizado pela Associação Argentina de Orçamento, de janeiro a novembro de 2013, o governo acumulou um déficit de 109,424 bilhões de pesos, equivalentes a 4,1% do PIB.[17] A receita total cresceu 5% mais que o previsto no início de 2013, mas os gastos totalizaram um incremento de 19% devido aos subsídios para transporte e energia.[18]

O problema, porém, é que frequentemente o gasto é malfeito e o dinheiro desperdiçado. Um Decreto de Necesidad y Urgencia (DNU) publicado no *Boletín Oficial* assinado conjuntamente pelo presidente em exercício Amado Badou, pelo então chefe de gabinete da Presidência e por todos os ministros autorizou o governo a ter um aumento de gasto do Presupuesto

---

15. Como a Colômbia, a Argentina adotou o conceito de "Gastos Públicos Sociais".

16. Janaína Figueiredo, "Argentina perde US$ 10 bi das reservas cambiais", *O Globo*, 10 de novembro de 2013.

17. Déficit argentino de 2013 foi recorde, *Mining Press*, 17 de fevereiro de 2014. Agência Estado e *Diário do Litoral*, 7 de janeiro de 2014.

18. Lauar Serra, *La Nación*, 17 de fevereiro de 2014. Os dados constam originalmente em www.ElAuditor.com, site da Asociación del Personal de los Organismos de Control (Apoc).

Nacional de US$ 80 bilhões adicionais, o maior aumento do ano e ao qual se somam os US$ 60 bilhões autorizados anteriormente. Segundo os cálculos da Asociación de Administración Presupuestaria (Asap), o DNU aumentou em US$ 70,3 bilhões o déficit fiscal da Argentina.[19]

SUBSÍDIOS: TODO O MAL DE UMA SÓ VEZ

Um dos maiores problemas em relação às contas governamentais é, e sempre foi, a distribuição de subsídios para os setores de energia e de transporte. Logo após sua reeleição, em 2011, a presidente Cristina Kirchner iniciara uma gradual retirada de subsídios, parte da política que apelidou de "sintonia fina". O governo retirou subsídios de alguns setores industriais e de moradores das áreas nobres de Buenos Aires. O processo, porém, foi interrompido após acidente ferroviário em fevereiro de 2012 que matou 51 pessoas.

O setor elétrico é o principal componente da política de subsídios na Argentina, que deve consumir, em 2014, 5% do PIB. É o grande instrumento do governo grátis na Argentina. Ninguém paga conta de luz de modo relevante. Inclusive os ricos. A sequela disso é o colapso da qualidade do serviço. É comum a falta de gás no inverno, quando o consumo é grande para calefação e, no verão, com o aumento do uso do ar-condicionado. Frequentemente, a produção das fábricas é interrompida devido à falta de combustível, mas com o subsídio do preço, a população não é incentivada a usar com moderação.[20]

Ademais, o sistema de ferrovias está sucateado e precisa de subsídios constantes para se manter em operação. Os principais prejudicados são os usuários urbanos, que enfrentam a falta de segurança. Recentes acidentes de trem, em fevereiro 2012 e

---

[19]. Ismael Bermúdez, "Más déficit: por decreto el Gobierno subió el gasto en $ 80.000 millones", *Clarín*, 9 de novembro 1913.
[20]. Ibid.

em outubro 2013, comprovaram que o sistema não está em boa situação. Apesar dos subsídios às passagens, os investimentos minguaram, o que parece um contrassenso.[21]

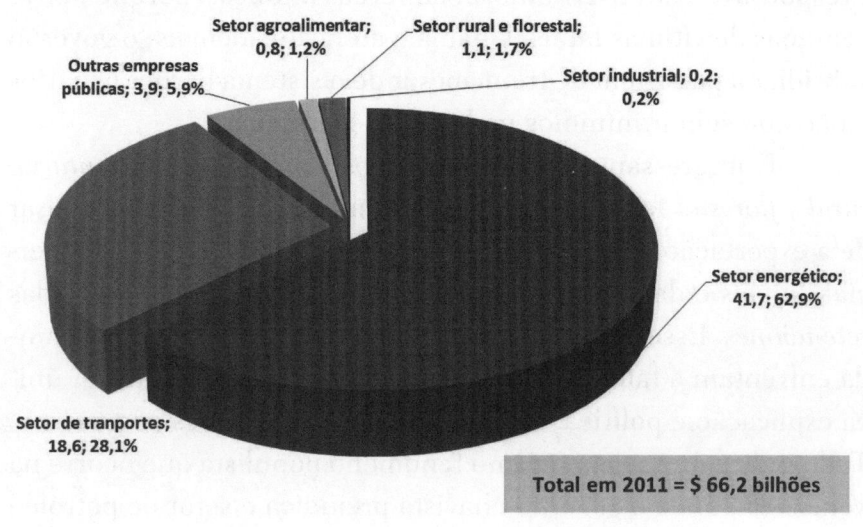

Argentina 2011, subsídios por segmento (bilhões de pesos)

- Setor agroalimentar; 0,8; 1,2%
- Setor rural e florestal; 1,1; 1,7%
- Outras empresas públicas; 3,9; 5,9%
- Setor industrial; 0,2; 0,2%
- Setor energético; 41,7; 62,9%
- Setor de tranportes; 18,6; 28,1%

Total em 2011 = $ 66,2 bilhões

Fonte: Informe de ejecucion de presupuesto de la Administración Nacional (setembro 2011).

Os subsídios para o sistema metroferroviário em 2011 aumentaram 415% em relação ao PIB, nos governos do casal kirchner, entre 2005 e 2012. Isso apesar de o número de passageiros ter diminuído de 310 milhões, em 2011, para 236 milhões, em 2012. Segundo dados da Comissión Nacional de Regulación del Transporte (CNRT), apenas a linha Sarmiento, que foi reestatizada depois do acidente, teve uma perda significativa de passageiros: de 88 milhões em 2011 para 39 milhões em 2012.[22] Essa linha férrea é de trens suburbanos, por isso o tráfego é mais intenso.

---

21. Lucy Bahia, "El impacto de la red ferroviaria en Argentina", Monografis.com; "Cinco dados clave sobre el sistema ferroviario argentino", Apertura.com, 13 de junho de 2012.
22. Apertura.com, 13 de junho 2013.

Os subsídios são a expressão máxima da falta de eficiência e desperdício porque eles se destinam a manter em operação um sistema ferroviário sucateado e que não apresenta qualquer segurança para os usuários. Além de ineficiente, foi um desperdício irresponsável, talvez criminoso, de verbas públicas, porque houve centenas de vítimas fatais. Chama a atenção, ademais, o governo subsidiar a passagem de trem apesar de o sistema perder usuários e não apresentar mínimos padrões de segurança.

É interessante constatar que os setores *agroalimentario, rural y florestal* foram os que receberam menos subsídios, apesar de a exportação de *commodities* ter garantido o superávit comercial do país e dado a maior contribuição tributária por meio das *retenciones*. Esses setores são alvo de retaliação do governo e ainda enfrentam a falta de infraestrutura para escoar a safra. A única explicação é política: são povoados por opositores ao governo. Tudo indica que seja o mesmo fenômeno populista que ocorre na Venezuela, onde o governo chavista prejudica o setor de petróleo que, justamente, produz a maior contribuição à renda nacional.

O aumento da intervenção estatal na produção de bens e serviços, além da administração inadequada de empresas estatais e da substituição do gasto de capital pelo gasto público corrente, afetou a alocação de fatores de produção na Argentina. Em vez de fortalecer o correto emprego de capital e de recursos humanos, o intervencionismo estatal enfraqueceu a produção e manteve a indústria estagnada. Além do mais, esses problemas, adicionados à falta de recursos financeiros devido às crises latentes ou expostas das finanças públicas, levaram à completa deterioração da infraestrutura, um obstáculo a mais que prejudica a produtividade e os investimentos privados.

Ademais, os déficits públicos crônicos e crescentes alimentam a inflação que já está em alto patamar devido ao protecionismo comercial, às crises na balança de pagamentos, à indexação generalizada e à falta de disponibilidade de divisas internacionais. A inflação se encontra bem acima de 25% ao ano. O número é incerto desde que o Instituto Nacional de Estatísticas y Censos (Indec), semelhante ao IBGE brasileiro, começou a ser acusado de promover a maquiagem dos resultados por pressão do Ministério de Comércio Interior.

Ao mesmo tempo em que os déficits e a inflação aumentaram, a tributação se tornou pouco menos equitativa e mais ineficiente, produzindo distorções prejudiciais ao crescimento.

Os tributos são distorcidos por *impuestos de emergencia* e pela tabela desatualizada para o cálculo dos impostos. A arrecadação do IVA, por exemplo, aumentou significativamente a partir de 2002. Há, ademais, tributos provisórios que se tornaram permanentes, como o *impuesto al cheque* – uma Contribuição Provisória sobre Movimentação ou Transmissão de Valores e de Créditos e Direitos de Natureza Financeira (CPMF) argentina – que nasceu emergencialmente na crise de 2001, mas foi mantido durante os anos de bonança e ainda está em vigor. O Executivo quer a criação de novos tributos para compensar a perda de arrecadação. O manicômio tributário argentino é, de fato, um páreo duro para os despautérios fiscais do Brasil. Pergunta: como um comércio de integração regional poderia dar certo quando os dois principais parceiros têm "sistemas" tributários (sistemas com aspas, pois não passam de garranchos desfigurados) que tornam os impostos e contribuições completamente descontrolados e incompreensíveis?

Notam-se aqui as semelhanças entre a Argentina e o Brasil na área tributária e em certas políticas econômicas típicas de governos grátis: desatualização das tabelas de reajuste e o fato de os impostos quase nunca serem equitativos. Outra semelhança é a política de subsídios à energia e transportes. A CPMF ainda existe na Argentina, mas só acabou no Brasil por ato do Congresso, apesar de queixas e ameaças do Executivo. Afinal, os países que praticam o governo grátis são aqueles em que os contribuintes pagam duas vezes pela mesma conta: a primeira, quando recebem um serviço subsidiado ou até "gratuito", porém de péssima qualidade, obrigando o pobre cidadão a buscar uma prestação de serviços alternativa, em saúde, ou em educação, transporte e segurança. A segunda conta do governo grátis vem com a alta tributação, para cobrir os desperdícios fiscais, a roubalheira geral e a incompetência na prestação de um serviço público. É possível que o desgraçado cidadão pague ainda uma terceira vez: com mais inflação e recessão da economia, fenômenos que normalmente acompanham o fim melancólico de um governo grátis. Evidentemente, se um cidadão for obrigado a pagar mais de três vezes pelas consequências de um governo grátis, então esse país é a Argentina. Lá, os principais partidos que disputam o poder brigam pelo direito de tentar fazer a mágica do governo grátis funcionar sempre uma vez mais.

A Argentina teria tudo para ser um país excepcional. Mas não é. Convive com o complexo de "vira-lata" por haver perdido, devido à inépcia e à irresponsabilidade de suas elites e lideranças, a situação privilegiada de prosperidade que teve no passado. A Argentina de hoje poderia ser como um Canadá. Uma nação com setores agrícola e energético robustos, integrada a um vizinho amigável, em situação de desfrutar de um amplo mercado comum.

8. VENEZUELA: BANCARROTA DE UM ABENÇOADO

O FIM DO COMEÇO: ERA CHÁVEZ

Como declarou o escritor peruano e ex-candidato presidencial, Mario Vargas Llosa, a Venezuela está em processo avançado de autodestruição.[23] Apesar de ser grande exportadora de petróleo, as reservas internacionais do país minguaram, há forte desvalorização cambial, a inflação e os gastos públicos estão fora de controle. Embora a Venezuela continue a pagar os juros de sua dívida externa, os atrasos em débitos não financeiros incluem, entre outros, mais de US$ 3 bilhões a empresas aéreas e US$ 9 bilhões em importações do setor privado que não foram liquidadas por falta de divisas.[24]

Essa região do extremo norte da América do Sul, banhada pelo Mar do Caribe, é hoje chamada de Venezuela graças aos colonizadores espanhóis que a acharam semelhante à Veneza europeia. Simon Bolívar, grande herói da independência da América Latina espanhola, criou a Grã-Colômbia, reunindo os territórios das atuais Venezuela, Colômbia, Equador e Panamá que, entre

---

23. A declaração foi feita em entrevista ao jornal *O Globo*, 1º de fevereiro de 2014.
24. *The Economist*, 30 de janeiro de 2014.

1819 e 1831, formaram um único país sem, contudo, terem logrado manter sua unidade política.

Passados dois séculos desde que se tornou independente da Espanha, Hugo Chávez – o polêmico líder venezuelano – convencido de ser a reencarnação de Simon Bolívar, afirmou, numa exaltação populista, que o herói do seu país tinha sido a inspiração do "socialismo do século XXI". Chávez chegou a decretar a exumação do corpo de Bolívar para que uma autópsia pudesse "provar" que ele fora envenenado por "inimigos" não identificados.[25]

O atual governo do sucessor e discípulo de Chávez, Nicolás Maduro, deve ser visto como uma extensão orgânica do chavismo, já que nenhum seguidor do líder poderia acreditar *in pectore* que Chávez viesse a morrer antes de completar sua missão. Presenciamos, de fato, a um fundamentalismo religioso de ocasião, montado a partir de uma associação oportunista entre a história real de Bolívar e a releitura chavista do herói, em sua conotação aos tempos atuais. Que diria o finado Bolívar, se vivo, pudesse defender sua biografia afanada e reinterpretada?

Ao longo do século XX, a Venezuela foi uma democracia estável, socialmente muito desigual, mas longe de ser a pior da região. Após a Segunda Guerra Mundial, a Venezuela destacou-se dos demais países latino-americanos por não ter sido governada pelas forças armadas. Partidos tradicionais se revezaram no poder: a Ação Democrática (AD), de centro-esquerda, e o democrata cristão Comitê de Organização Política Eleitoral (Copei). Mas em 1992 o jovem coronel paraquedista Hugo Chávez promoveu um fracassado golpe contra o presidente da AD, Carlos Andrés Peres, ou CAP, como se tornou conhecido. CAP terminou seu mandato, mas Chávez acabou sendo eleito presidente pela via democrática em 1999. Uma tentativa malsucedida de golpe em

---

25. Como não se falou mais nessa ideia, pode-se concluir que os resultados talvez não tenham sido os esperados por Chávez. A moda pegou na América do Sul: depois, Salvador Allende, ex-presidente do Chile, e João Goulart, ex-presidente do Brasil, foram exumados para se tentar provar que foram assassinados.

2002, desta vez contra Chávez, o trouxe de volta à Presidência, decorridas apenas 47 horas do levante de militares, e em meio a muita confusão e violência de todas as partes.

A reascensão de Chávez ao poder após essa tentativa fracassada de golpe pode ter sido o *tipping point* – o ponto de inflexão – para a Venezuela, por suscitar o aprofundamento da "revolução chavista", determinando, assim, um novo destino para o país. Chávez saiu vitimado pelos golpistas. E de golpista, ele mesmo, passou a revolucionário, com direito a assim se inscrever na história do país.

A partir desse ponto de ruptura, os gastos públicos ficaram descontrolados e tornaram-se instrumento das políticas populistas para a eternização no poder, de Chávez e de seu regime, liderado hoje pelo atual presidente Nicolás Maduro, que se convertera, lá atrás, à causa do "comandante". Maduro chegou ao poder no início de 2013, já bastante desgastado na partida, numa eleição apertadíssima que virou com uma vantagem de apenas 1,59% dos votos. Ao iniciar oficialmente a campanha eleitoral num reduto político chavista, Maduro chegou a afirmar que seu predecessor ressuscitara para ele "na forma de um passarinho, bem pequeno, que (o) abençoava". Aparentemente, uma parcela do eleitorado acreditou nesta fábula.

MALDIÇÃO DO PETRÓLEO?

A Venezuela sempre esteve intimamente ligada ao petróleo. Venezuela, Irã, Iraque, Kuwait e Arábia Saudita foram membros fundadores da Opep em 1960.[26] O petróleo é extremamente importante para a vida econômica venezuelana: representa 95% da receita de exportação, 45% de seu orçamento e 12% do PIB.[27]

---

26. Ao longo dos anos, outros países juntaram-se à organização: Catar (1962) e Indonésia (1962-2002); Líbia e Emirados Árabes (1967); Argélia (1969); Nigéria (1971); Equador (1973, mas que suspendeu a sua adesão de dezembro de 1992 a outubro de 2007); Gabão (1975-1994); e Angola (2007).

27. World Factbook.

O país é o quinto maior exportador de petróleo do mundo. A dependência ao petróleo faz da Venezuela uma nação vulnerável, apesar da extensão dessa riqueza natural. Ironicamente, os Estados Unidos são o principal importador do petróleo venezuelano e, indireta e involuntariamente, um dos maiores "financiadores" do regime chavista, apesar da prevalente retórica hostil de ambos os lados. A descoberta e a exploração do gás de xisto nos Estados Unidos, entretanto, pode fazer com que o quadro mude radicalmente nos próximos anos. Segundo um artigo publicado no jornal canadense *Globe and Mail* de Toronto, as petrolíferas tradicionais – Exxon e Shell, entre elas – já se preparam para preços menores no futuro, entre outros motivos, pelo aumento da produção do petróleo e gás de xisto na América do Norte.[28] A Venezuela teria muito a fazer para reduzir gradualmente tal dependência. Mas a dependência só tem feito aumentar.

A produção de petróleo, por enquanto, gera rendas econômicas significativas para a Venezuela. Lucros extraordinários sobre um custo de produção baixo são capturados pela PDVSA, a empresa estatal monopolista, que os encaminha ao Estado ou diretamente os destina a tarefas alheias à exploração e pesquisa de petróleo. O retorno sobre o capital vai muito além do que produtores poderiam esperar para ter incentivos de fazer investimentos de longo prazo. O custo de produção de petróleo está abaixo de US$ 15 por barril, enquanto os preços de venda no mercado internacional estão na faixa de US$ 100. Mas a PDVSA está capturada pelo poder arbitrário do Estado. O governo venezuelano depende das rendas de petróleo para obter seus recursos parafiscais, que representam uma parcela bem superior aos da tributação da indústria local e das rendas dos indivíduos.[29]

---

28. *Globe and Mail*, 30 de janeiro de 2014.

29. Francisco Monaldi, "Oil and politics in Venezuela", Instituto de Estudios Superiores de Administración (Iesa), Caracas, Venezuela, 29 de janeiro 2014.

Chávez, como marajá do petróleo de sua terra, teve muita sorte por algum tempo. Foi basicamente o petróleo que ajudou a escrever a "revolução chavista" como um sucesso político e não como ópera-bufa, como começou, aliás. Após o frustrado golpe contra ele, o preço do petróleo veio aumentando seguidamente até quintuplicar, saltando de uma faixa de US$ 20 por barril para US$ 100. De uma discreta margem de lucro deixada pela exploração comercial, ao tempo em que Chávez chegara à presidência em 1999, o petróleo logo viabilizou a escalada de medidas populistas, que fizeram do presidente um herói das massas pobres da Venezuela. Tudo por conta da escalada do preço do barril.

A Venezuela teve uma receita bruta com o petróleo equivalente a 300% do PIB em dez anos. As rendas de petróleo podem ser altas, mas são também voláteis. Elas sobem e descem de acordo com os ciclos de preços. Os preços do petróleo foram muito voláteis desde os anos 1970, e é difícil prever preços futuros. Por exemplo, os preços atingiram US$ 120 em 2008, mas caíram para US$ 45 no auge da crise em 2009 e, desde 2012-2013, estiveram de novo acima de US$ 100. Em 1999, ano em que Chavez foi eleito presidente, os preços rondavam num piso de míseros US$ 10, por incrível que possa parecer. O governo conservador que o coronel Chávez quisera apear pelo golpe nada usufruiu de benefícios por um preço de petróleo nas nuvens.

A derrocada da Venezuela é uma tragédia que vem de longe. Dos anos 1940 a 1980, a Venezuela estivera numa das melhores situações entre os países da região em termos de crescimento econômico, indicadores sociais e governança democrática. Embora com preços de petróleo moderados, pré-Opep, a Venezuela já era rica como um estado petrolífero americano, um Texas na América do Sul. O país tinha uma das menores taxas de pobreza e desemprego da América Latina. Teve uma das maiores taxas de crescimento da renda *per capita* por três décadas consecutivas e uma das menores de inflação.

As rendas do petróleo permitiram certa distribuição de riqueza sem gerar muito conflito político. Os indicadores de saúde e educação melhoravam progressivamente. Hoje, os chavistas olham a democracia tradicional, que os elegeu, com desprezo. Costumam dizer que a democracia "dos ricos" era um fracasso antes do coronel Chávez assumir a presidência. Porém, na época, e em termos relativos, a democracia venezuelana era, de fato, uma das mais bem-sucedidas da região. O petróleo, até por estar numa média de preços mais moderada, longe de ser uma maldição econômica, era uma bênção verdadeira, um anjo da guarda da sociedade venezuelana. Caracas tinha charme e brilho nos anos 1960.

Nos anos 1980, contudo, a Venezuela passou a ter um dos piores desempenhos da América Latina, não obstante a força do cartel da Opep e os altos preços praticados. Os governos conservadores têm nesse esbanjamento das enormes receitas do monopólio uma boa dose de culpa pela "invenção de Chávez". A estagnação do país passa a ser o fator mais relevante para a ascensão de Hugo Chávez ao poder, já na década seguinte. Se o período for expandido para 1978-2003, incluindo os cinco primeiros anos da era Chávez, a Venezuela teve, comparativamente, uma experiência ainda pior. A população estava pronta e disposta a escutar o discurso populista de Chávez. O governo grátis de Chavez é gestado e nutrido no egoísmo profundo das elites conservadoras de um país extremamente desigual.

Esse período também coincidiu com os anos de crise econômica e financeira em toda a América Latina. Embora a Venezuela não estivesse entre os países mais afetados pela escalada do endividamento externo, como aconteceu no Brasil e no México, a oferta de tolices econômicas apresentadas como tábuas de salvação para uma população indefesa virou praxe em toda a região, devastada por governos militares impopulares e uma oposição de esquerda populista e transtornada pelo desejo obsessivo de vingar a perseguição da direita.

A combinação de declínio da produção de petróleo, como decorrência de uma falência gerencial da estatal petroleira PDVSA, com o rápido crescimento populacional, levou a um colapso estrutural da receita do petróleo, em termos *per capita*. Já não havia recursos para praticar o governo grátis para todos os venezuelanos. A má administração macroeconômica, com certeza, foi o fator decisivo da piora da situação. A população venezuelana, nos anos 1990, começou a interpretar a redução de seu padrão de vida como prova da corrupção e da incompetência dos governos da elite local (de certa forma, com razão, embora longe de se comparar à tragédia dos dias atuais). A narrativa era simples: "Somos um país rico. Por que estamos mais pobres? Deve ser porque alguém está nos roubando."[30]

RENDIÇÃO FINAL DE UM PAÍS

A dependência excessiva de um país ao petróleo é, de modo geral, um desastre para o bom senso na política. Praticamente todas as outras atividades econômicas exercidas na Venezuela estão, em maior ou menor grau, ligadas à produção petrolífera. Como na Rússia, foi o petróleo que colocou a Venezuela numa onda de prosperidade, a partir dos anos 1970, com o aumento do preço internacional, insuflado pelo cartel da Opep. Essa prosperidade foi mal aproveitada, no passado como no presente, diga-se de passagem.

As rendas do petróleo começaram então a ser aplicadas sistematicamente em programas assistencialistas. Qualquer excedente de receita era para a compra de armas e para a ajuda financeira aos países "bolivarianos" aliados, como Bolívia, Equador, Nicarágua e, principalmente, Cuba, onde Caracas passou a ocupar a antiga posição de influência política e financeira de Moscou. O petróleo é responsável por praticamente todos os gastos do governo venezuelano, de programas sociais à compra de armamentos.

---

[30]. Ibid.

O petróleo deu o principal sustento aos desvarios do regime de Hugo Chávez, os domésticos e os internacionais. O petróleo permitiu, inclusive, a compra de títulos da Argentina depois que este país rompeu com o mercado de capitais internacional.

Venezuela 1998-2012, Despesa Total do Governo (% PIB).

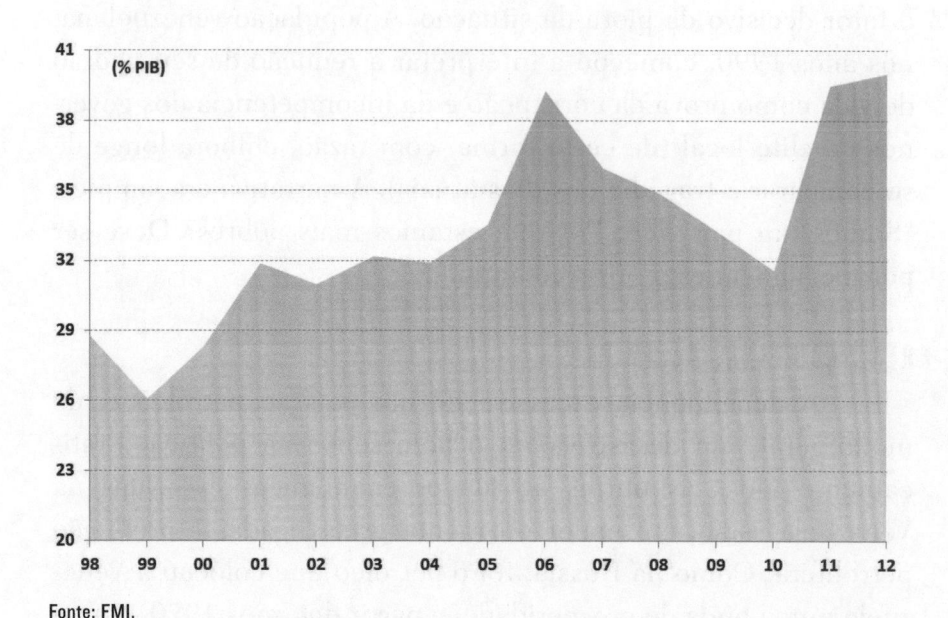

Fonte: FMI.

Como o México, e outros países ricos em "ouro negro", a Venezuela sofre com a "maldição do petróleo", segundo a qual, apesar de trazer muita riqueza, cria inúmeros problemas para o país. O México está conseguindo evoluir na diversificação de sua economia, mas a Venezuela não. Pelo contrário. A Venezuela permanece incapaz de diversificar a base industrial. A agricultura venezuelana é incipiente. Não se produz nem se exporta qualquer outro produto que não seja petróleo. É, inclusive, obrigada a importar quase tudo que consome. Ironicamente, a Venezuela compartilha essa situação com a Rússia, que só produz e exporta armamentos, inclusive para a Venezuela, além de petróleo, gás e minérios. Assim, todo o sistema produtivo venezuelano está sendo progressivamente desmantelado pelos governos Chávez e Maduro.

O preço doméstico da gasolina é outra fonte de desperdício brutal: está congelado há quinze anos por motivações populistas. O preço da gasolina na bomba, na Venezuela, é o mais baixo do mundo, inclusive inferior ao da Arábia Saudita e ao da Nigéria. O governo deu indicações de que essa prática pode estar com os dias contados.[31] O governo, ademais, distribui a cada ano muito combustível de graça, apesar de a PDVSA ter um déficit final enorme em suas contas (por sinal, muito mais grave do que a perda de preço sofrida pela Petrobras). A PDVSA chega a ser obrigada a tomar empréstimos de milhões de dólares junto ao Banco Central. O governo é obrigado a imprimir dinheiro – o que gera inflação que, em 2013, teria chegado a 56,2%, oficialmente, uma das mais altas no mundo.

O governo, além de atrasar os pagamentos aos exportadores estrangeiros que fazem negócios com a Venezuela, ampliou essa estratégia de protelação de pagamentos para empreiteiras, inclusive brasileiras, como Odebrecht, Queiroz Galvão, Camargo Corrêa e Andrade Gutierrez.[32] O governo venezuelano já deu um calote em construtoras brasileiras, e a dívida da Venezuela já soma cerca de US$ 2,5 bilhões por obras de infraestrutura e saneamento, como uma nova linha de metrô em Caracas, uma nova pista para o aeroporto de Maiquetía, que serve a capital, uma hidrelétrica e duas pontes. Mas o governo Chávez sempre demonstrou muita habilidade para se sustentar no poder.

As políticas sociais foram bem-sucedidas se julgadas pelo principal objetivo de Chávez: sua manutenção no poder. Para alcançar este objetivo foram promovidas seguidas reeleições com mudanças na Constituição para permitir reconduções sucessivas. A primeira mudança foi conseguida em 2004 com um "referendo

---

31. *The New York Times*, 11 de fevereiro de 2014.
32. *Valor Econômico*, 5 de março de 2014.

presidencial revogatório [em] que os cidadãos determinaram [que] o presidente Hugo Chávez, eleito democraticamente em 2002, continuaria no cargo". Houve, em seguida, um plebiscito em 2007 e outro referendo em 2009. O governo, assim, foi capaz, com a promoção de consultas seguidas, de manter a população constantemente mobilizada. Aliás, os chavistas sempre lembram as eleições para afirmar que o país é, de fato, uma plena democracia.

O Partido Socialista Unificado Venezuelano foi criado por Chávez em 2007, tornando-se um dos principais eixos de poder e ofuscando os partidos "burgueses" – todos os que não são bolivarianos.

A empresa petrolífera Petróleos de Venezuela (PDVSA), principal financiadora dos gastos públicos, investiu em 2005 mais em programas sociais estatais do que em seu próprio desenvolvimento. Os recursos destinados a áreas sociais somaram US$ 6,9 bilhões, enquanto os investimentos em suas operações nas áreas de gás e petróleo totalizaram US$ 3,9 bilhões. É bizarro que o país não garanta os investimentos para a principal fonte de recursos para os gastos sociais, que são uma peça fundamental das políticas populistas do governo.[33]

O COMEÇO DO FIM

O desequilíbrio dos gastos públicos em relação aos limites de financiamento pela fonte petrolífera marca os limites da política governamental de financiar os planos bolivarianos por meio da extração do caixa de uma única empresa, por mais lucrativa que pudesse ser. Só que esse desequilíbrio macroeconômico foi bem mais longe. O governo dobrou o salário mínimo e ampliou o acesso ao crédito para o consumo, causando sérios problemas de abastecimento e levando a inflação a 21% em 2012. A inflação de 2013 disparou para 56,2%, a mais alta do mundo. A inflação de alimen-

---

33. TN Petróleo (Tecnologia e Negócios), "Gasto social da PDVSA supera lucro e investimentos", 6 de outubro de 2006.

tos e bebidas chegou a 79,3%, em grande parte devido à escassez generalizada.

A previsão de gastos sociais como proporção das despesas governamentais, que era de 47%, conforme os últimos dois anos do governo Chávez, recuou, por falta de recursos, para 37% dos gastos no biênio 2013-2014.[34] A falta de papel higiênico, motivo de piada na Venezuela e no resto do mundo, se tornou sério problema. Várias empresas produtoras de artigos de consumo de massa têm sido expropriadas. O governo simplesmente decreta a encampação da empresa, e o faz pela televisão, como se estivesse num programa de auditório, alegando algum motivo de ordem pública. Muitas unidades industriais deixaram, assim, de funcionar, ou operam precariamente. Os investidores e acionistas originais, desnecessário dizer, são expulsos do negócio sem qualquer pagamento. Não há recurso eficiente à Justiça. As leis não protegem quem produz e trabalha.

As políticas populistas, além de gerar muita inflação, levaram à queima de reservas cambiais – num país grande exportador de petróleo! – e provocaram maior déficit fiscal acompanhado de desvalorização da moeda. Em outubro de 2013, houve mais uma desvalorização da moeda. As reservas baixaram para US$ 25 bilhões, e o déficit fiscal está em 15% do PIB, maior que o da Grécia no auge de sua crise.[35]

Na Venezuela, desde outubro de 2013, foi instituído o câmbio múltiplo: US$ 1 é vendido pela cotação oficial a 6,3 bolívares; pelo câmbio turista, a 11,3; e, no mercado paralelo, a 80! Os movimentos erráticos da taxa de câmbio, sua constante manipulação pelo governo e, agora, a decretação de taxas múltiplas para distintos usos da moeda estrangeira são variadas manifestações do estágio terminal da saúde econômica do país. Quando o câmbio se descontrola completamente é sinal de que os capitais

---

34. José Cardoso, "A felicidade suprema", *O Globo*, 29 de outubro de 2013.
35. Carmelo Mesa-Lago, *El País*, 16 de dezembro de 2013.

estão se retirando em massa. Não há quem possa suportar uma situação de desconfiança generalizada contra seu governo e o tipo de política econômica ora praticada.

O governo bolivariano de Chávez, e agora de seu aluno Maduro, cuida mal da galinha dos ovos de ouro. Governos grátis são eméritos matadores de galinhas. Boa parte da produção de petróleo da Venezuela já está comprometida quando é extraída. Da produção total, estagnada em cerca de 3 milhões de barris/dia, cerca de 310 mil barris servem para quitar empréstimos com a China; cerca de 400 mil são "vendidos" a aliados, como Cuba, a preço muito inferior ao de mercado ou, então, cumprem acordos de permuta; cerca de 600 mil são usados para atender ao consumo interno altamente subsidiado. A PDVSA comercializa o restante. Em consequência, há ainda menos dinheiro para gastar com importações. Esse remanescente gera para os cofres públicos do país cerca de US$ 58 bilhões em receitas por ano, ainda uma pequena fortuna. Em contrapartida, as importações totalizaram US$ 77 bilhões em 2012, segundo estatísticas da ONU.

GLÓRIAS DO GOVERNO GRÁTIS

A receita socialista caduca foi seguida à risca. O governo Chávez aprofundou de modo temerário a ingerência governamental na economia. Foi feita a nacionalização complementar de empresas do setor financeiro, bem como as do setor da construção civil, do *agribusiness* e da siderurgia. Longe de serem revertidas, essas práticas foram expandidas sob Maduro. Os investimentos privados e a capacidade produtiva foram reduzidos e a exportação de produtos não petrolíferos tornou-se praticamente inexistente. Para piorar o cenário, a Venezuela vem enfrentando sérios apagões de energia. Quando a principal hidrelétrica do país, responsável por mais de 35% do abastecimento de eletricidade, parou de funcionar temporariamente por falta de manutenção, metade dos 24 estados venezuelanos foi afetada e Caracas ficou sem trem e metrô. Como sempre faz, Nicolás Maduro disse que tudo foi "sabotagem da extrema-direita".[36]

Maduro, que não tem o carisma de Chávez, precisa continuar "conquistando" o apoio da população. Agradar a todo custo é o princípio programático de qualquer governo grátis. Com esse objetivo, foram aumentados os gastos públicos com a própria máquina de governo e com propaganda. Ele manteve os 39 ministérios e criou 111 "vice-ministérios", nisso ultrapassando muito o Brasil. Há, por exemplo, o Ministério da Transformação Revolucionária e o de Desenvolvimento Integral. Pela bizarra lógica administrativa de Maduro, cada ministério precisa de um apêndice. O da Saúde tem quatro vice-ministérios: Saúde Integral, Saúde Ambulatorial, Saúde Coletiva e Recursos, Tecnologia e Regulação. Há vice-ministérios para quase todas as atividades do governo, além do Vice-Ministério para a Suprema Felicidade Social do Povo. Existe o Vice-Ministério para a Economia Socialista, um para a União com o Povo e outro para o Desenvolvimento Produtivo da Mulher. Os mais espantosos são o Vice-Ministério para o Saber Ancestral e para a Vida e a Paz, além de um específico para as Redes Sociais.

O gabinete presidencial de Maduro goza de uma verba de US$ 945 milhões para suas despesas pessoais.[37] Parece uma quantia extravagante, e é. Esse valor é dezesseis vezes superior ao gasto anual da Rainha Elizabeth II, do Reino Unido. Levando em conta o PIB *per capita* da Grã-Bretanha e o da Venezuela, Maduro quer ser realmente mais rei do que a rainha.

O presidente da Venezuela reservou, ademais, US$ 7,6 milhões para suas despesas com alimentos e bebidas; US$ 5,2 milhões para viagens, nas quais o presidente é sempre acompanhado por um séquito de 120 pessoas, inclusive provadores de comida, técnicos em explosivos e médicos com especialização até em epi-

---

36. *O Estado de S.Paulo*, 3 de setembro de 2013.
37. José Casado, "Desperdício na escassez", *O Globo*, 19 de janeiro de 2014.

demiologia; US$ 250 mil para roupas e sapatos; e US$ 119,5 mil para produtos de higiene pessoal, inclusive papel higiênico importado.

Chávez já dispunha de uma verba secreta de US$ 40 mil por mês para gastos com roupas, sapatos e produtos de beleza (?) e higiene pessoal – tudo importado. Isso parece uma pechincha se comparado com o que gasta seu sucessor. Cento e vinte mil pessoas estão inscritas na folha de pagamento do Gabinete Presidencial de Maduro, herdado de Chávez e, de novo, ampliado por Maduro. Cabide de emprego para nenhum de nós botar defeito.

Outra fonte de gastos públicos venezuelanos é o reaparelhamento militar. O item mais dispendioso é a aquisição de vinte e quatro caças Sukhoi Su-30 MKV e de trinta helicópteros de combate Mi-31 em meados de 2006. Seis anos depois, por falta de peças de reposição, apenas seis caças estão em condição de voo.[38] A ineficiência venezuelana foi mais letal que qualquer força aérea inimiga. Essa aquisição demonstra o enorme desperdício de gastos públicos venezuelanos. Independente de seu custo e de suas verdadeiras condições de voo, essas aeronaves têm constituído um importante fator de projeção das políticas da Venezuela em termos regionais, permitindo que o país se tornasse um líder para os demais países bolivarianos. Mas contra quem? As únicas "ameaças" militares da Venezuela seriam, supostamente, a Colômbia e os Estados Unidos. Mas quem cogitaria um dia invadir um país como a Venezuela de hoje?

Chávez comprou também cem mil fuzis Kalashnikov da Rússia e anunciou planos para iniciar a produção local do AK-47, a arma "preferida" de grupos criminosos e terroristas do mundo inteiro. Cogita-se também a produção local de munição. Essa compra faz mais sentido porque as milícias paramilitares poderão ser armadas e impor a hegemonia chavista à população, apesar de a violência e a taxa de assassinatos com armas de

---

38. *Veja*, edição 2345, ano 46, nº 44, 30 de outubro de 2013.

fogo na Venezuela já figurar entre as mais altas do mundo. Na região, a Venezuela está atrás, nesse quesito, apenas de Honduras e El Salvador.

O fornecimento de armas às milícias é uma maneira de exercer um poder direto, à margem das instituições.[39] Outro fator que contribui para a violência está nos altos índices de corrupção das forças de segurança, que fizeram diversos pactos com terroristas e narcotraficantes venezuelanos e colombianos. Essas compras extravagantes e desnecessárias de armas pesadas e leves demonstram megalomania dos presidentes venezuelanos e um profundo desprezo pelas contas públicas. A falta de peças de reposição é claro indício de desperdício e ineficiência. Além do mais, toda e qualquer corrupção impacta os gastos públicos.

Com o total controle dos grupos sociais, da mídia, da atividade política e das milícias em mãos chavistas é difícil contemplar qualquer mudança benéfica no cenário do país. Para enfrentar a crise socioeconômica mais aguda do chavismo da última década, o bolivarianismo aposta na crescente militarização do país, com o crescimento das milícias, o fortalecimento das forças armadas e a indicação de generais para novos altos cargos de governo. A expectativa do governo é que a milícia bolivariana cresça até atingir meio milhão de membros em 2015 e um milhão em 2019. É este o provável destino dos Kalashnikov.

É evidente que todo esse aparato foi financiado por recursos públicos. A diretora-gerente do FMI, Christine Lagarde, afirmou que o país terá de enfrentar "escolhas políticas difíceis" em breve para estancar a sangria de suas reservas.[40] A promessa de governo grátis soa, cada vez mais, mais inócua e daninha.

As perspectivas para equilíbrio nas contas públicas não são boas e, de fato, pioraram com a liberação de mais de US$ 6 bilhões para as forças armadas, entre outras despesas irracionais.

---

39. *Veja*, edição 2356, ano 47, nº 47, 15 de janeiro de 2014.
40. Lartigue diz que a Venezuela está mal economicamente, *Exame*, 11 de novembro de 2013.

As principais lideranças estão presas, e há a possibilidade de guerra civil ou de golpe militar. Um relatório de Andrés Serbin, professor de ciência política argentino que leciona na Universidade Simon Bolívar da Venezuela, fez previsões sombrias para o país. O relatório, "*Venezuela in Crisis*", publicado pelo Global Partnership for the Prevention of Armed Conflict (GPPAC), dos Países Baixos, foi escrito três dias antes da prisão de três generais venezuelanos pelo governo de Nicolás Maduro. Segundo Serbin é "muito provável" que o país entre num período de anarquia seguido pela possibilidade de uma intervenção militar por setores "nacionalistas-institucionais" das forças armadas. Esses setores desaprovam a presença crescente de "assessores militares" cubanos e a criação de grupos paramilitares semiautônomos bolivarianos.[41]

Alguns setores venezuelanos discordam dessa análise. Eles citam o fato de que as principais agências estatais, encabeçadas por oficiais, da ativa ou aposentados, controlam as importações, inclusive a de alimentos. Dizem que os militares nunca ganharam tanto dinheiro em suas vidas. O que não é importado por eles, é importado por seus familiares ou amigos. Por isso, não querem ver Maduro fora do poder.

MADURO PARA ACABAR

Mas há algo novo na equação política: o próprio Maduro. Contrariamente a Chávez, Maduro é um presidente fraco. Com a capilaridade das ações das forças armadas na sociedade venezuelana, os militares ganharam tanto poder e autonomia de ação em todas as instituições em nível federal e estadual, especialmente desde o começo do governo Chávez, que não será possível mantê-los sob controle por muito mais tempo.

---

41. Andrés Oppenheimer, "Andres Oppenheimer: Venezuela's Best 'Anti-Coup' Medicine: Dialogue", *Miami Herald*, 4 de abril de 2014. Serbin foi professor de Nicolás Maduro na universidade.

Na opinião de Serbin, apenas o diálogo regional, e bastante ativo e persuasivo, poderia evitar um desfecho sangrento. Ele menciona a embrionária intermediação da União de Nações Sul-Americanas (Unasul) e, eventualmente, do papa Francisco. Mas a impressão que se tem é que nenhum líder prudente quer interferir na Venezuela, pelo menos enquanto o governo Maduro ainda aparenta controlar a situação com seu tacape e mão de ferro.

A Venezuela, um grande país com fortes injustiças sociais – é verdade – vinha construindo, entre o fim da Segunda Guerra Mundial e a chegada de Chávez ao poder, sua experiência democrática e agia de modo fiscalmente responsável para padrões latino-americanos. Eis que surge um *caudillo* populista, sem noção dos limites fiscais do poder e agindo com "ilusão de conhecimento", que é um defeito muito pior que a mera ignorância, nas palavras de Stephen Hawkins.

Chávez brutaliza e depaupera as bases fiscais da democracia. Crê que pune o capitalismo quando ceifa a árvore da produção. Da poda, passa ao corte raso da árvore, e salga em volta. Depois começa a prometer o rebrote da planta morta. Insiste. Tem a bravura dos idiotas. Crê na imortalidade da estupidez. Cria seguidores aflitos, que trocam a incerteza do dia a dia pelas certezas do grande irmão que fala com Jesus, ou com Bolívar, conforme o caso. Explora o sincretismo religioso do povo. Desperta fé cega e esperança vã.

Mas o orçamento fiscal é surdo e mudo. E nada entende de discurso populista e religioso. Receitas e despesas são geladas. Sobem e descem só quando têm motivo. E as receitas passam a ter motivo para cair. Não fosse o metafísico episódio da elevação do preço internacional do petróleo, não haveria padre nem missa. Mas Chávez rezou um *Te Deum* inteiro, graças aos preços da *commodity* negra.

Até chegar ao estágio de quebra final das articulações do público com o privado, o bolivarianismo sem Bolívar se empenhará em destruir a nobre Venezuela, vizinha importante do Brasil. O pior é que pode sempre ter maus reflexos para quem está por perto.

9. GRÉCIA: UMA TRAGÉDIA OLÍMPICA

AS MÁSCARAS DO TEATRO

Cinco anos após o terremoto socioeconômico que chacoalhou a Grécia, o governo de Atenas anunciou que investidores reagiram com forte apoio à emissão de € 3 bilhões em títulos públicos de cinco anos. Seria um sinal de que, possivelmente, o sol vai voltar a brilhar no Mar Egeu, depois da enorme tempestade.[42] A demanda pelos títulos foi tanta que os juros ficaram em apenas 4,75%, muito menos do que inicialmente antecipado. Esse resultado surpreendente gerou otimismo sobre as finanças do país, não só em Atenas como em várias outras capitais europeias. A contaminação positiva, de puro otimismo, logo se espalhou, chegando ao distante Portugal. O fato de a economia mais fraca da Zona do Euro voltar a tomar dinheiro emprestado, depois de tanto tempo afastada do mercado de empréstimos – com exceção das rolagens forçadas pela *Troika* formada pelo Banco Central Europeu, pela Comissão Europeia e pelo Fundo Monetário Internacional – já é um sinal forte de confiança e, quem sabe, se tudo ocorrer conforme as projeções oficiais, o início de uma volta à normalidade. Mas, ao que tudo indica, a Grécia está sendo salva pela benevolência alemã. Por enquanto.

---

42. *The New York Times*, 10 de junho de 2014.

Como nas máscaras do teatro, a Grécia volta a sorrir. Mas é apenas mais uma cena do longo drama financeiro e político ainda a ser vivido pelos gregos.

A Grécia, berço da democracia, é também reconhecida por ser o país de origem da tragédia. Assim, até por condição de sua longa vivência de altos e baixos, não poderia se considerar imune a crises domésticas e internacionais. Não obstante, até 2009 o clima era de festa. A ficha da crise demorou a cair. As agências americanas de *rating* mantiveram notas de risco excelentes para o país mesmo depois das sirenes do estouro da bolha imobiliária apitarem. O erro de avaliação foi crasso e geral. O país fora admitido na Zona do Euro em 2002 e, com isso, teve a ilusão efêmera de estar no mesmo patamar das grandes economias da Europa. Adotou o euro como moeda em substituição ao dracma grego.

Preparavam-se, ademais, os Jogos Olímpicos, que foram realizados em 2004 e colocaram Atenas no centro das atenções mundiais. O desejo do governo era aproveitar a situação para apresentar ao mundo um país avançado e dinâmico e desconstruir sua fama de irresponsabilidade fiscal e de corrupção. O turismo é responsável por 18% de seu PIB, e o país se beneficia da ajuda da União Europeia (UE), que, em 2004, correspondia a 3,3% do PIB grego de US$ 228 bilhões. A economia grega fechou 2004, segundo a Eurostats, o braço de estatísticas da UE, com um déficit de 7,5% do PIB, o maior entre todos os países do bloco. No ano anterior, o déficit grego tinha sido de 5,6% do PIB. A dívida pública em 2004 subiu para 98,6% do PIB – equivalente a cerca de € 50 mil para cada família no país. Os sintomas do desequilíbrio e do governo grátis estavam todos lá, mesmo na euforia dos festejos olímpicos. Só que quase ninguém queria enxergar.

Periferia Zona do Euro 1994-2012, Renda *per capita* (US$ correntes)

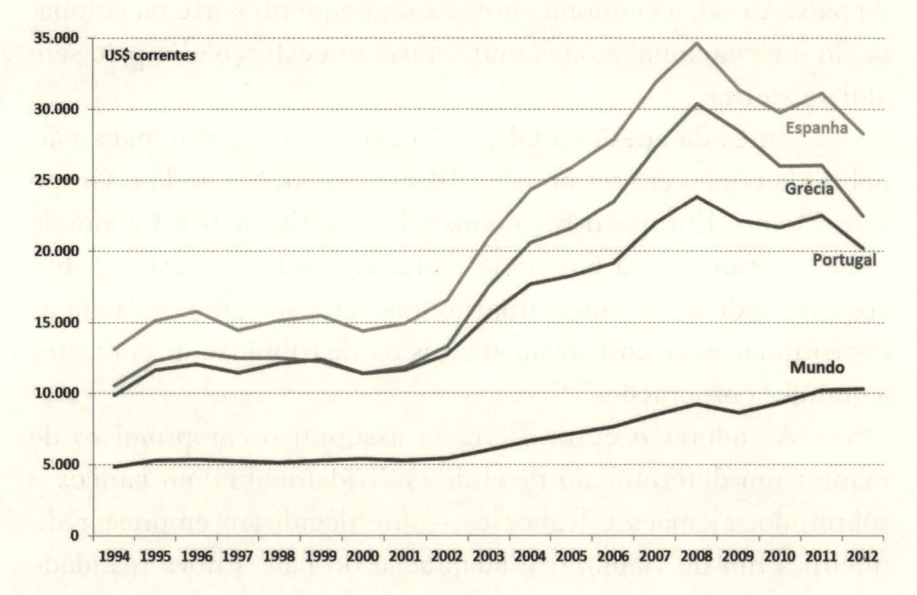

[Gráfico: linhas para Espanha, Grécia, Portugal e Mundo entre 1994 e 2012, valores em US$ correntes de 0 a 35.000]

Fonte: Banco Mundial

FALSOS SINAIS DE PROSPERIDADE

De acordo com o FMI, o PIB *per capita* da Grécia chegara a quase US$ 30 mil em 2009, valor comparável ao da Itália ou da Espanha e, à primeira vista, surpreendente. O custo de vida em Atenas chegara perto de 90% do custo de vida de Nova York, muito em linha com o que ocorre, também às vésperas das Olimpíadas, com o custo da vida no Rio de Janeiro.

Apesar do crescimento robusto na primeira década dos 2000, a partir da entrada na Comunidade Europeia, a verdade é que economia e sociedade gregas jamais se viram livres de problemas crônicos e graves, como os altos níveis de desemprego, a burocracia ferozmente ineficiente, o inchaço do serviço público, a sonegação fiscal e a corrupção generalizadas. Sonegação e corrupção são duas faces do mesmo problema. Além do mais, gastos significativos, mas perdulários, na preparação das Olimpíadas – os "elefantes brancos" tão noticiados na mídia internacional, acabaram afetando dramaticamente as contas públicas do país. Afinal, a economia grega é de pequeno porte na comparação internacional e não comportaria um esforço olímpico sem ajuda externa.

Antes da adesão à UE, a Grécia era o segundo país mais pobre da região em termos de PIB *per capita*. Segundo o Grupo EuroMemo (European Economists for an Alternative Economic Policy in Europe), a Grécia já vinha acumulando gastos públicos extraordinários, uma situação que teria se agravado "com as oportunidades de corrupção abertas na distribuição de contratos a grandes corporações".[43]

Ao adotar o euro, a Grécia assumiu o compromisso de manter um determinado nível de endividamento com bancos – sobretudo, alemães e franceses – que decidiram emprestar dinheiro a fim de viabilizar a adaptação do país à nova realidade europeia. Foram, então, adotadas ideias de vertente keynesiana para impulsionar o desenvolvimento. A intenção era ampliar os gastos governamentais, para que a Grécia pudesse, desse modo, recuperar seu atraso secular. Nivelar até certo ponto os níveis de renda da Europa do euro era um objetivo dos líderes da Comunidade. Para a estabilidade continental, é fundamental alcançar-se um bom sistema de saúde, transporte público de qualidade, moradia e educação de excelente nível, o que ainda não era o caso na Grécia.

A construção de muitas instalações públicas de esporte para as Olimpíadas e a implantação de um metrô e de outros sistemas de transporte urbano ampliaram muito o endividamento. A Grécia continuou a gastar como se fosse em dracmas, mas o país tinha de se manter solvente em moeda forte, o euro. Os gregos agiam como se ainda tivessem controle sobre a emissão títulos e de dinheiro. Esses gastos foram financiados com empréstimos domésticos, mas, sobretudo, com recursos de fora do

---

43. Thomas Pappon, BBC Brasil, 30 de novembro de 2011.

país. Os banqueiros estrangeiros demonstravam mais euforia do que os próprios tomadores do dinheiro fácil.

Com a aproximação do limite da crise, ficou claro que o governo era incapaz de gerar receitas fiscais para cobrir os compromissos com os gastos públicos acumulados. A situação ficou exacerbada com a falta de controle sobre as obras e com o estouro dos custos, algo que o brasileiro, infelizmente, conhece muito bem. A situação expôs sérias falhas de planejamento e organização, levantando dúvidas sobre a capacidade do Estado grego em lidar com um evento do porte de uma Olimpíada.

UMA OLIMPÍADA IMPAGÁVEL

Ainda é difícil precisar o total dos gastos com a Olimpíada de 2004. Em novembro daquele ano, o governo anunciou o custo final de € 8,9 bilhões (US$ 12,2 bilhões) – bem mais do que os Jogos de Sydney –, quase o dobro do orçamento inicial e o suficiente para proclamar os Jogos de Atenas os mais caros da história moderna, até então. No caso de Atenas, o montante calculado não incluiu gastos com obras que vinham sendo planejadas antes, independentemente dos Jogos, mas que foram aceleradas em razão do evento, como o novo aeroporto internacional, o metrô, uma via expressa e linhas de bonde e trem, todas na capital ou nos arredores.

Segundo dados do Ministério das Finanças grego, divulgados em novembro de 2004, dos € 8,9 bilhões em gastos, € 7,2 bilhões vieram do Estado, que disponibilizou a maior parte desses recursos por meio de um programa de investimentos em infraestrutura semelhante ao PAC brasileiro. Como eram os primeiros Jogos depois dos atentados de 11 de setembro, os gastos com a segurança foram exacerbados de forma significativa.

O economista Vassilis Monastiriotis da London School of Economics afirma que os Jogos pressionaram as finanças públicas da Grécia porque grande parte dos gastos (do Estado) foi financiada com empréstimos e, para piorar a situação, eles arrecadaram bem menos do que o estimado originalmente. O governo esperava recuperar parte dos custos com a venda ou concessão de instalações olímpicas. Mas, no final, conseguiu levantar apenas 25% do esperado.

No caso da Grécia, "...não se trata de uma dívida acumulada por famílias ou indivíduos, em empréstimos, hipotecas ou cartão de crédito. É dívida do Estado, gerada por sucessivos governos perdulários, que pegavam fundos da UE não para investi-los em infraestrutura, construções úteis, ou programas de criação de emprego ou suporte agrícola, mas em projetos sociais populistas e em políticas clientelistas", avaliou outro economista da London School of Economics, Spyros Economides.[44] Em outras palavras, a gastança pública dos gregos desmoralizou até o conceito de gasto público compensatório, normalmente relacionado com infraestruturas. O gasto foi, sobretudo, para manter a popularidade de maus políticos – o gasto populista – e para transferir recursos a grupos ligados ao poder – o gasto fraudulento. Era o governo grátis, no seu mais alto grau de esperteza. A crise estava, de fato, sendo armada e contratada pela pior espécie de políticos populistas.

Mas o estouro das finanças gregas vai muito além da preparação dos Jogos Olímpicos. A bolha estourou em 2009, cinco anos após a realização dos Jogos. A manipulação da verdadeira situação se prolongou por vários anos. No balanço, ficou claro que a Grécia não soube aproveitar a entrada na Zona do Euro, e a preparação do evento Olímpico foi seu ponto de inflexão para a irresponsabilidade fiscal. Em janeiro daquele ano, no mesmo dia em que o governo grego cedeu à pressão de agricultores grevistas, prometendo a eles subsídios adicionais de € 500 milhões, a agência de classificação de risco S&P reduzia o *rating* da Grécia para

---

44. Spyros Economides, "Can those who lit the flame for democracy carry it?", Higher Ed., 13 de agosto de 2004.

A-, ainda assim, uma nota de crédito totalmente incompatível com uma avaliação realista do que viria pela frente.

MARCHA DA INSENSATEZ

Os problemas se agravaram e se espalharam, mas a Grécia não cortou seus gastos. Ao final de 2009, o novo governo grego anunciou que seu déficit fiscal alcançara o histórico nível de 12,7% do PIB — mais de três vezes o valor de 3,7% anunciado no início do ano. No dia 1º de dezembro daquele ano, os ministros das finanças da União Econômica e Monetária (UEM) da União Europeia concordaram em adotar medidas mais duras com relação ao governo grego. No dia 8, a Fitch reduziu a avaliação da Grécia para BBB+, uma nota ainda elevada de grau de investimento, denotando risco de crédito apenas módico para uma economia à beira da falência. A S&P seguiria pouco depois.

Os mercados foram mais espertos, ou menos lentos, do que as agências de risco. As taxas de juros que a Grécia tinha de pagar sobre os títulos de sua dívida já começaram a subir no segundo semestre de 2009, o que gerou preocupações mais intensas nos políticos europeus. O ministro das finanças da Alemanha, Wolfgang Schäuble, declarou que a Grécia havia vivido durante anos muito além de sua realidade financeira, e que os alemães não iriam pagar por isso. O crescimento registrado anos antes virara pó, e o país entrou numa profunda recessão. A conta da festa havia chegado.

As primeiras medidas do novo governo do primeiro-ministro Giorgios Papandreou foram não aumentar as pensões, como havia prometido, e aumentar impostos para reduzir o déficit.[45] No mesmo dia, a Grécia anunciou uma redução de € 10,6 bilhões em seu déficit orçamentário. Essa redução viria de uma combinação de aumento de impostos (€ 7 bilhões) e de cortes de gastos (€ 3,6 bilhões). O déficit seria reduzido de 12,7% do

---

45. Philip Bagus, "A Tragédia do Euro", Instituto Ludwig von Mises, Brasil, 8 de março de 2012.

PIB para 8,7%. Papandreou também anunciou um congelamento nos salários dos funcionários públicos, quebrando assim outra promessa que havia feito antes de sua eleição. O governo grátis grego estava em apuros para fechar a conta. No dia 10 de fevereiro, o sindicato dos funcionários públicos anunciou o início de várias greves.

SONEGAÇÃO E PROPINAS

Um fator importante complica a geração de receita da Grécia: a sonegação de tributos faz parte do "jeito" grego. Em 2009, a Organização para a Cooperação e o Desenvolvimento Econômico (OCDE) estimou que o tamanho da economia "paralela" grega era aproximadamente de € 65 bilhões, equivalente a 25% do PIB, levando a uma sonegação tributária de € 20 bilhões. A sonegação grega constitui um recorde europeu. Em comparação, a economia paralela alemã está estimada em 15% do PIB – que também parece excessivo, tratando-se da Alemanha.[46]

Essas práticas fazem parte do *fakelaki*, o pagamento de propina praticamente institucionalizado no país. No último trimestre de 2005, a evasão fiscal alcançou 49% da população, segundo a revista grega *Ethnos*. Pesquisadores da Universidade de Chicago concluíram, num estudo de 2009, que a sonegação por parte de profissionais liberais gregos – contadores, dentistas, advogados, doutores, professores particulares, conselheiros financeiros etc. – foi de € 28 bilhões, ou 31% do orçamento.[47] Combater a sonegação fiscal na Grécia não é tarefa fácil.

Nesse contexto, foi recomendada ao governo grego a adoção de um sistema mais eficiente de arrecadação de impostos, mas a implementação de reformas sempre foi um processo de-

---

46. "Korruption und Steuerhinterziehung: Griechenland versinkt im Sumpf", *Die Presse*, Viena, Áustria, 5 de agosto de 2009.

47. Phillip Inman, *Primary Greek tax evaders are the professional classe, The Guardian*. Retrieved October, 6, 2012.

licado, necessitando de dois períodos legislativos para a entrada em vigor, o que na prática quase inviabiliza qualquer mudança.[48] É interessante notar como um regime de governo grátis também estimula o mesmo tipo de conduta da população, cujo relaxamento ético reproduz e emula o comportamento desidioso da liderança política.

No final de janeiro de 2010, os mercados financeiros começaram a se desfazer de títulos gregos num ritmo mais acelerado após o Deutsche Bank ter alertado que um calote de Grécia seria mais desastroso do que os calotes da Rússia em 1998 e o da Argentina em 2001, principalmente para instituições financeiras europeias e alemãs em particular. Em fevereiro de 2010, tornou-se pública a informação de que o banco de investimentos Goldman Sachs havia ajudado o governo grego a mascarar o real tamanho de seu déficit por meio do uso de derivativos. O governo grego jamais havia cumprido a regra de Maastricht que exigia que a dívida pública de um país europeu não ultrapassasse 60% do PIB. Tampouco havia ele cumprido o limite de 3% para o déficit orçamentário. Somente por meio de seguidas maquiagens em seus balanços, como deixar de fora gastos militares ou dívidas relacionadas à saúde, é que a Grécia conseguiu cumprir formalmente o limite do déficit. A mesma prática esperta havia se disseminado em vários países da Zona do Euro, em diferentes graus de gravidade, sempre com a ajuda de instituições bancárias de grande respeitabilidade.

ENTRAM OS FISCAIS DO CAOS

Como consequência, instalou-se uma crise de confiança internacional na capacidade da Grécia de pagar sua dívida soberana. Com o objetivo de evitar a qualquer custo uma moratória, em maio de 2010 outros países membros da Zona do Euro entraram em acordo com o FMI sobre um pacote financeiro de

---

[48]. Abkehr von den Fakelaki, *Die Zeit*, 6 de maio de 2010.

resgate para a Grécia, dando um empréstimo imediato de € 45 bilhões, que, com fundos adicionais, levaria o pacote a um total de € 110 bilhões. A fim de garantir o financiamento, a Grécia foi convocada a tomar duras medidas de austeridade para controlar seu déficit. A execução desse compromisso foi acompanhada e avaliada pela já mencionada *Troika* (Comissão Europeia, o Banco Central Europeu, FMI). Sem dúvida, a Grécia está pagando um alto preço por sua experiência de descontrole dos gastos públicos, de déficits e de dívida.

Uma das maneiras de enxergar o problema é o custo social, em particular o nível de desemprego que assola o país desde a virada de 2008-2009, que precedeu o auge da crise. O déficit público mantém-se muito elevado, mas decrescente. O governo grego anunciou que vai fundir ou cortar 21 órgãos estatais para reduzir os gastos públicos solicitados por seus credores internacionais. As entidades que passarão pela reforma empregam um total de 5.526 trabalhadores e respondem por € 40 milhões dos gastos públicos, segundo informações do Ministério de Reforma Administrativa do país. De acordo com o anúncio do ministério, parte dos funcionários desses 21 órgãos será transferida para outros setores públicos e não haverá demissões. Isso não explica de onde virão os cortes, mas mantém a promessa do governo de coalizão de não demitir qualquer funcionário público, o que pode violar promessas anteriormente feitas à *Troika*. Os 21 órgãos serão reduzidos para nove. Essa é a primeira ação da reforma que vai fundir ou fechar pelo menos duzentos órgãos estatais com o objetivo de reduzir os gastos públicos.

SAIR SERIA A SAÍDA?

Um grande debate que divide a população e especialistas gregos e estrangeiros é saber se a Grécia deveria permanecer na Zona do Euro. A desvalorização cambial que ocorreria no dia da saída do euro seria boa para tornar o país mais competitivo,

tanto para atrair turistas, em detrimento de vizinhos como a ex-
-Iugoslávia, Itália e Espanha, como também para a exportação de
seus produtos, que competem com os de outros países mediterrâneos, como azeite e pistache. A Grécia poderia, ademais, retomar
o controle de sua política monetária e emitir moeda própria. Em
contrapartida, a dívida atual é cotada em euros e assim permane-
ceria: honrá-la se tornaria inviável, por virar, automaticamente,
uma "dívida externa" em moeda forte.

É inegável que há semelhanças entre as crises da Argentina e da Grécia. Quando Carlos Saúl Menem adotou a paridade
do peso ao dólar, os argentinos também se sentiram ricos e orgulhosos. Mas com o estouro do regime de conversibilidade, o
sonho tornou-se pesadelo e, com a moratória, sobreveio a recessão e a instabilidade econômica e política. Na Grécia, a adoção
do euro foi como a paridade ao dólar na Argentina. A Grécia não
declarou moratória porque os europeus do norte, os alemães, em
particular, temiam que seus bancos fossem afetados, não apenas
pelo excesso de empréstimos, mas, sobretudo, com o calote dos
pagamentos. Com a adesão à Zona do Euro, os gregos sentiram-
-se ombreados, não apenas aos europeus mediterrâneos – italianos e espanhóis – mas também aos europeus do norte. Contudo,
gregos e argentinos compartilham hábitos perdulários e mudar
costumes tradicionais leva tempo.

Fica evidente que apenas adotar uma moeda forte, nos
casos de Argentina e Grécia, respectivamente, o dólar e o euro, é
medida insuficiente para que a responsabilidade fiscal seja também adotada pelo governo e respeitada e exigida pela população.
Mas, se não o for, leva inexoravelmente à derrota do padrão de
moeda forte. A responsabilidade fiscal depende da vontade política da sociedade.

As consequências sociais do descontrole dos gastos públicos na Grécia – empobrecimento e desemprego – estão sendo
pagas até hoje. O preço é amargo. Até os gastos públicos en-

colheram de forma significativa. O governo grátis, no fim, gera muita dor social.

ALERTA PARA TODOS

A tragédia grega para a preparação dos Jogos Olímpicos serve de alerta para outras cidades que se preparam para realizar Jogos no futuro, mesmo aquelas que vão compartilhar os gastos com outros entes governamentais, caso do Rio de Janeiro, onde os gastos serão compartilhados pelos governos municipal, estadual e federal. Os gastos são *sempre* superiores ao que fora estimado no início do projeto, e deve-se permanentemente evitar desperdícios, o que requer disciplina olímpica.

Outro tipo de desperdício é destruir instalações existentes para construir novas, apenas para as Olimpíadas – como o Velódromo construído para os Jogos Pan-Americanos do Rio de Janeiro de 2007 e posto abaixo por exigência do Comitê Olímpico Internacional (COI). Ações como estas só podem ser boas para as empreiteiras responsáveis pelas obras.

Embora a questão da preparação de Jogos Olímpicos em diferentes cidades mereça amplo debate, ela não é em si um problema, como não o foi em Londres ou Sydney. Em Atlanta, o resultado foi até lucrativo. Mas o fato é que esse contexto pode exacerbar problemas crônicos de irresponsabilidade fiscal, de ineficiência de gastos públicos e de desperdício. É por isso, aliás, que Estocolmo desistiu de realizar os Jogos Olímpicos de inverno de 2022.

O legado olímpico, no caso da Grécia, não foi o esperado inicialmente. A Olimpíada grega se transformou em jogos mortais para a população. E realçou, justamente, as facetas mais controversas da sociedade grega e de seus governos da atualidade, marcados, como vimos, por sonegação crônica, corrupção e falta de planejamento.

Após os duros ajustes mencionados, a volta da Grécia aos mercados de capitais em 2014 foi auspiciosa, embora deva ser vista com extrema cautela, por depender da boa vontade de credores estrangeiros que podem rapidamente mudar de ideia. Foi o primeiro passo numa longa e difícil caminhada rumo à disciplina fiscal. Afinal, a dívida soberana da Grécia continua insustentável, do alto dos seus 150% do PIB grego. Mesmo após sucessivas renegociações, um montante superior a 100% do PIB em compromissos financeiros é algo muito difícil de se honrar a médio prazo. Portanto, mais episódios de ajustamento e, possivelmente, de dor ocorrerão. Esse caminho não é fácil e sem obstáculos. Os maus hábitos perdulários do antigo regime de governo grátis permanecerão sempre uma tentação. Mas se manter afastada das propostas populistas é a única maneira de a Grécia chegar realmente ao sonhado patamar de desenvolvimento socioeconômico de padrão europeu.

Espera-se que a Grécia aprenda com os efeitos da terrível crise que ainda a abala. Mesmo com a eventualidade de novas revisões da dívida preexistente, a adoção de uma meta tangível de responsabilidade fiscal é a única receita segura de permanência da Grécia no clube de países europeus "sérios".

10. RÚSSIA: MUITA OGIVA E POUCO JUÍZO

"TODOS NO MESMO BARCO"

É grande o contraste entre a Rússia de 2007, ano em que foi escolhida para sediar os Jogos Olímpicos de Inverno de Sochi, e a de 2014. Em 2007, o crescimento ficava por volta de 8%, mas foi reduzido em 2014 para 1,5%. Apesar da demonstração de força pela incursão na Crimeia, a Rússia está mais vulnerável do que em 2007. Como 43% das exportações russas vão principalmente para a UE – e 28% para a Zona do Euro –, a Rússia já fora bastante afetada pela desaceleração do principal parceiro comercial após a crise de 2008. Os próximos anos serão piores por conta das sanções impostas por Bruxelas e por Washington. O Ocidente não disparou nenhum míssil balístico contra a Rússia, mas as sanções comerciais e financeiras serão sentidas gradativa e profundamente, como uma morte lenta.

Oitenta por cento do gás utilizado pela Europa, 60% do consumido na Ucrânia e 39% do consumido pela Alemanha provém da Rússia. Setenta por cento da exportação do petróleo e gás russos passam pelo território da Ucrânia. Portanto, qualquer interrupção da passagem de gás russo pelo território ucraniano afetaria as contas públicas de Moscou, de Kiev e de outras capitais europeias, embora existam oleodutos paralelos aos que atravessam o território ucraniano. Trata-se de uma completa interdependência. Nunca a expressão "todos num mesmo barco" foi tão precisa quanto para definir a geopolítica da Rússia, Europa ocidental e Ucrânia.

Rússia, Ucrânia e Europa Oriental: malha de gasodutos.

Fonte: East European Gas Analysis, National Gas Union of Ukraine

A energia é um instrumento quase tão eficaz quanto o Exército Vermelho para manter as ex-Repúblicas Soviéticas em linha. Moscou já usou o fornecimento de gás para pressionar Kiev no passado. A Rússia foi a maior parceira comercial da Ucrânia, mas perdeu esta posição para a UE. A Ucrânia sempre foi, desde os tempos soviéticos, a grande fornecedora de trigo para o bloco. A Ucrânia é uma espécie de "celeiro dos vizinhos", mas ficaria literalmente congelada sem o gás russo, cujo fluxo pelo país é fonte de corrupção em ambos os países.[49]

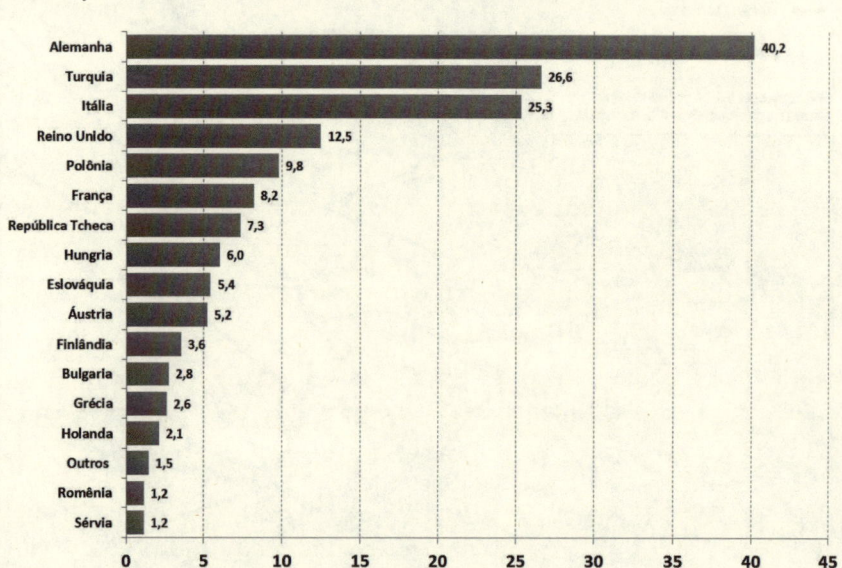

Exportações de gás da Rússia para a Europa* (bilhões de m³)

País	Bilhões de m³
Alemanha	40,2
Turquia	26,6
Itália	25,3
Reino Unido	12,5
Polônia	9,8
França	8,2
República Tcheca	7,3
Hungria	6,0
Eslováquia	5,4
Áustria	5,2
Finlândia	3,6
Bulgaria	2,8
Grécia	2,6
Holanda	2,1
Outros	1,5
Romênia	1,2
Sérvia	1,2

Fonte: Gazprom. (*) Exportações para fora dos antigos países formadores da URSS.

MONODEPENDÊNCIA ENERGÉTICA

A influência da Rússia em assuntos europeus provém da dependência destes últimos na importação de energia. Em compensação, a Rússia é vulnerável por sua alta concentração econômica em alguns poucos recursos naturais, em particular

---

49. Transparency International disponível em: http://www.transparency.org/gcb2013/result.

gás, petróleo, madeira e minérios. Qualquer comparação com a crescente dependência brasileira à exportação de *commodities* agrícolas e minerais não é mera coincidência. Consequentemente, o crescimento russo está diretamente ligado ao mercado do petróleo e gás, o que afeta diretamente a política fiscal russa. Como o petróleo bruto e refinado e o gás natural representam 61% das exportações russas, qualquer variação de preço, para cima ou para baixo, afeta profundamente a economia russa.

Essa concentração nos hidrocarbonetos, em detrimento da indústria de transformação, com exceção do segmento bélico, aumenta a vulnerabilidade dos russos. Como na Venezuela, outra monodependente do petróleo, seria imprescindível fazer uma diversificação da economia doméstica para torná-la menos exposta aos azares do mercado do petróleo e gás, aliás, como certos emirados do Oriente Médio estão tentando fazer, gradativamente.

Uma rápida comparação entre o setor industrial chinês e o russo é pertinente. Desde 1992, o setor industrial chinês cresceu em média 13,9% ao ano, mas o russo cresceu apenas 0,3%. Assim, a renda energética russa permanece fundamental para o equilíbrio de suas contas públicas. Essa renda foi responsável por 28% da receita fiscal do governo em 2010.[50] Uma vulnerabilidade complementar é que essa renda de monopólio, em vez de ser reinvestida na modernização da Rússia, tem sido enviada para fora do país por empresas *offshore* comandadas pelos novos "czares da economia russa", que desconfiam das políticas e das intenções do governo e relutam em guardar no país o que lá ganham explorando as riquezas que conseguiram amealhar em lances da polêmica "privatização" russa. Diante desse quadro, a previsão de crescimento de longo prazo para a Rússia permanece

---

50. Revenue Watch Institute, 2011. Maurício Metri, "Petróleo, diplomacia e divisas internacionais", *Controvérsia*, 2013. Andreas Benedictow, Daniel Fjærtoft e Ole Løfsnæs, "Oil Dependency of the Russian Economy: an Econometric Analysis", *Statistics Norway*, Research Department, Discussion Papers no. 617, May 2010.

nebuloso, na faixa de 2% como potencial calculado pelos institutos especializados.[51]

Rússia e Brasil são duas grandes economias altamente vulneráveis a vergar sob o peso de suas imensas riquezas naturais, contaminadas pela manipulação política dos preços de mercado e pela corrupção de suas elites. Foi assim no regime comunista da ex-URSS e continua igual no regime fictocapitalista atual, o que demonstra que o populismo e a corrupção se adaptam bem a qualquer ambiente econômico. O mesmo se passa no Brasil, onde as elites fazem seus negócios com qualquer comando político. Manipuladores do poder e elites corruptas nunca enfrentam mau tempo. Para os espertos do mundo, o governo é realmente "grátis", mas só para eles.

A Rússia sempre foi um enigma. A cultura russa é sofrida, violenta, mas artística. Seus governos, dos czares aos comunistas, no que o atual regime de Putin não destoa, sempre foram autoritários. Seu território, por causa da inóspita mas rica Sibéria, é o maior do mundo e se estende do oceano Pacífico à Europa, passando pela China até encostar nos mares Cáspio e Negro ao sul, cobrindo nove fusos horários. Ironicamente, o berço da cultura russa é a Ucrânia, em particular a cidade de Kiev. Seu imenso e gélido território serviu como ótima defesa contra as invasões estrangeiras, de Napoleão Bonaparte, no início do século XIX, até Adolf Hitler, na "Grande Guerra Patriótica", como os russos chamam a Segunda Guerra Mundial. Nessas ocasiões, a Rússia cedia terreno, ganhando tempo para montar uma grande contraofensiva e vencer as guerras. Tratava-se de uma troca estratégica, de território cedido contra tempo ganho, que acabou sendo uma opção vitoriosa. Mais um jeito "brasileiro" dos russos, de lidar com crises difíceis: a arte de ganhar tempo.

A Rússia abocanhou os países vizinhos do Cáucaso e da Ásia Central, as chamadas "Repúblicas Muçulmanas Indepen-

---

51. *La Tribune*, "La Crise ukrainienne angoisse les marchés mondiaux", 3 de março de 2014.

dentes", cujos nomes terminam com "...stão", entre as quais se destaca a nação mais ampla e rica em energia, o Cazaquistão. A União das Repúblicas Socialistas Soviéticas foi criada, inicialmente, pela incorporação à Rússia da Ucrânia, da Bielorrússia e da Transcaucásia – Armênia, Geórgia e Azerbaijão – como linha de defesa para o então jovem regime revolucionário bolchevique. Posteriormente, esses países, com exceção da Bielorrússia, tornar-se-iam uma dor de cabeça para Moscou. O contato com culturas islâmicas, como a da Chechênia, nunca foi pacífico. A Chechênia custou tanto para Moscou que acabou se tornando causa imediata do colapso do império soviético.

SUPERPOTÊNCIA: AUGE E COLAPSO

A União Soviética teve poucos líderes – Vladmir Lenin, Joseph Stalin, Nikita Khrushchev, Leonid Brejnev, Yuri Andropov, Konstantin Chernenko e Mikhail Gorbachev – que se sucederam no comando do regime comunista da antiga URSS desde 1917, período em que se firmou como uma superpotência, ao acumular um enorme arsenal militar convencional e não convencional, este último pelas armas químicas, biológicas e seus milhares de artefatos nucleares. Admirada por alguns, temida por todos, a antiga URSS acabou destruída pelo peso econômico – de fato, um peso morto – da sua própria armadura bélica e pela extensão do expansionismo territorial soviético sobre vizinhos pouco dispostos a viver para sempre debaixo da bota cossaca.

A URSS tinha uma economia planificada e burocrática, caracterizada pela falta de dinamismo econômico, produtividade e inovação. A URSS permanecia à margem da economia capitalista mundial e liderava os chamados países "socialistas". Para segurar a falta de liberdade econômica e política, o país era governado com mão de ferro. Na substância, o país mão mudou muito ao longo de sua trágica e, ao mesmo tempo, esplendorosa história.

Como tinha uma economia dirigida, a Rússia oficialmente não tinha inflação nem desemprego, e a propaganda oficial exaltava o país como um "paraíso do proletariado". A falta de liberdade se estendia à mídia, às artes e às viagens. Todo cerceamento à liberdade tinha uma explicação genial: impedir que a influência "burguesa" contaminasse a cabeça limpa do povo. Obviamente, sempre havia um comissário que sabia o que era melhor para o povo e, assim, justificava a censura geral. Os conselhos populares russos eram, na realidade, sessões de doutrinação, quando não de lavagem cerebral. Havia, ademais, desabastecimento crônico. A população não tinha acesso normal aos bens de consumo e, para comprar alimentos e produtos de higiene pessoal, era necessário enfrentar longas filas. Havia histórias de contrabando de *jeans* e uma piada de que as russas sempre faziam fila, mesmo sem saber para o que era. Como faltava de tudo, havia sempre a esperança de achar algum produto disponível naquele momento – situação, aliás, semelhante à de Cuba ou da Venezuela, outros "paraísos proletários" tropicais, ou da Coreia do Norte.

Viver sob o tacão comunista seria apenas uma situação ridícula, de incompetência massificada, caso não trouxesse consigo a tragédia das perseguições políticas, dos assassinatos de dissidentes sem conta, das limpezas étnicas dos súditos rebelados nos territórios conquistados à força e, finalmente, da perda da oportunidade coletiva de uma grande nação ter um futuro de liberdade e progresso.

A crise definitiva da economia planificada, dentro da versão soviética de governo grátis, teve início nos anos 1970, mas foi "maquiada" pela alta no preço das *commodities* energéticas, agrícolas e minerais. Era o caso, especialmente, do petróleo, após as crises deflagradas pela Opep, em 1973 e, em seguida, em 1979-1980. A Opep, apoiada pela União Soviética, por evidentes motivos, tomou partido na sequela da Guerra do Yom Kippur, no Oriente Médio, e, em 1979, da Revolução Islâmica no Irã, para fazer os preços do petróleo explodirem. Os países do Terceiro Mundo pobre foram os que mais sofreram com a ação da Opep, apoiada pelos soviéticos, ao acumularem um endividamento impagável com os bancos internacionais. Agindo como um verdadeiro governo grátis em nivel mundial, a União Soviética vendia a revolução comunista como solução para a pobreza ds países subdesenvolvidos enquanto, ardilosamente, fomentava a instabilidade financeira dos mesmos pelo desequilíbrio dos altos preços do petróleo, com os quais ela mesma fazia caixa. Os sistemas financeiros dos EUA e da Europa cambalearam com a avolumação de passivos representados por dívidas do Terceiro Mundo, mas conseguiram, afinal, se reciclar, ao aplicarem descontos importantes sobre o montante das dívidas externas dos "subdesenvolvidos".

Enquanto isso, a URSS pôde se beneficiar silenciosamente da crise de balanço de pagamentos que permeou a virada da década de 1970 para 1980. Moscou também havia aumentado suas exportações militares para o Terceiro Mundo. Como patrocinadora de guerras de "libertação" mundo afora, a URSS fez dos seus fuzis AK-47 um grande cartão de visita comercial. Mas o preço a pagar pelo excesso de esperteza russo estava ali, bem na virada da próxima década, com o fim da União Soviética.

Com uma economia aquecida por artifícios que turbinavam as contas fiscais do país, os efeitos negativos da economia planificada não eram percebidos como sérios pelos sinistros mandantes da *nomenklatura* soviética. A URSS havia finalmente provado para o mundo que o governo grátis, como regime e como proposta de princípio universal de libertação dos povos, era possível de ser alcançado, caso a revolução fosse implantada com os lideres certos, homens e mulheres devotados ao bem comum e dispostos a tudo, ao preço que fosse.

Foi aí que o mundo capitalista entrou em profunda recessão. Alguns banqueiros públicos ocidentais, liderados por Paul

Volcker no Federal Reserve System (FED) americano, não pareciam dispostos a entregar o jogo sem uma boa briga. Na Inglaterra, Margaret Thatcher tinha chegado, pelo voto direto dos ingleses, ao comando da economia britânica. E, no Vaticano, outro aliado tão poderoso quanto discreto, o papa João Paulo II, o polonês Wojtyla, escolado combatente de nazistas e comunistas em sua terra natal tantas vezes invadida e violada, também não queria mais conversa com o autoritarismo reinante.

A queda do preço das *commodities*, a partir de 1984-1985, foi a consequência da guerra "nuclear", de juros nas estrelas, deflagrada por Paul Volcker contra o desarranjo mundial. O Brasil, como nação endividada e vendedora de *commodities*, pagou um preço amargo. Mas os benefícios da purga pelos juros monumentais não tardaram a mostrar seus efeitos. No Brasil, o ajuste financeiro executado por Volcker, com a autorização expressa do presidente americano Ronald Reagan, produziu uma consequência boa e inesperada: acelerou o fim do regime militar, ao expor as falhas óbvias do "estatocapitalismo" tupiniquim. Os militares foram mandados para casa por duas maxidesvalorizações em sequência – em dezembro de 1979 e em fevereiro de 1983 – que embrulharam de vez a barriga faminta dos brasileiros e acabaram com a versão militar do governo grátis, a famosa "ilha de tranquilidade" a que se referiam os generais ao ressaltarem o paraíso econômico inventado por sua revolução redentora. Não por acaso, as formidáveis manifestações do povo brasileiro nas ruas, pelas "Diretas Já", ao longo de 1984, aconteceram exatamente na esteira das turbulências sísmicas do mercado financeiro mundial.[52] O "veneno" dos juros altos aplicados pelo taciturno Paul Volcker teve sequelas até a queda do muro de Berlim, já em 1989.

Na Rússia, não há estátuas para Volcker, involuntário patrono do fim da URSS e encabulado rebelde a disparar o primeiro

---

52. É interessante examinar o quadro da linha do tempo, ao final do livro, em que todos esses fatos são visual e cronologicamente concatenados.

petardo financeiro contra a muralha do autoritarismo político da antiga União Soviética. A *nomenklatura* soviética sentiu o cheiro da morte e tentou reagir, anunciando a *Perestroika*, um plano ousado, mas tardio, para tentar realizar o impossível: a transição controlada do império do governo grátis para uma economia de mercado. A ideia era boa, mas o *timing*, errado. Tarde demais.

DO GOVERNO GRÁTIS AOS OLIGARCAS

Iéltsin, o novo comandante da transição russa pós-soviética, acabou não realizando um governo expressivo. No desespero de apresentar resultados a um povo ressentido por décadas de privações e repressão, Iéltsin recorreu aos consultores ocidentais, que lhe recomendaram promover privatizações em massa. A venda atabalhoada do mastodonte soviético, um parque industrial contendo joias e lixo, tudo feito a toque de caixa e com muita vodca, ocasionou a transferência, por alguns rublos, da propriedade de milhares de empresas estatais para um grupo fechado de "oligarcas", que se tornaram bilionários da noite para o dia. Os oligarcas se tornaram controladores de empresas, sobretudo do setor de petróleo e gás, e puderam assim investir muito dinheiro no Ocidente, inclusive em clubes de futebol e no setor imobiliário, principalmente em Londres, mas também em Nova York e Paris. Essa privatização foi marcada por escancarada corrupção. Aliás, a Rússia é percebida como o segundo país mais corrupto da Europa e ocupa a 133ª posição da Organização Transparência Internacional.[53] Além da ação dos oligarcas, houve a atuação da máfia russa, que traficava de tudo um pouco, ou melhor, de tudo muito, inclusive material nuclear do desmantelado arsenal soviético.

O *tipping point*, no entanto, o ponto de virada do antigo para o novo regime econômico, parece ter sido a grave crise de

---

53. Corruption Perception Index, Transparency International, 2012. O Brasil está na 69ª posição, a Argentina na 102ª e a Venezuela na 165ª.

1998 – quando a nova Rússia deixou de pagar seus compromissos externos –, gerando queda brusca do PIB do país e, com esse sinal de alerta, uma certa mudança de atitude perante o governo grátis. Foi nesse momento que o povo russo optou por ficar com a liberdade, aquela que fosse viável, não mais querendo abdicar ao direito de pensar e falar. Não poderia haver ambiente mais propício para um novo golpe do que a crise econômica e social que se instalou em 1998. Com as altas taxas de endividamento, houve fuga de capitais, desemprego, inflação e baixos índices de crescimento por muitos meses. Esse processo de exaustão, em grande medida, foi resultado de uma transição acelerada e mal-sucedida, em meio ao colapso político da União Soviética.[54] Foi o ponto de virada, mas foi também uma profunda crise da identidade russa.

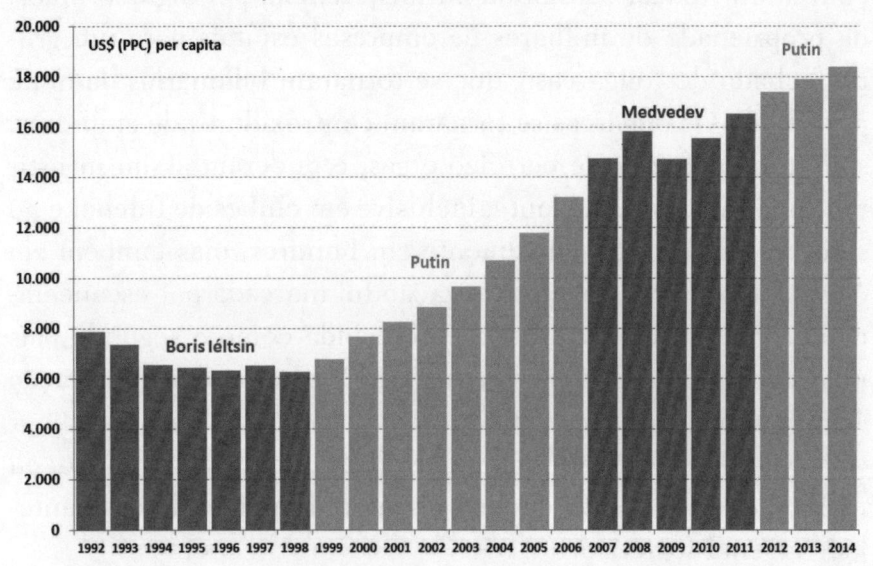

Rússia 1992-2014, evolução do PIB *per capita* (PPC)*

Fonte: FMI. (*) Paridade de poder de compra.

---

54. Bruno José Marques Pinto; Thaís Machado de Matos Vilela; Úrsula Silveira Monteiro de Lima, *A crise financeira russa*, BJM Pinto, 2004.

A partir de 1990, os países da Europa Oriental introduziram medidas de transição, isto é, suas economias, que antes tinham um planejamento centralizado, procuravam adaptar-se às reformas mais próximas do sistema capitalista. Na Rússia não foi diferente. Em outubro de 1991, Yegor Gaidar, o novo primeiro-ministro de Iéltsin, foi encarregado da elaboração de um plano de transição para a Rússia, e chamou vários consultores ocidentais ortodoxos, como Andrei Shleifer, da Universidade de Harvard; Jeffrey Sachs, da Universidade Columbia; o bem conhecido dos brasileiros, David Lipton, do Woodrow Wilson Center of Scholars; além do sueco Anders Åslund, da Universidade de Cornell. A maioria desses *experts* já tinha participado das reformas implantadas na Polônia, que foi uma espécie de "laboratório" para a transição russa. Dessa forma, a transformação econômica russa tornou-se um extraordinário "caso prático" para que os *policy makers* ortodoxos demonstrassem a validade de suas recomendações.

A julgar pelo resultado, o sucesso foi muito questionável. A nova Rússia conseguiu produzir apenas uma imensa bolha, que explodiu sob a forma de calote para todos os capitais espertos do mundo inteiro que para lá haviam acorrido na fome de uma rentabilidade extra e, aparentemente, sem ter que incorrer no risco associado ao ganho esperado. Mais uma "gratuidade", esta, aliás, bem ao gosto dos especuladores inveterados, que percorrem o mundo esperando ganhar muito, arriscando pouco ou nada.

A hiperinflação, ligada ao excesso de liquidez do papel-moeda em circulação herdado da União Soviética, era apontada pelos reformistas como o maior risco para a economia. Eles sabiam que a situação econômica seria afetada negativamente pela provável queda da produção provocada pela "reconversão" da indústria nacional. Talvez "reconversão" não fosse a palavra apropriada, porque a URSS, com exceção de armas, nunca produziu grande coisa. Mas independentemente desse questionamento, a estratégia escolhida ganhou o nome de *Terapia de Choque* ou de *Tratamento de Choque*.[55]

Havia quatro pilares no programa dessa *Terapia de Choque*. O primeiro pilar era a liberalização dos preços, que devia acabar com as penúrias e alinhar os preços relativos internos com os preços internacionais. O segundo pilar era a abertura para a economia mundial, tirando os obstáculos administrativos e tarifários que existiam do tempo da URSS. O terceiro pilar era uma política de restrições fiscais duras (*hard budget constraint*), cuja finalidade era reduzir o risco de inflação que poderia ser criada pela liberalização dos preços. A liberação do crédito, que seria a consequência de tal política, deveria acelerar o processo de reestruturação das empresas. O último pilar era a privatização das firmas estatais, que deveria aumentar a competitividade das empresas russas, introduzindo a noção de competição. A privatização de estatais seria também uma boa maneira de limitar os gastos públicos deficitários.

A privatização dos ativos produtivos deveria ter sido acompanhada da introdução de um sistema de direitos de propriedade e da elaboração de um arcabouço jurídico para legalizar os novos títulos de propriedade. A privatização não foi bem-sucedida porque os compradores foram limitados a grupos relativamente restritos de oligarcas, cuja integridade pode ser questionada.[56]

A abertura comercial descontrolada foi catastrófica para as indústrias russas, que ficaram expostas à concorrência internacional de um dia para o outro. Isso explica a queda dramática dos índices de produção de vários setores, para menos de 50% da capacidade instalada, em média. De outro lado, o aumen-

---

[55]. Numa Mazat, A Rússia dos anos 1990: crônica de um desastre anunciado, *Coletivo Crítica Econômica*, 26 de fevereiro de 2008.

[56]. Numa Mazat, "A Rússia dos anos 1990: crônica de um desastre anunciado", *Crítica Econômica*, 26 de fevereiro de 2008.

to das exportações esperado depois da abertura comercial não aconteceu nas proporções esperadas pelos teóricos da consultoria internacional, porque muitos países impuseram barreiras contra a entrada dos produtos russos. Com a liberalização dos preços, o poder de compra dos russos caiu, e apareceram cada vez mais pessoas vendendo seus pertences nas ruas ou reduzidas a praticar o escambo. Dessa forma, cerca de metade das transações na Rússia, pelos idos de 1998, era realizada por escambo, fenômeno sem precedente na economia moderna.[57] A antiga superpotência foi humilhada a ponto de virar uma economia de mascates.

Houve também um encolhimento considerável da demanda efetiva, devido à política monetária contracionista e ao colapso da demanda do governo. Os bancos privados deveriam supostamente substituir o Estado no novo sistema econômico para ajudar as empresas a financiar seus investimentos. Mas isso não aconteceu de imediato – outro erro dos consultores – e o crédito conheceu um encolhimento dramático para o investimento.

O Banco Europeu para a Reconstrução e Desenvolvimento (Berd) estima que a participação do setor privado no PIB passou de menos de 10% em 1991 para mais de 70% em 1997. Mas, estranhamente, as operações de privatização concluídas nos anos 1990 não permitiram ao Estado russo receber mais do que US$ 9 bilhões.[58] Para onde foi o dinheiro? Pergunta legítima e a resposta é: para o bolso dos oligarcas que usaram os recursos para remeter fortunas ao exterior, e, em parte, para corromper os funcionários de governo. A ausência de controles de capital e de monopólio cambial do Estado russo permitiu aos oligarcas, cujas empresas exportadoras recebiam em divisas fortes – dólares, marcos e, posteriormente, euros – deixar reservas internacionais consideráveis no exterior. Estima-se em mais de

---

57. Ibid.
58. Ibid.

US$ 250 bilhões, durante a década de 1990, o total do desvio praticado contra o povo russo.

A transformação das fazendas estatais em sociedades privadas deveria ter permitido uma melhora da produtividade. No entanto, a concorrência internacional e a falta de investimento provocaram uma queda da produção da agricultura russa em 45% entre 1992 e 1998. Enfim, as consequências sociais da transição foram trágicas. Não precisava ser assim. Pior do que a incompetência socialista é a esperteza corrupta de um capitalismo de galinheiro. A ausência completa de instituições confiáveis e de respeito à lei liquidou com a transição suave, fazendo o povo mais uma vez pagar caro. A distribuição da renda piorou de forma dramática, como indica o índice de Gini, que passou de 0,233 em 1990 (o orgulho da "igualdade na penúria" do antigo regime comunista) para 0,401 em 1998. Da mesma forma, o salário real caiu em mais de 50% entre 1990 e 1999. Esse fenômeno foi, também, ilustrado pelo aumento exponencial do número de pobres na Rússia, que passou de 2% da população em 1988 (estatística oficial, por certo) para 39% em 1995.[59] Podemos argumentar, com alguma razão, que esses dados refletem apenas uma piora já instalada e inevitável, uma herança maldita do comunismo. Mas o preço foi muito alto.

TROPEÇANDO NO CAPITALISMO

A falta de estabelecimento de regras claras de propriedade para donos, empregados e investidores de empresas privatizadas prejudicou também o processo de privatização. A lógica da maioria das empresas não era gerar lucros, mas conseguir obter algum tipo de transferência ou subsídio do Estado. Isso tudo enfraquecia cada vez mais, não só a estrutura fiscal, mas também a economia como um todo. Assim, o governo quase

---

59. Ibid.

não teve receitas fiscais, mas continuou tendo gastos, gerando déficits orçamentários.

Em 1997, aconteceu a crise financeira asiática, que contribuiu para exacerbar a precária situação do país com a redução da oferta de crédito internacional e uma redução da demanda e, consequentemente, uma nova queda do preço das *commodities* russas. A escassez de crédito provocou efeitos imediatos. O preço do petróleo chegou a cair abaixo de US$ 10 por barril durante algumas semanas de 1998 e se manteve abaixo de US$ 15 até 1999. O ouro, outro importante item de exportação, foi ao valor mínimo, de custo de produção. Isso reduziu sensivelmente o valor das exportações russas e das receitas do governo. A Rússia foi à lona.

Na ausência de uma máquina de arrecadação fiscal como tem, por exemplo, o Brasil, a Rússia precisou criar um mercado de títulos de curto prazo, os GKO ("Compromissos de Curto Prazo do Governo"), para girar seu déficit de caixa. Vale ressaltar que, como não tinha dinheiro para pagar o rendimento desses títulos, o Banco Central russo emitia mais títulos. A política monetária expansionista causava a emissão de moeda para financiar o déficit e, assim, pressionava o câmbio. Logo ficou claro que a única maneira de achar compradores para os GKO era aumentando a taxa de juros, apesar de essa remuneração aumentar ainda mais o déficit público.

Sem conseguir novos empréstimos para pagar as dívidas com vencimento de curtíssimo prazo, que ultrapassavam US$ 40 bilhões, muito menos para os US$ 80 bilhões que venceriam no ano seguinte, a Rússia decretou moratória da sua dívida externa e simultaneamente desvalorizou sua moeda, o rublo. Quando os mercados abriram na manhã do dia 16 de agosto de 1998, muitos bancos estavam simplesmente quebrados. O Banco Central foi obrigado a gastar US$ 4 bilhões em pensões e salários já atrasados e US$$ 1 bilhão por dia para manter a taxa de câmbio no valor de 6,2 rublos por dólar. Ninguém sabia quanto a situação iria se deteriorar em termos de comércio e por quanto tempo poderia ser sustentada. O governo russo conseguiu deixar o rublo flutuar como pretendia, e o resultado foi uma depreciação de mais de 50% do valor da moeda. O sistema de pagamentos ficou congelado.

Assim, a Rússia enfrentou a primeira grande crise capitalista de sua história recente. Os gastos públicos caíram significativamente em 1998, em relação ao ano anterior, de 18,2% para 14,8% do PIB. Os gastos foram ainda reduzidos em 1999 para 13,8% do PIB e 10,8% no primeiro trimestre de 2000. Um dos principais fatores para a redução foi o corte de subsídios para a habitação e serviços sociais, de 3,5% do PIB para 2,7%. O governo grátis partia, finalmente, para uma fase de ajustamento radical.

No período 1999-2002, o governo russo, já presidido interinamente por Vladmir Putin, iniciou uma reforma tributária cujos objetivos gerais eram a ampliação da base tributária, a redução das alíquotas e uma maior extração de receitas fiscais das atividades de exploração de recursos naturais. Buscou-se o padrão típico de sistema tributário recomendado pelo FMI.[60] Essa reforma, associada ao crescimento econômico mundial e ao início da elevação dos preços do petróleo, viabilizou a recuperação da receita fiscal, colocando a Rússia como país de carga tributária bastante elevada, 34,9%.[61]

Os pontos fracos da reforma tributária russa estavam nos aspectos administrativos. A reforma se concentrou na mudança da legislação, mas muito pouco se fez para aumentar a capacidade de arrecadação e a efetiva aplicação da lei. Ainda havia muita

---

[60]. Marcos J. Mendes, "Os sistemas tributários de Brasil, Rússia, Índia e México", Consultoria Legislativa do Senado, Centro de Estudos, Senado Federal, Brasília, outubro, 2008.

[61]. Maciej Grabowski, Marcin Tomalak, "Tax system reforms in the countries of Central Europe and the Commonwealth of Independent States", 2005.

politização da administração fazendária, negociando-se o pagamento dos tributos, em vez de cobrá-los. Era comum, e ainda é, o uso do Fisco contra inimigos políticos dos governantes. Aliás, esse mecanismo foi utilizado por Putin em todos seus governos para colocar muitos oligarcas na prisão. A estrutura tributária ainda permanecia frágil diante da expansão rápida do número de empresas privadas, sem qualquer tratamento diferenciado e simplificado para pequenas e médias empresas. Em outras palavras, o sistema de arrecadação de impostos ainda permanecia pouco efetivo.

Além do mais, os direitos de propriedade na Rússia ainda não estavam bem-definidos. Empresas petrolíferas e outras grandes empresas eram entidades registradas em paraísos fiscais, como Malta, a tal ponto de a Aeroflot oferecer voos diretos Moscou-Valeta. Não se desenvolveram métodos de determinação de preços de transferência – precificação de transações internas das empresas – mediante trocas de ativos ou compensações de débito e crédito. Permaneceu baixo o comprometimento das autoridades com metas de arrecadação fiscal, e não se montou um sistema de incentivos financeiros para premiar os agentes fiscais.

Com o aumento gradual do preço do petróleo, a fase mais crítica da economia começou a ficar para trás e houve início de recuperação. Em 1999, entrando numa fase de rápida expansão, o PIB russo voltou a crescer a uma taxa média de 6,8% ao ano entre 1999 e 2004, graças também ao rublo mais fraco e ao aumento da produção industrial e de serviços. A economia russa registrou taxas de crescimento acima de 7% de 2000 a 2007. Em 2005 teve alta de 6,4 e, em 2006, de 6,8%.[62] Em 2008, a Rússia cresceu 6% e foi a 9ª economia do mundo. Houve, ademais, queda da inflação para níveis moderados.

---

62. Banco Mundial, 2008.

NOVA ERA DOS CZARES

Após a chegada, pela primeira vez, de Vladimir Putin ao governo, em 2000, houve um significativo crescimento dos gastos com a saúde, com efeitos positivos no aumento da expectativa de vida e na queda da mortalidade infantil. Os gastos com a saúde recuperaram em 2006 os patamares *per capita* do período 1991-1993. Naquele ano, Putin aprovou um plano de US$ 3,2 bilhões para reformar o sistema de saúde, introduzindo incentivos, como o pagamento de médicos por desempenho. Houve um aumento do gasto público em saúde para um patamar de 5% do PIB, por recomendação da Organização Mundial da Saúde (OMS). As reformas, porém, foram tímidas, e o sistema continuou padecendo das mesmas mazelas da era Iéltsin.

A expectativa de vida na Rússia ainda é onze anos mais baixa do que a média da União Europeia – 62 anos para homens e 74 para mulheres –, principalmente pela mortalidade precoce masculina provocada por fatores de risco como alcoolismo, tabagismo e causas externas, incluindo violência, suicídio, acidentes de trânsito, todos relacionados ao consumo excessivo de bebida alcóolica. Cinquenta e sete por cento da mortalidade masculina na Rússia está associada a acidentes cardiovasculares. Aproximadamente 25% dos homens russos morrem antes de completar 55 anos. Em comparação, o número dos americanos é de 1%, e dos britânicos, 7%. Segundo estudos, 35% dos homens russos disseram que bebiam mais de três litros de vodca por semana. O consumo de vodca na Rússia é o maior do mundo: aproximadamente 2 bilhões de litros foram consumidos em 2012, o equivalente a quatorze litros por cada homem, mulher e criança do país.

Por conta de todos esses problemas, o governo informou ao Parlamento Russo que, a partir de 2011, programaria novas mudanças no sistema de saúde, com gastos previstos de US$ 10 bilhões para a modernização das instituições de saúde com fortalecimento da tecnologia médica, aumento de salários de médicos e aprimoramento da eficiência dos hospitais para permitir o acesso da população a uma saúde de qualidade. Parte dos recursos viria do aumento da contribuição das empresas aos seguros de saúde. Pareciam promessas de eleição e, de fato, eram exatamente isso.

O grande problema é que, até o presente momento, não existem detalhes sobre a estratégia que estaria por trás do uso desses recursos para reverter os graves problemas que mantêm deterioradas as condições de saúde da população russa e as deficiências gerenciais no sistema público. A Rússia gasta pouco comparativamente ao seu nível de renda, mas, mesmo assim, deveria gastar melhor. Investimentos maiores em saúde pública, com ênfase em políticas de promoção, prevenção e mudança de comportamentos de risco, poderiam, no curto e médio prazo, reverter as más condições de saúde da população e melhorar a gestão das políticas de saúde, porque a falta dessas políticas está na raiz dos graves problemas que a população enfrenta.[63]

Relacionado à crise da saúde pública está o sério risco demográfico que corre a Rússia. Tal como outros países desenvolvidos, a Rússia possui uma população idosa, embora haja mais jovens em média do que na Europa Ocidental. A variação demográfica entre 2002 e 2010 foi de -0,2% ao ano, e a taxa de fecundidade foi de 1,4 filho por mulher. Nos próximos vinte anos, a população da Rússia na faixa etária de 35 a 55 anos, no auge da atividade laboral, cairá de 32% para 29% da população total.[64] Há projeções que a população russa, hoje de 143 milhões habitantes, venha a ser reduzida substancialmente até 2050, fenômeno semelhante ao do Japão, mas por razões distintas.

---

63. André Cezar Medici, "A saúde nos Brics – progresso e perspectivas para 2011", 11 de janeiro de 2011.

64. George Magnus, "A demografia é importante?", *BRICS Business Magazine*, 6 de agosto de 2013.

Rússia 1960-2012, População Residente (milhões de pessoas)

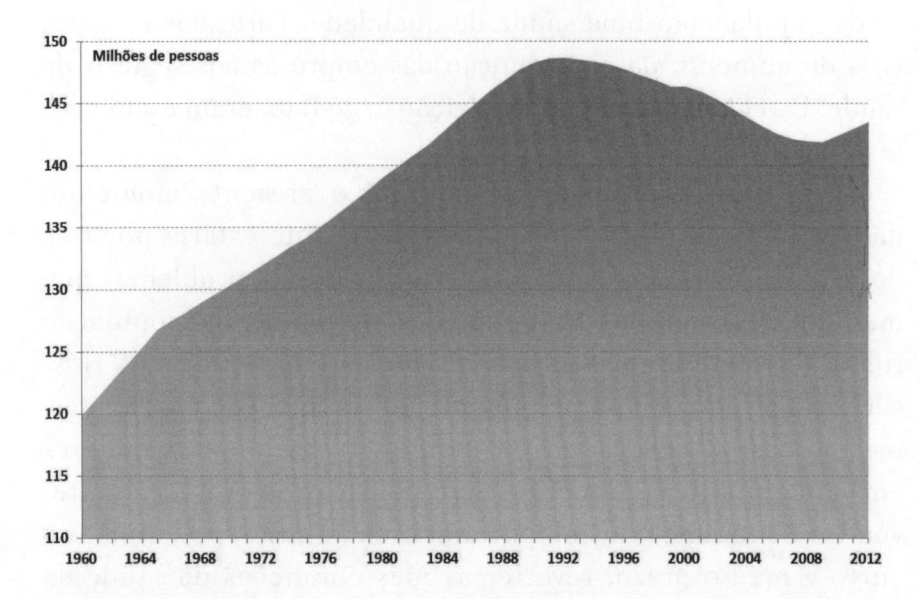

Fonte: Banco Mundial.

A Rússia gasta 3,6% de seu PIB em educação pública, menos do que se gasta no Brasil, 3,9%.[65] Mas a Rússia investe 13% de seu orçamento na educação, cujo sistema gratuito é garantido pela Constituição a todos os cidadãos. O ingresso ao ensino superior é altamente competitivo e há grande ênfase em ciência e tecnologia. A prioridade sempre foi formar médicos, matemáticos, cientistas e pesquisadores aeroespaciais. Os russos educados são altamente qualificados. Embora o estudo universitário seja gratuito, certas instituições de ensino superior começaram a cobrar nos últimos anos.

MAIS UMA CHANCE DESPERDIÇADA?

A recuperação da última década foi possível graças a um renovado esforço governamental para fazer avançar as reformas estruturais. Isso aumentou a confiança das empresas e dos investidores para a segunda década de transição. Mas a Rússia

---
65. Dados da OCDE.

permanece fortemente dependente de exportações de matérias-primas desde a época da URSS, como já mencionado, em particular do petróleo, gás natural, metais e madeira. Esses produtos correspondem a mais de 80% do total das exportações e deixam o país vulnerável às oscilações dos preços do mercado mundial. Em anos recentes, no entanto, a economia também foi impulsionada pela crescente demanda interna, que cresceu aproximadamente 12% ao ano entre 2000 e 2004 e, de novo, após a queda de 2009.

As principais causas da boa fase econômica recente são:

- A estabilização política, que permitiu aumentar a confiança interna e externa no governo, especialmente após o fim da guerra na Chechênia e do combate contra algumas das poderosas máfias existentes na Rússia;

- A estabilização econômica, com o controle da inflação e a renegociação da dívida externa; uma moeda desvalorizada, facilitando as exportações;

- O aumento das exportações em volume e em valor de petróleo, gás e derivados da indústria petroquímica, agroquímicos (agrotóxicos e fertilizantes), minerais metálicos, aço, ferramentas e máquinas pesadas;

- O investimento estrangeiro, que dobrou, chegando a US$ 50 bilhões/ano;[66]

- Finalmente, a retomada dos investimentos estatais nas indústrias de alta tecnologia (informática, bélica e aeroespacial).

---

66. Disponível em: http://databank.worldbank.org/data/views/reports/tableview.aspx

A Rússia, no entanto, tem voltado a enfrentar problemas parecidos com os de economias mal-arrumadas de países emergentes. Quando o déficit público disparou em 2009, o governo do primeiro-ministro Vladimir Putin anunciou pesados cortes de gastos.[67] O governo despediu 110 mil funcionários públicos nos três anos seguintes. Putin fez o que seria impossível anos antes, nos tempos de "governo gratuito". "Já incluímos essa agenda de demissões em nossos orçamentos a partir de 2011 e todas as agências do governo estão cientes de que [ela] vai ocorrer", disse Aleksei Kudrin, ministro das Finanças, ainda em 2010. O Kremlin mantinha, na época, 604 mil funcionários. Isso sem contar os 420 mil policiais e as 415 mil pessoas trabalhando nos Correios.

Uma fonte importante de desperdício público, que a Grécia e o Brasil conhecem bem, é com a preparação de Jogos Olímpicos. Tratam-se dos Jogos de Inverno em Sochi, realizados em fevereiro de 2014. Sochi é uma cidade nas montanhas nevadas do Cáucaso e do mar Negro. No verão, as temperaturas oscilam entre 26 e 32 graus centígrados. Essa característica, somada aos aspectos físicos da região (praias e montanhas), faz de Sochi uma "cidade-resort", destino de férias para milhares de russos.

O custo total da Olimpíada de Sochi impressiona: US$ 50 bilhões. Em comparação, os Jogos de Atenas custaram, aproximadamente, US$ 12 bilhões. Essa cifra faz da Olimpíada de Inverno de Sochi os jogos mais caros da história. Parte dos problemas é bem conhecida dos gregos: o atraso nas obras levou ao aumento dos valores. Os brasileiros têm familiaridade com esse problema, por causa dos Jogos Pan-Americanos de 2007, da Copa do Mundo de Futebol de 2014 e das Olimpíadas de 2016.

Os Jogos de Sochi foram em parte financiados pelo setor privado, contrariamente aos casos da Grécia ou do Brasil. Na

---

67. Vladimir Putin dominou a política russa como presidente, depois como primeiro-ministro do presidente Dimitri Medvedev e novamente como presidente.

Rússia, outra fonte de gastos públicos é a área militar. Os gastos militares foram instrumentais para o fim da URSS, visto que ela não pôde acompanhar o rearmamento dos Estados Unidos promovido pela administração Reagan. O desmantelamento do Exército Vermelho, em particular de seu arsenal nuclear, afetou significativamente as contas públicas, apesar de o país ter recebido ajuda externa para essa tarefa. As armas convencionais são, porém, uma importante fonte de receita. A Rússia é grande fornecedora de armamentos para vários países, especialmente aqueles que não conseguem comprar armas no Ocidente – nem mesmo na Suécia ou na Suíça –, como Venezuela, Síria, Irã e Coreia do Norte, ou países cujos integrantes querem embolsar uma "comissão" para efetuar a compra. Entidades não governamentais criminosas e terroristas são também notórias clientes de armas russas, em particular dos fuzis Kalashnikov AK-47 e RPG (Rocket Propelled Grenades).

Algo igualmente importante de ser lembrado em relação à Rússia é a importância do Ártico, onde, aparentemente, não se pouparam gastos públicos. O derretimento da camada polar permite que rotas de comércio sejam abertas e que os recursos naturais do polo – petróleo, gás e minérios – sejam explorados, o que inevitavelmente aumenta o interesse e as tensões nessa região.

O mar Ártico é importante na definição das relações internacionais russas. Um submarino participante de uma expedição científica russa ao Polo Norte fincou, em agosto de 2007, uma bandeira do país no fundo do mar Ártico, num gesto de fortalecimento da reivindicação de Moscou sobre toda aquela área. Os jornais publicaram mapas com aproximadamente 45% da região – uma área com o tamanho dos territórios da França e da Itália combinados – com as cores do país. Foi, sem dúvida, um surto de nacionalismo, com muito interesse comercial implícito. A Rússia tem fronteira marítima e terrestre direta com os Estados Unidos na região ártica. Aliás, o Alasca foi comprado, pelos Estados

Unidos, do Império Russo, em 1867, uma decisão que os russos devem ter lamentado posteriormente.

O POVO ESTÁ APRENDENDO

A Rússia não é exatamente uma potência econômica, mas, sem dúvida, tem de ser levada a sério. O ponto de inflexão – a consolidação do regime não comunista – ocorreu apenas sete anos após o fim da URSS, quando ainda não estava preparada para tal exposição externa. Vladimir Putin, ex-coronel do Komitet Gosudarstvennoi Bezopasnosti (KGB) que substituiu Boris Iéltsin na Presidência, já demonstrou determinação em defender os interesses russos no cenário internacional, como se viu no caso da Crimeia e também no leste da Ucrânia. E a Rússia ainda tem poder para reforçar essa determinação. Tem vastas reservas de petróleo e gás, mas, sobretudo, milhares de ogivas nucleares apontadas para o Ocidente, inclusive as "transferidas" pela Ucrânia em 1996. Aliás, esse foi motivo da inclusão da Rússia no "clube" dos países com as maiores economias do mundo, cujo nome foi adaptado para G-8, até seu afastamento motivado pela anexação da Crimeia em março de 2014.[68]

O *Financial Times* publicou um artigo de Sergei Guriev, ex-reitor da New Economic School, no qual o pesquisador argumenta que a corrupção arruinou a economia russa. Guriev diz que, enquanto o fruto dessa corrupção eram as contas numeradas na Suíça e os apartamentos em Londres, o Ocidente achava ótimo. Mas essa corrupção comprou também o apoio da população, cujo poder de compra aumentou substancialmente graças

---

68. Em 1994, a Ucrânia, que tinha o segundo maior arsenal nuclear da URSS, assinou o Memorando de Budapeste, em que Rússia, Estados Unidos e Reino Unido "davam garantias de segurança" para ela aderir ao Tratado de Não Proliferação de Armas Nucleares (NPT). Dois anos mais tarde, a Ucrânia não tinha mais armas nucleares em seu território. O *Wall Street Journal* defendeu, em editorial em 20 de março de 2014, que, depois das ações da Rússia na Crimeia, nenhuma outra potência nuclear, potencial ou atual – Coreia do Norte, Irã, Arábia Saudita –, irá querer aderir ao NPT, pois ficou claro que as armas nucleares ainda permanecem as únicas garantias para sua segurança.

aos anos de fartura que a Rússia conheceu recentemente. Enfim, os russos conseguiram produzir, de novo, o milagre do governo grátis mas, desta vez, dentro do sistema capitalista. Quando todos estavam felizes, passaram a deixar que a liderança em Moscou fizesse o que bem entendesse, não somente em nome da *Rodina* – a "Mãe Pátria Russa" – mas em seu próprio nome.

Uma recessão na Rússia significaria que o governo não poderia usar mais o dinheiro para comprar o apoio popular. A repressão e a propaganda também aumentariam até ocuparem um papel mais importante, como na triste história da URSS. Nessas circunstâncias, nada poderia ser mais útil politicamente que uma pequena aventura militar bem-sucedida. Vitórias tangíveis – independente do preço e do tamanho – revigoram a popularidade de um líder. Não é surpreendente que a popularidade de Vladimir Putin tenha chegado a 80%.[69] Portanto, seu objetivo foi alcançado.

Depois de um período de crise, para o qual o país não estava psicologicamente preparado, a Rússia está conseguindo se reerguer e tenta tornar-se um *Hegemon* na Eurásia. Como sempre, a Rússia, especialmente com Putin na presidência, reassume seu passado autoritário. Talvez a crise de 1998 não tenha sido, realmente, um ponto de inflexão definitivo, com a inserção da Rússia na economia mundial. Tal como a Argentina, a Rússia não se conforma de ter perdido a riqueza e o poder que teve no passado. E, como a Venezuela, a Rússia não conseguiu diversificar sua economia para ser menos dependente do petróleo. O sonho do retorno a uma era perdida de esplendor autoritário talvez volte a falar mais alto na alma russa. O ponto de retorno ao autoritarismo depende, no entanto, do isolamento da sociedade russa. O povo quer progredir e consumir, sem pagar com a perda da liberdade. Por enquanto, o pragmatismo ainda vence o delírio do governo grátis, acenado pelo atual mandante autoritário.

---

[69]. Sergei Guriev, "Corruption Has Laid Waste to the Russian Economy", *Financial Times*, 3 de abril de 2014.

II. ESTADOS UNIDOS: GIGANTE VERGADO PELA ARMADURA

UM COMEÇO BRILHANTE

Os Estados Unidos conseguiram, uma única vez em sua história, se ver livres da dívida do governo. Isso ocorreu em 1835, na gestão do presidente Andrew Jackson, cuja imagem ilustra a nota de US$ 20, e que liquidou a dívida pública com receita proveniente da venda de terras públicas no Oeste do país. Era a mentalidade do não dever nada. A dívida fora herança complicada de seu antecessor John Quincy Adams. Quincy Adams, bom diplomata, elaborou a Doutrina Monroe, que reservava a América para os americanos contra qualquer influência europeia. Mas foi um governante ineficiente.

O período sem endividamento foi efêmero e durou apenas até o "Pânico de 1837", quando o excesso de emissão de moeda sem lastro pelos estados – a Reserva Federal foi criada apenas em 1913 pelo presidente Woodrow Wilson – resultou numa depressão econômica e no consequente aumento da dívida e dos gastos públicos. O governo americano foi obrigado a voltar a tomar empréstimos, situação que dura até hoje, quase duzentos anos depois, e provoca muita controvérsia entre as principais forças políticas do país. O mandato de Jackson terminou justamente em 1837, e o problema ficou para seu sucessor na Casa Branca, Martin Van Buren.

Outro esforço exemplar de disciplina fiscal ocorreu com a adoção de um novo padrão-ouro, quase ao fim da Segunda Guerra Mundial, e a Conferência de Bretton Woods, em 1944, quando foram criados o Fundo Monetário Internacional e o Banco Internacional de Reconstrução e Desenvolvimento (Bird), conhecido como Banco Mundial. O resultado dessa conferência foi a adoção de um padrão-ouro atrelado ao dólar, moeda do país que passou a dominar a cena política mundial de modo hegemônico. O padrão-ouro foi o sistema monetário cuja primeira fase vigorou desde o século XIX até a Primeira Guerra Mundial. Cada banco era obrigado a converter as notas bancárias por ele emitidas em ouro (ou prata) sempre que solicitado por um detentor de papel-moeda com lastro no metal. Nessa primeira fase, era a libra esterlina que dominava os fluxos de comércio, embora, com o avanço da influência americana com o passar dos anos, a situação viesse a assumir outros contornos. Mas os desequilíbrios decorrentes do financiamento da Primeira Guerra Mundial destruíram a promessa dos países de manter um câmbio fixo em relação à libra e, assim, ao ouro.

QUANDO O DÓLAR VALIA OURO

Da mesma forma, quando em 1944 se resolveu adotar o padrão-ouro-dólar, por assim dizer, se tentava resgatar a credibilidade do sistema de taxas fixas de câmbio. Por esse sistema, a Reserva Federal dos Estados Unidos, o Banco Central americano, se tornou obrigada por lei a converter em US$ 35 uma onça *troy* de ouro (31,1 gramas). O dólar se converteu, então, na moeda de reserva internacional *par excellence*. Isso impôs responsabilidade fiscal aos Estados Unidos, mas engessava as ações do governo.

Mas as finanças americanas ficaram pressionadas por eventos ligados à Guerra Fria. Basta lembrar o episódio da "Crise dos Mísseis" em 1962, envolvendo a tentativa da União Soviética de plantar ogivas atômicas na ilha de Cuba, bem na cara do território americano. Os gastos militares cresciam todos os dias.

A influência econômica americana no mundo atingira seu ápice na década de 1950, e o "Sonho Americano" ficou palpável para grande parcela da população. Os Estados Unidos implantaram o Plano Marshall de reconstrução da Europa e participaram da criação da Organização do Tratado do Atlântico Norte (Otan). Um escudo econômico e militar contra a expansão do império soviético foi montado. Até o final dos anos 1960, foram estabelecidas bases militares em países da Europa Ocidental – Reino Unido, República Federal Alemã, Bélgica, Itália, Grécia e Turquia, entre outros – para "conter" as ameaças do lado soviético. Evidentemente, os soviéticos pensavam da mesma maneira, daí se originando uma feroz, embora velada, guerra de influências diplomáticas, comerciais e financeiras, vestidas pelas ideologias capitalista, de um lado, e comunista, do outro. A dita Guerra Fria foi custando cada vez mais caro aos americanos e, obviamente, também à União Soviética. Os americanos tinham mais dinheiro, pois o dólar era emitido e absorvido rapidamente pelos tesouros dos países atrelados ao padrão-ouro-dólar.[70]

A expansão político-militar dos EUA também aconteceu na Ásia, onde a maior derrota dos americanos estaria à espreita na virada dos anos 1970. Nas décadas anteriores, de 1950 e 1960, na esteira da Guerra da Coreia, na qual os americanos também se meteram para conter o avanço do comunismo chinês, foram estabelecidas bases militares em vários países aliados dos

---

70. A França, sob orientação do general De Gaulle, presidente, foi a única entre os aliados a não embarcar na corrida pelo dólar, preferindo entesourar diretamente o ouro metal. Na época, isso era interpretado como um voluntarismo do presidente francês, contrariando a hegemonia americana no Ocidente.

EUA – Japão, Coreia do Sul e Filipinas. Evidentemente, esse vasto esforço militar gerou enormes gastos públicos, em tese compartilhados com os países recipientes da ajuda do guarda-chuva bélico dos EUA, mas, na prática, arcados principalmente pelos contribuintes americanos, visto que os países aliados mal se recuperavam da destruição provocada pela guerra mundial. Todos aceitaram de bom grado ficar sob a "proteção estratégica" americana, como garantia de sua segurança doméstica, por certo ao preço de generosas vantagens para os interesses econômicos e financeiros do país protetor.

A DIFÍCIL VIDA DE CAMPEÃO

Não foi apenas a corrida militar que deteriorou as finanças públicas dos EUA. Uma outra corrida, a espacial, também exigiu crescentes recursos fiscais, bancados pela geração do *baby boom*, que entrava naquele momento no mundo do trabalho, com muita disposição de vencer e acumular para o futuro. Os americanos da geração Kennedy, anterior à dos *baby boomers*, eram otimistas e autoconfiantes ao extremo. E não poderiam suportar a ideia de que a União Soviética lhes havia roubado a taça de campeões do espaço sideral. Depois do lançamento espetacular do foguete que levou o soviético Yuri Gagarin para a órbita terrestre – primeiro astronauta do mundo a chegar lá –, a corrida espacial virou missão nacional para o governo americano. Mas havia também razões de segurança nacional. O foguete que disparara Gagarin ao espaço poderia ser utilizado para lançar bombas atômicas e, por que não, ogivas nucleares de muitos megatons contra o território americano.

Iniciou-se aí um custoso programa de armamento estratégico dos EUA – mísseis baseados em terra (no território americano e nas bases aliadas), no mar, com submarinos, e, no ar, em bombardeiros de longo alcance. Monumentais gastos públicos foram necessários para realizar tal programa. E por serem programas de defesa, se tornaram gastos permanentes, estruturais, nisso se distinguindo de um esforço de guerra, que, embora pesado, não é de natureza permanente. O esforço de armar-se na paz – a paz armada –, por sua vez, traz terríveis consequências financeiras para qualquer país que o empreenda.

Os americanos ganharam batalhas importantes e perderam a guerra. Primeiro, a "Corrida à Lua", conquistada pelos EUA ao lograrem colocar um astronauta americano em solo lunar em 1969, a vitória final de várias missões "Apollo". Essa foi uma bela batalha ganha pelos americanos: ouvir Neil Armstrong e seus dois colegas de voo dizendo que "a Terra é azul". Logo a seguir, os EUA tiveram que enfrentar a mais séria e humilhante derrota para um gigante militar: serem escorraçados para fora do vale do Mekong pelos pequenos vietnamitas. A Guerra do Vietnã, longe de ser a intervenção limitada e rápida prevista pelos especialistas militares, foi um engajamento longo e doloroso, com altos custos financeiros e humanos, além da enorme repercussão política dentro da sociedade americana. Depois do Vietnã, os Estados Unidos conheceram um declínio financeiro que se prolonga até hoje. Nesse ponto de virada, para baixo, parece surgir e instalar-se o regime de governo grátis nos EUA.

Os gastos militares ficaram insustentáveis e, naquele momento, no início dos anos 1970, se cada dólar em circulação fosse apresentado ao Tesouro americano para ser convertido em ouro, seria a bancarrota dos Estados Unidos. Daí, já em 1971, o então presidente Richard Nixon se viu obrigado a acabar com a regra de conversibilidade do dólar em ouro, deixando de honrar a paridade fixada por ele em 1968, de US$ 42,22 por onça *troy*, que já sofrera desvalorização em relação à paridade do pós--guerra, de US$ 35 por onça. As duas crises do petróleo, de 1973 e 1979, provocadas pela Opep, mais a aceleração da inflação em dólar enfrentada pelos americanos, ajudaram a estabelecer a desordem fiscal dos Estados Unidos, disso resultando a situação financeira precária do país desde então.

O caso dos Estados Unidos, em matéria de desarranjo de finanças públicas, é único, singular, por sua absoluta complexidade. O país tem a maior economia do mundo, e sua moeda serve de reserva internacional. Os EUA ainda são vistos pela comunidade financeira como "porto seguro". Isso faz toda diferença, pois, nos momentos de grande incerteza, ainda é para lá que retornam os "capitais espertos e voláteis" que circulam aos trilhões pelas mesas de aplicações dos bancos. A economia americana é quase o dobro da segunda maior, a chinesa, ainda que, em paridade de poder de compra, estejam se aproximando. Mas a fragilidade americana provém do abuso dessa credibilidade que lhe é emprestada pelo mundo e que muitos americanos imaginam ser perpétua. Nada mais perigoso e duvidoso.

A máquina pública se tornou pesada e obesa. Há três principais desafios para as contas públicas americanas – resumindo um quadro de grande complexidade – além do pagamento de juros da dívida: são os gastos militares, de saúde e a previdência social. A essa lista curta e fundamental se poderia acrescentar a falta de competitividade de largos setores da economia americana em decorrência do impacto da globalização. Juntos, esses problemas geraram gastos ineficientes que, por sua vez, causaram déficits públicos crescentes, daí se originando a necessidade de financiar os rombos orçamentários sucessivos com emissão de papéis de dívida. Tio Sam é hoje um ente coletivo "pendurado" no prego de uma enorme dívida pública, do tamanho do PIB de US$ 17 trilhões.

EUA, participação nos gastos do Governo Federal (2014)

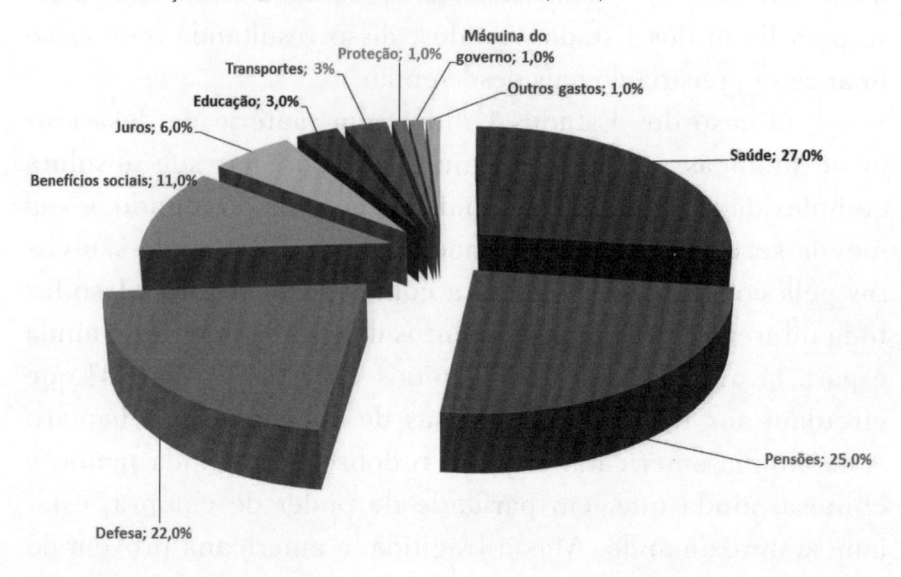

- Saúde; 27,0%
- Pensões; 25,0%
- Defesa; 22,0%
- Benefícios sociais; 11,0%
- Juros; 6,0%
- Educação; 3,0%
- Transportes; 3%
- Proteção; 1,0%
- Máquina do governo; 1,0%
- Outros gastos; 1,0%

Fonte: Congressional Budget Office

O quadro deixa claro que mais de 75% dos gastos orcamentários se referem às categorias de defesa, saúde, ao pagamento de aposentadorias e pensões e benefícios sociais. A lista dos segmentos gastadores reflete bem a extensão do governo grátis nos EUA, vergado pelo peso da sua armadura de defesa territorial e de interesses estratégicos no mundo inteiro.

A ASCENSÃO DO IMPÉRIO MILITAR

Muitos americanos são taxativos: os gastos militares são intocáveis, uma verdadeira "vaca sagrada". Depois de serem atacados de surpresa em 1941, pelos japoneses, em Pearl Harbor e, em 2001, em plena Manhattan, com a queda dramática das torres do World Trade Center, os americanos dão um valor inquestionável à segurança nacional e ao poderio militar para garantir que outro ataque, especialmente nuclear, jamais venha a ocorrer – como se fosse possível evitar completamente o terrorismo com uma intensiva e ostensiva preparação militar.

O caráter ostensivo da segurança americana serve, antes, como uma provocação a terroristas do mundo inteiro para tentarem uma retaliação. Fanáticos não são conhecidos por pensar duas vezes. Futuras ameaças, infelizmente, terão sempre uma cara nova e desconhecida. Mas a maneira psicológica de defender os americanos é mostrar-lhes quanto se gasta em sua segurança. É um orçamento que convida aos mais diversos e poderosos interesses comerciais, transformando o negócio da guerra e do terror num segmento explorado e dominado pelos próprios americanos.

O governo em Washington se converteu numa presa desses dispêndios que, quando conjugados aos recentes programas de resgate de bancos e grandes companhias quebradas, inviabilizam uma mudança sincera da política fiscal e financeira em favor da massa da população. Daí o mal-estar crônico, a decepção e a desilusão da maioria dos americanos neste início de século XXI.

A saúde e a previdência são o que os americanos chamam de *entitlements*, ou seja, direitos previstos em lei para todos os cidadãos. Pelo menos no que tange à saúde, tais direitos universais são contestados por uma parcela da opinião pública. É justamente nessa área que elementos conservadores sempre defenderam cortes drásticos para reduzir o déficit, como foi o caso no início dos anos 1980 e ainda é o caso, atualmente, com o *Tea Party*, movimento conservador contrário ao *ObamaCare*, novo sistema ampliado de prestação de serviços de saúde promovido pelo presidente Barack Obama. O *ObamaCare* logrou, surpreendentemente, um sucesso de aceitação pelo público, apesar da intensa obstrução política da ala republicana: mais de 7,1 milhões de americanos já decidiram contratar os seguros privados de saúde.

EUA 1970-2013, Resultado Fiscal do Governo Federal (% PIB)

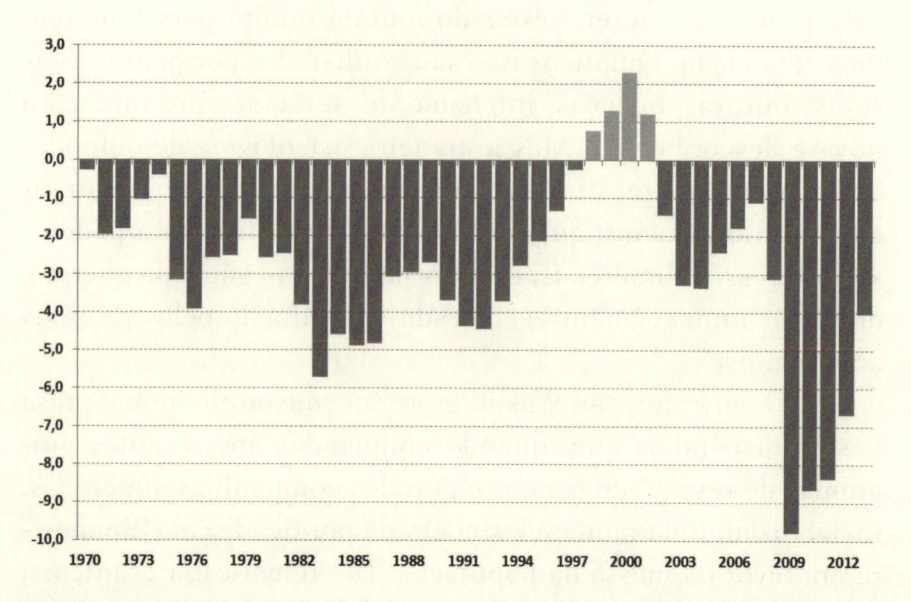

Fonte: Federal Reserve Economic Data

Nos EUA, até a responsabilidade por grandes déficits fiscais é contraditória. Em tese, seriam os conservadores republicanos os mais dispostos a praticar a responsabilidade nos orçamentos públicos e a controlar os gastos de governo. Mas os republicanos do pós-guerra deixam uma marca de gastadores inveterados, pelo viés de sucessivas escaladas militares, de resgate de bancos falidos e pelo corte de impostos no topo da pirâmide de renda. Até o megainvestidor e maior bilionário americano, Warren Buffet, deixou clara sua preocupação por pagar menos impostos (relativamente à sua renda, claro) do que paga sua secretária.

A fase dos megadéficits tem início nos anos 1980 com a Presidência de Ronald Reagan – que absorvera todo o impacto da guerra do Vietnã e das crises do petróleo – e prossegue com George W. Bush, outro republicano típico, em 2001. Os governos republicanos passaram a prometer ao povo um governo grátis, embora a frase *"There is no such a thing as a free lunch"* tenha se tornado famosa graças ao economista americano Milton Friedman, frequentador habitual dos círculos do Partido Republicano. Aparentemente, pouco se aprendeu da célebre lição de Friedman, aliás óbvia, de que, no mundo e na vida, nada é grátis, muito menos um governo. Pelo contrário, pode-se ter como certo e inevitável que um governo sairá tão mais caro quanto maior for sua promessa de benefícios e vantagens "gratuitos".

A administração Reagan cortou impostos e aumentou gastos militares. Reagan foi caro para os EUA, mas entregou mais do que prometera: os Estados Unidos venceram a Guerra Fria, a União Soviética simplesmente acabou, mas o drástico crescimento em gastos militares americanos – cerca de US$ 1,6 trilhão em cinco anos – excedeu facilmente os cortes realizados em gastos em programas de assistência social. Isso causou um grande impacto negativo nas classes mais pobres da sociedade americana. Por volta de 1985, os gastos para programas domésticos haviam sido cortados em aproximadamente metade do valor inicial em relação a 1980.

A GUERRA MAIS CARA DO MUNDO

Na gestão de Reagan, o déficit anual do orçamento federal americano subiu de US$ 60 bilhões em 1980 para US$ 220 bilhões em 1986 – mais do que 5% do PIB à época. Nesse mesmo período, a dívida nacional mais do que duplicara, subindo de US$ 749 bilhões para mais de US$ 1,74 trilhão. Enquanto esses crescentes gastos governamentais geraram um estímulo à economia americana, tendo colaborado sensivelmente na recuperação econômica dos EUA, após a recessão de 1982-1983, o grande déficit governamental e o acúmulo da dívida nacional fizeram com que as taxas de juros permanecessem altas. Juros altos sugaram recursos do mundo inteiro, e o dólar refletiu essa manobra, sofrendo grande valorização, o que colaborou com a perda de competitividade de largos segmentos industriais dos EUA. Aí começa a diáspora americana de indústrias locais em direção à Ásia, em particular à China.[71]

Os Estados Unidos iniciam naquele momento uma expansão inusitada de crédito e consumo, cujo reflexo na população é uma sensação de claro avanço e progresso material, embora causando um déficit na balança comercial com a alta da importação e dívidas astronômicas nos cartões de crédito. Os americanos passam a comprar desenfreadamente, e os chineses, antes de todos, agradecem por poderem ficar com os empregos e as fábricas dos americanos. O PIB americano passa a crescer mais pelos serviços, inclusive financeiros, e pelos gastos militares. A produtividade avança mais lentamente. Cada vez mais crédito é necessário para gerar um dólar de PIB. Mas o dólar como reserva mundial não impõe limitação ao financiamento dos gastos internos e externos. Surge, então, a figura dos "déficits gêmeos" – fiscal, provocado por gastos em excesso da arrecadação tributária, e o da balança comercial externa, pelo excesso de importações sobre exportações de mercadorias e serviços.

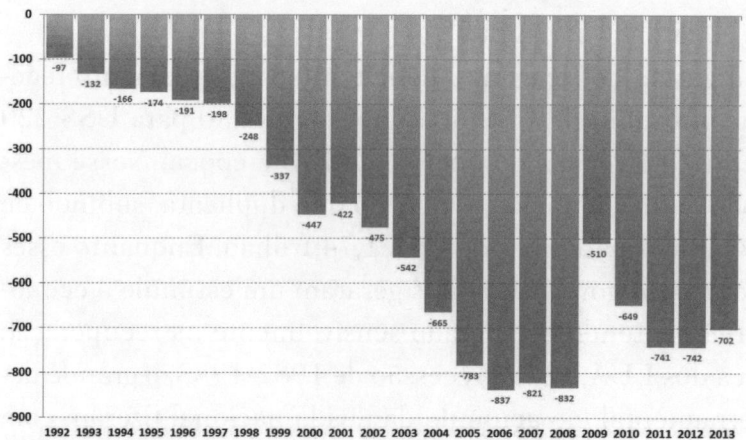

EUA 1992-2013, Balança Comercial de Bens (US$ Bilhões)

Ano	Valor
1992	-97
1993	-132
1994	-166
1995	-174
1996	-191
1997	-198
1998	-248
1999	-337
2000	-447
2001	-422
2002	-475
2003	-542
2004	-665
2005	-783
2006	-837
2007	-821
2008	-832
2009	-510
2010	-649
2011	-741
2012	-742
2013	-702

Fonte: U.S. Department of Commerce: Census Bureau

---

71. O secretário do Tesouro de Reagan, James Baker, tentou minorar o problema da valorização do dólar, mediante os Acordos do Hotel Plaza, como ficaram conhecidos, nas reuniões com Japão, França e Inglaterra, em Nova York, em setembro de 1985 . Ver a linha do tempo, no Anexo I, ao final do livro.

Em poucos anos, os Estados Unidos passaram de maior credor a maior devedor mundial. Isso não somente começava a arranhar a reputação do país, como também a causar forte mudança da estrutura financeira internacional que, no imediato pós-guerra, ainda se valia intensamente do capital financeiro americano.

Esses problemas foram em parte enfrentados pela administração democrata do presidente Bill Clinton, entre 1993 e 2000. Nos últimos anos da gestão Clinton, o orçamento federal americano fechou com saldo positivo. Clinton conseguiu refrear o aparato bélico americano, segurando gastos nessa área. Mas o equilíbrio orçamentário durou pouco, não chegando a afetar a dívida pública, que já alcançara níveis estratosféricos. O quadro piorou quando os republicanos voltaram ao poder com George W. Bush e foi retomada a fórmula dos anos Reagan: mais gastos militares e menos impostos para os ricos.

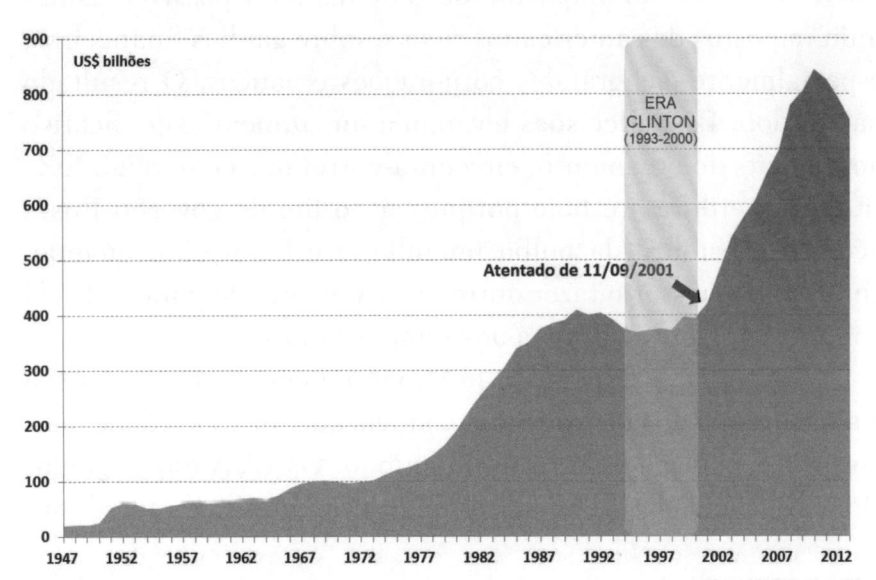

EUA 1947-2013, Gastos Federais em Defesa (US$ Bilhões)

Fonte: U.S. Department of Commerce: Bureau of Economic Analysis

A situação econômica do país ao início da gestão Bush era diametralmente oposta àquela enfrentada por Reagan. Este havia encontrado uma situação difícil, um país desarrumado pelo fracasso no Vietnã, pelos altos preços do petróleo e pela dívida dos países do dito Terceiro Mundo. Além da ameaça soviética, uma constante. Foi preciso uma dose cavalar de juros, ditada pelo homem do FED, Paul Volcker. Já no início da gestão Bush, em 2001, o rescaldo era da euforia dos anos 1990, uma era de ouro, com petróleo cotado no seu patamar mínimo, com superávit fiscal federal deixado por Clinton e com a hegemonia completa dos EUA no mundo diante do fim da URSS.

A situação foi invertida e exacerbada com a resposta americana ao atentado de 11 de setembro de 2001. O início de duas "guerras eletivas", contra o Iraque e contra o Afeganistão, que não atingiram seus objetivos respectivos, provocou nova escalada dos gastos militares, sem qualquer corte correspondente das despesas domésticas.[72] Pelo contrário: Bush caiu na esparrela de cortar impostos da pior maneira possível. Diminuiu impostos dos americanos ricos e sobre ganhos financeiros, especialmente das grandes corporações e bancos. O resultado não tardou. Essas decisões levaram a um aumento significativo dos déficits do orçamento, em conta-corrente e comercial. Essa situação perdura até hoje porque, já no fim do governo Bush, ocorreu o estouro da bolha imobiliária e financeira, quando, então, foi necessário fazer outro afrouxamento da política fiscal e monetária, que se arrasta aos tempos atuais.

A perda de esperança no "sonho americano" é, talvez, o maior sintoma do grave declínio daquela que foi a sociedade mais invejada e copiada pelo resto do mundo. Os EUA foram gradualmente trucidados pela ilusão do governo grátis. E, paradoxal-

---

[72]. Equipe Planeta, "A Guerra dos Três Trilhões de Dólares", *Revista Planeta*, Terra, edição 427, abril 2008. Aliás, as *war by choice* tornaram-se muito comentadas na imprensa e na academia.

mente, quem mais patrocinou esse erro brutal de planejamento estratégico foi o partido que defende orçamentos equilibrados e governos enxutos. "Faça o que digo, mas não faça o que faço" é o adágio que se aplicaria como uma luva ao Partido Republicano nos EUA.

Todos os principais eixos da gastança federal estão constantemente sob ataque republicano, menos um: os gastos militares. Os republicanos têm concentrado seu ataque ao setor de saúde. Querem gastar menos em cuidados com a população. Mas a questão é muito mais complexa de ser resolvida. A situação da saúde pública nos EUA ficou exacerbada com o relativo empobrecimento e, sobretudo, com o envelhecimento da população dos *baby boomers*.[73] Os então jovens que entraram no mercado entre os anos 1950 e 1970 são os que agora estão sendo moídos pela falta de um sistema de saúde confiável na terceira idade. Os Estados Unidos são o último país avançado a adotar um sistema de saúde universal – com a introdução do sistema de saúde do presidente Obama, o *Affordable Care Act*, conhecido popularmente como *ObamaCare*.

A SAÚDE VIROU OUTRA GUERRA

Além de ser parcial, o sistema de saúde americano é o mais caro do mundo. Um relatório recente sobre a saúde nos Estados Unidos mostra que o país gasta mais em saúde que os seguintes dez países juntos: Japão, Alemanha, França, China, Reino Unido, Itália, Canadá, Brasil, Espanha e Austrália. O custo da saúde nos Estados Unidos, entre os gastos públicos e particulares no setor, seria equivalente ao sexto maior PIB do mundo, ou

---

[73]. Os *baby boomers* são os nascidos entre 1945 e 1964 nos Estados Unidos e Canadá, na Europa (especialmente Grã-Bretanha, França) e na Austrália. Depois da Segunda Guerra Mundial, esses países experimentaram um súbito aumento de natalidade, que ficou conhecido como *baby boom*. A geração *baby boomer* torna-se uma parte substancial da população norte-americana e representa cerca de 20% do público americano, com um impacto significativo na economia (David Willetts, *The Pinch: How the Baby Boomers Took their Children's Future and How They Can Give it Back*, Atlantic, 2010).

seja, US$ 2,5 trilhões.[74] O sistema americano de atendimento em saúde é tido como um dos melhores do mundo para o tratamento cirúrgico emergencial, mas é falho e caro demais no tratamento de doenças crônicas. Para o autor de um relatório recente sobre a saúde americana, o Dr. Joseph Mercola, a medicina convencional americana, focada em testes de diagnósticos, remédios e intervenções cirúrgicas para a maioria de doenças, certamente "causa a morte de mais pessoas do que as trata". A letalidade do sistema se deve, em grande parte, a efeitos colaterais dos tratamentos, previsíveis ou não. Os erros evitáveis do sistema americano acumulam um número alarmante de mortes.[75]

O poder de *lobby* das grandes firmas farmacêuticas – americanas e estrangeiras – é evidente e outro fator preponderante da explosão de custos. O resultado disso é que o preço dos remédios nos Estados Unidos é muito mais alto do que em outros países. É comum, por exemplo, o americano ir ao Canadá para comprar remédios.

ObamaCare não é a única tentativa de limitar os custos do sistema de saúde americano. Tais custos foram reduzidos nos anos 1990, na administração de outro democrata, o presidente Clinton, graças à implantação das *Health Maintenance Organizations* (HMO), organizações que administram planos de saúde pré-pagos e voluntários para empresas e indivíduos. Essas HMOs servem de elo entre os provedores de saúde, hospitais e médicos, de um lado, e a população, de outro. As HMOs foram criadas por lei em 1973 para baratear os custos com a saúde, mas ampliadas em seu escopo só vinte anos depois. A aceitação do conceito de HMO nunca foi unânime entre clientes e provedores. Houve muitas críticas devido às restrições de acesso, e muitos casos polêmicos criados por recusa de atendimento foram parar na Justiça.

---

74. Joseph Mercola, "New Report: Preventable Medical Mistakes Account for One-Sixth of All Annual Deaths in the United States", Mercola.com, outubro de 2013.
75. Ibid.

Há dois programas federais na saúde americana que fazem parte do sistema de *Social Security*, ou seguridade social, para as pessoas mais pobres, idosas e inválidas. Esses programas são pagos pelo governo federal e administrados pelos estados. Ambos os programas, o *Medicare* e *Medicaid*, dão direito à internação hospitalar e pagam 80% da conta do tratamento – o paciente é responsável pelos 20% restantes. Eles são programas de assistência a pessoas idosas e pobres, respectivamente. Segundo estudos do *Congressional Budget Office* (Escritório do Orçamento do Congresso), órgão de estudos e projeções, os gastos com esses dois programas serão cerca de 15% mais baixos em 2020 do que o foram em 2010.[76] As pessoas têm direito a esses programas, ou são *entitled*, como se diz em inglês, por isso esse programa é chamado de um *entitlement* (um direito "adquirido"). Esses programas são financiados pela *Social Security Tax*, isto é, a contribuição previdenciária oficial e obrigatória, como aconteceu no Brasil no século passado, antes do Sistema Único de Saúde (SUS) ser implantado.

A essência do *ObamaCare* é a incorporação desses programas já existentes a um sistema de saúde realmente universal. Segundo especialistas, é possível se alcançar com o *ObamaCare* uma significativa redução de custos, especialmente com a introdução de novos remédios e com a substituição de remédios existentes por genéricos depois da expiração de patentes de substâncias existentes. Mas, é bom lembrar, os remédios representam apenas 10% do custo da saúde.[77]

Então, o que explica a redução esperada no custo da saúde? É que o *ObamaCare* vai inibir a transferência de subsídios e de pagamento a seguradoras privadas. Projeta-se também uma mudança na maneira de o *Medicare* pagar pelos serviços. Atualmente o programa penaliza hospitais se muitos pacientes têm de

---

[76]. Joseph E. Stiglitz, Project Syndicate, publicado em *O Globo*, 11 de janeiro de 2014, p. 21.
[77]. Paul Krugman, Coluna, *New York Times*, 30 de novembro de 2013.

ser readmitidos logo após terem alta – um indicador de má qualidade e ineficiência do serviço. A taxa de readmissão, de fato, caiu substancialmente. O *Medicare* está também incentivando uma migração do modelo atual, que se baseia em pagar um "preço de tabela" pelo serviço prestado por terceiros (isto é, hospitais e médicos são pagos por cada procedimento estabelecido numa tabela de custos), para a adoção de um modelo de "cuidados com responsabilidade". Nessa nova abordagem, mais dinâmica, os hospitais são remunerados pelo sucesso da melhora nos cuidados médicos e pela concomitante redução dos custos.

CUIDANDO DOS JOVENS DO PASSADO

A saúde americana parece estar indo na direção do controle de custos e de mudança de foco, mas há ainda muito a debater sobre o outro "buraco negro", das aposentadorias e pensões. A *Social Security* é o programa federal financiado pelo *Social Security Tax* – a contribuição previdenciária americana – que engloba também os casos de invalidez. O programa original, um legado social da Grande Depressão, foi criado em 1935. Com suas emendas subsequentes, o sistema engloba vários programas de bem-estar e de seguro social. As contribuições são arrecadadas pela receita federal americana, o *Internal Revenue Service* (IRS), e repassadas para o Fundo de Seguro e de Pensões. Além desse fundo, existem outros não menos importantes: o Fundo Federal de Seguro de Invalidez (*Disability Insurance*), o Fundo Federal de Seguro Hospitalar (Oasi) e o Fundo Federal de Seguro de Saúde Suplementar (SMI). Todos os salários pagos nos EUA sofrem, como no Brasil, deduções obrigatórias que vão para a Seguridade Social, mesmo sendo de profissionais liberais. Praticamente todos os cidadãos americanos, trabalhadores ou não, têm um número e um cartão de Seguridade Social.[78]

---

[78]. O *Social Security Number* identifica o americano como o CPF identifica o brasileiro, embora suas finalidades sejam distintas.

Em 2013, aproximadamente 58 milhões de americanos receberam mais de US$ 640 bilhões em benefícios de Seguridade Social e do Seguro de Saúde Suplementar. Apesar do atual déficit do governo com o sistema de aposentadorias e pensões, há uma tremenda diferença financeira em relação ao Brasil: nos EUA, a arrecadação previdenciária anual ainda é superior aos desembolsos. A previsão é de que o sistema previdenciário ainda tenha saldo até 2033. De fato, os superávits previdenciários de US$ 33 bilhões ao ano ajudam a financiar parte do déficit orçamentário geral do governo. O governo americano toma emprestado os recursos do fundo previdenciário, emitindo títulos de dívida em favor deste. O contribuinte da *Social Security* fica assim mais protegido atuarialmente.

Em 2012, 45,9 milhões de pessoas foram beneficiadas pelo Oasi, 10,9 milhões pelo DI e 50,7 milhões pelo *Medicare*. O Oasi gastou US$ 645 bilhões; o DI, US$ 140,3 bilhões; o HI, US$ 266,6 bilhões; e o SMI, US$ 307,4 bilhões. O gasto total chegou a US$ 1,360 trilhão, o que representou 8,4% do PIB de US$ 16,2 trilhões, o equivalente a 37% de todos os gastos federais de US$ 3,684 trilhões. É sempre bom lembrar que os mencionados 8,4% do PIB se referem à combinação de gastos previdenciários e despesas com saúde. Estima-se que entre 20% e 40% dos americanos com mais de 65 anos só conseguem permanecer acima do nível de pobreza graças aos pagamentos do *Social Security*.

A FALÊNCIA COMO PREÇO DA PAZ

Aqui chegamos ao centro do problema orçamentário americano: os gastos militares. A defesa militar dos EUA é extremamente onerosa. Em parte, se justifica a obsessão dos americanos com sua defesa territorial. Afinal, a União Soviética tinha – e a atual Federação Russa ainda tem – um arsenal nuclear apontado para os Estados Unidos. Se essas ogivas poderiam ser disparadas um dia é outra história. Só com alguma imaginação e muito proselitismo político é concebível afirmar que o atual arsenal nuclear russo ou o nível de rearmamento da China representam ameaças ou risco iminentes.

Além disso, a melhor tática antiterrorista não é manter vastos arsenais convencionais. A captura e morte de Osama bin Laden, numa ação de comando compacto e ágil, com emprego de umas poucas armas individuais, além de um helicóptero secreto e ultramoderno, parece ser a opção mais inteligente e menos custosa de se lidar com as futuras ameaças.[79]

Obviamente, gastos militares são efetuados para a prontidão de um país. Espera-se que as armas, sobretudo as nucleares, jamais sejam utilizadas. Portanto, altos gastos militares não constituem uma garantia de segurança coletiva, muito menos de prosperidade. Pelo contrário, gastos militares exagerados são a principal ameaça à saúde financeira dos EUA. Todos querem que as forças armadas americanas permaneçam as melhores (*"second to none"*). Mas o cidadão americano não pode ser financeiramente esfolado no esforço em prol de uma defesa sem falhas nem brechas.

Ao fim de 2009, o presidente Barack Obama assinou o *Defense Authorization Act* de 2010, o maior orçamento militar da história dos EUA até então. Mas os orçamentos de 2012 e 2013 ultrapassaram os de 2010. Os EUA têm o maior orçamento militar do mundo. O que mais assusta é saber que o gasto militar americano é quase igual às despesas militares, somadas, do resto do mundo inteiro. O orçamento militar de 2010 – que não inclui muitas despesas indiretas relacionadas com as guerras então em curso – chegou aos US$ 680 bilhões. Em 2009 foi de US$ 651 bilhões. Em 2000, último ano do democrata Bill Clinton, não passava de US$ 280 bilhões, ainda assim, um enorme valor.

O orçamento militar americano é o exemplo mais óbvio de como a economia dos EUA é sustentada, em grande parte,

---

[79]. Defense Advanced Research Projects Agency (DARPA), agência ultrassecreta americana que desenvolve armas e sistemas de alta tecnologia.

pelos gastos militares. Décadas de constante injeção de gastos militares na economia do país transformaram esse tipo de estímulo econômico num vício do "militarismo econômico", do qual as grandes corporações americanas não conseguem mais se livrar. O presidente Dwight Eisenhower, principal general da Segunda Guerra Mundial, ainda na década de 1950, foi o primeiro especialista em guerras e custos de uma guerra a alertar sobre os riscos políticos e econômicos do "complexo industrial-militar". Desde então, a situação por ele apontada só se exacerbou.[80]

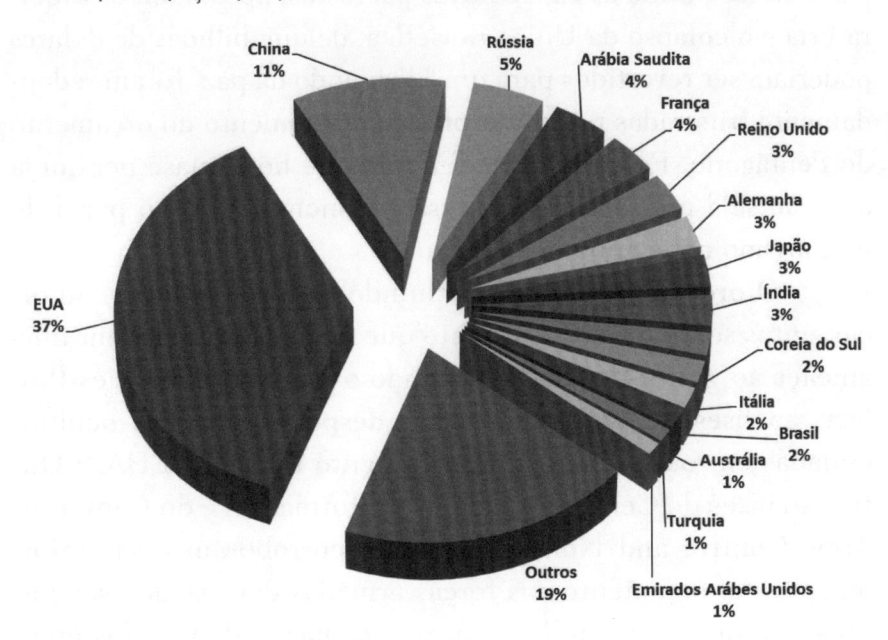

Mundo, participação por país nos Gastos Militares globais (% do total)

- EUA 37%
- China 11%
- Rússia 5%
- Arábia Saudita 4%
- França 4%
- Reino Unido 3%
- Alemanha 3%
- Japão 3%
- Índia 3%
- Coreia do Sul 2%
- Itália 2%
- Brasil 2%
- Austrália 1%
- Turquia 1%
- Emirados Árabes Unidos 1%
- Outros 19%

Fonte: Stockholm International Peace Research Institute (SIPRI).

---

80. O complexo militar industrial é o conjunto de relações políticas e financeiras que existem entre os legisladores, as forças armadas e a base militar industrial que os apoia. Essas relações incluem as contribuições políticas a legisladores para a aprovação de gastos militares e o *lobby* junto à burocracia de apoio e supervisão da indústria. Eisenhower usou o termo em seu discurso de despedida da Casa Branca em 17 de janeiro de 1961. O termo aplica-se a qualquer época posterior dos Estados Unidos ou a qualquer país com uma infraestrutura semelhante.

Segundo o Center for Arms Control and Non-Proliferation, os gastos militares dos EUA agora são significativamente maiores, em termos de dólares de 2009, do que foram durante os anos de pico da Guerra da Coreia (1952: US$ 604 bilhões), da Guerra do Vietnã (1968: US$ 513 bilhões) ou da corrida armamentista (a "guerra nas estrelas") da era Reagan na década de 1980 (1985: US$ 556 bilhões). A notória "guerra nas estrelas", conduzida magistralmente por Ronald Reagan, levou ao fim da URSS, o arqui-inimigo dos EUA, sem que um único tiro fosse disparado. A URSS quebrou: morreu por sufocamento financeiro porque não pôde acompanhar os gastos militares americanos.[81] A partir desse ponto, as expectativas pacifistas, após o fim da Guerra Fria e o colapso da União Soviética, de que bilhões de dólares poderiam ser revertidos para um "dividendo da paz" foram redondamente frustradas por um explosivo crescimento do orçamento do Pentágono. Essa realidade fez com que hoje quase nenhuma atenção seja prestada à "conversão econômica" ou ao papel do militarismo na economia americana.

O orçamento militar, incluindo os *black budgets*, ou orçamentos secretos, cresceu tanto que pode agora se tornar uma ameaça ao gasto social. Há, segundo o National Priorities Project, análises que revelam muitas despesas militares ocultas, enfiadas em outras partes do orçamento total dos EUA.[82] Outras análises do Center for Defense Information e do Center for Arms Control and Non-Proliferation corroboram essas informações. Ao orçamento das forças armadas deve-se acrescentar o das agências de inteligência, que disparou depois dos atentados de 11 de setembro de 2001. O crescimento das despesas com a "comunidade de inteligência" foi geométrico. Cresceu

---

81. Sara Flounders, "Gastos militares e economia norte-americana: o maior orçamento militar da história", *Workers World*, 15 de novembro de 2009. Análise que contém informações interessantes.

82. Christopher Hellman, "Fiscal Year 2014 Pentagon Budget Analysis", National Priorities Project.

como uma célula maligna. O fato é que a comunidade de inteligência ganhou autonomia e uma dinâmica própria que a coloca fora do controle dos governos eleitos.[83] Basta olhar para a nova sede da agora notória National Security Agency (NSA), o Utah Data Center, sendo construída a um custo estimado em aproximadamente US$ 2 bilhões – o valor oficial é secreto –, com a finalidade de interceptar, analisar e armazenar contas de e--mail, chamadas de telefone, mensagens eletrônicas e informações provenientes de diversos pontos do país e do mundo e de vários bancos de dados.[84] Apesar disso, o aumento desses gastos nem sempre garantiu eficiência à NSA. Ela não tomou conhecimento de alguns fatos importantes para a segurança americana e não conseguiu evitar outros.

O orçamento para 16 agências de espionagem dos EUA atingiu os US$ 71,9 bilhões no ano fiscal de 2013; 80% dessas agências secretas são extensões do Pentágono.[85] As atividades da NSA tornaram-se tristemente notórias recentemente. É fácil imaginar que foram ouvidas muitas gargalhadas no Kremlin e na Cidade Proibida de Pequim com as revelações sobre a NSA. Além da NSA, podem-se mencionar algumas outras agências de espionagem que se tornaram notórias com os filmes feitos em Hollywood e os livros de autores conhecidos: a Central Intelligence Agency (CIA); a Defense Intelligence Agency (DIA), do Pentágono; o Office of Naval Intelligence (ONI), da Marinha; o Air Force Intelligence Surveillance and Reconaissance Agency (Air Force ISR), da Força Aérea; e muitos outros.

---

83. Carlos Alberto Sardenberg, "A falta que faz uma boa espionagem", *O Globo*, 31 de outubro de 2013, p. 20.
84. Vinícius Karasinki, "Techmundo", 20 de janeiro de 2013.
85. Disponível em: http://www.fas.org/irp/budget/index.html?PHPSESSID=70809e6b347db7b2122df1ef24d743e0.

BOMBA ATÔMICA FINANCEIRA

Os gastos governamentais com a defesa resultaram numa enorme dívida pública de 100% do PIB em 2013. Ela atingiu US$ 17 trilhões depois do recente acordo temporário permitindo o aumento do nível de endividamento do país. Não há qualquer indicação de que a situação vá mudar e a dívida vá parar de crescer. Com o fim temporário do impasse, o governo foi autorizado a tomar empréstimos para cumprir suas obrigações financeiras.

Não há, tampouco, qualquer indicação de que o impasse político nos Estados Unidos entre democratas e republicanos esteja sendo contornado. O país está polarizado. Os Estados Unidos não são o único país industrializado a chegar a esse nível de gasto público e de endividamento, o que levou ao rebaixamento, ainda em 2011, da nota de crédito do Tesouro dos EUA, de AAA (nota máxima de segurança e qualidade de crédito) para AA+. Os americanos, que vivem pregando eficiência e parcimônia a outros países, poderiam começar a seguir seus próprios conselhos.

Ao mesmo tempo que os EUA chegam ao paroxismo da despesa pública improdutiva, uma verdadeira tentativa de reduzir os gastos do governo federal começa a ser empreendida sob a influência direta de núcleos de pensamento independentes na sociedade civil. Muitos políticos no Congresso americano começaram também a assumir uma nova postura, mais crítica ao comportamento convencional. O corte do orçamento promovido pelo chamado *sequester*, definido como redução compulsória e automática dos gastos governamentais, em valores brutos, não em percentagens, é de 7,8%, em média, na área social (*Social Security* e *Medicaid*) e, na área da defesa, vai à casa dos 10%. O orçamento da "comunidade de inteligência" e do Pentágono também foi cortado. Este último foi reduzido em US$ 37,2 bilhões e, posteriormente, em mais US$ 52 bilhões. Desse modo, o orçamento militar de 2014 é de "apenas" US$ 475 bilhões, e assim projetado até 2023, prevendo-se, com isso, uma expressiva redução, nos próximos dez anos, de mais de US$ 1 trilhão em *sequesters*, incluindo os cortes atuais.[86]

Há um importante debate na sociedade americana sobre várias sugestões de corte de despesa. Debate-se uma reforma administrativa para reduzir o custo de aposentadorias e prestação de saúde para os militares; cogita-se reformar a estrutura das forças armadas, com redução absoluta do número de militares na ativa e, da mesma forma, em relação à força nuclear. Argumenta-se que, depois de uma década de conflito – o envolvimento no Iraque e no Afeganistão está acabando –, o Pentágono possa fazer uma economia de, no mínimo, US$ 1 trilhão nos próximos dez anos. A compensação dos militares inclui salários, aposentadorias, serviços de saúde e subsídios à habitação. Isso representa, aproximadamente, metade do orçamento militar. Mas essa despesa continua aumentando.[87] O preço de se manter um soldado na ativa dobrou desde 2001 e dobrará de novo até 2025.

O governo Obama deu indicações sobre qual deveria ser a ênfase dos gastos militares: Forças Especiais (como as que pegaram Osama bin Laden) e a guerra cibernética (o orçamento da NSA parece assegurado). Segundo o *New York Times*, os Estados Unidos não podem mais se dar ao luxo de manter as mesmas despesas militares que tiveram no passado. Complexas decisões têm de ser tomadas para manter a defesa dos Estados Unidos e, ao mesmo tempo, controlar os gastos.

Onde o gasto público é alto demais, como nos EUA, os investimentos produtivos são insuficientes e mirrados frente às despesas correntes. Gasta-se muito e mal. Onde se gasta demais, gasta-se de menos naquilo que mais interessa a todos: os investimentos. Essa é a praga de todo governo grátis: políticos prometendo farta distribuição de bondades, enquanto os investimentos fi-

---

[86]. Editorial, *New York Times*, 10 de novembro de 2013.
[87]. Editorial, *New York Times*, 2 de dezembro de 2013.

cam para trás. Nos Estados Unidos, não deu outra coisa. Os gastos correntes e financeiros explodiram; os investimentos públicos minguaram. Números apurados pelo jornal britânico *Financial Times* mostram que, apesar de um ligeiro aumento no início do mandato de Obama, o investimento bruto do setor público caiu para apenas 3,6% do PIB (no Brasil, o número equivalente é ainda mais baixo) devido, sobretudo, aos esforços dos republicanos para impedir os gastos em infraestrutura, ciência e educação do governo de Obama.[88] É o menor nível de investimento público (em percentagem do PIB anual) desde a desmobilização do pós-guerra em 1949.

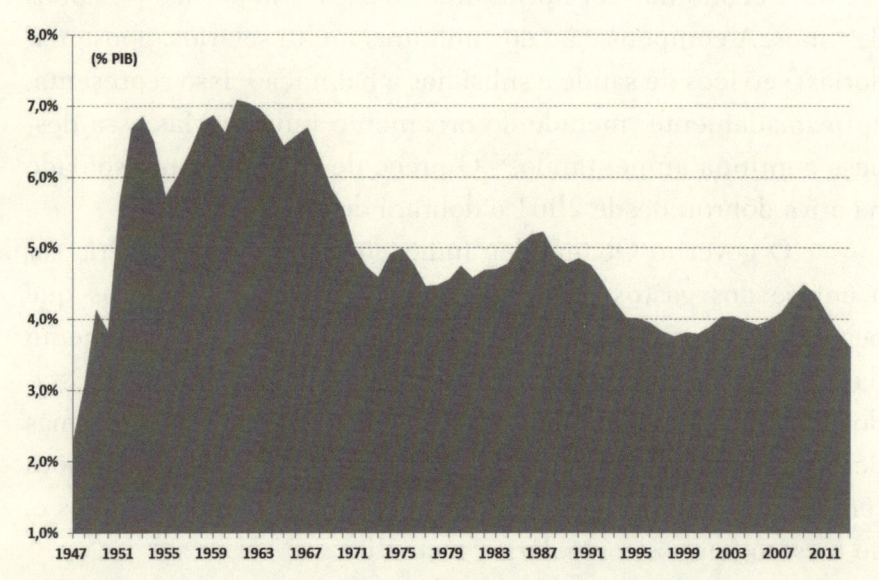

EUA 1947-2013, Investimento Público Bruto (% PIB)

Fonte: U.S. Department of Commerce: Bureau of Economic Analysis

SEM RAZÃO PARA COMEMORAR

Os cortes propostos nos investimentos públicos americanos são profundos e podem se tornar uma ameaça para o futuro crescimento do país. Os investimentos federais geram aumento

---

[88]. Robin Harding; Richard McGregor; Gabriel Muller, "US Investment Falls to Lowest Level since War," *Financial Times*, 4 de novembro de 2013.

da produção, contrariamente aos *entitlements* como aposentadorias e saúde, alvos tradicionais da "tesoura" republicana. Há consenso que investimentos em ciência, tecnologia, educação e infraestrutura geram empregos produtivos.

O Congressional Budget Office (CBO), no entanto, aposta num crescimento robusto ao longo do resto da década – nenhum ano de recessão e crescimento robusto de 4% durante três anos seguintes a 2015. Há um evidente otimismo nessas projeções do CBO. Nada indica que os EUA já descobriram o caminho para sair da floresta de problemas em que se meteram. Quanto mais baixo o crescimento, maior a proporção da dívida sobre o PIB. É consenso que a receita tributária deveria subir para acomodar o envelhecimento da população e o financiamento dos programas de *Social Security* e de *Medicare*. As finanças desses dois programas têm de ser colocadas em sólida base atuarial. Essa é a realidade sobre o futuro dos Estados Unidos que poucos políticos parecem dispostos a enfrentar. Além disso, como tocar para a frente os investimentos do futuro? Cortar nessa área não é solução. Tudo aponta para os gastos militares como o segmento que mais gordura tem para ceder. Quais são os políticos que se atrevem a propor cortes militares mais drásticos?

Ao examinarmos a crise fiscal americana, miramos o passado e analisamos o presente. Há, contudo, outro sério problema que está localizado entre o presente e o futuro: a crise de competitividade dos Estados Unidos. A maneira como a evolução estrutural da economia global afetou os setores produtivos americanos mostra que, pela primeira vez ao longo de sua história, a recuperação econômica não traz de volta empregos perdidos. Alguns se referem ao fenômeno como a "recuperação sem empregos" (*jobless recovery*).

Várias economias emergentes – as asiáticas, em particular Índia e China – estão se tornando mais competitivas em áreas nas quais os Estados Unidos antes eram dominantes, como *design* e manufatura de semicondutores, produtos farmacêuticos e serviços de tecnologia de informação. Assim, o emprego nos Estados Unidos está sendo extinto ou, então, migrando de setores com crescimento robusto para setores com menor dinâmica de criação de empregos, um fenômeno comparável ao que está acontecendo no México.

Citando um exemplo, as empresas farmacêuticas americanas vêm enfrentando cada vez mais a competição de empresas indianas sobre preços de fármacos, na medida em que o governo americano deixa de dar preferência aos produtos *made in USA* por querer controlar o custo da saúde. Na esteira dessa mudança, a americana Mylan pensa em adquirir a fabricante sueca de remédios genéricos Meda para aumentar sua presença no mercado americano e mundial, hoje dominado pela indiana Teva. Além disso, tal aquisição teria um incentivo tributário que a administração quer rever. O negócio seria fechado com o uso de ações da Mylan e, assim, reduziria sua conta com o fisco americano devido a uma tendência de empresas americanas usarem as chamadas *inversions*, quando uma empresa faz uma aquisição de empresa localizada no exterior para transferir sua sede e evitar suas obrigações de imposto de renda nos Estados Unidos.[89] A Mylan estaria disposta a pagar um prêmio significativo pela Meda, cujo valor de mercado foi avaliado em 29 bilhões de coroas suecas, aproximadamente US$ 4,5 bilhões. Essa deslocação da Mylan para a Suécia pode ser boa para a empresa, mas causaria mais uma supressão de empregos de alta qualidade nos Estados Unidos.

O resultado é uma maior desigualdade de renda e empregos na economia americana. A força de trabalho capacitada tem mais oportunidades de remuneração do que a menos capacitada, que não tem as mesmas chances de emprego. O governo ameri-

---

[89]. Ed Hammond, "Mylan Weighs Move for Swedish Rival Meda", *Financial Times*, 4 de abril de 2014.

cano tem de desenvolver políticas de longo prazo para enfrentar os efeitos de distribuição de riqueza e suas causas estruturais para restaurar a competitividade e o crescimento da economia americana.[90]

EUA 1967-2012, Índice de Gini.

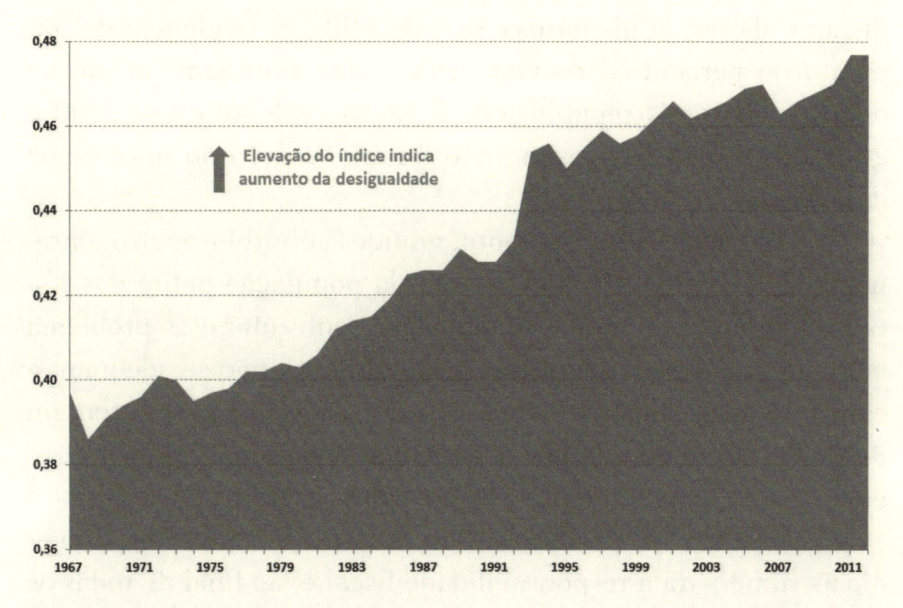

Fonte: U.S. Department of Commerce: Census Bureaus

O quadro atual da desigualdade nos EUA se tornou alarmante. Em vinte anos, até a crise de 2008, a posição dos muito ricos (os 2% do topo da pirâmide da população americana, por renda) melhorou cinco vezes mais rápido do que a dos 50% da base da pirâmide. O fosso entre os que tudo têm e os que só se endividam para terem alguns bens materiais é algo que aumenta nos EUA. Esse é o caminho certo para a instabilidade social, e o governo obeso e meio quebrado é uma bússola inoperante na tempestade. O governo grande e ineficiente é fonte inesgotável de frustrações, campo aberto para uma decepção com a democracia.

---

[90]. Michael Spence, "Globalization and Unemployment – The Downside of Integrating Markets", Foreign Affairs, The Council of Foreign Relations, julho-agosto 2011.

Muitos dos "novos pobres" americanos migraram para os subúrbios, outrora cenários típicos de cinema, apresentando o *American way of life*. A pobreza deslocou-se dos centros urbanos para fora das cidades, mas continua batalhando pelas sobras do sonho americano.[91] É o caso, por exemplo, de San Bernardino, subúrbio de Los Angeles que parece estar em outra galáxia muito distante da ainda glamorosa Beverly Hills. A tendência de aumento do percentual da população pobre norte-americana em distritos eleitorais republicanos é muito evidente entre 2000 e 2007-2011. San Bernardino não é uma exceção no novo mapa da pobreza.

Nos anos 2000, portanto, grandes subúrbios metropolitanos tornaram-se palco da explosão da população pobre dos Estados Unidos. As políticas federais para enfrentar esse problema em comunidades de baixa renda, no entanto, não se adequam a essa nova geografia da pobreza. As autoridades, perplexas, tentam desenvolver políticas públicas para lidar com essa "nova pobreza" em áreas até pouco tempo bastante prósperas.

Os Estados Unidos, porém, sabem se reinventar. Talvez o país rume para a responsabilidade fiscal e, ao final de todas as tentativas frustradas, resgate a perdida competência de liderar o mundo. Se isso acontecer, a perspectiva dos Estados Unidos tende a melhorar. Os EUA continuam a desfrutar de uma condição ímpar: apesar da situação fiscal ainda precária, o destino de fundos internacionais em momentos de crises permanece sendo os títulos do Tesouro americano.

O prospecto da exploração do gás de xisto pode levar a uma revitalização de muitos setores e cidades americanos, inclusive as do chamado *Rust Belt*, aquela área industrial que ficou decadente com o fim da atividade produtora americana. Detroit se tornou emblemática desse fenômeno. Mas a antiga capital da

---

[91]. Alan Berube; Elizabeth Kneebone;, Jane Williams, "Suburban Poverty Traverses the Red/Blue Divide", Brookings Institution, Washington, D.C., 2013.

indústria automotiva americana não é a única cidade com sinais de degradação. Os Estados Unidos dependem do Vale do Silício e de outros polos de alta tecnologia para sua prosperidade. Eles já existem, em geral, perto de tradicionais centros de ensino e de pesquisa de excelência, como Nova York, Boston, Chicago e Seattle, entre vários outros.

EUA 1995-2014, Importação x Produção de petróleo (em milhões de barris/dia)

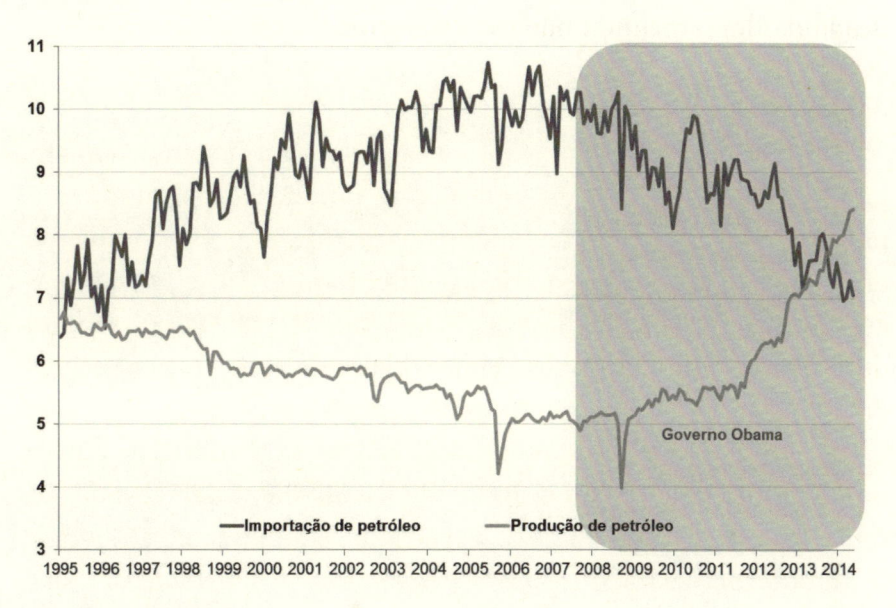

Fonte: EIA Petroleum Supply

É evidente que o novo contexto internacional é o principal desafio político para os Estados Unidos. A "simplicidade" da Guerra Fria e o Equilíbrio do Terror foram substituídos pela complexidade de uma era de incertezas – repleta de "cisnes negros e cinzas" – com uma variedade de adversários e inimigos que nem sempre são aparentes. As próprias armas são diferentes. A "velha" arma nuclear, de difícil *delivery*, foi substituída por ataques cibernéticos não menos eficazes e ameaçadores para a segurança nacional, sem falar de ataques biológicos e químicos. Os Estados Unidos têm as maiores forças armadas do mundo e, por isso mesmo, são alvos permanentes. A América tem também *soft power*, que será cada vez mais útil nas relações internacionais. E todas as economias do mundo dependem do mercado americano. O maior problema americano, entretanto, continua sendo o de arrumar sua política doméstica para conter os arroubos das lideranças propensas ao exercício do governo grátis. Cada um dos grandes partidos políticos tem uma visão própria e não parece haver mais espaço para compromisso e conciliação. A trilha de saída da floresta ainda não foi encontrada.

12. CHINA: A LONGA MARCHA DE RETORNO

Uma tela do ícone americano da *pop art*, Andy Warhol, retratando o líder chinês Mao Tsé-tung Foi vendida em fevereiro de 2014, pela Sotheby's de Londres, por £ 7,6 milhões (US$ 12,7 milhões). A tela é parte de uma série de seis retratos feitos para comemorar a viagem do presidente Richard Nixon à China em 1972. O quadro é pintado em vermelho e amarelo, cores da revolução chinesa, que implantou no antigo Império do Centro, como se chamara antes, um regime comunista de igualdade compulsória. Essa mesma tela fora vendida, em junho de 2000, por £ 421,5 mil (US$ 705,11 mil). Investir na China dos dias de hoje é mesmo um bom negócio. Talvez essa obra de arte represente um dos melhores símbolos da China neste início do século XXI: uma representação artística do líder que implantou a mais férrea ditadura comunista da Ásia, agora associada ao milionário mercado de arte ocidental.

A China está fazendo uma longa marcha de retorno ao capitalismo – quer dizer, algum tipo inédito de capitalismo, que ela mesma pretende, um dia, definir sem influências "externas" – bem à chinesa, com os disfarces de máscaras que caracterizam o folclore nacional da segunda maior potência do planeta. Para os chineses, contudo, não se trata de retorno a nenhum passado. Nesse sentido, o que Mao e seus companheiros propiciaram aos chineses teria sido uma revolução verdadeira, não apenas uma tomada do poder. A longa marcha é para a frente, e talvez seja isso mesmo: a China não caminharia de volta para o feudalismo burocrático que permeou sua longa história. A nova China, urbana e moderna, de certo modo repaginada por muitos dos novos valores que vem absorvendo do Ocidente, pretenderia encontrar um ponto de equilíbrio justo para seus 1,3 bilhão de cidadãos, cuja aspiração atual está longe de se resumir a apenas uma tigela de arroz frio para acalmar um estômago faminto e uma alma penada. Mas há os que argumentam que a China fará o retorno ao que sempre foi: o Império do Centro, nem exatamente capitalista, como aparenta vir a ser no futuro próximo, muito menos comunista, como queria o líder Mao.

Para se entender o papel do governo e da governança estratégica da China pós-Mao, é preciso percorrer um pouco da sofrida e longa marcha de erros e descaminhos pelos quais os líderes comunistas passaram com seu povo desde 1949. Os sucessos econômicos espetaculares de hoje nascem do vasto e escuro porão de tragédias provocadas por políticas econômicas catastróficas, planos mal concebidos e voluntariosos. A China pagou um preço bilionário, mas parece que aprendeu. Essa é a grande diferença, no final da estrada. Há governos e governantes que aprendem (por terem o compromisso político de reavaliar e mudar, quando preciso), enquanto vemos outros tristes exemplos de erros, repetidos por vezes sem conta, pela falta de assimilação e aprendizado coletivo. O Brasil é um caso intermediário, de país de aprendizado lento e intermitente. A Coreia, por seu turno, demonstra ter um aprendizado contínuo e veloz , caso que se observa também em Singapura e outros exemplos visitados neste livro.

Períodos de largo e duro sofrimento parecem ser um ingrediente precedente da maior seriedade e compromisso das lideranças de um país. No Brasil, o povo sofreu muito com a inflação. Por isso, hoje, o cuidado político com a estabilidade da moeda ficou sério. Nenhum governante brasileiro tem mais a coragem de brincar com a inflação. O mesmo não ocorre no campo fiscal. Governos ineficientes e gastadores no campo fiscal se sucedem no Brasil, sem qualquer penalidade política, quer pelo voto ou pelos tribunais. Talvez seja assim, por não termos jamais sofrido uma fome devastadora como na China ou na Coreia. A escassez extrema às vezes ilumina as mentes. O Brasil sofre do mal das nações que já nasceram ricas, em berço esplêndido. Na China, a ineficiência é expurgada, mesmo com alguma demora, porque os erros são caros demais e, principalmente, porque a nação inteira tem objetivos maiores a cumprir, metas a entregar, planos a executar. Na China de hoje, o governo grátis é escondido, por pertencer apenas ao Partido Comunista e a seus aliados. No comunismo chinês, nada pode ser sem custo para alguém, nem mesmo a bala que tira a vida do condenado à morte, cuja execução a família tem que pagar. No comunismo tudo se paga, mesmo que seja com o custo do tempo perdido numa fila para se conseguir algo "grátis".

O LONGO APRENDIZADO CHINÊS

A China causa admiração em alguns, medo em outros e espanto em todos. Raramente, porém, a China é vista com afeição. A causa de admiração e espanto se deve ao seu incrível crescimento econômico, repetido ano após ano, desde que embarcou em reformas econômicas corajosas, remendando o que não funcionava, apesar de a ideologia ditar que nada deveria mudar. O medo em relação ao que a China é capaz de cometer em matéria de atrocidades se deve a grandes erros do passado, que levaram à morte, literalmente, milhões de pessoas, nas campanhas "O Grande Salto para Frente" e "Grande Revolução Cultural e Proletária". A China causa medo também porque é um país enorme, o mais populoso do mundo, com grande incremento de gastos militares, muita poluição do ar, do solo e dos rios, causada por uma indústria impulsionada por energia suja, à base de carvão. No momento, a China luta contra sua maior praga, a escassez de meios, diante de uma população gigantesca que demanda o mínimo dos governantes.

Indaga-se como será resolvido o futuro político, econômico e socioambiental da China, e que posições serão adotadas por Pequim no cenário internacional do século XXI. Indaga-se também qual será o sucesso da transição, para não dizer da intensa transformação de sua economia, um dia marxista-leninista, que se move rapidamente na direção de ser uma economia capitalista. Desde já é possível se fazer um contraste entre a transição chinesa e a russa: não se viu na China a tragédia que aconteceu no país eslavo, e o processo chinês parece muito mais ordenado e ordeiro. O compromisso do governo chinês é coletivo, não é personalista, e se baseia numa "moral do desenvolvimento".

Na Rússia, prevalece o personalismo do chefe político que manda e desmanda, não obedecendo a um *script* que restrinja sua decisão discricionária para adotar um curso desastroso para a história do seu país. A falta de uma "moral do desenvolvimento" é, por sinal, a marca registrada de governos populistas latino-americanos, que substituem a seriedade de um compromisso de governar para o desenvolvimento por uma manipulação midiática e teatral do seu próprio descompromisso.

A China tampouco é amada porque os chineses têm a má fama de ser bruscos e arrogantes e achar (sempre acharam), ao longo de toda sua longa história, que seu país é o centro do universo — enquanto os estrangeiros seriam os bárbaros. A autopercepção da China é de um *Hegemon*,[92] com seu poder, necessa-

---

92. *Hegemon*: a palavra vem do grego e significa "líder". O *Hegemon*, porém, exerce mais dominação do que liderança, ou seja, ele impõe sua visão aos outros (Ernest Laclau; Chantal Mouffe, "Hegemony and Socialist Strategy", 2ª edição, Londres, 2001). Antonio Gramsci também escreveu sobre a teoria de hegemonia cultural, que descreve como o Estado utiliza instituições culturais para manter o poder.

riamente, sempre em expansão. De certa forma, é esse *Hegemon* coletivo que condiciona a "moral do desenvolvimento" na China.

Foi anunciado que o orçamento militar chinês de 2014 aumentará 12,2%, para mais de ¥ 720 bilhões (US$ 132 bilhões). Esse é um gasto que se repetirá ano após ano, com tendência a crescer. Representa, assim, uma ameaça permanente para quem vive perto do dragão e não se considera parte da sua constelação. Não apenas para Taiwan ou o Tibete, nações permanentemente na mira do governo de Pequim, mas também para toda a Ásia Oriental. A China sempre considerou seus vizinhos imediatos – Japão, Coreia, Vietnã, Laos, Camboja e Myanmar – como habitados por povos selvagens, na periferia do seu imenso território. Desde suas origens, na Dinastia Qin (403-221 a.C.), o apetite por controle do Império Celestial, ou Império do Centro, cresceu em cada século até a última Dinastia Qing, que se estendeu do século XVIII ao início do século XX.[93]

A China ocupa um enorme espaço geográfico que se estende do oceano Pacífico ao Himalaia e a países da Ásia Central – Cazaquistão, Quirguistão e Tadjiquistão – e ao oceano Índico – Paquistão, Índia e Bangladesh a sudoeste, e Myanmar, Laos e Vietnã a sudeste. Há várias disputas territoriais e marítimas em

---

[93]. O reino de Qin obteve suas vitórias brilhantes graças ao sucesso militar do jovem monarca Zheng, aclamado rei com apenas nove anos em 247 a.C., e seus ministros, Lü Buwei e Li Si. Entre 230 e 221 a.C., o jovem rei conquistou muitos reinos, inclusive seu grande adversário no sul, Chu. Ao consolidar seus domínios, o rei assumiu o título de *Shi huangdi* (*Shi* significa "primeiro" e *huangdi* "imperador", uma palavra criada a partir dos termos "augusto" e "senhor", normalmente atribuídos aos reis mitológicos da China antiga). A política do *Shi huangdi* centrou-se na unificação da China a partir de uma reforma administrativa que consistiu no combate à nobreza, na adoção de princípios e filosofias legalistas e na criação de pequenas unidades administrativas diretamente ligadas ao governo central (Steve Mosher, *Hegemon – China's Plan to Dominate Asia and the World*, Encounter Books, San Francisco, 2000). A dinastia Qing, por vezes conhecida como a dinastia Manchu, foi fundada pelo clã Manchu Aisin Gioro. Essa dinastia começou quando os Manchus invadiram o norte da China em 1644 e derrotaram a dinastia Ming. Dessa região, os Manchus expandiram a dinastia para a China propriamente dita e os territórios circundantes da Ásia, estabelecendo o Império do grande Qing. Qing foi a última dinastia imperial da China; os seus imperadores ocuparam a sua capital entre 1644 e 1912, quando, no seguimento da revolução de 1911, uma nova República da China foi estabelecida e o último imperador da China, Puyi, abdicou.

todas essas regiões – do subcontinente indiano ao mar do sul da China, que envolve a Indonésia, Filipinas, o Vietnã e Taiwan. Com o Japão ocorre o mesmo conflito, em relação a ilhotas no Mar da China, devido a supostos recursos minerais – óleo e gás – depositados no fundo do mar. O conflito é recorrente e tem momentos de tensão alternados com momentos de relativa calma. Fareed Zakaria, arguto analista político da cena mundial, insinuou que a China usa essa disputa do mesmo modo que a Argentina da ditadura militar, no início dos anos 1980, usou o conflito das Falklands-Malvinas, uma aventura externa, para desviar a atenção da população em relação aos problemas domésticos e à falta de liberdade interna.[94]

São milhões, dezenas de milhões, ou até centenas de milhões de pessoas – conforme se defina – envolvidas nos grandes eventos da história chinesa. Frequentemente, são milhões de mortes em guerras civis ou estrangeiras, em terremotos e em outros desastres naturais. Para uma cabeça ocidental, é impressionante como os chineses aceitam com absoluto fatalismo a morte de milhões de pessoas. Foi assim na Guerra do Ópio, no século XIX. De novo aconteceu no "Grande Salto para Frente" de 1958 a 1960 – quando Mao, o "grande timoneiro", quis tornar a China um país avançado através da imposição da coletivização agrícola e da industrialização em ritmo forçado – e, mais uma vez, na Revolução Cultural (1966-1976), por cuja inspiração idealizada, no Ocidente, a mídia converteu o ditador Mao Tsé-tung numa espécie de ícone pop.

O "Pequeno Livro Vermelho", com o "Pensamento de Mao Tsé-tung", tornou-se ubíquo não apenas na China, mas em todo o mundo. A primeira experiência transformadora de Mao, no entanto, resultou em 20 milhões de mortes e fome generalizada devido à coletivização da agricultura. Isso não intimidou o líder nem um pouco. Mao partiu para a segunda tentativa, mais

---

[94]. Fareed Zakaria, além de ser jornalista da rede CNN, é autor, entre outros, do livro *The Post American World*, W. W. Norton Company, Nova York, 2008.

conhecida, em que provocou casos incontáveis de exílio interno, prisões e destruição do patrimônio cultural. A antiga China, milenar e tradicional, acabaria substituída, finalmente, pela força de outro *diktat*, muito mais poderoso e impositivo.

A autoconfiança inabalável de Mao e da sua geração de seguidores fanáticos se deveu a vários fatores:

- o triunfo na guerra civil contra o Kuomintang;

- o aparato hegemônico e bem-organizado do Partido Comunista Chinês;

- a estrutura ideológica marxista-leninista que mapeava o futuro socialista;

- o apoio fundamental do Exército de Libertação do Povo.

Foi um aprendizado coletivo extremamente caro. Mas a China não queria, nem poderia, voltar ao que fora no passado. A marcha era sempre para a frente, colecionando aprendizados para os governantes e condicionando novas decisões do Partido aos erros que se devia evitar nos próximos passos da travessia.

REFORMANDO POR DENTRO: DENG, O GRANDE PRAGMÁTICO

Nem todos pensavam com a cabeça de Mao. Deng Xiaoping, um dos seus braços direitos, homem cultivado e brilhante – com antecedentes familiares bem diversos dos de Mao – tentou remar a canoa da China revolucionária para praias mais seguras.[95] Não era missão fácil. Entre 1962 e 1965 tentou reparar os estra-

---

95. Mao era filho de camponeses, frequentou a escola até os 13 anos de idade, quando foi trabalhar como lavrador. Em 1912, alistou-se no exército revolucionário. Deng foi, entre 1919 e 1921, operário na França (bombeiro, cozinheiro e metalúrgico numa empresa automotiva) e, como estudante, teve contato com ideias marxistas. Depois concluiu seus estudos na União Soviética. Sempre foi mais político que revolucionário.

gos de Mao, mas, com o advento de uma nova onda extremista na Revolução Cultural, Deng acabou preso e expurgado. Nessa ocasião, um de seus filhos foi atirado de uma janela por uma malta incontrolável e ficou paraplégico. Devido à falta de transparência habitual da China, não se sabe como, nem por quê, no final de 1975, Deng conseguiu se reabilitar politicamente, tornando-se vice-primeiro-ministro. Talvez fosse pela busca coletiva, dentro do Partido, por um caminho mais eficiente e menos custoso para o povo. Talvez Deng, o repudiado, tivesse dentro de si a resposta a esta indagação: onde estaria o governo eficiente? Após brevíssima reabilitação, Deng acabou expurgado novamente em 1976 e mantido em prisão domiciliar. Era a vontade de não se permitir o avanço tomando o lugar da pura emoção.

Com a morte de Mao Tsé-tung, naquele mesmo ano e o afastamento, já em 1980, do Grupo (ou "Gangue") dos Quatro de que participava a viúva de Mao, Deng pôde consolidar seu poder e voltar a ocupar posição de destaque no partido, tornando-se, eventualmente, o novo líder chinês. Deng conseguiu, com extrema destreza diplomática, realizar o que parecia impossível: reformar a revolução, reformando sua gestão interna, ou seja, a reforma por dentro, da própria máquina do poder e do governo, o desafio maior de qualquer líder. Foi ele que conduziu a China para sua fase mutante, ou transformadora. Deng foi, essencialmente, o homem da gestão pública eficiente. Ele sabia que grandes transformações não são produzidas apenas por discursos, mas por decisões firmes, seguidas de ações consistentes e, em seguida, calibradas por revisões e aferições sucessivas dos resultados obtidos.

A transformação social da China, desde que Deng Xiaoping assumiu o poder, é profunda e marcante. A China dos anos 1980, até os dias de hoje, tem mudado drasticamente a economia mundial. Um gigante antes adormecido entrou na sala dos mercados mundiais oferecendo produtos que redefiniram o patamar de custos com que as indústrias do mundo passaram a operar. O comércio mundial prosperou de modo espetacular, galgando níveis sem precedentes em relação ao crescimento do PIB do mundo.[96] Com isso, os chineses sacudiram os preços adormecidos de *commodities* agrícolas e minerais. A renda mundial se redistribuiu vigorosamente a favor dos emergentes, antes massacrados pelas dívidas do petróleo caro, nos terríveis anos 1970. Tudo isso se deve ao passo que a China deu na direção do pragmatismo operacional de um líder diferente de Mao e dotado de conceitos estratégicos muito próximos aos de um *Chairman* corporativo.

Embora nunca tenha chegado a chefe do Partido Comunista ou do Estado chinês, Deng foi de fato o "líder supremo" da China nos anos 1980, e sua influência levou o país a importantes transformações econômicas. Essa transformação econômica dentro da revolução política chinesa propiciou um aumento brutal e surpreendente da oferta mundial de mercadorias industriais. A expansão inusitada dessa oferta abriu espaço para um salto vigoroso (e saudável, porque não inflacionário) do crédito no mundo inteiro que, primeiro, tirou os EUA de uma longa recessão de crescimento, originada nos déficits militares dos anos 1970, mas também viabilizou a emergência das novas economias asiáticas, periféricas à China, cuja renda *per capita* explodiu a partir dos anos 1980. Foi tão grande a expansão asiática que acabou convertida numa enorme crise financeira, bem mais adiante (a "Crise Asiática" de 1997-1999), por absoluto excesso na criação de créditos privados domésticos pelos sistemas bancários nos países emergentes da chamada franja asiática.[97]

Importantes autores afirmam que Deng tornou a China um país capitalista.[98] Eles apontam como evidência disso a pro-

---

96. Ver a linha do tempo, ao final do livro, com referência ao comércio mundial.

97. O quadro-resumo da "Linha do Tempo (1974-2014)", ao final do livro, marca temporalmente as oportunidades perdidas, mais do que as aproveitadas, pelo Brasil nesse contexto da virada chinesa de sua "reforma da reforma".

98. Ronald Coase; Ning Wang, *How China Became Capitalist*, Palgrave Macmillan, 2013, p. 78-79.

gressiva aparição do Mercado, como instituição inclusiva por excelência, outrora "enjaulado" dentro do sistema socialista. Outra leitura dessa mudança seria considerar que houve uma acomodação progressiva do socialismo – menos na retórica, mais na prática – com vistas à adoção, mais adiante, de um tipo novo de "capitalismo com características chinesas" e, com isso, a reinvenção do capitalismo em "capitalismos".[99]

NOVO CAPITALISMO OU PÓS-CAPITALISMO? A CHINA TESTA O FUTURO

O que é, afinal, o capitalismo com características chinesas? Seria uma espécie de socialismo de mercado ou um capitalismo com planejamento centralizado e ênfase nos resultados? É importante ressaltar, em qualquer possível resposta, que a China adota um sistema comprometido em avaliar continuamente o sucesso ou o fracasso da gestão pública. É, ainda, um sistema sem pacto de liberdade política, mas com permissão tácita de alto grau de intervencionismo governamental e controle estatal. Mas não sendo um regime estático, o sistema político que controla a aferição dos resultados passa por um processo de adaptações e correções contínuas, mesmo dentro do Partido, que é único mas admite linhas e facções dentro dele. Apesar de permanecer um regime politicamente fechado, ninguém é forçado a fazer ou executar qualquer coisa que passe apenas pela cabeça do líder. Primeiramente, vêm os planos de longo prazo, a estratégia ou grande visão, como resposta prática às metas econômicas colimadas e aos alvos políticos sonhados.

Em seguida, os líderes parecem ser escolhidos como num conselho de administração corporativo, e o líder executante é apontado como se fosse um Chief Executive Officer (CEO) da grande empresa chamada *"China Inc"*. Se os objetivos parecem não estar sendo atendidos, o Partido tenta promover a mudança de lideranças com vistas a melhor atender as metas traçadas. É

---

99. Ibid.

bem diferente de um país como o Brasil, em que as lideranças eleitas não costumam ter qualquer compromisso com resultados, nem mesmo com o controle da inflação, deixado sob a batuta do Banco Central. A suposta autonomia do Banco Central no Brasil nos é vendida como um seguro contra a incompetência e a falta de compromisso dos governos, de qualquer governante, com a estabilidade da moeda e do poder de compra.

Aceitar a ideia da incompetência presumida de um governo, da sua falta de compromisso, é muito ruim para a eficiência pública. As metas nacionais deveriam ser convergentes com a agenda de todos os governantes no país. Na tradição pouco recomendada das democracias presidencialistas ocidentais, tampouco há no Brasil um remédio rápido de correção de rumos para uma administração que vá do nada a lugar nenhum. O que pode ocorrer, mas não é certo, é que haja a correção tardia pelo mecanismo do voto popular.

Desde o início da liderança de Deng, nos anos 1980, o Partido Comunista chinês já vinha afrouxando o controle estatal e o intervencionismo governamental. Empreendedores capitalistas privados foram discreta, mas fortemente, fomentados. Deng manteve, no entanto, o planejamento central e a aferição de resultados. As comunas populares – formas coletivistas de produção e distribuição – foram gradualmente dissolvidas, e milhões de camponeses receberam pequenos arrendamentos de terra e alguns incentivos de preço para a produção agrícola. As colheitas deixaram de ser sumariamente confiscadas pela autoridade local. Uma forma flexível de produção familiar e assistida foi adotada, muito em linha com o que, no Brasil, tem sido, em menor escala, o serviço de assistência técnica e extensão rural nos estados brasileiros.

Com essas simples medidas, alterando a maneira de relacionar os interesses dos camponeses com o campo e com o governo e deixando a cada um a responsabilidade de cuidar de sua parte, a China multiplicou a produção e a produtividade da terra. Há muitos anos já não ocorre escassez grave de comida e, muito menos, a tragédia da fome generalizada, como houve no passado maoista. Na agricultura chinesa, portanto, o governo operou um milagre de gestão pública, não por tentar fazer mais, mas por fazer menos. Entenda-se: fazer menos significa dizer que tem interferido menos, não permitindo que burocratas do Estado adentrem nas casas e sítios rurais e se intrometam nas decisões privadas de produção. Interferir menos e governar mais. E, com isso, fazer melhor.

Esses eventos no meio rural, mais do que qualquer outro aspecto de mudança, deram início à verdadeira transição na China, do velho e equivocado marxismo leninista para uma forma seminova de capitalismo que, embora guardando fortes traços de coordenação e planejamento de Estado, passou a permitir a essência do sistema de mercado: que os incentivos econômicos para uma decisão individual correta fluíssem diretamente até os produtores, pelo atrelamento do sucesso do negócio ao grau de acerto dos esforços individuais e familiares, daqueles que, de fato, se organizam para ser bem-sucedidos e colher os frutos disso.

Num primeiro estágio dessa acomodação do socialismo ao mercado, ou sua evolução para um tipo diferente de capitalismo, as empresas privadas industriais da China também deixaram de ser meros fantoches do sistema planificado para virarem atores importantes no painel decisório. No início do processo de transformação, o setor privado industrial ainda era forçado a praticar preços administrados, principalmente para fortalecer as empresas estatais. Um dos maiores desafios da nova realidade econômica da China era o alto custo das transações, que impedia a emergência e o florescimento de qualquer disciplina do próprio mercado. Esse alto custo transacional, embora oculto, na má formação dos preços de mercado, resultou em grandes ineficiências econômicas na China, havendo provocado muitos desvios de recursos da produção e curtos-circuitos da inovação.[100] O Brasil, por seu turno, é useiro e vezeiro manipulador de preços considerados estratégicos, uma tolice política e um absurdo conceitual, mas que provoca distorções horrorosas em setores como petróleo, energia elétrica e transportes públicos, nos quais os preços são "monitorados", administrados ou "vigiados" por burocratas sem responsabilidade pelo dano que provocam à revelia do povo, que pagará a conta final.

O novo sistema chinês de flexibilidade com acompanhamento tinha uma importante característica: apesar de não haver criado "direitos adquiridos" (*vested interests*, na expressão em inglês) e de persistirem constantes tensões entre o governo central e os governos locais, e não obstante o emergente conflito entre os setores público e privado, as elites políticas sempre se mantiveram unidas, no final da linha, em torno da determinação coletiva e geral de tornarem o país uma nação rica, próspera e poderosa. A liderança política chinesa conseguiu, assim, preservar a retórica do socialismo distributivista e, com ela, manter um alto nível de legitimidade consensual ao regime central. Em outras palavras, o compromisso da elite governamental com o sucesso prático do sistema de produção, com o nome que tivesse, tornou esses dirigentes mais atentos a resultados, menos prepotentes em seus falsos conceitos e mais observadores da realidade, tal como as situações de fato se apresentassem. Agiam, então, as lideranças chinesas com mais práxis democrática do que num regime dito aberto, mas sem metas claras ou compromissos firmados de alcançar resultados e, menos ainda, de imputação de responsabilidades pelas eventuais falhas no alcance dos grandes objetivos nacionais. Esse, infelizmente, parece ser o caso do Brasil de hoje. Não se responde por nada que de errado se cometa no governo.

É a convergência de pensamento na China, e por que não dizer, esse centralismo democrático de "resultados", que ainda faz

---

100. Ibid.

muita falta às lideranças brasileiras, visto que supostos "direitos adquiridos" políticos logo se convertem em privilégios imutáveis e controlados justamente pelos dirigentes ou seus representantes, impedindo-os de qualquer preocupação adicional com o bem comum, com a *Res Publica* (a coisa pública, em latim, origem da nossa palavra república). Aliás, uma certa dose de centralismo democrático faz falta também aos Estados Unidos que já teve, no seu passado histórico, mais união de objetivos, como na Segunda Guerra Mundial, embora essa noção tivesse se dissipado desde a guerra do Vietnã entre brigas intestinas de políticos arrivistas de ambos os partidos, democratas e republicanos. Essa é, sem dúvida, uma vantagem competitiva que a China exibe, no campo que poderíamos chamar de *gestão política* dos grandes objetivos e interesses nacionais.

O LADO GRÁTIS: GASTOS CRESCENTES E EXCESSO DE ESTATAIS

No sistema capitalista, contrariamente ao marxismo-leninismo em que o governo só é "grátis" para os governantes, os gastos públicos contam muito e são importantes, porque o Estado não tem capacidade ilimitada de extrair recursos da sociedade. Não sendo a população escravizada e estando ela relativamente bem-informada, qualquer sociedade civil, num país livre, tende a reagir quando a exploração do cidadão pelo Estado passa do limite. Se o gasto do governo é excessivo, a tributação se torna insuficiente e o poder público recorre às emissões de dinheiro ou de dívida para financiar a gastança. Sobrevém a inflação, a escassez de bens e serviços, e explode o endividamento público. Haverá revolta popular quando esse descontrole de gestão pública virar desemprego e recessão. Por isso, no capitalismo democrático, a expansão do Estado está limitada pela informação a respeito do desastre financeiro e pelos controles sociais. Daí a importância, para um governo eleito pelo voto e disposto a se sustentar no poder, de passar da conta, exagerando na expansão da despesa pública. Na medida em que a China vier a copiar, como vem procurando fazer, os "modos capitalistas" de gestão do Estado, seus dirigentes terão que se preocupar mais com a repercussão dos gastos públicos realizados "em nome" dos interesses e metas do Estado.

E como anda a situação da despesa pública na China atual? O panorama fiscal da China capitalista não é tão tranquilo como se poderia supor. A semente do governo grátis – versão capitalista – está bem-plantada na China atual. A dívida total, pública e privada, como passivo financeiro nacional, embora não apareça de modo consolidado, preocupa não apenas os chineses, como também os bancos ocidentais e as agências de risco que lá operam.[101] Os gastos públicos, especialmente a defesa militar e os socorros financeiros, são crescentes. Há déficit público na última linha do orçamento chinês. E a dívida pública cresce. E crescerá muito mais, se a China oficial tiver que resgatar os excessos do largo endividamento de suas estatais, de governos locais, de bancos públicos e, até mesmo, de setores privados totalmente alavancados, como o imobiliário, o siderúrgico, o automobilístico etc.

O déficit orçamentário da China aumentou significativamente em anos recentes, na medida em que o governo chinês adotava medidas para estimular a economia, para contornar o impacto da crise financeira de 2008 e avançar nas reformas econômicas ditas estruturais. Estima-se que o governo chinês terá elevado seu déficit orçamentário em 2014 para algo como ¥ 1,2 trilhão (US$ 193 bilhões). Com esse valor, o déficit fiscal consolidado seria da ordem de 2,2% do Produto Interno Bruto (PIB) chinês. É intuitivo supor que o déficit orçamentário da China continuará aumentando nos próximos anos, enquanto o governo mantiver uma política fiscal folgada para se proteger contra

---

[101]. Segundo recente cálculo, divulgado pelo jornal *Financial Times*, a dívida consolidada chinesa ultrapassa os 250% do PIB.

os efeitos do crescimento lento da demanda mundial provocada pela "Grande Recessão" de 2008, que está longe de acabar. Enquanto o governo chinês realiza esforços para estimular o consumo doméstico e tenta reduzir a dependência das exportações, deve haver um aumento do gasto do governo na forma de mais concessões fiscais. Em suma, o governo chinês começa a tomar emprestado do Ocidente as piores práticas de governos financeiramente mal orientados nos regimes capitalistas, que julgam ser possível expandir quase infinitamente seus gastos e emitir moeda à vontade, sem repercussão negativa sobre a produção e a produtividade. A punição dos mercados sempre chega a cavalo.

O aumento do déficit orçamentário chinês também acabará tendo reflexos no crescimento menos robusto das próprias receitas do governo. A administração central pretende usar ¥ 270 bilhões do fundo de estabilização do seu orçamento anual para aumentar diversas áreas de gastos. Mas isso reduzirá a reserva fiscal do país. Um déficit fiscal crescente provavelmente significa que Pequim está planejando gastos adicionais com o chamado bem-estar social, incluindo a ampliação da cobertura médica da população. Irá, além disso, absorver o excesso de capacidade de produção em algumas indústrias estatais e, com isso, tentar contornar questões trabalhistas e, ainda, oferecer uma ampla gama de benefícios sociais aos trabalhadores. É o capitalismo do governo grátis lentamente entrando na China – uma espécie de "pós-socialismo" – que tenta persuadir os chineses a olhar a máquina pública como entidade amiga, produtora de bondades gratuitas, sem custos nem desvantagens. A tendência ao déficit fiscal na China é uma novidade negativa, embora quase inevitável no atual contexto político chinês. Se fosse só isso, talvez fosse manejável. Mas tem mais.

O reconhecido economista chinês Wu Jinglian, 84 anos, afirmou numa entrevista para o *China Securities Journal* que a China enfrentará anos difíceis em face de vários problemas que vêm se intensificando nas duas últimas décadas pós-Deng. Wu é, desde 2006, professor de economia tanto da China-Europe Business School como da Academia Chinesa de Ciências Sociais. É também *Senior Research Fellow* do Centro para o Desenvolvimento de Pesquisa do Conselho de Estado e membro do Comitê Permanente da Conferência Popular Consultiva de Política da República Popular da China. Um dos prováveis desafios a ser enfrentado, segundo o professor, é o que fazer com as "empresas mortas" – estatais com alto endividamento, que precisam de subsídios para sobreviver. Wu defendeu que todas as empresas deveriam receber o mesmo tipo de tratamento do Estado, independentemente de elas serem estatais ou privadas, num sistema imparcial que promova a "justa competição".[102]

Wu se tornou mais conhecido por ter ajudado reformistas chineses a enfrentar os ajustes da transição econômica chinesa, desde os primórdios dos anos 1970, quando o país começou a se abrir para os investimentos estrangeiros diretos (IED).[103] Foi aí que começaram o desmantelamento dos controles de preços da era maoísta e as restrições à atuação de empresas públicas. Wu já alertara à elite política do país que as transformações do mercado chinês não seriam eficientes se não fossem acompanhadas por reforma política, inclusive mais representatividade do cidadão e maior respeito à primazia da lei. "Se nos afastarmos deste princípio cardeal, o desenvolvimento econômico nacional retornará aos maus tempos do passado, com uso continuado de investimento público maciço para alavancar o crescimento econômico, com alternações entre expansão cega e reajustes abruptos, culminando numa crise sistêmica", afirmou.[104]

Para Wu, a administração recente do presidente Hu Jintao e do primeiro-ministro Wen Jiabao constituiu uma "década

---

102. *The New York Times*, 11 de fevereiro de 2014.

103. Esse episódio de abertura coincide com a primeira visita na era atual de um presidente americano à China, curiosamente, um declarado anticomunista, Richard Nixon.

104. Ibid., nota 102.

perdida". Imaginem o que o professor Wu diria da nossa década "desperdiçada" em mera expansão do consumo. Nos anos 1990, a liderança chinesa transformara as empresas estatais com o intuito de torná-las mais eficientes e capazes de competir com as rivais estrangeiras sem, no entanto, lograr êxito completo. Houve demissão em massa de milhões de trabalhadores de empresas moribundas, reforma da administração de empresas estatais e transferência das dívidas, acumuladas durante décadas, para empresas de administração de ativos, especialmente criadas para reciclar créditos ruins. Nisso os chineses copiaram muito bem as lições de boa gestão de ativos "podres" aplicada pelos americanos.

Sob a administração de Hu e Wen, as estatais dos setores de telecomunicações, aviação, mineração, automotivo, energia e outras, ditas empresas "pilares", receberam praticamente um certificado de monopólio para atuarem em seus respectivos setores e foram chamadas de "campeões nacionais". Muitas começaram a adquirir rivais gerando a frase: "O Estado avança enquanto o setor privado encolhe". Estava resgatado das cinzas do esquecimento o desafio ideológico. As estatais, vistas como mais "seguras" do que as empresas privadas, receberam também tratamento especial dos bancos – nada muito diferente da atuação de um BNDES no mercado local –, o que contribuiu para deixar esses emprestadores em situação vulnerável, reféns dos créditos oferecidos abundantemente a tais empresas bancadas pelo Estado.

Como em outros países – Brasil, Argentina, Grécia e Rússia, por exemplo –, nota-se que os gastos públicos descontrolados e a corrupção, por outro lado, são duas faces da mesma moeda, como é também a atribuição do conceito de "empresas pilares" e "campeões nacionais", gerando mais intervencionismo governamental, com avanço perigoso do Estado e enorme falta de eficiência. Tais práticas, no mínimo duvidosas, convivem com o compadrismo político, com a venda de privilégios, compra de pareceres, opiniões e decisões judiciais, trocas de favores, nomeações favorecidas e burlas de certames, leilões fajutos e licitações fraudadas.

As estatais chinesas não são exceção: contraíram empréstimos, muitos empréstimos. Milhares de novas empresas estatais nasceram sob a proteção de governos locais, produzindo uma bolha creditícia de ¥ 17,89 trilhões, equivalentes a US$ 3 trilhões, em dívidas novas, até junho de 2013, em relação a 2007, segundo as contas do próprio governo chinês. Tudo indica que haja uma enorme bolha de crédito no país, financiada não apenas por bancos, mas também por instituições financeiras "não bancárias", chamadas de "bancos fantasmas".[105]

Há um problema latente e associado aos favorecimentos políticos que exacerba a prática da corrupção. Hoje, o número de membros do PCC continua importante, porém não é difícil imaginar que a maioria de seus 80 milhões de membros tenham se filiado por carreirismo, não por convicção ou ideologia. O Partido se tornou campo fértil para a corrupção, embora na China ainda haja casos frequentes de execução de corruptos. Lá, um pescoço de corrupto está sempre a prêmio. Muitos desses casos são frequentemente noticiados em sites e na imprensa. Há protestos quase quotidianos contra a corrupção e a riqueza sem origem conhecida de membros da cúpula do Partido, especialmente nas regiões interioranas do imenso território.[106] Mas é raro que a imprensa ocidental capture a maioria desses protestos. Muito menos a própria imprensa na China.

O caso mais notório e recente de corrupção é o de Bo Xilai. Bo foi recentemente cassado como membro do Politburo, o principal órgão do Partido Comunista Chinês (PCC), de Chongqing, depois de ter sido prefeito da cidade de Dalian (1992-2000), governador da província de Liaoning (2001-2007) e ministro do

---

105. *Financial Times*, 16 de fevereiro de 2014.
106. A China está na 80ª posição no índice de percepção da Transparência Internacional, igual à Grécia, mas atrás do Brasil (72º lugar).

Comércio (2007-2012). O período também coincidiu com o espetacular aumento dos investimentos diretos estrangeiros (IED) na China. Bo é filho de Bo Yibo um dos "Oito Anciãos" do PCC, como o próprio Deng. Seus filhos se beneficiaram de muitos privilégios. A mulher de Bo Xilai, Gu Kailai, é acusada de envolvimento no assassinato de um banqueiro britânico, Neil Heywood, que teria ajudado no envio de mais de US$ 136 milhões a um paraíso fiscal no exterior. Bo era um político carismático e populista e foi chamado de "Kennedy chinês". Paradoxalmente, Bo adotava táticas semelhantes às dos Guardas Vermelhos durante a Revolução Cultural. Era, na surdina, um truculento.

É inegável que a corrupção incomoda a liderança e a população chinesas. Os corruptos são vistos como mafiosos, mas o fenômeno da compra e venda de favores e vantagens está amplamente disseminado na China. Todos conhecem o "envelope vermelho" com dinheiro vivo, pelo qual é tradição se passar o dinheiro de subornos, por debaixo das mesas de negócios. O mais grave é que o caso de Bo esteve ligado também à sucessão presidencial. Bo desenvolvera o "Modelo Chongqing", sistema baseado na luta contra o crime e na construção de habitações populares e em outras medidas para a população pobre. Eram medidas que, no Ocidente, chamamos de populistas, adotadas por um "principelho", filho de herói revolucionário, para impor seu direito de nascimento de chegar ao Comitê Permanente do Politburo no XVIII Congresso do Partido Comunista Chinês de 2012 – o ápice do poder político da China. Houve rumores que, depois de instalado no Politburo, Bo tentaria substituir Xi Jinping e assumir a Presidência. Mas Bo foi expurgado e preso antes de consumar seu plano.

Há inúmeros relatos sobre acúmulo de riqueza por parte de parentes dos dirigentes do país e de altos líderes partidários, como Bo, que se aproveitaram de seus contatos políticos com o regime para assumir o controle de vários setores da economia. O resultado é que milhões de cidadãos chineses estão convencidos de que há muita podridão nos altos escalões do Estado. Yang Zhiyun, mãe do ex-primeiro-ministro Wen Jinbao teria, em apenas uma de suas contas, US$ 120 milhões. Tudo indica que o nome da decana Yang foi usado por seus familiares. O filho, filha, irmão e cunhado do ex-ministro também se tornaram bilionários. Dados do registro de assuntos corporativos e regulatórios, a que o *New York Times* teve acesso, indicam que esses familiares de Wen controlam ativos de, no mínimo, US$ 2,7 bilhões.[107] Aliás, foi recentemente revelado, pelo mesmo veículo, que outros membros da elite política chinesa mantêm contas em paraísos fiscais ocidentais. Coisa que nem sempre acontece com líderes políticos do Ocidente, muito mais vigiados e acompanhados pela opinião pública de seus países. Mesmo com a severa censura de notícias na China, a cara da corrupção política passou a ser mais conhecida por uma parcela significativa da população. Superar o desafio da corrupção endêmica é tão importante como executar as grandes metas econômicas, sociais e ambientais. Aliás, os dois objetivos caminham juntos.

NOVOS PROBLEMAS: SOBERBA E POLUIÇÃO

Qualquer grande nação tem que lidar com a eventual soberba dos seus líderes. A história de um povo é sempre muito maior do que a contribuição de qualquer líder, por mais que o chamemos de um "pai da pátria". Os grandes líderes são movidos por extrema autoconfiança, mas costumam saber distinguir os momentos de agir, em oposição aos momentos de prudência e reflexão. Por isso são grandes condutores de nações. Contudo, há também os populistas oportunistas, conduzidos pela soberba do seu sonho de grandeza pessoal. Trata-se de líderes perigosos que podem se tornar muito custosos pelos danos que são capazes de produzir.

Os danos, muitas vezes, podem ser irreparáveis, pois representam chances de desenvolvimento perdidas para sempre. O

---

107. *The New York Times*, 25 de outubro de 2012.

mau líder, no seu oportunismo egoísta, sacrifica tranquilamente a vantagem coletiva pelo ganho pessoal, mesmo que seja o de perseguir uma alucinação política criada por sua imaginação delirante. Os aproveitadores estarão à sua volta para insuflar a coragem enlouquecida que não falta jamais aos presunçosos. A história política da América Latina está povoada desses personagens carismáticos e danosos, que levam um povo inteiro a uma viagem sem volta. A mistura da falta de humildade com a presunção de verdade é uma combinação letal.

A China vem acumulando dolorosas lições de humildade, através de milênios de sofrimento e guerras. Foi muitas vezes invadida e devastada por conquistadores impiedosos. Na sua história moderna, também tem sofrido abusos e estupros territoriais de ocidentais colonizadores e de vizinhos agressivos. Mas também tem praticado suas próprias maldades em relação a povos anexados à força ao convívio do império chinês. Com o recente avanço espetacular da sua economia, que já tomou a segunda posição no planeta e tem data marcada para ultrapassar a economia americana na próxima década, a China volta a ser espantada pelo fantasma da soberba coletiva.

O momento é delicado. Os atuais líderes, em especial o novo *premier*, Xi Jinping, parece ser um homem capaz de perceber bem que o avanço da China depende mais de humildade e paciência, jogando com o tempo e com inteligência, do que de uma soberba afirmação de potência no campo financeiro ou militar. Para a China, conquistar respeito e admiração do mundo é essencial; acossar vizinhos e rosnar o poder que se tem, não é oportuno. A percepção de momento político é elemento fundamental para a boa gestão pública. A isso se chama de Avaliação Estratégica dos interesses nacionais permanentes.

A China tem novos problemas para acomodar dentro de uma Avaliação Estratégica do seu momento político. Em especial, tem o desafio de sair do modelo de avanço rápido da economia baseado em agressivas exportações e formação de poupança em prol de um progresso mais equilibrado, em que sua população passe a usufruir os benefícios do imenso avanço da economia de modo mais equitativo. Esse desafio significa, primeiro, mais acesso para cerca de 500 milhões de cidadãos ainda afastados do circuito da grande economia urbana do século XXI; segundo, implica maior respeito ao ambiente e, portanto, menos poluição ambiental. São desafios do sucesso. A gestão pública eficiente será aquela em que o governo lidere essas duas grandes "adaptações" ao modelo anterior de avanço econômico, na linha Deng Xiaoping.

Superar a atual fase de "excesso de investimentos" e instalar um mercado de capitais apropriado ao tamanho e influência da nova China é o primeiro desafio da gestão pública no mandato de Xi Jinping. A situação econômica está longe de ser tão positiva para o cidadão comum chinês quanto o governo e os bancos de investimento ocidentais alardeiam. O consumo de energia caiu até 50% entre pequenas e médias empresas, o que, ironicamente, pode ser positivo para o meio ambiente, que se beneficia com a redução de emissões de carbono. Os sintomas de que o modelo de superinvestimento chegou ao limite estão por todos os lados. Há muitos esqueletos de prédios, inclusive de *shopping malls* gigantescos, permanentemente ociosos, sem falar de várias instalações construídas para os Jogos Olímpicos de 2008. O condomínio residencial Xingrun, em Ningbo, cidade litorânea chinesa, está quebrado, com dívidas de US$ 570 milhões em empréstimos tomados a bancos. Mas esse é apenas um exemplo entre muitos outros casos graves. Uma correção aguda do mercado imobiliário chinês, que hoje parece inevitável, pode levar a uma crise sistêmica do mercado financeiro.

Esse é o maior risco e desafio de gestão pública da China nos próximos anos. O risco é especialmente alto em cidades médias e pequenas – várias cidades fantasmas já pipocaram além de Ordos e Wenzhou. Três incorporadoras abandonaram projetos construídos pela metade em Yingkou, na Península Liaodong, e seus controladores fugiram. A mesma coisa aconteceu em Jizhou, na Província e Hebei, e Tongchuan, distrito de Shaanxi.[108] O quadro mostra o número espantoso de novas construções ociosas na China, que vão ficando prontas, sem compradores finais e, pior, sem moradores.

É evidente a relação do grau de ociosidade crescente de metros quadrados construídos e não vendidos com o período pós-bolha americana, a partir de 2008, quando, mal findada a Olimpíada de Pequim, o governo chinês se valeu de medidas extremas de expansão do crédito interno para conter a onda de desemprego que se espalhava como uma peste por meio do mecanismo de paralisação da máquina exportadora chinesa. A liderança chinesa viu no vibrante mercado imobiliário, em que milhões de chineses depositam piamente as expectativas de suas poupanças virem a frutificar, a saída para manter a indústria produzindo a todo vapor. Mas o resultado financeiro dessa experiência tem tudo para se revelar desastroso.

Para lidar com a bomba-relógio dos passivos imobiliários e financeiros em geral, a China tem dois caminhos de gestão de crise. Ficar como está, injetando recursos por meio do Estado chinês, tapeando a situação até um desenlace inevitável e terrível, ou reformar o sistema financeiro, consertando o avião em pleno voo, porém melhorando as chances de um "pouso suave" mais à frente. Parece que a China já optou por enfrentar a reforma do seu mercado de capitais com o custo que tiver. O benefício posterior justificará os ovos quebrados no caminho.

A China tem um plano em marcha para mudar seu sistema financeiro, fechado e centralmente manipulado, para um regime mais aberto e no qual os riscos de não pagamento passem a ser uma

---

[108]. Os dados são da Nomura Global Economics, reportados no jornal *The Telegraph*, 17 de março de 2014.

variável relevante na concessão do crédito. Até agora, o insucesso de uns não significa o fracasso do sistema. Até hoje, o governo tem cuidado de cobrir a grande maioria dos calotes e, certamente, salvar a todos que possam gerar um efeito em cascata dentro do sistema bancário local. A mudança faz parte da constatação de que a bolha de crédito e, portanto, de preços, é decorrência do crédito ilimitado a empresas e indivíduos, na presunção de que o governo sempre resgatará os credores. Nos últimos seis anos, o crédito total saltou de 130% para 250% do PIB chinês.

Retoricamente, a China se gaba de haver escapado quase ilesa do estouro da bolha graças a seu mercado financeiro relativamente fechado. Mas o fato é que ela quer mudar suas políticas. Discretamente, a China manteve sua meta de reformas financeira e de mercado de capitais, que estão estabelecendo as fundações de um ativo mercado doméstico de capitais. Houve mais reformas financeiras na China desde o colapso do Lehmann Brothers do que nas décadas precedentes. Pequim desenvolveu uma grande expansão de seu mercado doméstico de bônus e inaugurou a bolsa de Shengzhen para pequenas empresas. Ademais, encorajou medidas para que sua moeda, conhecida popularmente como *renminbi*, tivesse maior uso em transações internacionais e ainda lançou o primeiro bônus oficial nessa denominação. A cidade de Londres foi envolvida no esforço de estabelecer um mercado de capitais "chinês" em plena Inglaterra. Bom para Londres, melhor para Pequim.

O seguro de depósito bancário foi outra proposta apresentada ao Congresso da China. O novo seguro deve estabelecer as bases para acelerar a liberalização das taxas de juros e também tornar claro que há riscos no sistema financeiro de que a população ainda não desconfia. As mudanças ajudariam os bancos a cobrar juros por seus empréstimos de acordo com o grau de risco – e não por influência política – do tomador, e aumentaria o capital disponível para o setor privado. A apresentação do tema pelo *premier* Li perante o Congresso Nacional do Povo foi a melhor oportunidade para o governo expor suas metas, após ele ter endossado, no fim de 2013, uma ampla gama de reformas econômicas para os próximos dez anos.

O seguro de depósitos faz parte das "grandes tarefas para 2014" e é uma proposta que os líderes chineses vêm debatendo há vinte anos. A questão é particularmente delicada porque muitos investidores chineses acreditam que os depósitos em todas as instituições financeiras são implicitamente garantidos pelo governo. É difícil prever como os investidores reagirão à mudança. Embora Li também tenha dito que o governo está promovendo os bancos privados como canal de financiamentos para pequenas e médias empresas, alguns argumentam que os depositantes vão evitar esses bancos, mesmo que seus depósitos sejam segurados. A razão é que eles podem acreditar que o governo vai continuar garantindo totalmente os maiores bancos estatais da China, sejam quais forem as mudanças políticas.[109]

Apesar do recente esforço de incrementar as exportações, o mercado chinês ainda continua incapaz de assumir o papel de "locomotiva" da economia em caso de desaceleração econômica. O mais fácil seria manter ênfase nas exportações. Mas nem o aumento das exportações consegue compensar o crescimento mais moderado com gastos de investimento, que aumentou praticamente 50% graças à "enxurrada" de empréstimos de bancos estatais e de "bancos fantasmas", cuja regulamentação permanece bastante frouxa. Muitas empresas se queixam do excesso de capacidade industrial devido ao excesso de investimentos que afetam os lucros.[110] Os chineses, ao longo de sua longa história, sempre foram capitalistas, com exceção do período de Mao. É interessante constatar que voltaram aos hábitos capitalistas do passado.

---

109. Bob Davis, "At China's NPC, Proposed Changes Include Bank Deposit Insurance", *The Wall Street Journal*, 5 de março de 2014.

110. *The New York Times*, 26 de fevereiro de 2014.

O Ocidente é imediatista. Ele deve, porém, manter em mente que a China aceita com fatalismo a morte de milhões de pessoas por uma ideia ou ideologia. Essa característica nacional ficou clara na atitude do governo chinês depois do Massacre da Praça Tiananmen, a Praça da Paz Celestial, em 1989, e de inúmeras outras tragédias anteriores. A China é paciente, sabe esperar e quer superar qualquer obstáculo que possa impedi-la de atingir seus objetivos nacionais. Uma de suas principais características é pensar a longo prazo. Há uma anedota a respeito: alguém teria perguntado a Deng Xiaoping o que ele pensava da Revolução Francesa de 1789. Ele disse que não podia responder por que ela tinha ocorrido há muito pouco tempo.

O FATOR HUMANO E O FUTURO CHINÊS

Como lidar, no longo prazo, com o resgate de uma população de centenas de milhões de pessoas? A resposta, tanto na China como no Brasil, está na educação. A gestão eficiente da educação, e não apenas, nem sobretudo, a elevação pura e simples do gasto em salários e equipamentos, como se cogita no Brasil, é o grande desafio das nações neste *século do conhecimento*. O eminente consultor e "pai" da moderna Ciência da Administração, professor Peter Drucker,[111] levou à China em 1989 uma missão de grandes consultores, da qual participou o notável brasileiro Ozires Silva, ex-presidente fundador da Empresa Brasileira de Aeronáutica (Embraer), que seria privatizada cinco anos mais tarde.[112] Essa viagem coincidiu com a consolidação do poder político de Deng e foi um pedido especial do líder

---

[111]. Peter Drucker é reconhecido como o grande elaborador dos modernos conceitos de administração de empresas e de governo. Recém-falecido, aos quase 100 anos de idade, Drucker, que era austríaco de origem, mas radicado na Califórnia, deixou um legado de extraordinário bom senso e criatividade em como lidar com desafios complexos da gestão pública e de empresas, na era que ele mesmo chamou de "pós-capitalista" porque ancorada no conhecimento e na acumulação de informação.

[112]. 1989 foi também o ano do massacre da Praça de Tiananmen que resultou em inúmeras mortes e deixou claros os limites da liberalização chinesa.

chinês a Peter Drucker, que trouxesse as melhores cabeças do mundo para orientar um então país emergente a consolidar sua indústria e avançar no campo das tecnologias.

Deng queria alavancar a capacidade de produção da China, depois de o país passar por tanta miséria e sofrimento. O que é particularmente interessante nessa viagem é que Drucker, especialista em fazer previsões muito argutas, de vinte a trinta anos à frente, emitiu conclusões que estão agora praticamente no ponto de maturação.[113] E elas têm a ver com a necessidade de a China embarcar numa nova era de inovações, deixando para trás a fase copiadora de tecnologias ocidentais.[114]

Sem nenhuma dúvida, a China se tornou, em termos comparativos, uma potência econômica, mas permanecem desafios para que ela alcance, e até ultrapasse, o estágio de desenvolvimento dos Estados Unidos, ou da Europa e do Japão, como é seu objetivo. Drucker defendeu que o principal desses desafios, nos próximos estágios do desenvolvimento chinês, é a capacidade de criação e de inovação. Dito inversamente, o principal obstáculo atual é a falta de criação e de inovação.[115] Drucker observou que o conhecimento, a inventividade e, principalmente, o foco, são necessários para a emergência e permanência da inovação.[116] A chave para reacender esse espírito inovador "interno" baseia-se na capacidade de o Estado equilibrar as projeções de necessidades nacionais, pelo governo, com a vontade da sociedade que empreende e cria novidades. Essa mudança depende de desenvolvimentos qualitativos que vão muito além de investimentos

---

113. P. Drucker; E, Dyson; C, Handy; P. Saffo; P. Senge, "Looking ahead: Implications of the present", *Harvard Business Review* , set.-out. 1997, p.18-32.

114. Devemos imensamente ao Dr. Ozires Silva o relato de sua atuação como consultor na China, ao lado de Peter Drucker.

115. Isso soa muito parecido com a situação do Brasil, embora aqui estejamos muitíssimo atrás da China, bastando comparar nossa evolução de novas patentes requeridas com a deles.

116. Peter Drucker, "The Challenge to Rekindle China's Innovative Spirit", *Management Decision*, vol. 48, n. 4, maio de 2010, p. 245-246.

meramente financeiros. Drucker afirmava que o sucesso da China teria implicações significativas para os países desenvolvidos, tanto econômica quanto geopoliticamente, na medida em que a China viesse a se tornar um importante *player* em nível global, o que vem ocorrendo desde os anos 2000.

A China tem um passado glorioso em inovações e avanço tecnológico. Basta lembrar a pipa, a pólvora, o macarrão, a tinta, o ábaco, o papel, o papel-moeda (ano 800 d. C.), a sericicultura, o garfo, a escova de dentes, o dominó, um sismógrafo rudimentar e a bússola nas navegações oceânicas. Além do conceito matemático de números negativos. Para reencontrar esse passado, Peter Drucker recomendou aos chineses investirem em mais conhecimento e em recursos humanos.[117] No caso chinês, isso significa mobilizar sua cultura complexa e suas instituições multisseculares. De forma presciente, Drucker afirmou que a nova mobilização humana na China tornar-se-á uma referência para a "história e a civilização mundiais, não (meramente) uma visão do mundo baseada em conceitos ocidentais".[118] Ao mesmo tempo, Drucker alertou que o grande desafio para a China é ir além da mera imitação. Drucker estava interessado em saber *por que* a China ficou para trás em inovação e, mais importante, *se* e *como* o espírito inovador chinês poderia ser ressuscitado.

Duas e meia décadas após a histórica visita do professor Drucker à China, levando com ele um dos mais ilustres de nossos brasileiros "renascentistas" – raras pessoas capazes de ser e fazer, no seu espaço de vida, uma multiplicidade de tarefas de especialistas, como é o caso de Ozires Silva, aviador, gestor público e privado, cientista, orador, pai e mestre –, a China passa a exibir o dinamismo científico prognosticado pela missão Drucker. Um relatório sobre o Desempenho em Ciência e Tecnologia do G20,

---

[117]. Peter Drucker, "The New Society of Organizations", *Harvard Business Review*, set.-out. 1992, p. 95-104.

[118]. Ibid.

que compila a produção científica publicada em veículos especializados do mundo por países de origem, revela o salto dado pelos chineses no *ranking*.

Na última década, o destaque é a expansão da China no mundo científico, havendo saltado de 48 mil artigos especializados publicados em 2003, para 179 mil em 2012 – evolução de 273%![119] Com isso, a China é hoje o segundo país do mundo em produção científica publicada, atrás dos EUA que, por sinal, vem encolhendo em termos relativos e absolutos, algo preocupante para os americanos. Nesse levantamento, uma boa notícia para o Brasil, que cresceu 145% no período, contra 115% da Índia. É um desempenho muito bom, considerando-se que a ênfase aqui é balão de couro, não balão de ensaio. Em termos relativos (por população) o Brasil até chega perto da China, pois enquanto esta alcança um índice de produção relativa de 0,94 (a unidade representa a média mundial de publicações por país/população), a ciência brasileira chega com 0,74. Estamos no jogo, e não estamos mal.

Confúcio já denunciava que um país não deveria se conformar com um déspota, ainda mais se ele viesse a criar barreiras em relação ao resto do mundo. Isso, apontava Confúcio, seria prejudicial ao país por levar à estagnação do progresso tecnológico, além de limitar o espírito de pesquisa e de inovação. A culpa, portanto, pela estagnação chinesa no campo da ciência no século XX teria sido do aparelho estatal, que ficou preso à sua própria inércia.[120] Será que, como sustenta Confúcio, foram o autoritarismo e o protecionismo os fatores a inibir o espírito inovador e criativo da China? Isso serve de lição para outros países, inclusive o Brasil, quando enxergam no aparelho do Estado a fonte

---

119. Jonathan Adams; David Pendelbury; Bob Stembridge, "Building Bricks", Global Research Report, Thomson Reuters Web of Knowledge, 2014. Disponível em: http://sciencewatch.com/grr/building-bricks.

120. Ibid.

inspiradora ou única financiadora de inovações. Na balança, um governo inerte ou, pior, falsamente comprometido com a inovação, certamente muito mais atrapalha do que ajuda.

Drucker sugeriu ainda que a "inovação é a função específica do empreendedorismo (...). É o meio pelo qual o empreendedor cria novos recursos que produzem riqueza e transfere os recursos existentes e disponíveis para a criação de mais riqueza".[121] Lições valiosas para a China, que Deng, ainda nos anos 1980, assimilou completamente. E, em seguida, tornou práticas as orientações de Drucker e do seu time. Outro exemplo pertinente é o da Coreia do Sul. O ditador/presidente Park Chung-hee, pai da atual presidente Park Geun-hye, lançou, em 1968, um ambicioso programa educacional que transformou um país subdesenvolvido, e ainda devastado pela guerra civil, numa potência tecnológica e industrial. O país desenvolveu, desde então, uma base científica e tecnológica invejável, aliando a pesquisa com a visão comercial em plano mundial, daí havendo surgido várias grandes marcas, como Samsung, LG e Hyundai, conhecidas e admiradas em todo o mundo.

"APRENDENDO COM A VERDADE"

Os líderes chineses reconhecem que é preciso acelerar o processo de inovação. Como disse Deng, a China tem de "aprender com a verdade", e reconhecer esse estado de coisas seria o primeiro passo para reverter o relativo atraso da China em relação ao Ocidente. Essa foi a atitude verdadeira de um grande líder nos anos 1980. O resultado começa a aparecer muitos anos após sua partida desta vida material e terrena.

Inovação e educação levam tempo para madurar, e políticos medíocres normalmente têm pressa de resultados. Mas, olhando para trás, as decisões de Deng frutificaram em muito pouco tem-

---

[121]. Peter Drucker, "The Discipline of Innovation", *Harvard Business Review*, agosto, 2002, p. 95-102.

po, na régua de medição histórica. Reconhecem-se cinco estágios na recente experiência chinesa em busca de inovação:

- Estágio 1 (1949-1960): emergência da República Popular da China e construção das indústrias de base. Nesse período, a China queria copiar a União Soviética, embora seu sistema comunista dependesse muito mais do envolvimento de camponeses do que o soviético;

- Estágio 2 (1960-1978): aumento das tensões entre a China e a URSS e devastação da capacidade inovadora chinesa pela Revolução Cultural. Período de retrocesso;

- Estágio 3 (1978-1991): Política de Portas Abertas (1978) e início de uma nova onda de transferência de tecnologia de países avançados; a política de Deng Xiaoping se torna vitoriosa;

- Estágio 4 (1992-2000): revitalização da indústria local com IED direcionados para novas atividades, não apenas para as de baixos salários e de produção de produtos baratos de exportação;

- Estágio 5 (atual): A contemporânea Revolução Industrial chinesa, com elevado conteúdo de Pesquisa e Desenvolvimento (P&D) e suportado por pesquisas de base.

No entanto, além da tradicional resistência das empresas estatais a se adaptarem às inovações, a área de pesquisa e desenvolvimento precisa inegavelmente ser aprimorada, tanto nos investimentos quanto na alocação de recursos. A nova "China Inc." de Xi Jinping já tem um plano estratégico para enfrentar o problema de Pesquisa & Desenvolvimento. Há um programa do Comitê Diretor Nacional de Ciência, Tecnologia e Educação, planejado para 2006-2020, que se tornou o principal instrumento de fomento para a inovação.[122] O conceito geral é simples e direto: o Estado vai gastar nesse período um montante fixo de 2,5% de seu PIB, anualmente, em P&D.

Há, porém, outros obstáculos potenciais para que a China se torne fonte potencial de P&D e criadora de novos produtos. O diagnóstico está feito:

- Incapacidade de absorver totalmente a transferência de tecnologia.
- Estrutura legal deficiente em relação à propriedade intelectual.
- Intervencionismo do governo em relação à importação de tecnologia.
- Falta de concorrência, especialmente em empresas estatais.
- Falta de incubadoras de empresas e indústrias de suporte.
- Falta de transferência de pessoal de institutos de pesquisa para empresas.[123]

A lista de desafios chineses se aplica perfeitamente ao Brasil em seu contexto atual.

---

[122]. O. Gassman; Z. Han, "Motivations and Barriers of Foreign R&D Activities in China", *R&D Management*, n. 34, 2004, p. 423-437.

[123]. W. Xie; S. White, "From Imitation to Creation: the Critical yet Uncertain Transition for Chinese Firms", *Journal of Technology Management in China*, vol 1, n. 3, 2006, p. 229-249.

A superação desses obstáculos está, evidentemente, ligada à educação. Já foi notado que, em termos educacionais, ter uma população do tamanho da chinesa traz vantagens e desvantagens, porém, apresenta uma situação diferente da Finlândia, pequeno grande país, muito focado em avanços tecnológicos e educacionais. Na China atual, o controle político do sistema educacional ainda permanece nas mãos do Partido, num modelo não muito diferente dos adotados, no passado, por Taiwan e pela Coreia do Sul. Hoje, porém, estes dois últimos países, campeões em ciências e em educação básica, são democracias plenas com ampla liberdade de indagação intelectual, depois de um longo período de bem-sucedida transição democrática do autoritarismo de outrora. Na China, o PCC permanece, porém, o "guia" das ações governamentais. Até quando?

Os melhores sistemas educacionais têm três elementos comuns: a excelência do ensino; a garantia de que as pessoas recebam uma excelente instrução; e a certeza de que o ensino seja acessível para todos.[124] Entretanto, uma polêmica levantada pela revista *Time* lança dúvida sobre o desempenho chinês. De acordo com a revista, diferentemente de países como EUA, Rússia, Alemanha e Brasil, a China não participa do *ranking* mundial do Programme for International Student Assessment (Pisa) com dados gerais do país. Ela teria a "prática" de enviar dados apenas daqueles estudantes referentes a escolas de elite de Xangai.

O site americano Slate ouviu um especialista que afirmou que "aproximadamente 84% dos formandos em escolas de ensino médio em Xangai chegam à universidade, contra 24% em escala nacional". O país, portanto, compartilharia apenas a pontuação de Xangai no Pisa, o que é completamente distorcido, visto que a pesquisa tem caráter nacional.

---

[124]. M. Barber; M. Mourshed; *How the World's Best-Performing School Systems Come Out on Top*, McKinsey & Company, 2007; D. Brown; *Human Universals*. Nova York, McGraw Hill, 1991.

Depois do crescimento astronômico nos últimos trinta anos, a taxa de crescimento chinesa deve diminuir. O P&D tornou-se um elemento fundamental para o sucesso de longo prazo da China. O mais correto, no entanto, seria afirmar que o sistema tem, sim, que adotar adaptações, quem sabe, grandes transformações, se realmente almeja ser uma referência internacional em ciência e tecnologia. O modelo tem de ser menos intervencionista e mais aberto ao exterior, como defendia Confúcio.

Seria um erro ver a China hoje como monolítica, como na época de Mao ou, mesmo, de Deng. Não se pode falar ainda em "democracia" ou em transição democrática. Será necessário achar meios de acomodação para a nova classe média urbana que retorna de viagens ao exterior e torna-se mais consumista. Trata-se de 250 milhões de pessoas – quase o equivalente a toda a população americana. Enviar estudantes chineses para estudar no exterior foi uma "quase solução". Esses estudantes voltarão para o país com novas habilidades, e os melhores deles estão recebendo incentivos do governo chinês. Mas voltarão também com novas ideias para o desenvolvimento do país. E será necessário fazer acomodações difíceis, porque o estudante que foi para o exterior volta com outra *Weltanschauung*.[125]

Morar na Califórnia, adquirindo hábitos banidos ou proibidos na China, terá um grande impacto nesses jovens chineses, não apenas no aspecto tecnológico de um *Silicon Valley*, mas no aspecto das relações humanas. A China anunciou um pacote para atrair seus melhores talentos em termos de pesquisa para novas universidades. As dez principais instituições recebem recursos extras para atingir um nível global de excelência.[126]

Há um paralelo interessante entre o Japão de ontem e a China de hoje. Nos anos 1960 e 1970, os produtos japoneses

---

[125]. Visão de mundo.
[126]. J. Kao, "Tapping the World's Innovation Hot Spot", *Harvard Business Review*, vol. 87, n. 3, 2009, p. 109-114.

eram bastante menosprezados – um carro Toyota nos Estados Unidos era motivo de piada e hoje o Lexus (categoria *premium* da Toyota) é um dos carros mais cobiçados –, e o Japão era um notório poluidor, que priorizava crescimento econômico em detrimento do meio ambiente. Os Estados Unidos, sob o presidente Richard Nixon, forçou a revalorização do iene no Acordo do Hotel Plaza em 1985, e o dólar foi de mais de ¥ 300 para, aproximadamente, ¥ 100 hoje. A China passa por um momento semelhante. Sua moeda está sob pressão para se valorizar. As fábricas que produzem produtos de má qualidade serão obrigadas a se transferir para outros países mais pobres, como Laos, Indonésia ou Filipinas.

Pequim anunciou a criação da Corporação de Investimentos da China (CIC), que administrará as enormes reservas internacionais chinesas, calculadas em US$ 3,8 trilhões, e obtidas, em grande parte, graças à exportação para os Estados Unidos. Estima-se que 70% dessas reservas estejam em dólares. A CIC, apesar de estatal, vai operar no mercado internacional como uma firma comercial, otimizando os lucros, inclusive com a compra de ativos no exterior, como a recente aquisição de parte do banco britânico Barclays e da firma de investimento americana, Blackstone.

A China desenvolveu uma "nova classe social" composta de 50 milhões de empresários que pagam quase um terço dos impostos do país. Embora não identificada assim, é a classe alta da China. Essa nova classe social constitui a alta burguesia chinesa, que está organicamente ligada ao Partido Comunista Chinês. O Departamento de Organização do Comitê Central do Partido revelou, no final de 2013, que 2,8 milhões de membros do Partido trabalhavam em empresas privadas e que 810 mil tinham suas próprias firmas. Mesmo assim, o número de funcionários públicos é muito maior que o de empresários. A China tem hoje mais de 130 bilionários, contra mais de 350 nos Estados Unidos, e tornou-se, hoje, o mercado de artigos de luxo que mais cresce, com Ferraris, Lamborghinis, Mercedes, BMW e Porsches sendo amplamente vendidos no país.

Dizer que a China é um país de contradições seria um eufemismo. É um país que passa por um intenso processo de transformação política, econômica e social. O mesmo país que queima muito carvão e é "campeão" de emissões de carbono exporta aparelhos de energia solar para o Vale do Silício na Califórnia. É um país cujo governo decidiu transformar a economia local, de poluidora, em economia verde, a uma velocidade alucinante. Não se sabe como a riqueza crescente afetará os costumes chineses, mas é certo que haverá impactos. Perguntamo-nos se a classe média da China, contrariamente às de outros países ricos, quererá continuar a ser agressiva a ponto de exigir mais poder político e partir para o confronto. Essa classe média, porém, já tem problemas semelhantes às classes médias ocidentais, tais como galopantes dívidas com cartões de crédito.

O presidente Obama usou sua viagem à China de novembro de 2009 para abordar as novas realidades das relações internacionais e ideias para envolver mais a China, a potência global que desponta com crescimento econômico mais rápido no mundo. Será que o presidente americano está sendo ingênuo? Em todo caso, tudo indica que o poder relativo dos Estados Unidos esteja em declínio, e o da China, em ascensão. Em determinado momento haverá um *tipping point*, um momento de virada em que a China tornar-se-á a principal potência global.[127] Isso ocorrerá em vários níveis – tamanho do PIB, força da moeda, poder militar etc. –, simultaneamente ou não. Pode até ser, como os chineses o desejam, em pesquisa e desenvolvimento de novas

---

[127]. O jornal *Financial Times* publicou um artigo em 30 de abril de 2014 que afirma que, segundo o International Comparison Program do Banco Mundial, o PIB dos Estados Unidos e da China ficaram, respectivamente em US$ 16,2 tri e US$ 8,2 tri, ou seja, o da China era 43% do americano. Mas que, se medido pelo método de paridade de poder de compra (PPP, na sigla em inglês), a economia da China em 2011 representava 87% da americana, que deve ser ultrapassada pela chinesa até o fim de 2014.

tecnologias. Para chegar ao topo, a China precisa de uma política monetária "equilibrada".

A sugestão de mais empréstimos para estimular crescimento – apesar de várias medidas recentes para conter o endividamento – é o sinal mais recente do receio do governo de que a desaceleração da economia provoque o aumento do desemprego e leve empresas à falência, agravando as já acirradas tensões sociais.

É necessário refletir sobre o significado do legado de Deng Xiaoping ao poder da China e seu profundo impacto na política e na economia do país. É opaco, com certeza, o processo que o levou ao ápice do poder no Império do Centro, depois da Revolução Cultural e Proletária. Sabe-se, no entanto, que ele foi indicado pelo PCC, mas essa indicação foi surpreendente porque representou uma mudança radical nos trágicos desmandos anteriores na China. Foi um verdadeiro *tipping point*. É também uma indicação na qual os conceitos de boa gestão, de respeito aos indivíduos e de inteligência substituíram a antiga arbitrariedade do Partido Comunista Chinês, que permanece, no entanto, todo poderoso e interessado em maquiar as contradições crescentes do país, cada dia mais evidentes.

A nomeação de Deng foi um importante desfecho da luta entre o retrocesso, representado pela Gangue dos Quatro, e a profunda transformação que ele representava. Mas ainda há retrocessos. Só que mais sutis. Não há primazia da lei nem estabilidade judicial ou respeito à propriedade intelectual. O PCC ainda não chegou ao ponto de iniciar uma transição lenta, gradual e segura para que se forme uma população cidadã, liberta do poder central.

O Partido ainda prefere subjugar a população a uma burocracia de estilo imperial, ao estilo da antiga China, mas dá a ela a possibilidade de desfrutar de uma incipiente sociedade de consumo, pela venda de produtos de grife ocidentais e a disponibilidade de adquirir carros possantes de luxo. Todo esse consumo certamente deixaria Mao arrepiado.

Há uma inequívoca transição econômica em que empresas e bancos estatais ficaram ainda mais poderosos, mas também altamente endividados. Criou-se, ademais, uma bolha imobiliária que afeta um sem-número de pessoas e que vem se juntar a outros problemas socioeconômicos: a enorme migração de áreas rurais para as cidades e a poluição. São milhões de pessoas que procuram emprego e moradia nas cidades da costa. A poluição do ar nas grandes cidades já leva expatriados ocidentais a abandonarem o país, sobretudo aqueles que têm filhos pequenos.

Quando a China iniciou as reformas, há mais de três décadas, a direção era clara: o mercado precisava ter voz muito mais ativa na alocação de recursos. O setor privado ganhou maior importância e há um amplo consenso de que o mercado deve ter um papel decisivo em muitos setores, em que ainda dominam empresas estatais.[128] É preciso, portanto, definir com clareza que papel terá esse crescente mercado na economia do país. Muitos dos problemas que a China enfrenta hoje, paradoxalmente, derivam de mandonismo demais e de governo de menos. Enquanto o governo está fazendo coisas que não deveria fazer, deixa de atuar naquilo que seria sua atribuição como:

- o agravamento da poluição que ameaça a qualidade de vida;

- a desigualdade de renda e riqueza aumentando rapidamente;

- a falta crônica de segurança alimentar;

---

[128]. Joseph E. Stiglitz, "Reformas geram resistência na China", *O Globo*, 8 de abril de 2014.

- a corrupção que se entranhou nas instituições públicas e privadas.

Tudo isso solapa a confiança da sociedade em instituições bem constituídas. As instituições inclusivas, protetoras da cidadania, ainda não estão lá. O governo grátis chinês segue bem escondido, mas bastante vivo.

A China não tem mais mil anos para resolver esses problemas, com a população ficando crescentemente impaciente com os malfeitos da liderança. Pela primeira vez em sua história, o povo chinês, embora relativamente impotente, não está desatento à aceleração dos eventos de risco que constituem o âmago do século XXI.

IV
DANDO A VOLTA POR CIMA

13. SINGAPURA: UM LEÃO NO JARDIM DE CASA

DIVERSIDADE E DIVERSIFICAÇÃO: O COMEÇO

A ilha da cidade-estado de Singapura é um caso à parte entre os países desenvolvidos e emergentes. Singapura goza de altos padrões de vida e de invejável nível de prosperidade. Tem uma economia baseada principalmente nos serviços e no comércio internacional. Mas não podemos deixar de mencionar sua força industrial-tecnológica e, nos últimos anos, seu ingresso definitivo no mundo da pesquisa científica avançada, num esforço sempre baseado no objetivo da ampliar a base educacional do país. Para a moderna Singapura dos dias atuais, o nome do jogo é diversificar e crescer. Com essa grande estratégia, presente em todas as decisões coletivas mais importantes, Singapura se protege de sua vulnerabilidade natural, o fato de ser apenas um pequeno ponto no mapa mundial.

A Singapura moderna nasceu por causa da defesa da diversidade. Sua longa história, de dois milênios, é repleta das mais variadas influências étnicas possíveis. Por ser um porto de mar (*temasek*, em malaio, assim descrito desde 1365) com condições operacionais e logísticas excepcionais, no meio da rota marítima mais curta entre duas civilizações milenares, a chinesa e a indiana, Singapura recebeu em seu cais e suas vielas povos de incontáveis origens e teve que aprender a viver sob o controle dos mais diferentes senhorios.

Mas foi a convivência permanente entre os malaios aborígenes e os chineses adventistas confucionistas, e também com uma parcela de indianos, que estabeleceu a transversalidade cultural da ilha, no seu relacionamento diário com os estrangeiros de todas as etnias que por ali deixaram sua marca. Foi assim que Singapura desenvolveu sua maneira de lidar com os opostos e fazer bom uso da diversidade. Diversificando como método de progredir, Singapura controlou e reduziu os riscos de sua natural vulnerabilidade territorial. Para o povo de Singapura, não foi difícil entender a proposta de crescer, modernamente, com base em sua própria experiência de diversificação permanente de riscos.

Singapura é a "cidade do leão", assim chamada secularmente pelo nome em sânscrito (o híndi arcaico) *sinka* = leão e *pur* = cidade.[1] Seus 5,5 milhões de habitantes gozam de uma renda *per capita* de "país muito avançado", como o Banco Mundial classifica a economia insular, já que o poder de compra anual de cada singapurense passa de US$ 60 mil. Mas o que mais chama atenção é o fato de Singapura haver adotado um sistema diferente do da Suécia ou mesmo dos EUA para fazer avançar sua economia no pós-guerra. Isso depois de haver experimentado o exigente, mas cultivado, mando britânico por mais de um século e, por alguns anos, o sofrimento das crueldades japonesas durante a invasão e ocupação da ilha, de 1942 até 1945, quando os ingleses retomaram o comando, para, uma década mais tarde, ceder a autonomia aos locais.

A experiência social de Singapura é fincada na convicção da superioridade da iniciativa privada e da responsabilidade individual sobre a alternativa da planificação estatal e do distributivismo coletivista. Paradoxalmente, a economia altamente

---

1. Na Índia, o nome de muitas cidades tem como sufixo o termo *pur*, designando "cidade".

desenvolvida de Singapura, baseada no livre mercado, nasce de uma coordenação rígida de ações por parte do governo. O planejamento governamental vai na frente, abrindo espaços, que vão sendo ocupados pelas iniciativas individuais. Os resultados são cobrados de todos, governo e setor privado. O pensamento é de equipe; não prevalece a regra do "cada um por si e que vença apenas o melhor". A ideia é que todos cheguem ao limite do seu potencial, fortalecendo o conjunto. O governo não se envolve diretamente na prestação de serviços sociais, que são financiados exclusivamente por fundos de investimentos privados. Mas a coordenação social pelo governo é permanente e intensa.

O governo sabe que suas ações são custosas e pagas pelo povo. Por isso, controla sua intervenção ao que é estritamente indispensável. O governo de Singapura não é grátis, nem compactua com gratuidades.

O mito do governo grátis nunca teve vez ao longo da história de Singapura. Nada foi conquistado com pouco esforço naquela ilha ao sul da península de Málaca. A prosperidade foi atingida, sobretudo, graças ao planejamento de longo prazo, continuidade de políticas socioeconômicas, crescimento econômico contínuo, muito trabalho e seriedade. E tudo começou com um tropeço político: sua independência foi produto de Singapura haver sido simplesmente "excluída" da jovem Federação da Malásia, à qual a ilha havia aderido dois anos antes. O Partido da Ação Popular (PAP), liderado pelo dinâmico advogado Lee Kuan Yew, queria participar da vizinha Malásia, mas logo percebeu, com enorme desapontamento, que a diversidade cultural, étnica e religiosa de Singapura não caberia nos estritos rigores muçulmanos da sociedade malaia.

E, no dia 9 de agosto de 1965, para surpresa geral, inclusive dos aliados políticos de Singapura, Kuan Yew (ou "Harry", seu nome ocidental) anunciava que a pequena ilha se tornara uma nação independente e soberana. Naquele dia de verão e calor equatorial, a bolsa local subiu, talvez antecipando todo o sucesso que estaria por vir. Mas do primeiro-ministro Harry até o mais humilde cidadão, todos foram dormir sem comemorar, e com grande preocupação.

APENAS UMA PASSAGEM DE MAR

Depois de passar por mãos de portugueses (século XVI), de holandeses (século XVII) e por sultões (século XVIII), o território da ilha de Singapura virou uma colônia inglesa em 1819, quando Sir Thomas Stamford Raffles acertou com o sultão de Johor, Tenghu Hussein, o direito de fundar um entreposto comercial naquela ilha. Esse direito se converteu, anos mais tarde, num direito perpétuo da Companhia das Índias Orientais de Sua Majestade Britânica. Raffles tinha a antevisão comercial sobre a importância vital da passagem de navios pelo estreito de Málaca, imaginando ali um porto natural de águas profundas, com abastecimento de água e víveres, além de amplo suprimento de madeira para conserto e manutenção de embarcações. Singapura foi planejada para servir a um propósito comercial e estratégico. Sua missão continua igual, embora os elementos de sua competitividade venham se alterando no tempo.

Singapura desenvolveu, historicamente, uma próspera economia de importação/exportação, dependente do comércio naval. Nos tempos de Raffles, prevalecia o comércio do ópio, com todas suas injunções. Depois veio o petróleo e, nos dias de hoje, uma multitude de produtos de consumo entre os dois maiores mercados do século XXI: China e Índia. Juntamente com Hong Kong, Coreia do Sul e Taiwan, Singapura é hoje um dos quatro "Tigres Asiáticos", fruto da revolução econômica que ocorreu nesses países nas últimas décadas. Singapura tem um dos portos mais movimentados do mundo e é o quarto maior centro de negociação de câmbio, depois de Londres, Nova York e Tóquio, como também é considerada um dos principais centros financeiros da região e do mundo.

Por seu estrito respeito à lei (a chamada *rule of law*) e em virtude de manter níveis atrativos e amigáveis de tributação, as empresas correm para Singapura a fim de lá organizarem seus negócios ou as sedes de suas empresas. A brasileiríssima Vale tem uma base avançada em Singapura para seus negócios no Oriente. O compromisso do governo com a manutenção de um ambiente favorável ao emprego e ao desenvolvimento de iniciativas traz desdobramentos favoráveis a Singapura na corrida por um lugar ao sol na competição planetária entre nações.

INDEPENDÊNCIA COM PLANEJAMENTO

Singapura se destaca no panorama mundial por haver conseguido aliar um robusto e constante crescimento econômico, desde os anos 1960, com atenção permanente ao desenvolvimento pessoal dos seus cidadãos, um conceito mais direto e pragmático do que apenas promover "políticas sociais". Houve momentos de desaquecimento, com déficits fiscais pontuais no final dos anos 1980 e, com mais impacto, durante a crise asiática no final da década de 1990. Desde então, a cidade-estado vem obtendo superávits fiscais a cada ano – de fato, frequentemente, grandes superávits. A receita tributária representava, em média, 20% do PIB, mas, com a crise financeira de 2008, foi necessário cortar impostos para alavancar a competitividade e atrair novos negócios.

As finanças públicas de Singapura são sustentadas por três fontes: 1) o orçamento regular do governo; 2) um fundo de seguridade social, o *Central Provident Fund* (Fundo Providente Central – CPF, na sigla em inglês); e 3) as agências de investimento público. Dessa maneira, fica mais fácil para o governo separar as decisões econômicas em patamares e objetivos distintos, deixando seus propósitos se tornarem mais claros para a população. O governo transparente é uma meta constante.

A primeira fonte de recursos provém do orçamento do governo, que cuida da administração geral, da promoção econômica e da segurança do Estado. As forças armadas de Singapura têm fama de grande eficiência. De fato, um centro portuário e comercial-financeiro de importância mundial não poderia ficar à mercê de ataques de surpresa, seja por inimigos convencionais ou terroristas. Aliás, foi um ataque surpresa que permitiu a invasão japonesa em 1942.[2]

A segunda fonte de recursos é organizada em torno do CPF, o Fundo Providente, que é responsável por gastos sociais especiais, como habitação e previdência. Em muitos outros países essas demandas da sociedade são enfrentadas com recursos que passam pelo orçamento geral do governo. Esta deve ser, provavelmente, a grande inovação gerencial de Singapura em relação a outros países: diversificar as fontes de recursos oficiais, impedindo que a arrecadação de uma finalidade seja desviada, num mesmo bolo de recursos, para outro fim ou, pior, para fim nenhum. Os gastos sociais são financiados pelos recursos específicos de cada orçamento.

A terceira fonte de rendas públicas provém da aplicação feita por agências de investimento, que administram os superávits fiscais acumulados pelo orçamento geral e pelo CPF ao longo dos anos e que rendem significativas somas suplementares para uso em objetivos da sociedade. Finalmente, há vários outros fundos que não estão consolidados no orçamento central do governo, contrariamente aos recursos do CPF.[3]

Esses superávits permitiram a atual prosperidade da ilha em relativamente pouco tempo. É curioso observar que o esquema habitacional do CPF foi articulado em 1968, dois anos após a iniciativa brasileira de formar um Fundo de Garantia por Tempo de Serviço, o nosso FGTS. A fórmula brasileira tinha finalidade de

---

2. Os ingleses pensavam que um eventual ataque japonês seria naval e assim construiram uma importante defesa da costa. Os japoneses, porém, vieram por terra atravessando a selva e surpreendendo os ingleses.

3. Jón R. Blöndal, "Budgeting in Singapore", *OCDE Journal on Budgeting*, vol. 6, n. 1, 2006.

indenização, por dispensa, ao trabalhador afastado sem justa causa. Mas o FGTS, tal como o CPF singapurense, foi concebido com dupla finalidade: embora os fundos acumulados ao longo da vida servissem para bancar a aposentadoria, o trabalhador poderia usar os recursos do Fundo para financiar sua residência, ou sua educação ou, ainda, pagar pela cobertura de saúde. No Brasil, o chamado Sistema Financeiro de Habitação, criado para aplicar em habitações populares os recursos da caderneta de poupança e do FGTS, funcionou bastante bem durante mais de uma década e proporcionou casa para milhões de pessoas, até sucumbir pela irresponsabilidade inflacionária de governos sucessivos, militares e civis.[4]

Em Singapura, os líderes políticos não permitiram que a irresponsabilidade administrativa se instalasse. O êxito lá foi completo.

O PORQUINHO DA POUPANÇA

O CPF, tanto quanto nosso FGTS, é uma poupança compulsória financiada por contribuições da folha de pagamento, tanto de empregadores como de empregados. As contas do CPF são individualizadas, como o são no FGTS. E os fundos acumulados não são virtuais; de fato existem e são aplicados num ambiente estável e bem acompanhado.

Mesmo assim, as necessidades atuariais do CPF têm variado ao longo das décadas, desde sua criação, ainda pelos ingleses, em 1955. A filosofia de "responsabilidade pessoal" (*self reliance*) e de ninguém depender de uma ação direta do Estado para o bem-estar social está no centro da governança pública desde a criação do Fundo Providente Central. O CPF tornou-se

---

4. Com a inflação galopante, os salários dos mutuários foi perdendo poder de compra e a indimplência dos devedores determinou a quebra do equilíbrio financeiro do SFH. Com a invenção do Fundo de Compensação de Variações Salariais (FCVS), o sistema acabou de falir, provocando a liquidação do Banco Nacional da Habitação (BNH). A inflação descontrolada e a irresponsabilidade gerencial dos governos mataram uma excelente iniciativa social e econômica.

também fundamental para a aceleração do crescimento do país. Trata-se de uma "poupança forçada", como assim designamos os fundos criados por uma autoridade, de arrecadação obrigatória, que vão para contas individuais e rendem juros estabelecidos. No Brasil, o mesmo esquema existe no INSS e no FGTS, cujas contribuições, somadas, são mais elevadas do que em Singapura. Só que, no Brasil, uma ideia boa é interrompida no meio do caminho. Aqui, as verbas recolhidas pelos empregadores e empregados não vão para fundos de administração descentralizada. São "tomadas" pelo governo federal, que as consomem no próprio exercício, deixando de investir, como deveria. Assim, a "poupança" do trabalhador não vira investimento nem terá retorno no futuro. Vira consumo. O esforço de poupança do trabalhador brasileiro é neutralizado e apagado. Essa é a grande desigualdade que explica a discrepância nas taxas de crescimento entre Singapura e o Brasil nas últimas décadas.

Vários esquemas foram utilizados em Singapura para ir ao encontro das necessidades da população em habitação, saúde, proteção familiar e poupança. O CPF é o instrumento financeiro dessa garantia, já que não existem milagres nem governo grátis. As áreas de saúde, habitação, educação exigem, por definição, verbas de longo prazo, com planejamento adequado a cada tipo de demanda social. Qualquer improvisação nesses campos é pura temeridade.

E o Brasil, ao contrário de Singapura, tem sido um emérito improvisador, com resultados catastróficos em termos financeiros. Ainda hoje, na segunda década dos anos 2000, os orçamentos da União carregam bilhões de reais em reposição por prejuízos causados ao sistema bancário e à sociedade pelo rompimento do dique do SFH. Os contribuintes de hoje pagam pelos erros do passado distante. E os governantes insistem em cavar novos buracos para gerações futuras. Já em Singapura, o CPF financia o futuro dos cidadãos. O CPF, entre outras missões, oferece também empréstimos para a educação superior. Mas, como foi ressaltado, o principal objetivo do Fundo, no longo prazo, é garantir que cada cidadão tenha independência financeira na terceira idade.[5]

Atualmente, a alíquota média de contribuição mandatória do CPF é de 33%, sendo 20% pagos pelos empregadores e 13% descontados dos trabalhadores. Essas contribuições são creditadas em contas pessoais do CPF e rendem um juro nominal. O CPF é um componente central do sistema de "responsabilidade pessoal" de Singapura. Qualquer saldo positivo dessa poupança passa automaticamente para os herdeiros na morte do principal beneficiário. Uma vez constituído e rodando por vários anos, o CPF passou a aliviar o orçamento anual do governo de gastos previdenciários ordinários.

O CPF gera anualmente grandes superávits com as contribuições de seus participantes. Os fundos são investidos em títulos do governo. Isso explica por que o governo de Singapura tem uma dívida pública expressiva. É que, em Singapura, para colocar a mão em recursos reservados nas contas do trabalhador, o governo tem que emitir dívida pública em favor do CPF. Em outras palavras, o sistema previdenciário em Singapura é totalmente transparente porque o compromisso do governo com o CPF é calculado como compromisso financeiro no futuro – o que faz com que a dívida da cidade-estado seja bem alta.

INOVAÇÕES FINANCEIRAS

O governo tem duas principais agências de investimento: a Corporação de Investimento do Governo de Singapura e a Holding Temasek, Companhia Limitada Privada. Ambas operam sob o Ministério das Finanças. A Autoridade Monetária de Singapura – o Banco Central – mantém, ademais, grandes reservas

---

[5]. Central Provident Fund. Disponível em: http://mycpf.cpf.gov.sg/Members/Gen-Info/Sch-Svc/S-and-S.htm" \l "familyprotection.

internacionais para sustentar o dólar de Singapura, que é uma moeda forte – US$1,00 = SG$1,25.

Para não dizer que em Singapura nada anda às escondidas, há consenso quanto à pouca transparência nas operações das agências públicas de investimento – especialmente a Corporação de Investimento do Governo de Singapura. Para o governo, manter sigilo é primordial para evitar especulações de mercado que possam impactar negativamente a estabilidade do governo e a segurança nacional. Essa é a meia explicação oficial. O *spread* entre a taxa de retorno paga pelas agências de investimento e os juros pagos pelas contas individuais do CPF – que é a principal origem dos superávits investidos – pode ser também "sensível" e não é, em geral, comentado oficialmente.

A Corporação de Investimento do Governo de Singapura age, por seu lado, como um gerente de fundos para o governo de Singapura e investe os superávits em ativos estrangeiros. Ao tomar tal orientação diversificadora, investindo em ativos com baixa relação com o desempenho de Singapura, o país segue sua tradição de não colocar todas as maçãs no mesmo cesto. A prudência singapurense surge, mais uma vez, na diversificação dos recursos oficiais do país, os chamados fundos soberanos. Segundo a própria corporação, seu perfil de investimentos é um *mix* de "*equities*, renda fixa, instrumentos do mercado de capitais e imobiliário, e investimentos especiais".[6] Nenhuma outra informação é fornecida – nem a soma total de seus ativos (acredita-se que seja substancialmente superior aos US$ 100 bilhões que foram comentados publicamente), nem a composição de seus ativos (tanto os tipos de instrumentos, a origem geográfica e a moeda), tampouco a taxa de retorno.

A Holding Temasek opera "como uma empresa independente do governo, mas o governo tem 100% de seus ativos como único investidor da empresa". A Temasek investe em ativos na própria

---

[6]. Ibid.

ilha e no exterior. De acordo com seu perfil corporativo, ela investe sobretudo em "telecomunicações e mídia, serviços financeiros, imobiliário, de transporte e de logística, em fontes de energia, de infraestrutura, e em firmas de engenharia e de tecnologia, de farmacêuticos e de biociências". A Temasek age como um "investidor comercial ativo". Muitas das empresas em que Singapura investe são negociadas em bolsa, tanto em Singapura como no exterior.[7]

Além dos fundos aqui examinados, Singapura opera outros fundos especiais cujos resultados não são consolidados no orçamento do governo apresentado ao Parlamento. O principal é o Fundo de Títulos do Governo no qual o CPF investe seus superávits. Os juros pagos pelo CPF são cobertos pela renda com os investimentos gerados pelas agências de investimento do governo. Assim, não consta do orçamento de Singapura qualquer exposição a títulos comprados pelo CPF. Da mesma forma, a despesa com a compra de terrenos é compensada pela receita da venda dos mesmos em outros lugares. O presente vai sendo financiado pelo bom retorno de fluxos investidos no passado. Quando se planta bem, o futuro é próspero. Quando se planta mal, o futuro é precário, se não faminto. Quanta diferença entre a composição estrutural desses fundos singapurenses e a destinação que nossa legislação deu à partilha futura do petróleo do pré-sal que, mal chegado aos orçamentos públicos, é alvo de cobiça e desperdício programado pelos entes das três esferas de governo! Nem é preciso mencionar o Fundo Soberano do Brasil para comprovar que as abordagens para poupança e investimentos do Brasil e de Singapura não são as mesmas.

A renda dos fundos é destinada a vários usos sociais específicos, como determinado pelas leis que regem os fundos de doação (*endowments*). Assim, esse tratamento se torna um instrumento de facilitação da administração dos fundos e de suas principais transações em qualquer momento no futuro.

---

7. Ibid.

A existência de vastas reservas acumuladas em apenas meio século de independência – o tempo de vida útil de uma geração – resultou em formas únicas de definir os conceitos básicos do orçamento em Singapura. Contudo, a ilha de prosperidade também enfrenta pressões tributárias como qualquer outro país. Singapura mantém uma carga tributária pequena, mas foi obrigada a introduzir, ainda em 1994, com uma taxa inicial de 3%, um Imposto sobre Mercadorias e Serviços (GST – na sigla em inglês, equivalente ao IVA, por gerar créditos). Possibilitou, assim, um aumento substancial da receita do governo e estabilizou as finanças públicas. O GST foi aumentado para 4% em 2003, para 5% em 2004 e 7% em 1º de julho de 2007, nível que se mantém até hoje.[8] Não são cobrados, entretanto, impostos sobre ganho de capital, dividendos, ou receitas provenientes de negócios no exterior, trazidas ou não para Singapura.

TOTAL % PIB	ALÍQUOTA IVA	ALÍQUOTA MÁXIMA IRPJ (ACIMA DE S$300K)	ALÍQUOTA MÁXIMA IRPF
14	7,0	18	20

Fonte: FMI, 2010 – Dados referentes a 2007.

A INDÚSTRIA DO CONHECIMENTO

A economia da ilha, por ser uma cidade-estado de território diminuto, depende fortemente da importação e exportação. Porém, a estrutura produtiva se valeu da ainda jovem indústria de transformação que foi capaz de agregar valor e contribuir para a riqueza nacional. Embora vocacionada para o comércio, Singapura se diversificou; não relegou sua indústria a segundo plano. A indústria contribuía aproximadamente para um quarto do PIB em 2005. Essa percentagem é bem menor no Brasil. A economia da Singapura, embora baseada, sobretudo, em serviços, cultiva

---

[8]. "FY 1996 Budget, Revenue and Tax Change", 1º de maio de 2006; "GST rate to rise to 7% from 1 July", 15 de dezembro de 2007.

um setor industrial *high-tech* muito dinâmico.[9] Em 2006, Singapura produziu cerca de 10% da produção mundial de *wafers*, importantes componentes para a construção de dispositivos de semicondutores e de circuitos integrados. Esse é o tipo de indústria altamente especializada, que não depende de espaço físico para se localizar, e sim de fatores educacionais, tributários, regulatórios e institucionais.

A indústria de transformação é bem diversificada, contando com os setores de eletrônica, refino de petróleo, produtos químicos, engenharia mecânica e ciências biomédicas. É interessante que a ilha tenha se especializado em refinar o petróleo bruto produzido em outros países, particularmente nas vizinhas Malásia e Indonésia, países emergentes e grandes produtores de petróleo.

Quando sobreveio uma recessão global em 2001, na esteira da bolha tecnológica e da bolsa Nasdaq, o PIB de Singapura experimentou uma súbita contração de 2,2%. A resposta dos planejadores foi imediata e bem pensada. O *Economic Review Committee* (ERC) foi criado em dezembro de 2001 e recomendou várias mudanças de política com vistas à revitalização da economia, sempre de olho nos incentivos de mercado como âncoras para as políticas horizontais de estímulo.

Singapura se recuperou bem rápido daquela recessão, em grande parte devido às injeções de liquidez na economia mundial. O PIB *per capita* em 2006 já atingia quase US$ 30 mil, um nível de país rico.[10] O emprego continuou a crescer fortemente e a economia manteve rápida expansão até o advento da crise de 2008 e a contração de 2009.[11] Nesse ano, o PIB ficou no vermelho, e a contração do

---

[9]. Singapore Department of Statistics, 2007.

[10]. Manpower Research and Statistics Department, Employment Situation In Third Quarter 2007: Unemployment rate dropped to pre-Asian crisis level amid continued strong employment creation (PDF), Singapore Ministry of Manpower, 30 de dezembro de 2007.

[11]. Performance of the Singapore Economy in 2005, Ministry of Trade and Industry (PDF), 23 de agosto de 2006.

consumo se evidenciou. Mas a capacidade de recuperação de Singapura é uma marca registrada da sua política de alta diversificação.

Quem pensa que Singapura é a terra dos monopólios, dos grandes grupos, dos amigos do governante, dos oligarcas e donos de cartórios, está redondamente enganado. Pelo contrário, Singapura foi avaliada como o país com o maior número (relativo) de empresas de economia familiar em todo o mundo. Os recursos humanos são variados e abundantes, com milhares de expatriados estrangeiros trabalhando em empresas multinacionais.[12] Assim, a cidade-estado também emprega dezenas de milhares de trabalhadores estrangeiros, de colarinho branco, provenientes de todo o mundo. Esses colaboradores não estão lá à força. Migram para Singapura como opção de vida, por vontade de progredir. Cada vez mais homens e mulheres vêm para Singapura como destino acadêmico e de pesquisa, além de profissional. As melhores universidades do mundo puseram campos avançados na cidade. O mais espetacular e surpreendente é o investimento bilionário de Singapura nos parques científicos e tecnológicos, verdadeiras "cidades" do conhecimento, que importam os melhores cérebros do mundo, onde quer que estejam, para fazer pesquisas avançadas e ensinar a estudantes singapurenses e estrangeiros. Não há preconceito contra a colaboração externa, que é sempre muito bem-vinda.

As duas cidades tecnológicas são Biópolis, especializada em ciências da vida, e Fusionópolis, dedicada às ciências físicas, engenharia e infocomunicação. Mas Singapura não fica aí. E já anunciou mais um parque de geração de conhecimento e negócios: a Mediápolis, um *cluster* especializado nas mídias interativas e de entretenimento. Esses centros de alta criação e expansão de novas iniciativas, por meio de "empreendedores do

---

12. Wong Choon Mei, "Singapore the most business-friendly economy in the world: World Bank", Singapore News, Channel NewsAsia, 6 de julho de 2006; "Singapore top paradise for business: World Bank", Agence France Press, 26 de setembro de 2007; Dominique Loh, "Singapore's economy grows by 7.7% in 2006", Channel News Asia, 31 de dezembro de 2006.

conhecimento", empregam mais de 5 mil cientistas do mundo inteiro.

Por fim, Singapura tornou-se um popular destino turístico, contribuindo para a importância desse tipo de indústria, que vem gerando receitas crescentes para a ilha. O turismo é uma fonte de riqueza cada vez mais relevante, até porque a população emergente do mundo quer viajar e ver lugares interessantes com segurança. Para atrair mais turistas, o governo decidiu legalizar o jogo e permitiu, em 2005, que dois *resort casinos* se desenvolvessem, na Marina Sul e em Sentosa. Singapura inventou até uma etapa da corrida de Fórmula 1 realizada à noite! Para competir com os rivais regionais, como Bangkok, Hong Kong, Tóquio e Xangai, essa área da cidade foi transformada em um dos lugares mais exclusivos do país. O turismo não para de crescer em Singapura. O total de visitantes em 2007, que fora de 10,2 milhões de pessoas, subiu, em 2010, para 11,6 milhões, mais do dobro de turistas que vieram ao Brasil, que recebeu (apenas) 5 milhões de visitantes estrangeiros.

LEÃO CONTRA A CORRUPÇÃO

Não há governo grátis em Singapura. Há, sim, disciplina e seriedade, atributos escassos no Brasil da atualidade. A prosperidade de Singapura não decorre de recursos naturais abundantes. Singapura apenas trabalha muito bem a vantagem geográfica de ser um ponto de passagem. Foi assim que tudo começou, alguns séculos atrás. Singapura comemora cinquenta anos de independência em 2015. Foram só cinquenta anos, meio século de liberdade, com abundância de trabalho dedicado e controle da corrupção ativa e passiva, suficientes para transformar um porto de mar, prostituído e viciado em drogas, com favelas por todos os cantos, numa das mais encantadoras e vibrantes localidades urbanas do planeta.

Em plena linha do Equador, de clima úmido como no Pará, num ambiente que tantos sociólogos condenaram como "impossível de se organizar uma cultura civilizada", essa *temasek* – o porto de mar – emerge hoje como verdadeiro ponto de encontro do Ocidente com o Oriente, irmanados numa sociedade tolerante com a diversidade de etnias, religiões e crenças, mas bastante intolerante com a injustiça contra o cidadão comum, mais intolerante ainda com a ignorância e a preguiça, onde jogar lixo no chão dá multa ou prisão. Em Singapura, o significado social da figura do rei dos animais não é a agressividade na extração de impostos contra o desarmado contribuinte. O leão de Singapura é o defensor da liberdade de todos.[13]

---

13. Uma nota final: nunca se viu nenhum leão no habitat natural de Singapura, apenas no zoológico local onde, por sinal, os animais gozam de liberdade e podem ser visitados, especialmente à noite, em passeios inesquecíveis.

14. SUÍÇA: GOVERNO COM HORA... PARA ACABAR

A Suíça é, e tem sido desde há muito, o paradigma da responsabilidade fiscal. A Confederação Helvética, nome oficial do país, é um lugar que reflete a tranquilidade dos seus imensos lagos alpinos, suas cidadezinhas geladas nos invernos brancos escondem a discreta prosperidade do povo e, com ela, a paz de todos; lá ninguém parece ser capaz de cometer algo errado. Mas não há vestígio de autoritarismo no ar puro das montanhas. Os comportamentos adequados são uma opção individual. A liberdade, com responsabilidade, é o valor maior da Suíça. Há muita descentralização política e administrativa. Praticamente todas as questões relativas ao orçamento são tomadas em nível dos cantões.[14] Pouca coisa é de jurisdição do governo confederado em Berna, além das relações externas, evidentemente.

Por tendência pessoal, os suíços não se deixariam sucumbir a quimeras, inclusive ao mito do governo grátis. As contas do

---

14. A Confederação Helvética surgiu, ainda no século XVI, de 13 estados independentes que se reuniram para segurança mútua, embora permanecendo com largo poder local. Hoje os cantões são 26, iguais nos seus direitos dentro da Confederação. Essa moderna estrutura federal foi estabelecida apenas em 1848. Antes, cada cantão tinha sua própria estrutura de "país", com burocracia, exército e até moeda própria. Ainda hoje o Cantão de Genebra se autorrefere como "República e Cantão de Genebra".

país nunca ficaram descontroladas e, assim, a Suíça vem prosseguindo em seu rumo da história sem se preocupar muito com as crises ao seu redor. Como nada nesse mundo é perfeito, a Suíça enfrenta, nesses tempos de grande incerteza, as sequelas de ser tida – e com razão – como um porto seguro: a moeda do país, o franco suíço, se valoriza incessantemente perante as demais, tornando o custo de vida irritantemente elevado e os preços dos ativos, imóveis urbanos, terras, impossivelmente caros. A imigração é intensa e, com ela, surgem os desafios de segurança pública com os quais a população tem que viver.

MUITO MAIS DO QUE RELÓGIOS

Há uma lenda segundo a qual a bandeira suíça – um quadrado vermelho com uma cruz grega branca no centro, numa referência ao símbolo usado pelos cavaleiros durante as Cruzadas na Idade Média – é, na realidade, um símbolo de paz em meio à turbulência ocorrida em séculos passados na Europa. É esse sentimento que parece estar refletido em decisões mais recentes, como o voto em rejeição à imigração ampliada. Os suíços querem proteger sua "ilha" de prosperidade e tranquilidade de ameaças externas, quer sejam bélicas, financeiras ou demográficas.

Orson Welles zombou da Suíça quando declarou que, em toda sua história, a única coisa que a Confederação Helvética inventou foi o relógio cuco. A ironia de Welles foi injusta, claro, e há muitas coisas de se admirar na Suíça, inclusive uma indústria de alta tecnologia que desenvolve desde fármacos e produtos químicos de múltiplas aplicações até sistemas sofisticados de armamentos. Mas alguém poderia lembrar que a tranquilidade suíça também permite a produção de grandes ideias, em grandes cérebros. Albert Einstein foi apenas um entre muitos residentes ilustres da república alpina. Hoje, grandes universidades, centros de pesquisa e escolas de gestão estão localizados na Suíça.

A Suíça, além da conhecida seriedade de seu povo com os gastos do governo, é um país com uma população de apenas 7 milhões de habitantes que fala quatro idiomas oficiais. A disciplina impediu que a séria crise financeira da bolha imobiliária americana avançasse pela economia suíça. Não se vê uma ruptura porque nunca houve uma. A casa sempre esteve arrumada, sem perigo de desarranjo. Houve, sim, ajustes pontuais, o mais recente depois da mencionada crise de 2008, sempre norteados por uma decisão soberana da população por meio de um mecanismo de democracia direta, o referendo, que limitou o endividamento do país.

Os cidadãos helvéticos aprovaram também uma iniciativa do partido União Democrática de Centro (UDC) "contra a imigração em massa", com a entrada e a permanência de estrangeiros, especialmente europeus, em território nacional. Não é que os suíços sejam contra os estrangeiros, mas eles não querem ter que arcar com custos e com os desarranjos sociais que possam vir a ocorrer com a chegada de forasteiros à sua pequena aldeia tranquila.[15] Os defensores da iniciativa atribuíram à "migração" o aumento da criminalidade e a baixa qualidade de vida, lembrando que Genebra e Zurique já foram classificadas como as cidades com a melhor qualidade de vida do mundo.

A UDC defende a ideia de que a Suíça não pode prosperar com um grande crescimento demográfico. O temor está relacionado ao aumento do tráfego e à falta de moradia e a consequente substituição de pastos por prédios. Evidentemente, todas essas adaptações – de mobilidade urbana, estradas cantonais e intercantonais, construção de moradias e de espaços profissionais – teriam impacto nas despesas públicas dos cantões suíços e da Confederação.

---

15. "Migração" é o termo usado na Europa para se referir a cidadãos europeus que escolhem outros países para morar que não seja seu país de origem.

GOVERNO CONTROLADO, GRANDE PAÍS

Os gastos públicos suíços são determinados, desde 1999, de acordo com a lei de *Neuer Finanzausgleich* (Nova Harmonização Fiscal). O orçamento suíço é um jogo de equilíbrio de transferências do governo a cantões e municípios, bem como de cantões mais "sólidos" do ponto de vista fiscal aos mais vulneráveis. As transferências constituem a principal forma de gastos públicos. Em teoria, a decisão final é do Parlamento, mas os próprios mecanismos de transferência e de democracia direta limitam a capacidade do Legislativo de exercer esse direito sem consulta prévia. Como os objetivos dessas transferências são definidos por lei ou pela própria Constituição, eles não podem ser facilmente alterados e são, portanto, fixos no curto prazo. Aproximadamente 55% das transferências são predeterminadas. Assim, os gastos públicos são bastante "engessados" com transferências mandatórias. Sobra pouco espaço para gastos discricionários. Não há espaço para um político perdulário torrar o dinheiro do contribuinte.

Essa característica levou o estudioso suíço de assuntos fiscais, R. L. Frey, a afirmar que "o orçamento federal é um orçamento de transferência. O que significa que se deve olhar para quem utiliza os recursos – não para o destino do dinheiro. Setenta e quatro por cento do orçamento são transferidos para outros entes e instituições, como, por exemplo, cantões, municípios e inúmeras instituições de bem-estar social. Nessa ótica, a Confederação usa apenas 20,5% de seu orçamento com suas próprias despesas de pessoal, de custos administrativos, de defesa etc."[16] A razão desses baixos gastos confederativos, relativamente à arrecadação total, é que a implementação e controle das leis nacionais suíças, frequentemente, não é da competência da Confederação, mas dos 26 cantões. No país da liberdade, é o povo na base quem decide, não o topo. Se a Suíça fosse Brasil, seriam

---

[16]. R.L. Frey, "Finanzpolitik des Bundes seit 1960, Bericht im Auftrag der Kommission für Konjunkturfragen", 2007, p. 11.

as localidades, portanto, os estados e municípios, não Brasília, quem mais gastaria. Gastos com educação, segurança pública (polícia) e transporte são definidos e pagos em nível cantonal. A carga tributária varia também segundo o cantão, de 12,7%, no caso do Cantão de Zug, para 35,5% no de Jura, onde está a capital Berna. Em média, a carga é de 26,7%.[17]

A Confederação, no entanto, mantém um papel importante em duas áreas: saúde e previdência. Todos são obrigados a ter um seguro de saúde e, outro, contra acidentes. Saúde na Suíça é assunto sério. O sistema já passou por diversas reformas, mas é considerado um dos melhores da Europa, apesar dos custos elevados e dos aumentos constantes dos prêmios do seguro obrigatório. Na realidade, os preços acompanham o envelhecimento da população e o avanço das novas tecnologias. O seguro obrigatório é contratado a uma seguradora privada. Outros seguros privados existem como complementação e oferecem apenas aquilo que não é coberto pelo seguro obrigatório básico: quartos individuais, contato com o médico-chefe ou assistência odontológica. A Suíça financia o seguro de saúde com as taxas cobradas de pessoa por meio de um prêmio mensal e de um sistema de franquia, sendo que essas taxas independem do nível salarial do assegurado. Crianças e jovens em formação escolar pagam mensalidades menores, mas pagam. Não há governo grátis, de verdade!

A população ativa também contribui de forma compulsória para o sistema previdenciário helvético: o trabalhador não conta apenas com uma fonte de aposentadoria, mas com várias. A primeira é o seguro básico para todas as pessoas que residem ou trabalham na Suíça. O benefício é baixo, mas garante que ninguém deixe de ter renda ao atingir a idade de abandonar o batente e possa manter a dignidade na terceira idade. A segunda fonte é a previdência profissional, que segura todos os empregados a

---

17. Disponível em: http://www.efv.admin.ch/i/downloads/finanzstatistik/Kennzahlen/Steuerausschoepfung_mm_i.pdf

partir dos 25 anos de idade e cujo salário anual atinja o limite mínimo de CHF$ 19.350 (cerca de US$ 22.000). Essa previdência complementa a renda e garante o conforto atual do aposentado helvético. Há um terceiro pilar, que é a poupança pessoal, na qual a pessoa pode investir dinheiro com isenção de impostos.[18]

GOVERNO COM DATA MARCADA PARA ACABAR

A Suíça é única entre as democracias avançadas que não tem uma autoridade de arrecadação de impostos – uma espécie de Receita Federal, como é no Brasil, ou de Internal Revenue Service (IRS), como aconteceu nos Estados Unidos. O sistema tributário suíço reflete a estrutura federal da Suíça, que consiste em 26 cantões soberanos, com aproximadamente 2.551 comunas independentes (situação em 1º de janeiro de 2011). Com base na Constituição, todos os cantões têm competência plena de tributação, exceto com referência aos impostos que estão reservados exclusivamente ao governo federal. Em consequência disso, a Suíça possui dois níveis de tributação – o federal e o cantonal/comunal.[19]

A própria Constituição impõe um teto para as alíquotas dos tributos federais e uma data limite, o ano de 2020, para que a Autoridade Tributária possa cobrar impostos. Se não for aprovada a renovação dessa Autoridade, como não o foi seis vezes desde 1958, a Confederação terá, em tese, que ser dissolvida por falta de recursos. Interessante observar como essa "provisoriedade" do poder central ajuda a defender os interesses dos cidadãos contra a sanha arrecadadora do Estado. A relação do contribuinte com a autoridade federal se torna algo contratual, não hierárquico, subordinante. E permite, como em qualquer contrato, que ele, simplesmente, se extinga por vontade de uma das partes. O go-

---

[18]. Disponível em: http://www.swissinfo.ch/por/arquivo/Saude_e_previdencia_na_Suica.html?cid=3232154.

[19]. Disponível em: http://www.s-ge.com/sites/default/files/PO_Investorenhandbuch_120815_10.pdf.

verno federal deixa de se apresentar como um ente imanente, que sobrevive às suas próprias incompetências e trágicas falhas operacionais. Na Suíça, o ente governamental está mais para um "prestador de serviços", com contrato, prazo e mandatos definidos.

O governo suíço tem data marcada para acabar. Por isso, precisa mostrar serviço. A renovação dessa autoridade federal, chamada governo suíço, necessita de uma emenda constitucional que tem de ser aprovada em referendo por uma maioria do voto popular e dos cantões. Todas as tentativas de acabar com essa limitação constitucional e de se criar uma entidade permanente foram rejeitadas não menos de cinco vezes pelo Parlamento e pelo voto popular, mais recentemente, em 1991.

IMPOSTOS E GASTOS NA MEDIDA CERTA

Os gastos totais da Confederação em 2010 foram de CHF$ 59,266 bilhões e representaram 10,7% do PIB. A maior parte dos gastos foi para assistência social (31,1%), que inclui saúde e previdência. Em seguida, vieram os gastos financeiros e tributários – as isenções fiscais – (17,1%) e com transportes (13,9%), educação e pesquisa (10,2%), defesa (7,4%), alimentação e relações exteriores (4,4%). O crescimento dos gastos foi gradual, desde 1960, quando somavam 7% do PIB, mas subiram para 9,7% em 1990 e 10,7% em 2010. Os valores de gasto confederativo, em proporção ao PIB suíço, cerca de 10%, são como uma "taxa de condomínio", o condomínio compartilhado dos 26 cantões, que se unem para realizar com mais eficiência certas tarefas comuns, que começaram com a organização da defesa do seu território, há muitos séculos.

No Brasil, com seus três níveis de "condomínio", recolhemos à União Federal cerca de 22% do PIB, mais do que o dobro dos 10% na Suíça, em seguida financiamos os estados federados, equivalentes aos cantões, com mais 11% do PIB para, na sequência, pagar mais 4% aos municípios, que é o terceiro nível de governo. A União Federal, no Brasil, cobra uma proporção desmesurada do PIB porque nela se inclui a previdência social mais cara do mundo, custando hoje cerca de 12% do PIB. Ainda assim, a União fica com uma fatia imensa, frente ao que conseguem gastar os municípios, por exemplo. Há no Brasil uma centralização exagerada que ressalta o caráter autoritário e pouco transparente da relação fiscal entre os poderes públicos e o cidadão.

Um estudo feito pelo Instituto Brasileiro de Planejamento Tributário (IBPT) analisou a carga tributária segundo a tabela da Organização para Cooperação e Desenvolvimento Econômico (OCDE) de 2010 e o Índice de Desenvolvimento Humano (IDH) elaborado pelo Programa das Nações Unidas para o Desenvolvimento (Pnud). O resultado foi a criação do Índice de Retorno de Bem-Estar à Sociedade (Irbes). Quanto maior o valor do Irbes, melhor é o retorno da arrecadação dos tributos para a população. A Suíça está entre os países mais bem colocados, mas a situação do Brasil não é tão animadora. O país alpino tinha, em 2011, uma carga tributária de 29,9% do PIB, um IDH de 0,903 e o Irbes de 157,49. A carga tributária do nosso país tropical, em comparação, foi, naquele mesmo ano, de 34,7% do PIB, o IDH de 0,718 e o Irbes de 135,83.[20]

A principal fonte de recursos da Confederação suíça vem do imposto de renda federal, que representou, em 2010, 92,6% do total de CHF$ 62,8 bilhões arrecadados. Os gastos foram de CHF$ 59,2 bilhões. Note-se que a alíquota de imposto de renda nacional, cantonal e municipal é comparativamente baixa. Aliás, a Suíça é frequentemente vista, por nacionais de outros países, como um "paraíso fiscal" porque, além das baixas alíquotas tributárias, admite várias isenções ou reduções a empresas que atuam no exterior ou a estrangeiros residentes na Suíça.

---

20. Gilberto Luiz Amaral; João Eloi Olenike; Letícia Mary Fernandes Amaral, "Cálculo do Irbes (Índice de Retorno de Bem-Estar à sociedade) – Estudo sobre a carga tributária/PIB x IDH", Instituto Brasileiro de Planejamento Tributário, 2013.

Suíça 2000-2012, Carga Tributária (% PIB), comparação entre países

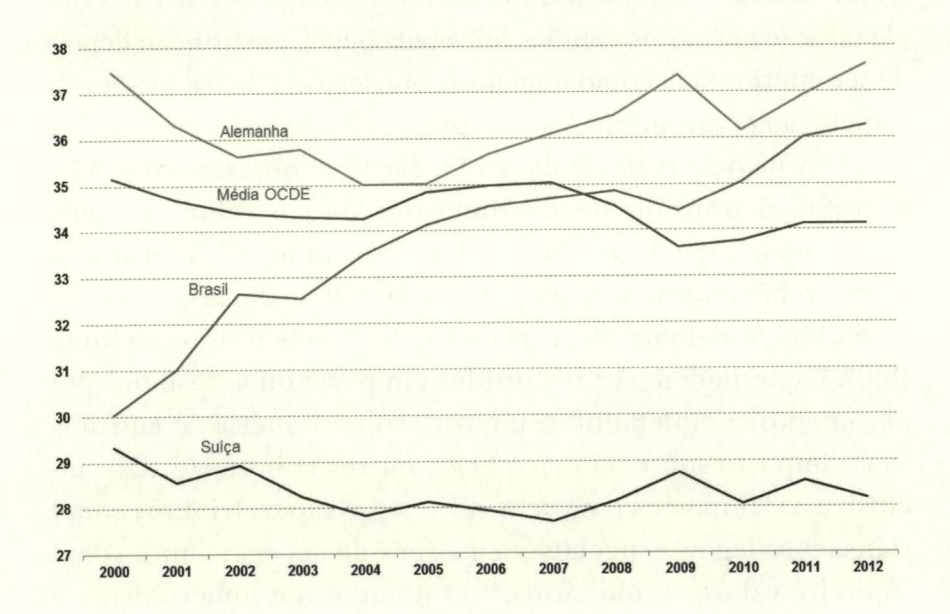

Fonte: OCDE e IBPT; Elaboração: RC Consultores.

Ademais, existem muitos limites à taxação. Para começar, nenhum tributo pode ser cobrado sem que haja um estatuto tributário aprovado por referendo popular. Esse dispositivo é tremendamente importante, porque permite indagar diretamente aos pagadores de impostos se eles estão de acordo com aquela nova taxação. Na prática, a alíquota de um imposto é determinada pela própria população por meio do referendo. O Conselho de Gestão Fiscal, com representação do contribuinte, constante da lei de Responsabilidade Fiscal no Brasil, ainda não regulamentado, seria uma maneira de aproximar os brasileiros de um nível de representação como o da Suíça. Além do mais, a Constituição determina que a tributação tenha de ser geral e baseada no princípio de isonomia, e também proporcional à capacidade do cidadão de pagar. Por isso, a Constituição interpretou essa cláusula como uma proibição de tributação regressiva, apesar de vários cantões haverem adotado uma taxa única de imposição, considerada constitucional por muitos estudiosos da matéria. Uma dupla taxação em vários cantões foi vetada pela Constituição depois de ser interpretada como uma taxa confiscatória de tributação. O respeito ao contribuinte é absoluto.

A principal fonte da arrecadação tributária, com 33% do total, é proveniente do imposto sobre o valor agregado (IVA), uma espécie de imposto ao consumo. O imposto de renda representou a segunda maior parte da arrecadação, com 29%. As demais rubricas foram: impostos retidos na fonte (8,0%), que podem ser restituídos em parte ou acrescidos por pagamento complementar; imposto sobre minérios e petróleo (8%); imposto sobre o tabaco (4%); outros tributos (7,2%), inclusive os "impostos com selo" (5%), que são os tributos sobre transações legais especiais – emissões de ações, tributo sobre capital e valores mobiliários.[21] O nome é um anacronismo e é do tempo em que tais transações eram administradas com "selos" correspondentes. Em inglês, esse tipo de imposto é conhecido como *stamp duty*. Na prática, o "imposto com selos" refere-se, de fato, a transações comerciais e financeiras diversas, uma espécie de Imposto sobre Operações Financeiras (IOF), no Brasil.

A alíquota de IVA, de 8%, que corresponderia no Brasil ao nosso ICMS somado ao ISSQN, é bastante baixa se comparada à média europeia. E muito mais baixa ainda, se comparada aos 18% mais 5% de alíquotas cheias de ICMS e ISSQN, respectivamente, no Brasil. Para alimentos, remédios, livros e jornais, a alíquota cai para 2,4%. Os impostos retidos na fonte têm uma alíquota de 35% e afetam certas formas de renda como dividendos, rendimentos bancários, rendimentos de liquidação extrajudicial, pagamentos de seguro de vida,

---

21. Panorama do Sistema Tributário Suíço, "Switzerland – Trade and Investment", Manual para Investidores Estrangeiros, Departamento Federal de Finanças, 2013.

pensões e loterias. Cobra-se também uma tarifa sobre a manufatura ou importação de bebidas alcóolicas destiladas e fermentadas, tabaco, automóveis e óleos minerais. Há um tributo sobre jogos de azar e outro para quem não prestar o serviço militar.[22]

Orçamento da Confederação Suíça (2012)

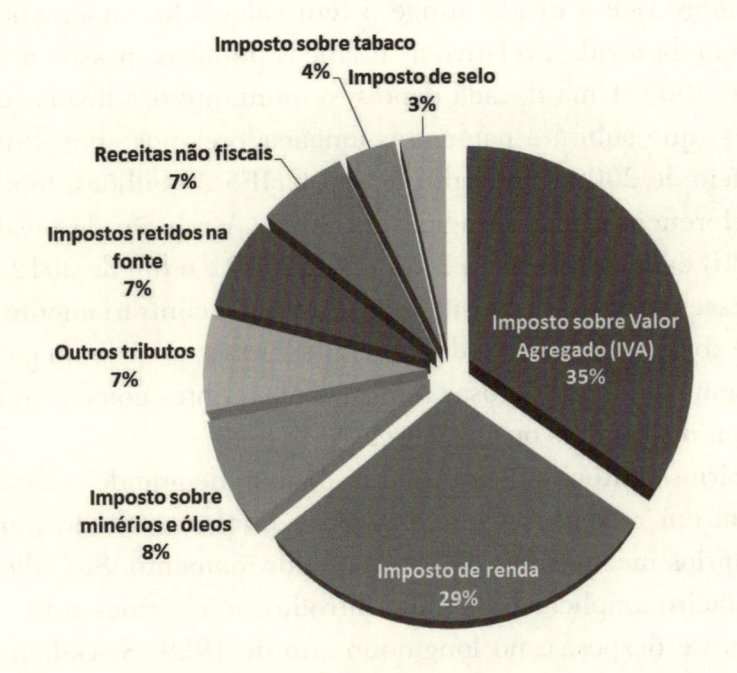

- Imposto sobre tabaco 4%
- Imposto de selo 3%
- Receitas não fiscais 7%
- Impostos retidos na fonte 7%
- Outros tributos 7%
- Imposto sobre minérios e óleos 8%
- Imposto sobre Valor Agregado (IVA) 35%
- Imposto de renda 29%

Fonte: http://www.efv.admin.ch/i/downloads/oeff_finanzen/Taschenstatistik_2013_i_web.pdf

O POVO QUE ENQUADROU SEU GOVERNO

Devido ao aumento incomum da dívida pública nos anos 1990, o Parlamento suíço e, subsequentemente, a população,

---

22. O serviço militar é universal e obrigatório, a menos que o contribuinte pague um imposto para ser isento. As operações das forças armadas na Suíça são únicas no mundo. O Exército é mais uma milícia oficial, no sentido de participação universal na defesa comum, pois quase todo cidadão tem uma missão a cumprir na defesa nacional. Os soldados levam as armas para casa e a aviação treina pousos em estradas, para citar apenas dois aspectos mais típicos.

por referendo, aprovaram um mecanismo inédito para reduzir a dívida a partir de 2001. Foi aprovado o chamado "freio ao endividamento", que reforçou o princípio constitucional que obriga o financiamento de gastos principalmente por meio de receitas fiscais, e não com aumento da dívida pública. Há exceções para casos emergenciais – como o auxílio ao setor bancário na crise causada pela falência do Lehman Brothers. O "freio" entra em vigor sempre que a dívida atinge o teto calculado anualmente. Esse "freio da dívida", relativo às finanças públicas, passou a vigorar em 2003. Uma década depois, o montante das dívidas do governo – que subira a patamares ameaçadores nos anos 1900 até o início de 2000 – foi reduzido em CHF$ 20 bilhões, tendo como referência o pico atingido em 2005. A relação da dívida com o PIB caiu de 53% para 37%, entre 2005 e o fim de 2012.

Esse mecanismo inusitado que a Suíça, contrariamente à Suécia e ao Canadá, adotou de forma preventiva, contribuiu para que fossem evitadas dolorosas reformas posteriores como as que ocorreram nesses dois outros países.

Vários cantões suíços – que desfrutam de grande autonomia fiscal em relação à Confederação – também introduziram seus próprios mecanismos de freio ao endividamento. St-Gallen foi o primeiro a aplicar o método, introduzindo normas sobre o orçamento e despesas, no longínquo ano de 1929. St-Gallen e outros cantões aumentaram as restrições ao endividamento público nos anos 1990 e no início da década de 2000, quando as dívidas se acumulavam em ritmo acelerado. Os modelos de freio aos endividamentos cantonais têm normas diversas, que se adaptam a condições locais.

No Brasil, não se tem notícia de nenhuma lei estadual ou municipal visando o autocontrole do nível dos compromissos financeiros de governos estaduais. Porém, o Estado do Mato Grosso tem uma iniciativa pioneira nesse sentido: por meio da Assembleia Legislativa, as lideranças partidárias, em 2014, enviaram projeto de uma Lei de Eficiência na Gestão do Estado (Lege), que prevê mecanismo de avaliação e controle do endividamento do estado, com vistas a melhorar sua capacidade de investimento. Esse mecanismo de "freio da dívida" não foi exatamente um "ponto de virada" (*tipping point*). Foi um ajuste necessário para colocar ordem nas finanças públicas.

A Suíça, com sua tradicional disciplina orçamentária, permanece um modelo, e o mecanismo de freio ao endividamento foi copiado por outros países. A Alemanha aplicou sua própria versão do freio ao endividamento em 2009, medida seguida pela Espanha e por outros países europeus. Por insistência da Alemanha, os 17 países da Zona do Euro viram-se na obrigação de "apertar os cintos" por meio de compromissos fiscais visando a reduzir os níveis das suas dívidas nacionais. Muitos, entretanto, ainda estão longe de alcançar o padrão suíço de lidar com dívidas públicas.

Essa ideia de freio da dívida não se limita à Suíça. Outras democracias debatem o tema e, em particular, os Estados Unidos, onde o Partido Republicano defende, há décadas, a adoção de um *balanced budget amendment*" (emenda para o orçamento equilibrado) à Constituição, que tornaria orçamentos deficitários inconstitucionais. A ironia é que, se já tivesse sido adotado tal mecanismo, o presidente George W. Bush, um republicano, não poderia ter aumentado o déficit do país, como o fez com seguidos cortes de impostos e a iniciativa de duas guerras concomitantes, o que levou a maior economia do mundo a um gigantesco buraco fiscal. Em relação ao equilíbrio das contas públicas, a Suíça parece bem mais sábia do que os Estados Unidos. Os helvéticos conhecem bem, há muito tempo, os perigos das promessas fúteis de um governo grátis.

15. SUÉCIA: BEM-ESTAR NÃO É QUEBRAR O ESTADO[23]

PARAÍSO CARO E GELADO

Até se entende quando alguém olha para os países escandinavos em conjunto porque todos compartilham de estabilidade política, prosperidade econômica e clima semipolar. Mas há fatores que os diferenciam. A Dinamarca e a Noruega pertencem à Organização do Tratado do Atlântico Norte (Otan), uma aliança militar intergovernamental pactuada em 4 de abril de 1949. Ambos eram importantes parceiros da Aliança Ocidental durante a Guerra Fria. Mas a Finlândia é um caso atípico. Ela lutou contra a União Soviética em 1939-1940, sendo aliada de fato da Alemanha nazista.[24] Por imposição da antiga União Soviética, teve, depois do conflito mundial, sua política externa restringida, sendo obrigada a adotar a neutralidade como postura.

A Suécia, por sua vez, foi neutra na Segunda Guerra Mundial e assim permanece até hoje, mesmo tendo aderido à União Europeia. Ao contrário da Finlândia, a Suécia foi neutra

---

23. Com agradecimento a Dag Sourander pelos diversos comentários.

24. Foram os finlandeses que inventaram o coquetel *molotov*, que atiravam contra os blindados soviéticos como um "recado" para o ministro da Defesa russo, Viatcheslav Mikhailovitch Molotov.

por opção, desde seu envolvimento nas Guerras Napoleônicas em 1814, o que a torna o "país neutro" mais antigo do mundo.

Quando comparada a outros países europeus, a Suécia, como os demais países escandinavos, sempre foi percebida como verdadeiro "paraíso" social-democrata. Muitos setores conservadores de países do sul da Europa a viam no pós-guerra como um contraponto aos países comunistas para responder aos anseios por igualdade social, comuns na Europa a partir do século XX. Na Suécia, os governos eram eleitos, a população e a imprensa gozavam de todas as liberdades de uma democracia consolidada e, há muito tempo, vinham tentando conciliar a força do mercado capitalista com a justiça social.

A Suécia foi inúmeras vezes governada pelo Partido Social-Democrata (Socialdemokratiska Arbetarepartiet) ao longo do século XX, com ou sem coligação. Esse grande partido foi responsável pelo desenvolvimento do estado do bem-estar social. A Suécia era o paradigma da social-democracia, sempre invejada por muitos e fonte de emulação política para vários outros países, inclusive o Brasil, cuja Constituição de 1988 é essencialmente alinhada a esses ideais. O Partido Social-Democrata sueco esteve no poder, sem interrupção, de 1936 a 1976 (só durante a Segunda Guerra Mundial esteve numa coligação nacional com o Partido Liberal). Depois voltou ao poder entre 1982 e 1991, e entre 1994 e 2006. Em resumo, desde 1945 até a vitória de Frederik Reinfeldt, do Partido Moderado, nas eleições de 2006, os social-democratas foram a principal força política da Suécia. Nenhuma outra democracia pluralista europeia conheceu uma hegemonia como a do Partido Social-Democrata sueco durante tanto tempo.

O Partido Social-Democrata procurou desenvolver um sistema socioeconômico apoiado em sindicatos fortes, numa função pública robusta e sempre em expansão e numa população dependente dos serviços do Estado. Os membros do partido eram, em proporções equivalentes, sindicalistas, funcionários públicos, aposentados e desempregados. O partido foi bem-sucedido em criar as condições políticas para ganhar sempre as eleições.

Se há uma figura política identificada com a social-democracia sueca no século XX, é Olof Palme. Palme foi primeiro-ministro de 1969 a 1976, e de 1982 a 1986. Entre os dois governos de Palme, o Partido de Centro esteve no poder sem questionar os fundamentos do estado do bem-estar social. Sua maior contribuição política foi um questionamento do uso da energia nuclear. A política energética era o principal item do debate nacional sueco durante o meio e o final da década de 1970. Esse tema alimentou a maior parte da oposição e acabou sendo responsável pelo fim de quase quarenta anos ininterruptos do governo social-democrata no país. Os anos 1970 foram um período em que muitos países procuravam alguma alternativa ao petróleo, cujo preço havia disparado devido a guerras e revoluções em países produtores, favorecendo a organização de um cartel de produtores, a Opep.

Mas Palme foi assassinado em 1986, enquanto andava pelas ruas de Estocolmo, retornando a pé do cinema. Ele ia para casa com sua mulher, sem guarda-costas. Palme era um social-democrata "extremista" e levou mais longe do que qualquer outro político a ideia de conciliar uma economia de mercado com um estado de bem-estar social. Durante seu primeiro governo, a economia da Suécia foi robusta, e os níveis de assistência social eram os mais altos do mundo. Mas a situação socioeconômica do país começou a se deteriorar em seu segundo período de governo, e o mandato de seu sucessor foi marcado pelo início de uma séria crise financeira e econômica devido a excessos e distorções do sistema de bem-estar.

A CRISE QUE ENSINA

Praticamente não foram criados empregos líquidos no setor privado de 1950 a 1990, e as demissões foram superiores às contratações. Enquanto o emprego cresceu principalmente no setor público de serviços, ele diminuiu no setor privado durante 28 anos (1972 a 2000).[25] De 1960 a 2007, o percentual de pessoas que trabalhavam na agricultura e na manufatura foi também reduzido. O setor privado viu-se assim obrigado a pagar a conta pelo aumento populacional, pelo maior número de funcionários públicos e pela ampliação constante da população que recebia benefícios assistenciais.

Distorções afetaram um sistema de coberturas sociais que, na origem, procurava ser generoso e solidário. O sistema tornou-se perdulário e ineficiente, obrigando as lideranças políticas suecas a fazer profundas reformas para sair da crise e defender o que ainda lhe sobrava de capacidade de competir mundialmente. Medidas adotadas para enfrentar as consequências da turbulência, com que se deparou entre 1990 e 1994, transformaram a economia do país numa das mais dinâmicas da Europa. Essas medidas proporcionaram o *tipping point* da Suécia, seu ponto de inflexão. Houve, concomitantemente, mudanças políticas fundamentais no sistema político internacional, com o fim da Cortina de Ferro, do comunismo soviético e o desmantelamento da própria União Soviética em 1991, o que, de alguma maneira, impactou também a vizinha Suécia, embora o comércio com os países do Leste fosse pequeno e a implosão dos regimes comunistas tivesse tido pouco reflexo na economia local.

Durante a longa construção do estado de bem-estar social, várias empresas transnacionais, algumas das quais bem conhecidas no Brasil, como Scania, Volvo, Saab e Ericsson, continuaram a atuar muito bem no mercado sueco e expandiram seus negócios pelo mundo afora. Embora enfrentando custos laborais crescentes e rígidas leis de proteção social, essas empresas podiam beneficiar-se de uma força de trabalho saudável e muito qualificada, atuando num sistema de paz social, no qual greves eram raras, e com um sistema judicial estável, regido por políti-

---

25. João Marques de Almeida, "Reinfeldt, um conservador liberal", *Diário Econômico*, 31 de outubro de 2009.

cas transparentes e bem definidas, que deixavam pouco espaço para a corrupção, a burocracia e o achaque aos empresários.

Não se questiona o estado do bem-estar social, mas suas distorções, como o inchaço da máquina do Estado. A rápida expansão do estado assistencialista pode ser ilustrada pela proporção entre o emprego nos setores público e privado: em 1970, havia 0,386 funcionário público para cada empregado no setor privado; em 1990, havia 1,51 funcionário público por empregado no setor privado. "A Suécia rumava para o desastre", sentenciou Per Bylund.[26] Com crescimento fraco, os déficits fiscais aumentaram, a competitividade diminuiu e a economia estagnou, enquanto a inflação e até o desemprego aumentaram, bem como a insatisfação. Mas é preciso notar que o fenômeno da expansão do Estado social não ocorre da noite para o dia. Necessidades sociais vão aparecendo sempre gradualmente. A tendência de qualquer sistema político é de atender a reivindicações. Acomodar demandas. Expandir serviços. E por que não? Via de regra, quem aprova a expansão do bem-estar social não é quem corre atrás dos recursos para financiar essa nova despesa pública.

O CUSTO DO ESTADO ASSISTENCIALISTA

O Estado assistencialista cresceu de forma descontrolada e ampliou enormemente suas áreas de intervenção, apesar de alguns ajustes. Vários novos benefícios governamentais foram criados; leis trabalhistas extremamente rígidas foram introduzidas; setores estagnados da economia passaram a receber amplos subsídios do governo; em consequência, as alíquotas de impostos sofreram aumentos drásticos, sendo que algumas alíquotas marginais chegaram a ultrapassar os 100%. Numa tentativa de nacionalizar completamente a economia, os *löntagarfonder* (fundos de pensão de empregados) foram instituídos em 1983, depois do retorno de

---

[26]. Professor da Hankamer School of Business, Baylor University, Texas, 2013.

Palme ao poder, com o intuito de "reinvestir" os lucros de empresas privadas em ações a serem administradas pelos sindicatos.[27]

Durante esse período, os déficits orçamentários do governo explodiram e, consequentemente, a dívida do governo praticamente decuplicou de 1975 a 1985. A Suécia passou a vivenciar uma alta inflação de preços, chegando a quase 16% ao ano, uma situação agravada por seguidas e contínuas desvalorizações da taxa de câmbio com o intuito de estimular as exportações. Em 1976, a taxa de câmbio da coroa em relação ao marco alemão foi desvalorizada 3%; em 1977, em 6% adicionais no início do ano e, logo depois, mais 10% no final do mesmo ano; em 1981, 10%; e, em 1982, 16%.

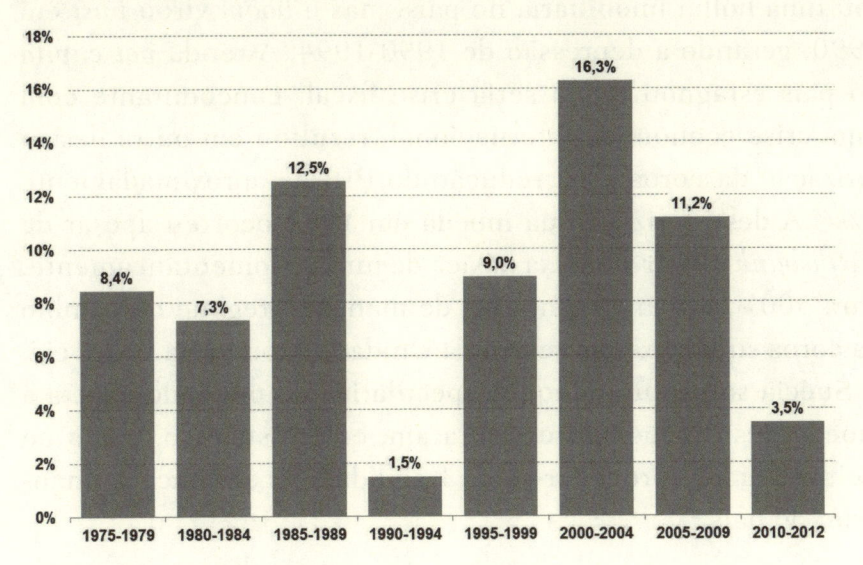

Suécia 1975-2012, crescimento do PIB *per capita* (PPC)*

Período	Crescimento
1975-1979	8,4%
1980-1984	7,3%
1985-1989	12,5%
1990-1994	1,5%
1995-1999	9,0%
2000-2004	16,3%
2005-2009	11,2%
2010-2012	3,5%

Fonte: OCDE. (*) Paridade de poder de compra.

No ano fiscal 1984-1985, o pagamento de juros da dívida do governo sueco foi equivalente a 29% das receitas tributárias do governo, igual ao gasto total do governo com a seguridade so-

---

[27]. Per Bylund, "Sobre a grande depressão da Suécia", Instituto Ludwig von Mises Brasil, 26 de novembro de 2013.

cial. De 1985 a 1989, o *Riksbank*, o Banco Central sueco, o mais antigo do mundo, datando de 1668, aumentou em 975% seus empréstimos ao sistema bancário. A consequência foi que a Suécia acabou vivenciando um grande aumento na oferta de crédito. O volume de empréstimos bancários para empresas passou de 180 bilhões de coroas, ao final de 1985, para 392 bilhões de coroas ao final de 1989, um aumento total de 117%, ou de 21% ao ano. Uma típica situação de "bolha" de crédito, com um governo tentando pedalar uma crise inevitável para frente.

Adicionalmente, as compras de títulos do governo em posse dos bancos aumentaram 36% neste mesmo período. Isso significa que o próprio Banco Central sueco forneceu as bases para a grande expansão creditícia. Esse *boom* de crédito gerou uma bolha imobiliária no país, mas o *boom* virou *bust* em 1990, gerando a depressão de 1990-1994. A renda *per capita* do país estagnou. Uma séria crise fiscal, concomitante com uma crise econômica internacional, resultou em outra desvalorização da coroa e na redução do PIB de aproximadamente 5%.[28] A desvalorização da moeda em 1992 ocorreu apesar de o *Riksbank* elevar sua taxa básica de juros, momentaneamente, para 500%, numa vã tentativa de manter o regime de câmbio da coroa sueca fixo em relação à Unidade Monetária Europeia. A Suécia sofreu um ataque especulativo do mercado contra a moeda. Os especuladores tentaram, e com sucesso, como no Reino Unido, aproveitar-se da fragilidade econômica e financeira do país.[29]

---

[28]. P. Englund, "Financial deregulation in Sweden," *European Economic Review*, vol. 34, n.2-3, 1990, p. 385-393; Korpi TBD. R. Meidner, "The Swedish model in an era of mass unemployment", *Economic and Industrial Democracy* vol. 18, n. 1, 1997, p. 87-97; Gregg M. Olsen, "Half empty or half full? The Swedish welfare state in transition", *Canadian Review of Sociology & Anthropology*, vol. 36, n. 2, 1999, p. 241–268.

[29]. Agentes do mercado atuaram bastante na Suécia e na Inglaterra e venceram a parada. George Soros tornou-se muito conhecido depois de sua "batalha" bem-sucedida contra o Banco da Inglaterra.

Além disso, com a subida excessiva dos impostos e da despesa pública, deixou de haver crescimento econômico, e o desemprego começou a aumentar em 1990, atingindo os 12%. Pior, numa economia muito dependente das exportações, o setor privado exportador havia estagnado há muito tempo. Entre as cinquenta maiores empresas suecas, apenas uma tinha sido fundada após 1970. Ou seja, o excesso de social-democracia metamorfoseou-se numa forma de protecionismo econômico, afetando gravemente a competitividade da economia sueca. Simultaneamente, um sistema com poucos incentivos econômicos e com elevados benefícios sociais diminuiu radicalmente a motivação e a inovação, promoveu o absenteísmo que, num círculo vicioso, passou a afetar negativamente a confiança nas políticas governamentais.

O estado de bem-estar social, que oferece serviços públicos de educação e saúde de alta qualidade e totalmente grátis para a população, era financiado pela pesada carga tributária. De degrau em degrau, os gastos públicos suecos atingiram 67% do PIB em 1993, uma proporção insustentavelmente elevada. Em compensação, a posição do país em termos de produção de riqueza havia caído de 4ª no mundo, em 1970, para 14ª em 1993. A economia sueca estava entrando na mais grave e prolongada recessão desde os anos 1930, o que resultou numa elevada taxa de desemprego, sem precedentes no país, e num aumento significativo do déficit do setor público.

CORAGEM PARA MUDAR

As medidas adotadas para restaurar a economia tiveram como resultado reduções drásticas das despesas públicas. Não havia outro jeito. O governo grátis tinha ido longe demais. Dessa forma governo foi obrigado a cortar gastos e a instituir uma série de reformas para melhorar a competitividade da indústria local, com isso produzindo uma moderada redução do estado do bem-

-estar social, que veio com a privatização de certos serviços e bens públicos. O sistema econômico sueco também estava muito combalido pela crise financeira causada pelos seguidos déficits públicos e pela dívida estatal acumlada. A única saída para possibilitar a volta da prosperidade econômica e do efetivo bem-estar da população era a reforma e, de fato, a própria transformação, quem sabe restauração, do sistema social sueco. E a Suécia viu-se assim obrigada a embarcar num programa de redução gradual da carga tributária e de desestatização, em aparente conflito com seu ideal de o Estado poder dar tudo a todos sem medir o custo final de nada.

A crise econômica e o desemprego levaram à derrota dos social-democratas na eleição de 1991. O Partido Moderado, cujo líder Carl Bildt montou um frágil governo de coalizão, do qual participavam também o Partido do Centro, o Partido Popular e o Partido Democrata-Cristão, substituiu o Partido Social-Democrata. Mas, apesar da ação de Bildt, o país entrou em colapso financeiro, sobretudo em setembro de 1992, quando faliu o menor dos bancos privados suecos, o Gota. Essa bancarrota provocou o que, na linguagem da crise, se conhece pela expressão "risco sistêmico". O Gota acabaria por ser comprado simbolicamente pelo governo por uma coroa e seria, em seguida, incorporado ao Nordbanken, majoritariamente dominado pelo Estado. Aliás, houve uma grande consolidação das instituições financeiras suecas naquela época.[30] O governo criou uma agência financeira para lidar com a crise, com a característica de ser política e financeiramente independente (a *Bankstodsnamnden*) para acompanhar a intervenção. Dessa forma, uma crise bancária mais profunda pôde ser evitada.[31]

---

30. Hoje, depois de várias fusões e aquisições de instituições financeiras finlandesas, dinamarquesas, norueguesas e suecas (Merita Bank, Unibank, Kreditkassesn e Nordbanken) em 1997, o banco passou a ser chamado Nordea Bank AB, ou simplesmente Nordea.

31. José Nascimento Rodrigues, "A via sueca para enfrentar a crise dos anos 1990", *Janela na Web*, 14 de setembro de 2009.

Outras medidas tornaram-se, no entanto, necessárias. Apesar de o estado do bem-estar social ter sido preservado em suas linhas gerais, um programa de desestatização foi iniciado, e a carga tributária, que representara apenas 8% do PIB sueco em 1929 e saltara para 52,2% em 1990, foi progressivamente reduzida até atingir os atuais 44,5% (dados de 2011).

Suécia 1965-2012, Carga Tributária (% do PIB)

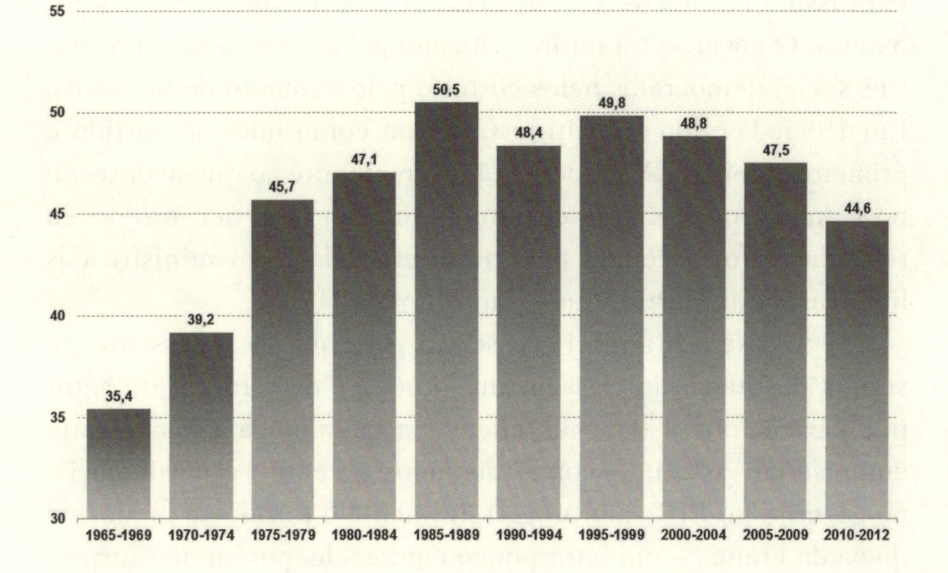

Período	% do PIB
1965-1969	35,4
1970-1974	39,2
1975-1979	45,7
1980-1984	47,1
1985-1989	50,5
1990-1994	48,4
1995-1999	49,8
2000-2004	48,8
2005-2009	47,5
2010-2012	44,6

Fonte: OCDE.

Numa tentativa de achar alguma âncora para evitar o pior, grande parte do poder político promoveu a adesão à União Europeia. Um referendo aprovou a adesão à UE com 52% de votos favoráveis em 13 de novembro de 1994. A Suécia aderiu à UE em 1º de janeiro de 1995, mas, como outros países escandinavos e o Reino Unido, manteve sua própria moeda. A Suécia parece ter aprendido a lição. Ao manter sua própria moeda, também quis preservar a capacidade de lidar com as incertezas econômicas. Ao enfrentar sua maior crise, a coroa sueca se desvalorizou, ajustando o poder aquisitivo geral para baixo. Mas, nesse mesmo movimento, a moeda mais competitiva conseguia empurrar o emprego e as exportações com mais velocidade no rumo da recuperação. Isso foi possível nos anos 1990 e pode ser novamente necessário, um dia.

Depois de três anos governada pelo Partido Moderado, durante o auge da crise, a Suécia votou mais uma vez nos social-democratas. O novo primeiro-ministro, Ingvar Carlsson, declarou que seu principal objetivo era sanear as finanças do país. Para isso, ele indicou Göran Persson para o Ministério das Finanças. O governo foi muito criticado pelos sindicatos e por outros social-democratas pelos cortes e pelo aumento de impostos. Em 1995, Persson substituiu Carlsson como líder do partido e primeiro-ministro. A sequência foi semelhante ao que aconteceu no Canadá, onde o primeiro-ministro Jean Chrétien promoveu reformas e foi sucedido pelo arquiteto delas, seu ministro das finanças, Paul Martin, que as aprofundou.

A crise dos anos 1990 serviu para que os sucessivos governos da Suécia iniciassem um processo de reforma do setor público em busca de mais eficiência econômica e dinamismo empresarial. Assim, ao longo dos anos recentes, a participação do governo no PIB caiu progressivamente e tornou-se menor do que a da França – um fator pouco conhecido, porém não surpreendente. O imposto sobre a renda das empresas teve sua alíquota reduzida para 22%, mais baixa até do que nos Estados Unidos. O sistema de pensões sueco também foi reformado.[32] O déficit orçamentário foi reduzido para 0,3% do PIB em 2013, praticamente em equilíbrio – enquanto nos EUA tem estado por volta de 7%. Enfim, uma crise monumental vivida pelos suecos e a coragem de encarar reformas, as duas juntas, ajudaram a devolver a competitividade do país, gerando empregos no setor privado, antes estagnado. A Suécia do bem-estar social continuou gastan-

---

[32]. Paulo C. de Sá Porto, "A próxima supermodelo", Análise Econômica, A Tribuna.com.br, 16 de fevereiro de 2013.

do até mais nos programas assistenciais. Mas não punha mais o carro na frente dos bois. Aprendeu a não gastar por conta de uma prosperidade incerta. Primeiro assegurou-se da prosperidade econômica para, logo em seguida, conceder mais vantagens a todos pelo estado de bem-estar social.

TODOS POR UM

As reformas de Persson foram, assim, aprofundadas e consolidadas por Frederik Reinfeldt, do Partido Moderado, liberal democrata, eleito primeiro-ministro em 2006 e reeleito em 2010. O Banco Central tornou-se mais independente a partir da crise e adotou uma meta de inflação de 2%. Foram adotadas liberalizações nos mercados de bens e serviços, como de eletricidade e ferrovias, e nos setores aéreo, educacional e previdenciário, entre outros. Foi adotado um programa de venda de parcelas de capital social da empresa OMX, que movimenta a bolsa de valores de Estocolmo, do grupo de administração de imóveis Vasakronan, assim como da empresa de bebidas Vin & Sprit, fabricante da vodca Absolut.[33] Entretanto, após as eleições de setembro de 2010, o governo Reinfeldt perdeu a maioria no Parlamento, e a oposição de esquerda, apoiada pelo Partido Democrata Sueco de extrema direita, conseguiu suspender – até nova votação – as privatizações.[34]

Em declarações à imprensa, o primeiro-ministro Reinfeldt lamentou profundamente o fato: "Creio que foi uma decisão infeliz conseguida pela parceria dos vermelhos e dos verdes com os democratas suecos. As arrecadações pela liquidação da empresa estatal destinavam-se ao resgate da dívida pública e à blindagem do país contra crises futuras." Anotem que a dívida pública da Suécia mal atinge 40,8% do PIB. A educação chegou a ser pri-

---

[33]. A empresa sueco-finlandesa OMX adquiriu a bolsa de valores em 1998 e não tem qualquer relação com empresas brasileiras. O principal índice da bolsa de Estocolmo é o OMX-S30.

[34]. "Parlamento suspende plano de privatizações do governo sueco", *Monitor Digital*, 22 de março de 2011.

vatizada, mas depois da falência, no início de 2013, de uma das principais empresas educacionais do país, deixando 11 mil alunos sem aulas, Estocolmo repensou a reforma pioneira de seu sistema escolar. Fechamento de escolas e deterioração de resultados afetaram negativamente um sistema educacional muito admirado e emulado ao redor do mundo, inclusive no Reino Unido.[35]

Ademais, foram feitos novos cortes de impostos e de benefícios, embora ainda continuem altos, em termos de comparação mundial. Mas o certo é que algo fundamental aconteceu: as políticas de contenção do Estado obeso aumentaram a eficiência da economia produtiva, turbinaram a arrecadação fiscal, mesmo com alíquotas tributárias menores, e os benefícios sociais nunca cessaram de existir. O PIB *per capita* começou a se recuperar. E os gastos sociais, cumulativamente, puderam voltar a crescer, num ambiente mais controlado.

A carga tributária mais moderada resultou numa mudança empregacional nas empresas transnacionais suecas. Em 1987, cerca de 500 mil funcionários de transnacionais trabalhavam nesse tipo de empresas fora da Suécia, e 750 mil no país. Com as reformas adotadas em países do leste e centro da Europa, empresas suecas transferiram suas linhas de produção para fora do país. Em 2006 o número de empregos nessas empresas na Suécia caiu para cerca de 500 mil – uma diferença líquida de 250 mil a menos –, enquanto em outros países cresceu para mais de 1 milhão – uma diferença líquida de mais de 500 mil. O mundo também ganhou com a maior eficiência do povo sueco. Em 2013, a alíquota para os suecos mais ricos estava em 57%.[36]

O país deu a volta por cima e é hoje um dos mais bem cotados pelo Banco Mundial no questionário conhecido como *Doing Business*. A Suécia fez o esforço de ser responsável em relação à dívida pública durante a crise da década de 1990. Desde

---

35. Reuters, 10 de dezembro de 2013.
36. *Valor Econômico*, 16 de maio de 2014.

1999, a dívida governamental, além de estar gradualmente encolhendo, está abaixo da média dos países da UE, sendo inferior a de muitos países europeus. A Suécia está seguindo um caminho pioneiro na Europa: ela está diminuindo o nível de estatismo e o tamanho do Estado. Na Suécia contemporânea, o governo grátis saiu pela porta dos fundos e não fez falta para o aperfeiçoamento do estado de bem-estar social. Como no Canadá, o controle da dívida pública foi essencial para trazer de volta a prosperidade e garantir os benefícios sociais pagos pelo povo sueco.

Os gastos públicos totais em 2009 eram de 54,9% do PIB. As despesas públicas aumentaram em termos absolutos, mas diminuíram em relação ao PIB devido ao crescimento econômico, ilustrando que não é o aumento *per se* dos gastos públicos a situação a ser evitada, mas o constante aumento destes em relação à produção nacional e sem receitas fiscais correspondentes. Em 2010 a Suécia era um dos países da OCDE com os menores níveis de déficit orçamentário e de dívida pública. A proporção do emprego no setor público diminuiu de 27,7% em 2000 para 26,2% em 2008.[37]

Os gastos públicos sociais suecos estão na casa de 30% do PIB.

2005	2006	2007	2008	2009	2010	2011	2012
29,1%	28,4%	27,3%	27,5%	29,8%	28,3%	27,6%	28,1%

Fonte: OCDE Country Statistical Profile: Sweden 2013.

Na Suécia, a crise dos anos 1990 provocou outra revolução, a do sistema de aposentadorias, antes dependente e atrelado ao resultado da arrecadação tributária. A atribuição de responsabilidades pela antiga previdência era de todos em conjunto e, portanto, de ninguém em particular. Ora, um sistema de previdência tem que funcionar com garantias públicas, mas também

---

[37]. "Trends of General Government in Sweden – An Overview 2011, Summary, Introduction and Tables", Statskontoret, 2011.

com vigilância direta dos próprios interessados, os contribuintes do sistema, mediante contas de contribuição individuais.

Foi o que se fez na Suécia. Conciliou-se a garantia pública com a eficiência privada. Contas de Contribuição Definida, tanto escriturais (NDC) como financeiras (FDC), foram estabelecidas. Cada participante passou a saber exatamente quanto tinha acumulado e a ter seu direito previdenciário muito bem definido. Com isso, a propensão ao déficit estrutural, problema principal de qualquer sistema sem fundos, foi controlada.

No sistema nacional de seguridade social sueco, o montante das aposentadorias é calculado com base em três parcelas:

- aposentadoria garantida, igual para todos, independentemente de ter havido ou não contribuições e, portanto, inteiramente suportada pelos impostos;

- a aposentadoria-rendimento, em função das contribuições pagas à previdência social durante o período de vida ativa dos aposentados; a taxa de contribuição previdenciária corresponde a uma Taxa Social Única de 16%, paga em partes iguais por empregados e empregadores;

- o prêmio de seguro, correspondente a um investimento sobre 2,5% dos rendimentos auferidos pelos aposentados durante a vida ativa; esse investimento é suportado em partes iguais pelos empregadores e empregados.

Este sistema foi criado em 1994 e, paulatinamente, introduzido até 1999, substituindo o sistema anterior em que as aposentadorias eram totalmente suportadas pelos impostos, pelo orçamento geral do Estado. As revisões periódicas do valor das aposentadorias no novo sistema nacional de seguridade sueco estão indexadas aos próprios salários, embora exista um limite para a pensão máxima a ser auferida.[38]

Governos e conselhos municipais, bem como a previdência social, aumentaram suas receitas, respectivamente, em 4,6% e 1,7%, entre 2000 e 2009. O número total de departamentos no funcionalismo foi reduzido. Muitos serviços públicos foram terceirizados. A receita do governo na Suécia pôde ser reduzida, como proporção do PIB, de 54,4% em 2003 e para 51,6% em 2012.

MAIS TRABALHO PELA FRENTE

A carga tributária, ainda alta, parecida com a brasileira, é contrabalançada por um funcionalismo ágil e eficaz, pela simplificação das relações econômicas entre o Estado e o contribuinte, bem como pelo baixo grau de intervencionismo nas atividades econômicas e nos negócios. No índice de facilidade de fazer negócios do Banco Mundial, a Suécia se posicionou em 14º lugar entre 183 países em 2011 e 2012. Houve melhora lenta, porém gradual e efetiva, de seu ranking em 2013.[39] No quesito de comércio através das fronteiras, que inclui documentação e tempo necessários além de custo por contêiner, o país está na 8ª posição. Geralmente, são necessários oito dias para exportar, e para importar, apenas seis.[40] O Brasil situa-se no extremo oposto neste quesito.[41]

A Suécia está bem no índice de liberdade econômica da Heritage Foundation. Há décadas, o país vem aumentando, gradualmente, sua posição no *ranking*.[42] Só que, ainda mais impor-

---

38. Helena Rato, "Políticas europeias de emprego público em contexto de austeridade – estudos de caso: Reino Unido, Suécia e França", Direção-Geral de Administração e do Emprego Público (DGAEP), dezembro 2012.

39. Doing Business, International Financial Corporation – World Bank, junho de 2012.

40. Doing Business, International Financial Corporation – World Bank, 2014.

41. Sobre essa e tantas outras comparações internacionais importantes, ver no final do livro, o Anexo Estatístico

42. The Heritage Foundation, 2013.

tante do que esse aumento gradual, são as características suecas nesse *ranking*. Dos dez fatores levados em consideração, apenas em três a Suécia tem liberdade abaixo da média mundial, que são liberdade fiscal, gastos governamentais e liberdade trabalhista, aliás, um resultado relativo, pois a carga tributária é elevada, porém muito bem despendida. Dos três, na "liberdade" trabalhista, a Suécia está só um pouco abaixo da média mundial, mas em outros fatores, como liberdade de negócios e direitos de propriedade, a Suécia está bem acima da média. Quanto aos direitos de propriedade, a Suécia disputa acirradamente a liderança mundial, sendo que o país liderou esse quesito na década de 2000.

As reformas na Suécia tiveram impacto significativo na medida em que o seu tempo de maturação fluia. O Fórum Econômico Mundial classificou a Suécia como a 4ª economia mais competitiva do mundo no Índice de Competitividade Global de 2009-2010. No Índice de 2010-2011, a Suécia subiu duas posições e passou a ocupar o segundo lugar. O país é classificado em 6º lugar no Anuário de Competitividade do Institute for Management Development (IMD) de 2009, graças à alta pontuação em termos de eficiência do setor privado, o que indica que este se recuperou, ficou mais robusto e voltou a contribuir decisivamente para a prosperidade sueca. No livro, *The Flight of the Creative Class*, o Professor Richard Florida, da Universidade de Toronto, classifica a Suécia como tendo a melhor posição no índice de criatividade na Europa para fazer negócios e deve, assim, se tornar um "ímã" de talentos para trabalhadores qualificados de todo o mundo.[43]

Portanto, não corresponde mais à realidade chamar a Suécia de socialista, como foi chamada um dia por setores conservadores. Mais um governo grátis foi expelido da cena política pela via democrática. Principalmente a partir de meados da década de

---

[43]. World Economic Forum – Global Competitiveness Report, 25 de novembro de 2009; *World Economic Forum – Global Competitiveness Report*, 09 de novembro de 2009.

2000, quando os efeitos da reforma dos anos 1990 começaram a dar resultados, ficou claro que o país sabe ser capitalista sem remorso nem preconceito. Tampouco o país escandinavo descurou do estado de bem-estar social, afinal de contas, uma "invenção" da engenharia pública sueca em favor da harmonia social. Os suecos provam que é possível combinar capitalismo competitivo com o estado de bem-estar social, o grande objetivo de Olof Palme, embora redefinido de uma maneira algo distinta daquela por ele vislumbrada.

A Suécia ainda emprega 30% da sua força de trabalho no setor público, o dobro da média de outros países desenvolvidos, mas possui também um setor privado robusto, dinâmico e internacionalizado. Na Suécia, o setor público é cobrado como se privado fosse. Essa é a diferença. A Suécia tem empresas em setores de ponta, como a Skype, recentemente adquirida pela Microsoft, e a Ericsson, em telecomunicações, e outras tantas da economia tradicional, como Siemens, Volvo e Saab, nos setores de energia e transportes, defesa e automotivo.[44]

A principal lição dada pela Suécia não é ideológica, mas prática. O "Estado grande" é popular não por ser grande, mas por ser eficiente, apesar de grande. O contribuinte sueco é visto e tratado com respeito, como um cliente do Estado que merece ser ajudado e não punido. O sueco paga imposto de bom grado porque há, de fato, um retorno tangível: transportes urbanos eficientes, escolas decentes, prestação de cuidados de saúde gratuitos para toda a população etc. A Suécia conseguiu reformar o Estado por meio de negociações com sindicatos e *lobbies* empresariais, mostrando que é possível injetar mecanismos de mercado no estado de bem-estar para estimular o emprego, o crescimento econômico e a eficiência do serviço público.

---

44. O Brasil anunciou recentemente a compra de caças fabricados pela Saab. A eventual produção de caças no Brasil deve ocorrer a partir de novas perspectivas de cooperação entre os dois países. O Brasil pode aprender muito com a Suécia.

A Suécia beneficiou-se de vários fatores: coesão étnica, social e cultural. Contrariamente à visão frequentemente propalada, o sucesso da sociedade sueca não é exclusivamente resultado do estado de bem-estar, mas da primazia de valores tradicionais como honestidade, frugalidade e parcimônia. Inegavelmente, o estado do bem-estar social contribuiu para o desenvolvimento socioeconômico da Suécia, catalisando as virtudes de sua sociedade. Distorções supervenientes fizeram com que o sistema parasse de ser eficiente. Poucas nações no mundo demonstraram tão claramente como um fenomenal crescimento econômico pode ser alcançado a partir da adoção de políticas de livre mercado associadas a ideias de inclusão e igualdade social. Depois de ver seu patrimônio de harmonia social ameaçado, a Suécia, como o Canadá, talvez seja um dos exemplos mais claros da importância de se fazer reformas para o país prosperar. Sem qualquer apelo a governos grátis.

Aliás, depois de ver o custo dos Jogos Olímpicos de Inverno em Sochi – US$ 50 bilhões –, Estocolmo desistiu de realizá-los em 2022. A cidade, disse seu prefeito Sten Nordin, tem outras prioridades e avalia que a conta para organizar os Jogos Olímpicos seria alta e que um eventual prejuízo teria de ser coberto com dinheiro público. Aceitar os Jogos seria "especular com o dinheiro do contribuinte", e a cidade tem outras prioridades. O prefeito sentenciou: "Os cidadãos que pagam impostos exigem de seus políticos mais do que previsões otimistas e boas intuições (sobre o orçamento). Não é possível conciliar um projeto de sediar os Jogos Olímpicos com as prioridades de Estocolmo em termos de habitação, desenvolvimento e assistência social", disse. Ideias e comportamentos políticos que, esperamos, sirvam de inspiração a gestores públicos modernos e éticos no Brasil.

16. CANADÁ: BONS LÍDERES FAZEM DIFERENÇA

ENCONTRO COM O GOVERNO GRÁTIS

Antes dos anos 1970, o Canadá mantinha orçamentos equilibrados e gastos governamentais frugais. Mas Ottawa começou a abandonar essa disciplina quando os gastos federais e provinciais pularam de menos de 15% do PIB, em 1965, para 23% em 1993. Esse foi apenas o começo de uma difícil experiência de governo grátis. O Canadá sucumbiu ao apelo de demandas sociais de fato crescentes, e a situação fiscal do país acabou se deteriorando de forma significativa até os governantes se darem conta de que gastos descontrolados e déficits orçamentários, em particular pelas províncias, agravados por desvalorização cambial e juros altos, não poderiam perdurar por muito tempo. Ou o Canadá acabava com a prodigalidade fiscal, ou a irresponsabilidade acabaria com o Canadá. Os canadenses votaram pela primeira alternativa. Hoje, o Canadá consegue exibir notável desempenho em prestação social à população, com orçamentos públicos controlados e, em geral, equilibrados.

No Canadá, há uma peculiaridade: a força política das províncias – que um analista desatento poderia concluir como sendo uma dificuldade insuperável para o equilíbrio fiscal daquela delicada federação – oferece, no entanto, uma dica para os brasileiros. Embora seja difícil, sim, lidar com interesses provinciais não raro díspares, essa situação não é, como se alega no Brasil, um caso perdido. É possível alinhar interesses estaduais em torno de pautas nacionais para o benefício conjunto. A verdade é que ninguém entra numa negociação para perder. É equivocado abordar o tema da reforma tributária no Brasil como sendo um "perde-ganha". Todos, de fato, ganharão, e muito, se a reforma respeitar a lógica e os principais interesses de cada localidade. O Canadá conseguiu realizar uma reforma tributária prodigiosa, vencendo as picuinhas provinciais, mas respeitando a lógica das pautas de desenvolvimento local.

No Canadá, as províncias têm o poder de determinar suas próprias políticas fiscais e tributárias. Ontário e Quebec, as maiores e mais ricas províncias, passaram por uma séria crise fiscal. Desde 1981, o governo provincial de Quebec foi responsável por 80% do crescimento de gastos públicos na província.[45] Esses gastos foram principalmente para a saúde, educação e serviços sociais (habitação para idosos, cuidado de pessoas excepcionais, creches e suporte a famílias com crianças). Tudo justificava o aumento deficitário do gasto público, em nome do social. Não havia por que cogitar uma eventual falta de recursos. Afinal, governos grátis existem para fazer recursos aparecerem. Esse crescimento da despesa social aconteceu mais rápido em Quebec do que em Ontário, ou no resto do Canadá. Quem sabe, pela influência francesa, em Quebec, do "grande governo", que tudo pode. Com menos ímpeto, todas as províncias seguiram o exemplo gastador de Quebec. As despesas provinciais dobraram entre 1965 e 1993 e suas dívidas mais do que triplicaram.

---

45. Jonathan Deslauriers; Robert Gagné, "Dépenses Publiques au Québec: Comparaisons e Tendances", Hautes Etudes Commerciales (HEC), Montreal, 2013.

Canadá, Despesas Federais por função (2010-11)

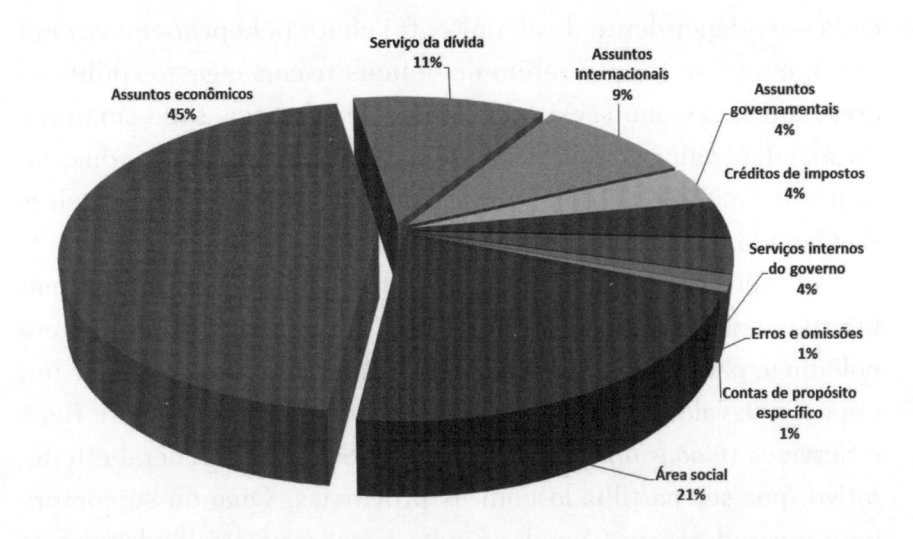

- Assuntos econômicos 45%
- Serviço da dívida 11%
- Assuntos internacionais 9%
- Assuntos governamentais 4%
- Créditos de impostos 4%
- Serviços internos do governo 4%
- Erros e omissões 1%
- Contas de propósito específico 1%
- Área social 21%

Fonte: Statistics Canada.

O perfil das despesas do governo canadense revela que o principal item são os assuntos econômicos (42%) e sociais (21%), entre os quais se encontra a saúde, com o Canada Health Care Act (Lei de Prestação de Saúde do Canadá), e a aposentadoria com o Canada Pension Plan (Plano de Pensões do Canadá).

As pensões são de alçada federal, como na Suíça e noutros países avançados, embora algumas províncias tenham seus próprios planos complementares, como Ontário e Quebec, onde a saúde tem dupla jurisdição. O governo federal estabelece as diretrizes fundamentais, mas são as províncias que as executam. Isso gera um conflito quase permanente entre os entes confederados. O relacionamento de Ottawa com as províncias é sempre delicado, não apenas por questões econômicas e financeiras, mas também linguísticas e culturais. Por exemplo, mesmo nas províncias anglófonas, há muita diferença cultural entre, por exemplo, as províncias marítimas, na costa do Atlântico, a província de Ontário e, mais além, a província de Alberta.

MULRONEY, O DESAJUSTADO QUE DEU CERTO

Brian Mulroney, um liberal-conservador de ficha complicada – ex-dependente de álcool –, foi eleito pela primeira vez em 1984, e logo se tornou refém de déficits fiscais e gastos públicos crescentes. O Canadá estava no ápice da gastança, tudo em nome do social. O valor do dólar canadense despencara, chegando quase a valer metade do dólar americano. Os problemas financeiros do Canadá tornaram-se motivo de chacota internacional.

Além de todos os problemas financeiros e os de imagem internacional, a percepção doméstica do governo Mulroney era polêmica, para dizer o mínimo, devido à introdução que fez de um imposto de valor agregado nacional, chamado Imposto sobre Bens e Serviços (*Goods and Services Tax* – GST), que é federal e federativo, por ser partilhado com as províncias. Quando se compra uma mercadoria no Canadá, a nota fiscal vem detalhada com as parcelas federal e provincial do imposto. Nos dias atuais, essa providência seria acatada e não atacada. Mas, nos anos 1980, a visão convencional era de que a providência de Mulroney resultaria num aprofundamento da estagnação da economia. O conceito keynesiano de o governo produzir altos déficits fiscais como medida de estímulo à demanda era a crença geral. Mulroney, contudo, foi pela linha da dupla Reagan-Thatcher. No Canadá, isso cheirava muito mal. O remédio fiscal, entretanto, foi mudado. A fórmula keynesiana foi parar no lixo e algo novo foi implantado: *o governo que paga suas contas*. Para isso, era inevitável a elevação do imposto.

Na época, a posição de Mulroney e do Partido Conservador Progressivo, como se chamava sua agremiação, se tornou politicamente insustentável. Mulroney foi execrado pela mídia e pela sociedade. A imagem do primeiro-ministro permaneceu, de forma injusta, bastante arranhada, mesmo depois de deixar o poder com sua derrota na eleição de 1993. Mas, com o passar do tempo, o Canadá constatou que a adoção desse novo imposto – e a influência positiva da era Mulroney – foi uma das peças fundamentais para a nação sair do buraco e emergir com força para um novo tempo de progresso econômico e social.

CHRÉTIEN: O FIM DA HERANÇA MALDITA

Os liberais, que no Canadá constituem, apesar do termo liberal, o pensamento de centro-esquerda, voltaram ao poder com Jean Chrétien, natural de Québec.[46] Tinha tudo para dar errado. O ministro das Finanças era Paul Martin, outro francófono. Longe de reclamar da "herança maldita" deixada por Mulroney, o novo primeiro-ministro encarou a nova realidade do país, e o governo Chrétien iniciou uma verdadeira revolução na continuidade do esforço de Mulroney de sanear as contas públicas. Tal continuidade politico-administrativa, de Mulroney para Chrétien, foi a consolidação do ponto de virada (*tipping point*) que permitiu ao país voltar a ser próspero, depois de um hiato de duas décadas.

O primeiro ano do governo Chrétien foi decepcionante. Era 1994. Martin resolveu articular uma nova direção para o governo federal, anunciando que agiria para "implementar a visão de um novo papel para o governo. Um governo menor... e mais hábil" (*smaller... and smarter government*, em inglês). Mas a fórmula agora não era mais a de elevar impostos e, sim, segurar gastos. O orçamento de 1995 dependia de implantar tais cortes de gastos. Todas as áreas estavam envolvidas: transporte, indústria, desenvolvimento regional, ciência, transferências às províncias etc. Tudo foi cortado, com exceção do pagamento de juros da dívida.

Foi nesse ambiente político em que "muitas vacas sagradas" – as chamadas conquistas imutáveis – começaram a ser debatidas pela sociedade, entre elas a saúde e a previdência. A ideia era, com certeza, manter a cobertura na prestação pública à sociedade, mas de uma maneira que não mais jogasse recursos pela janela. Era preciso encontrar meios mais eficientes e econômicos de fazer as coisas.

---

46. Aliás, Mulroney, apesar de ser família de origem inglesa, era originário de Montreal em Quebec.

O antigo governo do primeiro-ministro Lester B. Pearson estabelecera, lá atrás, contribuições iniciais para o Canada Pension Plan (CPP), de 1,8% do salário anual do trabalhador. Entre meados das décadas de 1970 e 1990, Ottawa produziu déficits fiscais seguidos, e o valor da dívida pública triplicou. No final dos anos 1980, aproximadamente 30% da receita fiscal já estava comprometida com o pagamento de juros para rolar a dívida pública, sinal das dificuldades de Ottawa em executar orçamentos equilibrados. O CPP também se tornara insustentável porque os pressupostos com que fora concebido – população economicamente ativa, contribuições crescentes e contínuo crescimento de renda – não eram mais válidos.

Nos anos 1990, chegou-se também à conclusão que a estrutura *pay as-you-go* do sistema previdenciário (quer dizer, um sistema de aposentadorias baseado apenas em recolher contribuições e gastar toda a verba no mesmo ano, daí o termo técnico de "repartição simples") levaria a alíquotas excessivas de pagamento em vinte anos devido a mudanças demográficas, maior expectativa de vida, mudanças econômicas, melhores benefícios e expansão de mais benefícios de incapacidade.[47] O mesmo estudo previu que o fundo de reserva seria exaurido em 2015. A perspectiva de uma crise previdenciária tornou-se uma séria possibilidade. Isso levou a um reexame por parte dos governos federal e provinciais de suas previsões sobre como o CPP deveria ser reestruturado para alcançar a sustentabilidade do sistema em 1997.

Foi decidido:

- elevar as contribuições para 6% em 1997 e para 9,9% em 2003;

- limitar os custos administrativos e operacionais do CPP;

---

47. "Optimal Funding of the Canada Pension Plan", Actuarial Study n. 6, Office of the Chief Actuary, abril de 2007.

- evoluir para uma estrutura híbrida para aproveitar dos rendimentos dos ativos acumulados. Abandonar a estrutura *pay as-you-go* para outra, de financiamento de 20% do fundo, a partir de 2014. Tal taxa seria gradualmente elevada para 30%, até 2075. Assim o Fundo de Reserva do CPP seria igual a 30% das obrigações acumuladas.

Segundo as regras atuais do Plano de Pensões Canadense (CPP, na sigla em inglês), as retenções dos salários dos trabalhadores, a partir de 2003, foram de 4,95% para quem ganha entre C$ 3.500 e C$ 51.100 ao ano. O desconto máximo, para quem tem salário acima desse teto, é de C$ 2.356,20.

O benefício é 25% dos salários sobre os quais as contribuições ao CPP foram feitas ao longo da vida do trabalhador entre 18 e 65 anos. O benefício médio em 2013 para uma aposentadoria aos 65 anos foi de C$ 595,66, e o máximo, de C$ 1.012,50. Se a aposentadoria for solicitada aos 60 anos, o benefício é 30% menor, mas se for requisitada aos 70 anos, o benefício é 30% maior. Os profissionais liberais pagam 9,9% de seus rendimentos ao CPP. Essa quantia é dividida equitativamente entre o trabalhador e o empregador para quem ganha entre C$ 3.500 e C$ 51.100 ao ano. Em média, cada aposentado recebe C$ 7.234,32, e a aposentadoria mais alta é de C$ 12.150 ao ano. Para cada contribuição individual, o governo faz um aporte de duas vezes o valor. Há aposentadorias por invalidez e também pensões aos herdeiros quando o participante morre antes da idade de aposentadoria.

O aumento de contribuições previdenciárias – uma proposição política indigesta num país com elevada carga tributária – ou, então, uma drástica redução de benefícios em coberturas pareciam ser as únicas formas de sobrevida do programa previdenciário, em particular, com a incipiente aposentadoria em massa da geração dos *baby boomers*, nascidos entre os anos 1940 e 1960.

O que fez o Canadá? O governo flexibilizou sensivelmente suas leis migratórias para atrair jovens trabalhadores. Esperavam, assim, as autoridades atrair mão de obra estrangeira para reabastecer, com seu trabalho e novas contribuições, os cofres da previdência. Isso, porém, não foi uma solução universal. Os déficits continuaram, e os custos com o pagamento de juros para rolagem da dívida pública mais do que triplicaram, o que reduziu muito o espaço de manobra dos governos federal e provinciais.

Uma séria crise financeira, preanunciada, produto da experiência malograda de governos grátis, se abateu sobre o país a partir de meados dos anos 1980. Parecia o fim da linha para o Canadá, mas foi, pelo contrário, apenas o começo, um ponto de virada, de conscientização geral, um *tipping point*, que fez brotar um novo pacto político para controlar os gastos públicos e a dívida canadense.

Como a política econômica é conduzida em conjunto pelas áreas federal e provincial, o pacto englobou todas as áreas da economia canadense. A política monetária é exclusivamente decidida por Ottawa, mas a política fiscal e tributária continua sendo compartilhada com as províncias. Devemos reconhecer que essa seria uma receita certa para o desastre, caso não houvesse consenso na adoção de estrita disciplina orçamentária. Não foi fácil costurar essa engenharia política no Canadá. Os chamados "direitos sociais" costumam ser percebidos como conquistas imutáveis – e por que não? –, e assim se convertem em poderosos obstáculos para um país alcançar algum tipo de racionalidade na gestão pública.

Foi nesse ambiente político carregado, que o Parti Québécois (PQ) decidiu aproveitar a fraqueza do governo federal, que estava péssimo nas pesquisas de popularidade, e convocar outro referendo sobre a separação do Quebec. O resultado foi apertadíssimo, e a "soberania", como é chamada a pretendida autonomia política nessa província, quase venceu. A percepção de instabilidade contribuiu para a piora da situação financeira e cambial do país. A política quebequense estava envolvida até a raiz dos cabelos porque ambos, Chrétien e Martin, são originários da província de Quebec. Foram chamados de traidores do Quebec por militantes da separação durante toda a campanha política.

Ironicamente, depois da vitória do federalismo, quando o Canadá continuou unido, o tamanho do governo federal foi reduzido de 16,2% do PIB, em 1994, para 13,1% em 1996. O emprego no setor público foi reduzido em 14%.[48] A nova disciplina fiscal rapidamente rendeu dividendos. O fato de o vizinho, os EUA, ir bem financeiramente também contribuiu para a retomada canadense. Gastos do governo federal em relação ao PIB caíram mais rápido do que o previsto. Os gastos provinciais seguiram o exemplo federal, algo inusitado, e foram de 25% do PIB em 1994 para 20% do PIB em 1996. O governo federal permaneceu superavitário nos anos seguintes até a recessão de 2009. Isso tudo aconteceu apesar da troca de primeiros-ministros, quando o liberal Jean Chrétien foi substituído, em 2003, por Paul Martin, que se tornara líder do Partido Liberal e, depois, pelo conservador Stephen Harper em 2006.

Gastos com programas do governo caíram 9,7%, em termos nominais, entre 1994/1995 e 1996/1997; a dívida pública caiu para menos de metade, de 68% do PIB para 39% do PIB em 2008/2009; a economia do país cresceu em média 3,1% ao ano, o nível mais alto entre as economias do G-7; o emprego cresceu em média 2,1% ao ano entre 1997 e 2007; e a proporção da população que recebia assistência social em programas de pobreza pôde ser reduzida – um fato bom – de 10,7% em 1994 para 5,1% em 2009.

---

[48]. Brian Lee Crowley; Tim Knox, "How to Cut Government Spending: Lessons from Canada", Centre for Policy Studies, Londres, janeiro de 2012.

TUDO PELO GOVERNO EFICIENTE

O retorno a superávits fiscais, combinados com um desempenho econômico mais robusto que previsto, possibilitou ao governo canadense um corte de impostos, inclusive do imposto de renda de pessoas físicas e jurídicas e impostos sobre ganho de capital.

Canadá 1991-2012, Dívida do Governo Central (% PIB)

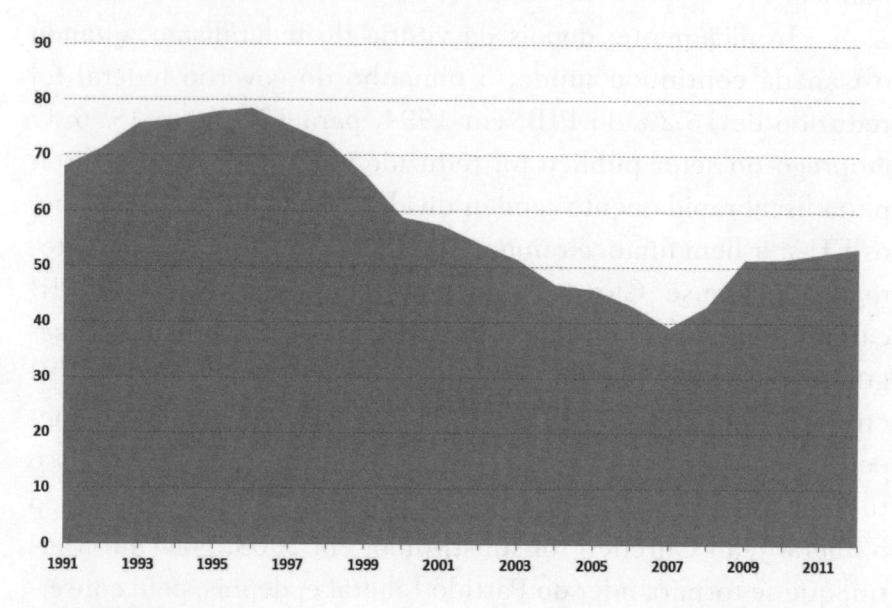

Fonte: Banco Mundial.

Devido à crise financeira, o governo Chrétien decidiu fazer uma abordagem inovadora em relação aos gastos públicos. Tal como os democratas, nos EUA, os liberais canadenses eram tidos como gastadores. Mas foram eles que conseguiram completar o trabalho do antecessor Mulroney. Os liberais equilibraram o orçamento, reduzindo os gastos e a dívida. Permitiram, assim, recuperar o valor da moeda canadense. E não é dizer que tudo fosse favorável no ambiente externo. Foi nesse clima que estourou a crise mexicana (crise Tequila), em dezembro de 1994. Acabara de entrar em vigor o Nafta, acordo de livre comércio entre Estados Unidos, Canadá e México. O impacto desse acordo foi profundo, tanto no Canadá como no México, talvez até mais do que para os Estados Unidos. É inegável, porém, que os três países prosperaram muito em função do Nafta.

Chrétien venceu as eleições seguintes, em 1997, quando o pior momento da recessão – a crise asiática – estava ainda por começar. Mas Chrétien deveu sua vitória, naquele ano decisivo, ao voto de Ontário, que não era sua província, mais do que ao apoio de Quebec. O final dos anos 1990 foi de plena recuperação. Chrétien governou até pedir demissão, em 2002, quando foi substituído por Paul Martin, o arquiteto das reformas econômicas. Mas o governo de minoria de Paul Martin não poderia durar muito tempo. Foi obrigado a renunciar devido a um escândalo político-financeiro. O partido Liberal de Martin pagou o preço de um esquema escuso em que "amigos" do governo teriam sido favorecidos com o desvio de fundos públicos destinados a um programa de propaganda em prol da unidade canadense na província de Quebec, entre 1995 e 2002.

CICLO FECHADO: RETORNAM OS CONSERVADORES

Os conservadores, apesar de ainda bastante desgastados pela experiência de Brian Mulroney, voltaram ao poder em 2006, com Stephen Harper, depois de promover a fusão do Partido Conservador Progressista com a Aliança Canadense. O partido adotou o nome de Partido Conservador. Harper, da província de Alberta, a mais rica do país em recursos naturais, e por não ser do eixo Ontário/Quebec que dominara até então a governança do país, representava um novo paradigma da política canadense.

Afastando-se da retórica política, Harper manteve os principais aspectos do governo liberal, inclusive os programas de saúde, com uma dose suplementar de privatização, visando melhorar a atenção à população que sofria com a espera por atendimento médico não emergencial e com a transferência de pacientes para os Estados Unidos, em certos casos, como o de tratamentos mais complexos contra o câncer.

Estima-se que o custo total do sistema de saúde em 2006 era correspondente a 10% do PIB do país. "A saúde é socializada, mas com nuances do capitalismo permeando", disse o médico brasileiro Daniel Garros, do Children's Hospital, de Alberta, citando a presença de marcas e de nomes de empresas em unidades e em equipamentos médicos. Ainda assim, embora o sistema conte com aprovação de 70% dos canadenses e 82% da população prefira o sistema de saúde canadense ao americano, os problemas não desapareceram: "Nunca há leitos suficientes para todos os pacientes e há emergências lotadas", atestou num comentário que deve ser quase universal. "Não existe luxo nos hospitais e centros de saúde, mas o atendimento é o que se precisa ter, e a morte de um paciente por falha na assistência seria uma vergonha nacional", enfatizou o Dr. Garros numa palestra recente no Brasil.[49]

Reeleito em 2011, Stephen Harper, que se identifica ideologicamente com os *Tories* do Reino Unido e os republicanos dos EUA, apoia, e sempre apoiou, a disciplina fiscal. Assim, ele manteve os fundamentos econômicos estabelecidos por Paul Martin nos anos 1990. As reformas feitas pelo Partido Liberal na década de 1990 ainda rendem benefícios. A economia canadense decolou depois das reformas de meados dos anos 1990. A relação dívida pública/PIB do Canadá permaneceu a mais baixa entre os membros do G-7, e o crescimento foi robusto nos anos 2000. Além do mais, o Canadá passou pela recessão de 2001 e, principalmente, pela grande recessão de 2009, relativamente bem, se comparado com os demais membros do G-7, inclusive os EUA. Em comparação com os bancos americanos, os canadenses praticamente não foram afetados na Grande Recessão devido à maior fiscalização e à regulamentação do seu sistema bancário.

---

[49] "Sistema de saúde canadense foi tema de palestra no Hospital Roberto Santos", Secretaria de Saúde, Governo da Bahia, 12 de abril 2013.

SEM CONCESSÕES NA SAÚDE

À medida que a riqueza aumenta, aumentarão também as expectativas da população. Dois fatores – o envelhecimento da população e o crescimento do PIB – podem criar um *gap* entre as expectativas e a realidade fiscal dos governos federal, provincial e municipal. Segundo Oxford Economics, haverá um custo adicional de C$ 90 bilhões ao ano, até 2025, com a prestação de serviços públicos, em particular na área de saúde. Para enfrentar este *gap*, o serviço público teria de aumentar sua eficiência em 0,9% ao ano. Se o governo conseguir 1% em ganhos de eficiência, poderá economizar C$ 99 bilhões até 2025, segundo o cálculo da consultoria Accenture. A demanda popular por ganhos em eficiência é grande.[50] Ser eficiente passou a ser proposta de governo que ganha as eleições, tanto no Canadá como, esperamos, no Brasil.

O primeiro sistema de saúde numa província canadense se deu em 1944 na longínqua Saskatchewan, quando essa província ainda era governada por Thomas Clement Douglas, um pastor batista escocês. "Tommy" Clement, o primeiro político social-democrata da América do Norte, introduziu o sistema de "pagador único" na saúde. Em 1961, todas as dez províncias já possuíam sistemas de saúde semelhantes ao do pastor. Em 1966, o *Medical Care Act* foi instituído, permitindo que cada província mantivesse seu próprio plano de saúde e tomasse as principais decisões a respeito dele. Já em 1984, o Canadá criou uma legislação federal bastante específica, denominada *Canada Health Act* (CHA), que prevê que todos os cidadãos tenham acesso a serviços gratuitos de saúde. Os gastos são cobertos pelo fundo público, mas os serviços são prestados por empresas privadas.[51]

---

50. Bernard Le Masson; Brian J. Moran; Steve Rohelder, "Um novo olhar para os serviços públicos", Accenture, março de 2013. Disponível em: http://www.accenture.com/br-pt/outlook/Pages/outlook-journal-2013-radically-rethinking-public-services-government.aspx.

51. Cinthia Granja Silva, *Análise comparativa das características dos sistemas de saúde nas Américas*, Gestão de Políticas Públicas da Escola de Artes, Ciências e Humanidades da Universidade de São Paulo, 2012.

No Canadá, o médico de família é o centro da assistência, e ninguém vai a um especialista sem passar por ele. Essa providência economiza recursos públicos. Destaca-se outro aspecto que ajuda a segurar a despesa bilionária em saúde: uma parceria eficiente, com papéis bem definidos, do governo com a indústria prestadora de serviços e com a própria população, tudo para manter os custos em saúde sob controle. No Canadá, não se paga diretamente pelos serviços de saúde prestados, exceto para o serviço odontológico.

O Canadá, como outros países avançados, em particular Suécia e Reino Unido, possui um sistema público de saúde que usa a avaliação econômica numa tomada de decisão pelo prestador médico. Por exemplo: a decisão de prolongar a vida de um paciente a todo custo não é considerada uma opção ótima. O fato de as técnicas atuais em Unidades Intensivas poderem esticar o sofrimento de um paciente terminal tem de ser avaliado em face do seu elevado custo social, sobretudo, se a qualidade de vida em estágio final não compensar tanto sofrimento do próprio paciente de modo claro e definitivo.[52]

O sistema canadense em saúde adota muito mais controle estatal do que o americano, e, por isso, paradoxalmente, é bem *menos* dispendioso. O poder público atua onde deve, regulando e avaliando, mas nunca executando, para não gerar conflitos de interesse entre a aferição e a prestação. Para começar, os salários dos médicos e os preços de remédios não são tão altos, fazendo com que, ironicamente, muitos americanos procurem o Cana-

---

52. Existem quatro tipos de análises econômicas em saúde: custo-benefício, custo-minimização, custo-efetividade e custo-utilidade. As abordagens mais utilizadas atualmente no setor saúde são as duas últimas. A análise custo-efetividade (ACE) é uma forma de avaliação econômica completa na qual se examinam tantos os custos como as consequências (desfechos) de programas ou tratamentos de saúde. O resultado da ACE é expresso, por exemplo, em custo por ano de vida ganho. A análise custo-utilidade é centrada particularmente na qualidade do desfecho em saúde produzido ou evitado e introduz o conceito de QALY– Quality--Adjusted Life Years (M. Drummond et al., *Methods for the economic evaluation of health care programmes*. Oxford. Oxford University Press, 1997).

dá para comprar medicamentos e para realizar seu tratamento. Tampouco se gastam no Canadá as fortunas financeiras despendidas nos EUA para comprar prêmios de seguros na vasta rede de proteção armada pelos médicos para se protegerem de ações judiciais contra práticas equivocadas e outros erros médicos.

UM FUTURO BEM PLANEJADO

Outra área de fortes tensões políticas refere-se às aposentadorias, especificamente ao Canada Pension Plan, um desafio desde os anos 1960. Aliás, a aposentadoria dos cidadãos é, ao lado da saúde, provavelmente um dos maiores desafios para a grande maioria de países do mundo, adiantados ou emergentes. Atualmente, cada trabalhador canadense tem de contribuir com 9,9% de seu salário para o CPP.

O Canadá é um exemplo admirável de um país que entendeu bem que as propostas de governo grátis são enganadoras e não trazem prosperidade. Foi feito um esforço hercúleo, iniciado por um partido político conservador, e aprofundado pelo outro, de centro-esquerda, quando assumiu o poder. Nada de heranças malditas e de outras afirmações estapafúrdias sobre erros de opositores políticos. Coisa boa se copia, se imita, se preserva e se aperfeiçoa.

Os canadenses reconheceram os principais problemas que afligem a população – a saúde e a aposentadoria – e buscam soluções de longo prazo levando em conta a realidade fiscal do país. Eles não querem a volta de déficits, dívidas e desvalorização cambial, com empobrecimento da população, que já ameaçaram a prosperidade da população por três décadas. O governo grátis ficou para trás, mesmo no Quebec separatista e mais estatizante. O Canadá federativo e plural mostrou que as diferenças entre entes federativos não é razão para não se fazer um governo eficiente, longe do mito da gratuidade pública.

17. MÉXICO: A ÁGUIA PEGOU A SERPENTE

APRENDIZADO EM CURSO

O México, sociedade emblemática do corporativismo latino-americano, é um país que está finalmente aprendendo sobre os perigos de se acreditar no mito do governo grátis. A grande crise financeira mexicana, em dezembro de 1994, foi causada por desequilíbrios no setor externo do país, todos associados à especulação, à inflação e, finalmente, à fuga de capitais. E por trás desses eventos, estava exatamente o próprio governo. Até aquele momento, a economia parecia uma referência, embora ilusória, para o sistema financeiro internacional. Os capitais internacionais têm apreço especial pelo México; para usá-lo e, depois, deixá-lo na mão. A ilusão, compartilhada por mexicanos e estrangeiros, era de que o México se tornara um país moderno e alinhado às reformas recomendadas pelo chamado Consenso de Washington, tendo recebido grande quantidade de investimento externo, enquanto mantinha o peso mexicano colado ao dólar, num sinal de força financeira.

O Tratado Norte-Americano de Livre Comércio (Nafta, na sigla em inglês) com os Estados Unidos e o Canadá acabara de entrar em vigor e parecia dar respaldo às políticas mexicanas de moeda forte. Mas a crise financeira, resultante do ataque súbito contra o peso, naquele Natal de 1994, liquidou a confiança dos aplicadores da noite para o dia, empurrando a economia local para uma severa recessão em 1995. O aumento de importações, que tinham ficado bem acessíveis devido à valorização artificial do peso desde a década anterior, levou a um déficit comercial insustentável e ao sucateamento da indústria nacional. De fato, todos esses dados estavam à vista de todos. Mas a fumaça do otimismo esperto, espalhado pela orquestra do mercado – banqueiros, especuladores, consultores e imprensa, além das autoridades monetárias –, não deixava que a percepção do perigo aflorasse. A crise, uma vez instalada na Cidade do México, com ramificação nas mesas de operações de Nova York, alastrou-se como um fogo não controlado por toda a América Latina e acabou ganhando o nome de "Crise Tequila", apesar de o setor de bebidas ter sido dos poucos a escapar ao turbilhão financeiro.

 A região enfrentou uma ressaca de sua má gestão financeira e erro de cálculo sobre as limitações de um país emergente. A história de engano e autoengano se repetia mais uma vez: quando os espertos de fora vêm adular os incautos de dentro, alardeando que o dia da "sorte grande" chegou. Nenhum país jamais enriqueceu manipulando sua moeda. Nem acreditando que as benesses de um governo fácil e grátis surgem sem custos elevados para a sociedade.

 A valorização do peso deu aos mexicanos a impressão de que tudo era possível. Aconteceu na Argentina e na Grécia, respectivamente, com a paridade forçada do peso argentino ao dólar e com a adoção do euro pela Grécia. A história se repete cansativamente. Não se muda de caráter apenas mudando de roupa.

 A crise mexicana foi severa, mas o país conseguiu dar a volta por cima e começou a endireitar sua economia. Passados vinte anos, acaba de receber o *rating* A3 da Moody's, verdadeiro atestado de bom pagador. É o segundo país da América Latina, depois do Chile, a atingir tal classificação.[53] Trata-se de um claro sinal de confiança de investidores internacionais que (de novo) consideram o governo mexicano confiável e seguro para honrar seus compromissos. O México foi avaliado positivamente pelas reformas estruturais que tem empreendido, sendo símbolo delas as "mudanças no setor energético". A esperança é que as análises contemporâneas dos bancos e agências americanas de risco não estejam, mais uma vez, intoxicadas pela fumaça do otimismo esperto.

As certezas do início dos anos 1990 viraram um castelo de areia varrido pelo mar. A verdade é que o México está aprendendo. E rápido. Não é seguro dizer que tenha se diplomado na gestão pública eficiente e prudente, como parecem sugerir as elevadas notas de "grau de investimento" conferidas ao país nos últimos tempos. Mas a evolução do país é notória.

Em sua estrutura econômica, o México evoluiu bastante sobre o que tinha para apresentar ainda no fim do século passado. O país sofreu e evoluiu, pagando um preço por isso. Tornou-se uma nação física e economicamente integrada à América do Norte, graças ao Nafta, e mais importante, em função dos acordos comerciais bilaterais com a UE e com países asiáticos. Uma abertura comercial bem planejada sempre faz bem à saúde econômica de um país. O México tem usado muito bem sua condição geográfica de nação bioceânica para se integrar aos fluxos comerciais e financeiros mundiais.

Apesar de ainda amargar as sequelas do narcotráfico e enfrentar as seculares desigualdades sociais, o México se afastou da magia do populismo e vai buscando atacar com método seus crônicos problemas socioeconômicos. O histórico nível de descompromisso das elites mexicanas para com o país dá a impressão de haver encontrado, finalmente, uma curva descendente. Essa mudança de postura é fundamental; ela vem induzida e inculca-

---

53. *El Financiero*, 5 de fevereiro de 2014.

da pela disciplina de mercados mais abertos e competitivos. Em outra evolução auspiciosa, o "pacto pelo México", firmado pelas principais formações políticas nacionais, pode vir a transformar profundamente as relações político-partidárias do país e ajudar a promover as reformas necessárias para consolidar a transformação do país. Esses são os indícios mais relevantes a embalar esperanças sustentáveis.

AINDA "DOIS MÉXICOS"

Nos vinte anos desde a assinatura do Nafta, o México tornou-se um líder manufatureiro global e ponto de destino para investimentos de empresas transnacionais. Mesmo assim, o crescimento do país permanece decepcionante, e o padrão de vida avança lentamente. Por quê? Segundo a consultoria mundial McKinsey, a principal razão dessa dicotomia estaria na baixa evolução da produtividade devido, em parte, à paradoxal convivência de "dois Méxicos".[54] O México moderno cresceu rapidamente, com empresas transnacionais, competitivas globalmente, e com um setor industrial bastante avançado tecnologicamente. Esse México coexiste com outro, bem maior, de empresas tradicionais que quase não contribuem para a aceleração do crescimento.

Esses dois "Méxicos" andam em direções opostas. As grandes empresas aumentaram sua produtividade, em média, 5,8% ao ano, mas o crescimento da produtividade de pequenas firmas vem se reduzindo a 6,5% anualmente. É uma estatística alarmante. Como, além disso, o emprego cresce mais rápido no México tradicional, a força de trabalho se concentra nessa área pouco produtiva. O Brasil vive um processo semelhante de "nivelamento por baixo" de sua produtividade do trabalho, fruto da rápida incorporação de trabalhadores pouco qualificados para desempenhar

---

[54]. Eduardo Bolio; Jaana Remes; Tomás Lajou; James Manyika; Eugenia Ramirez; Morten Rossé, "A Tale of Two Mexicos: Growth and Prosperity in a Two-Speed Economy", McKinsey Global Institute, março de 2014.

suas funções no largo setor terciário. Por trás dessa constatação, cuja explicação tem algo de circular, já que tenta explicar a ausência de avanços da produtividade pela própria improdutividade dos segmentos tradicionais, é preciso investigar o que estaria travando a incorporação mais rápida de melhores práticas nos setores retardatários.

A baixa produtividade, que irmana o México ao Brasil, "explica" por que o PIB mexicano cresceu apenas 2,3% ao ano desde 1981 e o país permanece atado, apesar da adoção de medidas liberalizantes, na lanterna de outros países cujas rendas *per capita* eram inferiores à mexicana nos anos 1970. Esses dois Méxicos vão ser reconciliados devido a fatores demográficos: a rápida expansão da mão de obra no México moderno, que contribuiu com mais de 60% do crescimento do PIB, está prestes a se exaurir. A menos que o México consiga duplicar o crescimento de sua produtividade anual, de 0,8% atualmente, o país ficará limitado a um crescimento na faixa de 2% ao ano, ao invés dos 3,5% estimados com otimismo pelo Banco do México. Esse fator serve de alerta também para o Brasil, onde a produtividade avança muito lentamente, se é que avança.

Ainda segundo o detalhado estudo da consultoria McKinsey, para dar impulso à produtividade e chegar a crescer 3,5% ao ano em média, o México tem de fazer decolar a produtividade dos setores tradicionais, fazer migrarem mais empresas e mão de obra para o setor moderno da economia, tentar manter um crescimento robusto de grandes empresas e aumentar a geração geral de empregos. Seria prioritário, para alavancar o nível de produtividade e o crescimento do país, transformar o setor tradicional da economia e incentivar a criação de empresas principalmente em seu setor moderno. O México deverá também investir para reduzir o custo da energia, expandir sua infraestrutura e aumentar a capacitação de mão de obra, o que se aplica também ao Brasil.[55]

---

55. Ibidem.

Mas, mesmo com esses desafios, que não são exclusivos do México, sua economia é atualmente a 14ª maior do mundo, se for considerado o PIB nominal (dados de 2011) de US$ 1,327 trilhão. Se for comparada pela paridade do poder de compra, a economia mexicana ascende à 11ª posição e seu PIB passa a valer US$ 1,845 trilhão. A economia mexicana é, efetivamente, a segunda mais desenvolvida da América Latina, só superada pelo Brasil. O PIB *per capita* do país, de US$ 15.613 em 2013, é superior ao do Brasil.[56]

A criação da Aliança do Pacífico, bloco comercial formado por México, Colômbia, Peru e Chile, pode dar novas opções de comércio exterior ao México e, sobretudo, alavancar sua economia com o aumento da entrada de investimentos estrangeiros diretos. Os países da Aliança do Pacífico deverão ter fortes entradas de capital nos próximos anos, com crescimento médio, regional, da ordem de 4%, inflação e juros baixos, como na leitura do mercado.[57]

NÃO É SÓ O PETRÓLEO

Foram realizadas, nos últimos anos, sucessivas reformas no México com vistas a aumentar a eficiência pública, a harmonização da contabilidade pública com os padrões internacionais, a desburocratização nas atividades econômicas e a equidade social, apesar de o sistema tributário ainda gerar receitas insuficientes.[58] A carga tributária mexicana permanece mais baixa do que a de outros países emergentes e do que a dos Brics. Contrariamente ao caso do Brasil, onde foi priorizado o aumento de receitas fiscais, a sustentação da arrecadação no México se deu pelo expressivo crescimento das receitas não tributárias, decorrentes da participação do governo na exploração de petróleo. Com a

---

56. FMI e Banco Mundial, 2012.
57. *O Estado de S.Paulo*, 17 de janeiro de 2014. comenta um artigo publicado no *Wall Street Journal* sobre o tema.
58. Marcos J. Mendes, "Os sistemas tributários de Brasil, Rússia, China, Índia e México", Consultoria Legislativa do Senado Federal, Brasília, outubro de 2008.

progressiva diversificação da economia e a redução relativa da receita do petróleo, o aumento da arrecadação vem se valendo, crescentemente, dos efeitos da abertura econômica e da adesão aos acordos de livre comércio assinados nos últimos anos. A receita fiscal associada ao petróleo chegou a responder, em passado não muito distante, por algo como 40% da receita fiscal total.[59]

O México dependia quase exclusivamente dos impostos e *royalties* pagos pela Pemex, a grande companhia Petróleos Mexicanos, fundada em 1938 por Lázaro Cárdenas, caso semelhante ao da Venezuela. A reforma tributária que o México iniciou em 1980 objetivava a substituição dessa conta-petróleo por um IVA de ampla incidência, aliado a mais impostos diretos, como o de renda da pessoa física e o imposto sobre lucros de empresas.

No início dos anos 1990, a nova estratégia econômica baseada na abertura econômica, na desregulamentação e na privatização deu novo impulso ao aperfeiçoamento tributário, na busca de compatibilidade com o Nafta e com a OCDE, da qual o México é membro desde 1994.[60] O caso mexicano indica quão importante é obter o equilíbrio entre um sistema tributário de baixo impacto negativo para a economia e a necessidade de se obter receitas fiscais de origem diversificada.

Por seu nível de tributação relativamente baixo, o México tem condições de calibrar melhor o aumento moderado da carga tributária em sintonia com o aprofundamento de reformas liberalizantes. Tais ações de governo responsável, uma vez bem conjugadas, poderão significar ganhos nas futuras taxas de crescimento e na qualidade de vida da população. O custo de um aumento marginal da tributação tende a ser baixo no caso mexicano, quando cotejado aos benefícios marginais de se financiarem

---

59. Megan Lan; Marcelo Silva; Renzo Weber, "O dilema do petróleo mexicano: a Pemex tem de evoluir", Universia-Knowledge@Wharton, 2009. Disponível em: http://www.wharton.universia.net/index.cfm?fa=viewArticle&id=1711&language=portuguese.

60. O Chile é o único outro país latino-americano que pertence a essa organização.

ações eficientes do governo para o aumento da produtividade geral. Enquanto o México parece ter a ganhar com uma tributação ligeiramente ampliada, com a carga galgando uns poucos pontos de percentagem do PIB, no Brasil a situação é inversa, pois a carga tributária já passou, há muito tempo, do limite razoável.

Como em outros países latino-americanos, o sistema tributário mexicano mantém privilégios, isenções e benefícios injustificáveis, que persistem (e muitas vezes ressuscitam-se) mesmo quando há forte disposição política de extingui-los. Depois de quase trinta anos tentando expandir a base tributária e equalizar a tributação entre setores, o México ainda luta com esse mesmo problema. As elites privilegiadas são fortes para resistir à modernização tributária que combateria seus privilégios.

Talvez a situação de impasse possa evoluir com o Pacto pelo México promovido pelo presidente Enrique Peña Nieto, que comprometeu os três principais partidos políticos na direção da modernização do Estado mexicano. O compromisso do Pacto pelo México foi firmado pelo Partido da Revolução Institucional (PRI), que andava meio desacreditado, mas conseguiu eleger Peña Nieto, e os principais partidos de oposição, o Partido de Ação Nacional (PAN), de centro-direita, de Felipe Calderón, antecessor de Peña, e o Partido da Revolução Democrática (PRD), de esquerda. Apesar das intrínsecas resistências de vários importantes setores, tanto dos fortes sindicatos como dos oligarcas empresariais, ainda precisarem ser superadas, há motivo de cauteloso otimismo em relação ao esforço de Peña Nieto e sua equipe.

Os mercados olham para o México com avidez. Mais uma vez, a *ola* especuladora ameaça perturbar a estabilidade dos mercados, criando uma euforia sem sentido e insustentável que enriquecerá meia dúzia de espertos às custas da população. É hora de os mexicanos saberem se proteger da cupidez dos aplicadores espertos que chegam e que vão como portas de vaivém. É necessário dosar as entradas de capital, e, para isso, é preciso ter paciência.

PACTOS ESTRUTURANTES

Em novembro de 2012, o Congresso mexicano aprovou uma reforma trabalhista ampla, sancionada pelo então presidente Felipe Calderón, que precedeu Peña no poder. Calderón, de centro-direita, lutou bastante pelas reformas estruturantes e conseguiu emplacar algumas, como a nova lei trabalhista, que o desgastou politicamente. O Congresso, em seguida, aprovou outras importantes reformas: fiscal, previdenciária e judicial. Não menos importante foi levar adiante a reforma energética, centrada em dois pilares básicos: a Comissão Federal de Eletricidade, para mobilizar o setor elétrico, e a flexibilização do monopólio do petróleo, que se manteve por muitos anos nas mãos da petrolífera estatal Pemex e era assunto tabu. Apesar da difícil votação no Congresso, a nova realidade da globalização e da competição mundial obrigou os mexicanos a fazer mudanças para a exploração mais eficiente do seu potencial petrolífero e a adoção de um sistema de concessões não muito diferente da que o Brasil adotara nos anos 1990, dele vindo a desistir na era Lula, em movimento de puro retrocesso.

Atualmente o México está prestes a embarcar na exploração de petróleo em águas profundas. Nisso tem muito que aprender com o Brasil, mas os parceiros de fora, os especialistas de vários países que fazem explorações no mar, podem corrigir com rapidez o atraso mexicano. O que vem ocorrendo no mundo, com sensíveis modificações no campo dos combustíveis fósseis, deve ter pesado na decisão. Tudo indica, além disso, que o México estaria numa boa posição para explorar, por meio de *joint ventures* com empresas estrangeiras, seu potencial de gás e óleo xisto. Como o Brasil, o México é um país imensamente rico que ainda sofre, exclusivamente, da pobreza de atitudes de suas lideranças. Se puder superar suas ineficiências, advindas de corrupção e desigualdade flagrantes, o México terá um futuro de extraordinária projeção no conjunto das nações.

Desde a crise de 1994, as sucessivas administrações têm melhorado os fundamentos macroeconômicos. A "crise Tequila", como toda reviravolta na vida do país, foi fundamental para firmar a reflexão de uma nova liderança política e chacoalhar o PRI, o Partido da Revolução Mexicana, que havia se tornado sócio da complacência e da corrupção. O ano de 1994, poder-se-ia dizer, constituiu um ponto de inflexão ou de virada (*tipping point*), que incentivou a estabilização macroeconômica e o crescimento, especialmente com a abertura econômica que seguiu e com outros acordos de livre comércio bilaterais, depois do impacto positivo da entrada no Nafta. Esse processo de abertura para o mundo culminou, já neste século, com a criação da Aliança do Pacífico, da qual o México é um sócio fundador.

A abertura econômica parece ter funcionado tão bem que o Estado mexicano vem tomando gosto pelo processo de integração do país com o mundo. Assim, o México adotou uma política de negociar e assinar acordos de livre comércio. Constituiu mais acordos comerciais com parceiros da América Central: Costa Rica (1995), Nicarágua (1998) e o Triângulo Norte, composto por El Salvador, Guatemala e Honduras (2001). O México é um líder natural na região central das Américas. Fora do âmbito regional, o México ainda celebrou tratados de livre comércio com Israel, Japão, a UE e com a Associação Europeia de Livre Comércio (Efta, sigla em inglês), composta por Islândia, Liechtenstein, Noruega e Suíça.[61] Os acordos concomitantes com a UE e com a Efta demonstram que o México tem, de fato, acordos comerciais com *toda* a Europa.

A economia mexicana mantém um rápido desenvolvimento em modernos setores industriais e de serviços graças à consolidação da propriedade privada, um conceito que já suscitou bastante controvérsia e franco oposicionismo em terras de Zapata. Administrações recentes têm expandido a concorrência em

---

61. *International Centre for Trade and Sustainable Development*, vol. 3, n. 4, agosto de 2007.

portos, aeroportos e ferrovias, nas telecomunicações, na geração de eletricidade e na distribuição de gás natural, com o objetivo de melhorar a infraestrutura mexicana.

INDÚSTRIA DE PADRÃO MUNDIAL

O México se tornou o país com custo de produção mais baixo entre os países da OCDE.[62] Trata-se de uma vantagem competitiva que o Brasil está longe de desfrutar. Com uma economia orientada para a exportação, mais de 90% do comércio mexicano é feito via acordos de livre comércio. Em 2006, o comércio do México com os dois parceiros do Nafta foi responsável por quase 50% de suas exportações e 45% de suas importações.[63] Ao longo dos anos, a principal atividade comercial do México deixou de ser definida como mero polo de fábricas *maquiladoras* (aquelas que apenas finalizam ou empacotam produtos industriais semiacabados). Na década de 1990, isso ainda era a mais pura verdade: o México parecia condenado a ser um "maquiador" final de produtos manufaturados em outros países e apenas terminados na fronteira mexicana, para reexportação.

O destino, via de regra, eram os EUA. Agora o México tornou-se um polo de exportação efetiva de produtos sofisticados e de alta tecnologia. As empresas transnacionais lá instaladas utilizam a plataforma mexicana de exportações como parte de sua estratégia mundial de produção. No México, o conteúdo tecnológico de exportações aumenta gradualmente, ao passo que no Brasil tende a ocorrer o oposto, pois as exportações industriais brasileiras têm perdido estágios tecnológicos antes conquistados.

---

62. Jim O'Neill fez essa declaração numa entrevista ao jornal *O Globo*, 2 de fevereiro de 2014.
63. Dennis R. Appleyard; Alfred J. Field; André Cobb, J., *Economia internacional*, McGraw-Hill Companies, 2008. Disponível em: http://zedillo.presidencia.gob.mx/welcome/PAGES/library/portuguese_wp/freetrade.html.

A indústria automotiva mexicana se tornou emblemática dessa transformação. Aliás, basta constatar o avanço tecnológico entre os veículos mexicanos exportados para o Brasil, bem como para os Estados Unidos, Canadá e Europa, quando cotejados com os nossos, de fabricação nacional. O México tornou-se a maior nação exportadora de automóveis da América do Norte, superando o Canadá e, mais recentemente, os Estados Unidos.[64] Esse fato, embora insólito, pois muitos esperariam que as exportações brasileiras de veículos estivessem muito à frente das mexicanas, fez com que o Brasil solicitasse a revisão do acordo de comércio bilateral entre os dois países, porque a disparada das importações de veículos provenientes do México isso incomodou o governo brasileiro.

O Brasil expressou sua vontade de transformar o acordo de livre comércio em acordo de comércio administrado. Várias linhas de veículos, de fato, não poderiam ser produzidas no Brasil por causa do maior custo de produção, o chamado custo Brasil, um *mix* intragável de impostos, juros, burocracia, falta de infraestrutura e preço de insumos (aço, alumínio, plásticos etc.) e, ultimamente, de mão de obra cara demais.

Os veículos mexicanos são exportados para vários países do mundo, inclusive Alemanha, Japão e Estados Unidos. Já as exportações brasileiras têm como destino predominante a Argentina, isso quando Buenos Aires não cria obstáculos para a entrada de veículos do país vizinho. A diferença a favor do México, em relação ao Brasil, vem se tornando abissal no campo automobilístico.

Além de contribuir para o crescimento das exportações, a abertura comercial mexicana deu mais segurança aos investidores estrangeiros. Aliás, os Investimentos Estrangeiros Diretos (IED) aumentaram significativamente a cada acordo comercial celebrado. A abertura comercial facilitou, ademais, a entrada de

---

64. *Business News*, 11 de dezembro de 2008.

produtos não produzidos no México – principalmente insumos à produção industrial –, sem os quais o crescimento das exportações seria impossível. Também colaborou para que houvesse maior oferta de produtos colocados à disposição da indústria e do consumidor mexicanos. Por fim, o crescimento econômico do país, decorrente da celebração dos acordos, contribuiu para uma maior oferta de empregos e de melhores salários, apesar de ainda se ter muito para fazer.

Mas os problemas sociais persistem e não são poucos. Apesar dos avanços, ainda há uma clivagem enorme entre ricos e pobres, embora se constate o aumento, desde meados da década de 1990, de uma classe média que se beneficiou dos múltiplos acordos de livre comércio. O sistema mexicano de saúde é bastante moderno, embora não tão abrangente como deveria. Nele se oferecem vários planos privados, além da prestação pública da saúde para as pessoas de baixa renda. Paga-se uma taxa para que o Estado promova serviços de saúde essenciais, mas as áreas rurais, que são vastas, permanecem esquecidas, debilitando a legitimidade política de um sistema que poderia estar no topo do *benchmarking* internacional.

Em termos relativos, o México atinge, desde 1990, indicadores bastante positivos na área da saúde. O sistema, no entanto, ainda deve ser bastante trabalhado e corrigido para ser universalizado (aqui a principal restrição), já que muitos mexicanos ainda não têm acesso a nenhum tipo de assistência médica no país.[65]

O VELHO MÉXICO DAS DISPARIDADES

As disparidades sociais continuam enormes entre a população urbana do norte e do centro e a rural, mais ao sul. Segundo o diretor para o México do Banco Mundial, a popu-

---

[65]. Cinthia Granja Silva, *Análise comparativa das características dos sistemas de saúde nas Américas*, Gestão de Políticas Públicas da Escola de Artes, Ciências e Humanidades da Universidade de São Paulo, 2012.

lação mexicana em situação de pobreza diminuiu no período 2000-2004 de 24,2% para 17,6% e de 42% para 27,9% em áreas rurais. Mas, posteriormente, a situação estagnou, e se houve melhora, foi marginal. A pobreza absoluta está longe de ser extinta.[66] Segundo relatório do Conselho Nacional de Avaliação das Políticas de Desenvolvimento Social (Coneval), a população em situação de pobreza extrema era de 9,8%, enquanto, no meio rural, chegava à cifra de 21,5% em 2012. Na média nacional, cerca de 20% da população ainda está abaixo do que o Coneval define como "linha de bem-estar mínimo". Examinando por áreas de carência, constata-se que a falta de cobertura previdenciária atingia mais de metade da população. Essa é uma importante pista sobre o aparente paradoxo de um país que anda com "duas marchas" ao mesmo tempo, uma de alta e outra de baixa velocidade. No setor tradicional, o governo de cara moderna ainda passa longe, enquanto as drogas e seus barões rondam bem próximos.

A falta de um regime de poupança de longo prazo, como o existente no Chile, que canalize recursos em nome e na conta individual dos trabalhadores, integrando-os ao capital do país, faz com que, no final, a taxa de poupança mexicana permaneça baixa (outra característica bem brasileira) e os investimentos muito dependentes da presença significativa de investidores estrangeiros trazendo recursos para o país. O outro lado dessa carência previdenciária é a própria perpetuação do estado de pobreza, mesmo que assistida por alguns mecanismos de auxílio. É o governo grátis pedindo para entrar em cena como salvador dos pobres...

É evidente que o desafio de equidade social permanece. Há muito espaço para se avançar antes de o México ser considerado, como o Chile, um país avançado. A desigualdade de renda

---

66. Angélica Enciso, "Disminuyó el porcentaje de pobreza en México: Coneval", *La Jornada*, 29 de julho de 2013.

é alta e persistente. Ainda existem enormes disparidades sociais e regionais, não só entre áreas ricas e pobres, mas também entre o norte e o sul, e entre áreas urbanas e rurais. Um relatório do Índice de Desenvolvimento Humano (IDH) das Nações Unidas apontou que Benito Juárez, um distrito (*delegación*) da Cidade do México, e San Pedro Garza Garcia, no estado de Nuevo Leon, teriam nível de desenvolvimento econômico, educacional e expectativa de vida comparáveis aos da Alemanha ou da Nova Zelândia. Em contrapartida, Metlatónoc, no estado de Guerrero, teria um IDH similar ao da Síria (antes da guerra civil atual). O IDH geral do México é considerado alto e ficou em 0,756, o 71º na lista de países da ONU[67] em 2014.

O México é o primeiro e único país latino-americano a ser incluído no *World Government Bond Index* (WGBI), que lista as economias globais financeiramente mais importantes e que circulam títulos de sua dívida pública.[68] Como economia emergente de livre mercado, o México se firmou como país de consumo de massas, havendo alcançado um patamar alto de renda média.[69] O México tem experimentado, na última década, uma inusitada estabilidade monetária. A inflação alcançou um nível "recorde" de 3,3% em 2013, e as taxas de juros estão baixas, o que tem estimulado ainda mais o consumo pela classe média que emerge junto com o país. Os partidos políticos enxergam isso e não querem perder a liderança desse processo evolutivo. Os grupos de interesse seguem sendo poderosos, mas seu poder político não consegue mais retardar as iniciativas modernizadoras a favor do povo.

Contribui para essa sensação de estabilidade o fato de o déficit do orçamento federal ter sido cortado, a dívida interna ter sido bastante reduzida (37,7% do PIB) e a dívida externa ter

---

67. Human Development Index, Nações Unidas, 2014.
68. Citigroup Sumó a Mexico na Índice WGBI, CNN Expansión, 4 de abril de 2010.
69. List of Upper Income Countries, Banco Mundial, 2007.

sido reduzida para menos de 20% do PIB. Junto com o Chile, o México tem a mais alta nota de classificação de crédito soberano de longo prazo na América Latina.

A Moody's anunciou que a qualificação mexicana passaria de Baa1 a A3, enquanto a Standard & Poor's aumentava para BBB+ o status do país em dezembro de 2013. O relatório de Moody's indica que o pacote de reformas promovidas pelo governo de Peña Nieto é um das mudanças mais importantes para a economia mexicana desde a assinatura do NAFTA, em 1994. As reformas foram aprovadas de modo geral no Congresso mexicano, mas falta a ratificação das leis secundárias: isto é, dos detalhes que definirão sua aplicação.

Como em outros países, foi uma crise financeira – a crise Tequila, de 1994 – que cristalizou a necessidade de reformas efetivas e profundas. Tal percepção coletiva alavancou o controle dos gastos públicos e da inflação. É curioso que o Brasil tenha tido um *tipping point* ancorado no mesmo ano de 1994. Foi o Plano Real, que despertou no país a vontade de acertar sua política econômica de longo prazo. Era o mês de julho de 1994. Em dezembro, o México quebrou.

Para o Brasil, a quebra do México cortou a euforia inicial do real, que trouxera uma febre de consumo em cartões de crédito, pelo natural impulso da remonetização da economia. "Tequila" foi o primeiro grande teste de sustentação política do real. O Brasil caiu "na real" e salvou o real de morte prematura na primeira infância. Ambos os países – México e Brasil – tentavam recomeçar a partir daquele ponto.

No caso mexicano, dois fatores se revelaram fundamentais para o bom desempenho econômico do país. Uma ampla reforma tributária foi promovida, com a adoção de um IVA unificado, e a consequente simplificação da arrecadação dos impostos, permitindo ao país se tornar, progressivamente, menos dependente das receitas da exploração do petróleo. O segundo fator-chave foi a abertura da economia, a exemplo do Chile e da Colômbia, com a celebração de muitos acordos de livre comércio. Esses acordos possibilitaram a modernização de uma economia arcaica e corporativista e a atração de investimentos estrangeiros diretos, que ampliaram oportunidades de negócios e empregos a indústrias e trabalhadores mexicanos.

Esses dois fatores permitiram manter sob controle os gastos públicos e controlar a inflação. O Brasil, contrariamente, não conseguiu concluir o avanço em nenhuma dessas áreas críticas: andou para trás na tributação, alimentando um "manicômio tributário" para as empresas e deixando passar a maioria das chances de realizar acordos vantajosos, em grande parte por ficar atado ao ritmo moribundo do Mercosul, ditado, na prática, por Buenos Aires. Essas são, afinal, as duas diferenças que impelem o México à frente e retardam o Brasil.

A ÁGUIA PEGOU A SERPENTE

Na bandeira mexicana, a águia está pronta para almoçar uma serpente. A águia está pousada num cacto florido. Toda a magia ancestral do México milenar parece condensada nessa imagem que representa a própria pátria. De fato, diz a lenda que os astecas perambulavam pelo que hoje é o território mexicano à procura de um local para fixar sua civilização. O sinal seria precisamente uma águia pegando uma serpente. Eis que viram esse sinal, a águia montada num cacto dentro do lago pantanoso, Texcoco, que seria mais tarde a Cidade do México. O lago secou há muito tempo, mas os mexicanos continuam perseguindo sinais do que possa ser um caminho definitivo.

Ideologicamente, os mexicanos já vagaram pelo socialismo, pelos mais estranhos populismos, pela anarquia. Porém, na sua senda progressista atual, a águia mexicana deve ter realmente engolido a serpente. Animal que, por sinal, representa fertilidade, abundância e boas safras.⁷⁰ Os mexicanos seguraram o progresso pelo bico. Estão aptos a voar.

O tradicional ditado mexicano "Tão longe de Deus e tão perto dos Estados Unidos", que encerra a tradicional autocrítica do país sobre seus azares históricos e a suposta influência negativa dos EUA, talvez possa ser reformulado, nessa virada do século XXI. Melhor seria dizer: "Nem tão longe dos Estados Unidos e bem mais perto de Deus."

O México sempre acreditou no mito de um governo grátis, sonho populista da revolução mexicana que perdurou durante muitas décadas. Todos esperavam que o governo central respaldasse o povo em suas necessidades. Afinal, o México revolucionário pressupunha que o país tinha líderes capazes de verter seu sangue pelo povo. Mas muito poucos fizeram isso. A grande maioria perdeu a vida em sangrentas disputas de gangues políticas e do narcotráfico, em que até o governo andava envolvido profundamente. A revolução virou um disfarce, mais uma fantasia coletiva, bem ao estilo da farsa política latino-americana.

Mas o sonho do resgate da grande nação milenar, de astecas e maias, tão bem preservado pela memória coletiva do Museu de Arqueologia, na Cidade do México, se manteve vivo e pulsando na alma do povo até o fim do século XX. Com a quebra financeira na crise Tequila, a passagem do século velho levou consigo a crença na bondade gratuita dos governos, mesmo que "revolucionários institucionais".

---

70. Quetzalcóatl é uma *divindade* das culturas *mesoamericanas*, cultuada especialmente pelos *astecas* e pelos *toltecas*, e identificada por alguns pesquisadores como a principal deidade do *panteão* centro-mexicano *pré-colombiano*. Seu nome significa "serpente emplumada" (de *quetzal*, nome comum do *Pharomachrus mocinno*, e *cóatl*, *serpente*). Aparentemente, a proveniência dessa tradição remonta ao povo teotihuacano, que habitou o vale do México desde duzentos anos antes de Cristo e ali deixou as famosas pirâmides do Sol e da Lua, em cujas bases estão enormes serpentes esculpidas na pedra. Uma visita imperdível.

O México começou a olhar para dentro de si mesmo, descobrindo algo melhor do que promessas e políticas. O governo grátis não parece mais ser uma alternativa no imaginário dos mexicanos. E nisso eles estão deixando os brasileiros para trás.

18. CHILE: O TOPO DA MONTANHA É PARA POUCOS

AS LÁGRIMAS DO MAPOCHO[71]

O território do Chile é único devido ao fato de ser muito estreito e alongado, praticamente com todos os tipos climáticos, do desértico e seco no norte do país, até o polar no sul, passando pelo temperado, na região dos lagos e na parte central, onde se localizam magníficas plantações de vinhedos e de diversas espécies de frutas não tropicais. O país sofre com terremotos recorrentes, que sempre causaram muito susto e perdas ao longo de toda sua história. Nos últimos quarenta anos, o país passou por uma profunda transformação – de brutal ditadura militar para democracia avançada – e conseguiu manter uma impressionante continuidade política e socioeconômica. Novos questionamentos distributivos surgem na atualidade, pondo à prova a maturidade política da sociedade chilena e de suas lideranças.

O Chile ficou tristemente reconhecido na mídia internacional pelo episódio da ditadura militar do general Augusto José Pinochet Duarte, que derrubou o governo esquerdista de

---

[71]. O pedregoso rio Mapocho cruza a cidade de Santiago rumo ao oceano Pacífico. Foi nele que se jogaram incontáveis corpos de perseguidos políticos.

Salvador Allende em 1973. Os escombros do Palácio de la Moneda, residência presidencial de onde Allende saiu morto, ainda pairam no imaginário dos chilenos, causando-lhes dor e constrangimento.

Os militares perderam um plebiscito popular em 1988 sobre um eventual prolongamento do mandato de Pinochet. Houve, consequentemente, eleições presidenciais no ano seguinte, vencidas pelo democrata-cristão Patrício Aylwin, que assumiu o poder em 11 de março de 1990, pondo fim à ditadura. Nada mais restava a Pinochet senão arrumar as malas. O regime militar estava esgotado, depois de o colapso econômico do início dos anos 1980, dez anos antes, haver reduzido a pó qualquer resquício de legitimidade que governos militares pudessem, em algum momento, ter amealhado junto à população.

O ciclo militar interrompeu à força uma experiência de socialismo latino-americano com que a maioria dos chilenos não havia concordado, uma vez que a vitória eleitoral de Allende na corrida à Presidência fora muito apertada – ele recebeu 36,2% dos votos – mas, como não havia segundo turno, acabou empossado com os votos de apenas um terço do eleitorado. Com o golpe em 1973, os militares iniciaram um plano de reconstrução da estabilidade financeira perdida com o experimento populista do presidente deposto. A caminhada de volta foi dura, sempre marcada por muitas tentativas e erros até se chegar ao acerto. Aos chilenos, cabe registrar, antes de tudo, a virtude da persistência, forjada no clima inóspito, embora fulgurante, da gelada Cordilheira dos Andes.

Fora elaborado um plano econômico alternativo, encomendado pela direita, entre 1972 e 1973, chamado *El Ladrillo*, significando literalmente, tijolo, ou talvez, de forma mais coloquial, o *tijolaço*. Os militares pretendiam, supostamente, construir as bases, tijolo por tijolo, da política econômica que seria seguida pelos governos pós-Allende.

Antes disso, porém, *"La convivencia entre académicos y empresarios fue recíprocamente enriquecedora y produjo como resultado el que éstos propusieran a un grupo de nuestra Escuela de Economía (de la Católica) su participación en la elaboración de un programa económico para el candidato señor Jorge Alessandri Rodríguez, (...) sería la 'gerencia para Chile, al estilo del sector privado'."*⁷² Esse programa econômico preparado para Alessandri tornar-se-ia o esboço para *El Ladrillo*, em grande parte porque nasceu da mesma incubadora, a Universidade Católica do Chile.

Essas forças conservadoras tinham visão estratégica e ideias de longo prazo que seriam plenamente efetivadas no Chile apenas cerca de dez anos mais tarde visto que, em 1964, fora eleito o democrata cristão Eduardo Frei Montalva e, em 1970, Salvador Allende, derrubado pelas forças armadas em 1973.

Esse grupo que unia empresários e militares no Chile não era essencialmente diferente daquele formado pelo Instituto de Pesquisas e Estudos Sociais (Ipes) no Brasil, segundo o Dr. Hernán Ramírez, pesquisador da Universidade do Vale do Rio dos Sinos.⁷³ O Instituto Brasileiro de Ação Democrática (Ibad), organização "prima" do Ipes, não foi menos atuante para a ação das forças armadas.

El Ladrillo tornar-se-ia público apenas em 1992, depois da posse de Patricio Aylwin. O plano já se tornara de conhecimento reservado, pois circulara por vários gabinetes de oficiais antes do golpe militar que derrubou Allende. Seu coordenador

---

72. "A convivência entre acadêmicos e empresários foi reciprocamente enriquecedora e produziu como resultado é que estes propuseram a um grupo da Escola de Economia (da Universidade Católica) sua participação na elaboração de um programa econômico para o candidato Jorge Alessandri Rodríguez, (...) seria a "administração do Chile no estilo do setor privado". Sergio de Castro, El Ladrillo: Bases de la Política Económica del Gobierno Militar Chileno, Centro de Estudos Públicos (CEP), Santiago de Chile, junho de 1992.

73. Hernán Ramírez, "Confluências e matizes nos programas econômicos das ditaduras brasileira e chilena", *Confluenze*, vol. 4, n. 2, 2012, p. 63-81.

foi Sergio de Castro, professor da Católica e, posteriormente, ministro da Economia entre 1974 e 1976 e ministro da Fazenda entre 1977 e 1982.

A PRIMEIRA CARTILHA

El Ladrillo estabeleceu as pautas do sistema econômico de livre mercado que seriam inicialmente adotadas durante a ditadura de Augusto Pinochet. Tais orientações, baseadas numa abordagem radical de rompimento com as práticas protecionistas tão em voga nos anos 1960, levou ao que foi chamado, pelos admiradores de então, de "Milagre Chileno". Seus protagonistas, economistas e professores da Universidade Católica de Santiago, haviam estabelecido intercâmbio com a Universidade de Chicago, onde foram muito influenciados pelo pensamento de Milton Friedman e outros grandes teóricos da economia liberal neoclássica.

A crença, de modo geral correta, era de que o mercado faz melhores escolhas do que os burocratas atrás de uma mesa de ministério. E que o estabelecimento de incentivos apropriados aos consumidores e poupadores provoca decisões acertadas e escolhas bem feitas, não exigindo que o governo se ponha na frente dos cidadãos para decidir em nome deles. Esses princípios, corretos na essência, para funcionarem bem na vida real, exigem uma delicada sequência de implantação quando a economia nacional de um país está contaminada por distorções generalizadas em relação ao livre mercado, como uma extensa interferência do poder público, empresas estatizadas, câmbio controlado e falta de confiança na capacidade de o governo honrar seus compromissos.

Em situações desse gênero, frequentes na prática, a pura e simples liberalização de mercados, da noite para o dia, pode produzir mais turbulência do que bons resultados imediatos, além de não garantir uma trajetória curta e serena de volta ao equilíbrio e a uma nova rota de crescimento, como na Rússia pós-comunista no início dos anos 1990. Mas, no caso do Chile, aconteceu o que parecia ser a sequência correta durante um breve período de euforia, sucedido por crise cambial e novo desalento.

Quando retornaram ao Chile, os jovens economistas da Universidade Católica, liderados por um brilhante pós-graduado por Chicago, o impulsivo e carismático Miguel Kast, começaram a defender suas teorias liberalizantes. Tentaram implantar sem demora – e também sem muita prudência – tudo que haviam aprendido. Por seus arroubos de certeza juvenil e, em parte, por sua soberba acadêmica, ficaram conhecidos na mídia como *Chicago Boys*. O pensamento econômico da Escola de Chicago parece afastado do polo social e das questões ligadas à superação da pobreza. Mas essa impressão é equivocada. O eixo central da crença liberal está fincado na capacidade do indivíduo de responder a bons incentivos e reagir a agressões da vida ou da natureza.

Miguel Kast estava convencido de que poderia aplicar seus profundos conhecimentos teóricos, trazidos de Chicago, para mapear e combater a pobreza extrema em seu país de adoção, já que seus pais, alemães de origem, haviam-no trazido, ainda muito pequeno, para viver no Chile. A preocupação social de Miguel Kast era genuína, e sua dedicação ao tema da pobreza lhe rendeu, postumamente, homenagem internacional pelo prêmio que traz seu nome. Mas Kast nem tinha 30 anos quando embarcou, como marinheiro de primeira viagem, na ditadura de Pinochet, representando sua face generosa e solidária. Como jovem ministro do Planejamento e, em seguida, como ministro do Trabalho, avançou na modernização das políticas sociais e previdenciárias.

Mas sua ascensão meteórica no governo Pinochet terminou de modo melancólico. Ao assumir o Banco Central do Chile, mantendo uma paridade fixa do peso chileno ao dólar, Kast viu os mercados apostarem contra a autoridade monetária, até o ponto da inevitável desvalorização cambial, que se seguiu. A queda dramática do peso determinou a demissão de Kast do Banco Central. Com o peso desvalorizado, o poder de compra dos chilenos rolou ladeira abaixo. A pobreza ressurgiu de modo intenso com o desemprego crescente, anulando os ganhos efêmeros do suposto "milagre" da primeira fase da ditadura.[74] Mas é curioso lembrar o vínculo dessa tentativa liberal com o que começava a acontecer nos EUA e na Inglaterra, berços do liberalismo. Os *Chicago Boys* e o Chile haviam servido de "campo de prova".

As ideias monetaristas e liberais de Milton Friedman e da Escola de Chicago formaram a base conceitual da revolução de pensamento que aposentou a abordagem keynesiana para lidar com as políticas econômicas. Essas mesmas ideias seriam adotadas, nos anos 1980, por Margaret Thatcher e Ronald Reagan.[75]

O relativo fracasso da fase inicial da liberalização da economia chilena pode ser atribuído, sobretudo, às graves crises internacionais da década de 1970 que sacudiram a frágil posição dos países chamados na época de "subdesenvolvidos", especialmente na América Latina.

Uma primeira crise irrompeu logo após o golpe que levara Pinochet ao poder. Foi a primeira fase da crise do petróleo, ainda em 1973, logo depois da Guerra do Yom Kippur no Oriente Médio. A outra, iniciada em 1975, com a séria recessão americana, provocou a queda dos preços do cobre, afetando o seu principal exportador, o Chile. A segunda alta do petróleo veio com a revolução islâmica alguns anos mais tarde. Em 1979, os preços controlados pela Opep, o cartel do petróleo, deram outro salto, provocando um aperto sem precedentes no balanço de pagamentos

---

74. Uma nota triste desse episódio foi a morte de Miguel Kast, apenas uns poucos meses após sua saída como presidente do Banco Central. Um câncer o consumiu em poucos meses. Ele faleceu com apenas 34 anos, em setembro de 1983, na primeira década do regime ditatorial – havendo deixado viúva e cinco filhos. Trinta anos depois, seu filho do meio, Felipe, assumiria o mesmo cargo do pai, como ministro do Planejamento de um Chile democratizado e modernizado.

75. A proposta *El Ladrillo* foi elaborada pela direita em maio de 1973, portanto, antes do golpe militar em setembro. *El Ladrillo: Bases de la Política Económica del Gobierno Militar Chileno*, Centro de Estudios Públicos, Santiago, 1992.

dos países dependentes do combustível. O Chile é importador de petróleo. Sobreveio a crise cambial e a recessão. Os *Chicago Boys* estavam aprendendo que o sucesso na implantação de boas políticas de livro-texto também depende de antes "combinar com os russos".[76]

A FÉ LIBERAL POSTA À PROVA

Em 1982, acompanhando a recessão mundial, o PIB do Chile caiu 13,4% e o desemprego chegou a 19,6%.[77] O número de pessoas cuja sobrevivência passou a depender quase exclusivamente de programas assistenciais chegou a representar 30% da população total. A economia entrou em colapso, e houve uma corrida aos bancos. O Ministério da Fazenda teve que retroceder nas medidas de liberalização do setor externo, elevando a tarifa de importação de 9% para 20%, a fim de proteger a produção local e os empregos restantes. Toda a região sucumbiu ao mesmo vendaval. No México, sobreveio a moratória da dívida externa.

No Brasil, a recessão se aprofundou de tal modo que não havia mais quem votasse nos candidatos do regime miliar brasileiro; aconteceu naquele novembro de 1982 a "grande onda" peemedebista, elegendo governadores e parlamentares oposicionistas no país inteiro. O Brasil viu a maxidesvalorização cambial chegar em fevereiro do ano seguinte. Uma grave recessão se instalou em 1983. O Chile lutava contra os mesmos demônios externos: juros internacionais na lua e grave contração da demanda mundial.

Pinochet foi obrigado a reavaliar suas políticas econômicas ultraliberais. O grupo dos *Chicago Boys* foi afastado e a

---

[76]. Expressão derivada de uma anedota futebolística. Antes do jogo contra a Rússia na Copa de 1958, o técnico da seleção brasileira, Vicente Feola, instruía o hábil ponta-direita Garrincha: "Garrincha, você avança driblando os russos pela direita, vai até a linha de fundo e cruza para a área, para o Vavá fazer o gol." E Garrincha pergunta: "Tudo bem, mas o senhor já combinou com os russos?"

[77]. R. Ffrench-Davis; P. Leiva; R. Madrid. "Liberalizacion Comercial y Crecimiento: La Experiencia de Chile, 1973-1989", *Pensamiento Iberoamericano*, n. 21, 1992.

experiência neoliberal, em parte, abandonada. Pinochet trocou várias vezes de ministro da Fazenda até, finalmente, acertar com Hernán Büchi, um engenheiro de minas, de ascendência suíço--alemã. Esse jovem intelectual, também de formação liberal, porém descolado de ideias fixas e preconcebidas, chegou ao poder em 1985 e promoveu uma política econômica voltada à busca da eficiência e competitividade. Deu certo.

Büchi segurou os juros e liberou o câmbio, permitindo melhora da competitividade chilena, com uma moeda mais desvalorizada. Tal medida de caráter geral realinhou e equilibrou o caixa das empresas numa faixa favorável à promoção dos novos produtos exportáveis do agronegócio chileno. A mineração chilena também se beneficiou. Hernán Büchi, um atleta e alpinista das montanhas andinas, foi um planejador econômico corajoso.

Encetou uma onda de privatizações – a maior desde o início da era Pinochet –, fazendo coincidir a oferta de ações com a formação da nova poupança da classe média, que se despedia da velha previdência sem fundos para ingressar na fase de capitalização por meio de poupanças previdenciárias. O Chile, mais uma vez, saía na frente, fazendo experiências sociais audaciosas, que nem americanos nem europeus se atreveriam a tentar. Essa audácia bem calculada deu certo. O Chile chegou ao topo da montanha primeiro. Havia empresas para ser compradas, e a preço baixo. E uma parte significativa da população estava preparada para fazer aquisições. Isso correspondeu a um "choque de riqueza", bem mais poderoso do que um mero "efeito de aumento de renda". O choque de riqueza conseguiu, finalmente, colocar a economia chilena de volta ao rumo do desenvolvimento econômico, tornando o artífice da façanha, Hernán Buchi, reconhecido, no mundo inteiro, como responsável pelo "segundo milagre chileno".[78]

---

[78]. "Um olhar sobre o modelo chileno", in *Relatório n. 065/2000*, "Ministério das Relações Exteriores", Especial *O Estado de S.Paulo*, edições de 22 a 25 de outubro de 2000.

Na base do processo de acumulação de capital, foi fundamental o papel das Administradoras de Fondos de Pensión (AFP), que viabilizaram a participação popular nos novos investimentos que, então, se realizavam. Com isso, os índices de desigualdade puderam, finalmente, cair de modo sustentado. Era, afinal, parte do sonho de Miguel Kast, que nunca chegou a presenciar a transformação da economia chilena.

Büchi obteve seu MBA na Universidade Columbia e tinha uma formação diferente da dos *Chicago Boys*, embora compartilhasse de suas principais ideias econômicas. Logo ao tomar posse, reverteu a maioria das medidas econômicas tomadas por seu antecessor imediato, Luis Escobar Cerda. Embora corajoso e firme em suas decisões, Büchi não seguiu completamente as recomendações do neoliberalismo, tendo privatizado apenas a metade das minas de cobre do país. A principal empresa do Chile, a Corporación del Cobre (Codelco), primeira produtora mundial de cobre e maior conglomerado do país, nacionalizada em 1971 por decreto do presidente Allende, continuou a ser estatal.[79]

ESCALANDO A MONTANHA

Büchi acertou em cheio com uma política cambial agressiva em favor da produção local. Contrapôs às medidas neoliberais precedentes uma forte desvalorização do peso, de 39 para 46 pesos por dólar. O peso mais fraco favoreceu as exportações e encareceu as importações. Büchi adotou, ademais, um rígido controle das taxas de juros pelo Banco Central e uma lenta, porém contínua, redução das tarifas alfandegárias. Importante lembrar que Büchi acreditava firmemente no poder regenerador de impostos mais baixos. Suprimiu dois pontos percentuais do IVA, o que funcionou como um indutor de mais negócios e, na rodada seguinte, maior arrecadação.

---

[79]. Gilberto Villaroel, "La Herencia de los Chicago Boys", BBC Mundo, Santiago do Chile, 10 de dezembro de 2006.

A chama da economia se reacendeu fortemente e de maneira sustentada pelo resto da década. Assim, a recessão chilena do início dos anos 1980 foi superada por meio de reformas econômicas orientadas para o estabelecimento de um sistema econômico aberto ao exterior, mas com defesa competitiva para a produção do país.[80] É interessante que a inclinação política do regime, de cunho fechado e autoritário, tenha procurado um caminho de abertura econômica como desfecho da recessão, ao contrário do que se poderia prever. A retomada da economia em regime de maior abertura competitiva, por seu turno, pode ter favorecido um aspecto inesperado: a vontade do povo de respirar os ares da liberdade política, que já se faziam sentir na economia. Quem sabe Hernán Büchi, o engenheiro alpinista que se candidatou – e perdeu – nas primeiras eleições gerais para suceder Pinochet, não tenha legado ao seu país a melhor das heranças, sua liberdade política. O fato é que Büchi, após a derrota eleitoral, jamais voltou à política ou ao governo. Fundou, contudo, um centro de pesquisas e estudos cujo nome é sugestivo do que fez quando era parte do governo: *Libertad y Desarollo* (Liberdade e Desenvolvimento).[81]

Os anos da ditadura não foram completamente auspiciosos do ponto de vista econômico. Houve seguidas crises internacionais, e a América Latina era uma região marcada pela desconfiança da banca externa após vários calotes de dívidas. As estatísticas frias mostram números pouco milagrosos da era Pinochet: entre 1973 e 1986, o PIB *per capita* do Chile caiu 12% em dólares correntes, de US$ 1.622 em 1973 para US$ 1.437 em 1986.[82]

---

80. Juan Andrés Fontaine T, "Economía Chilena en los Años Ochenta – Ajuste y Recuperación", *Serie de Estudios Económicos* n. 34, Banco Central de Chile, 1987.
81. O Instituto *Libertad y Desarollo* foi fundado por Hernan Büchi e outros liberais em 1990.
82. Dados do Banco Mundial.

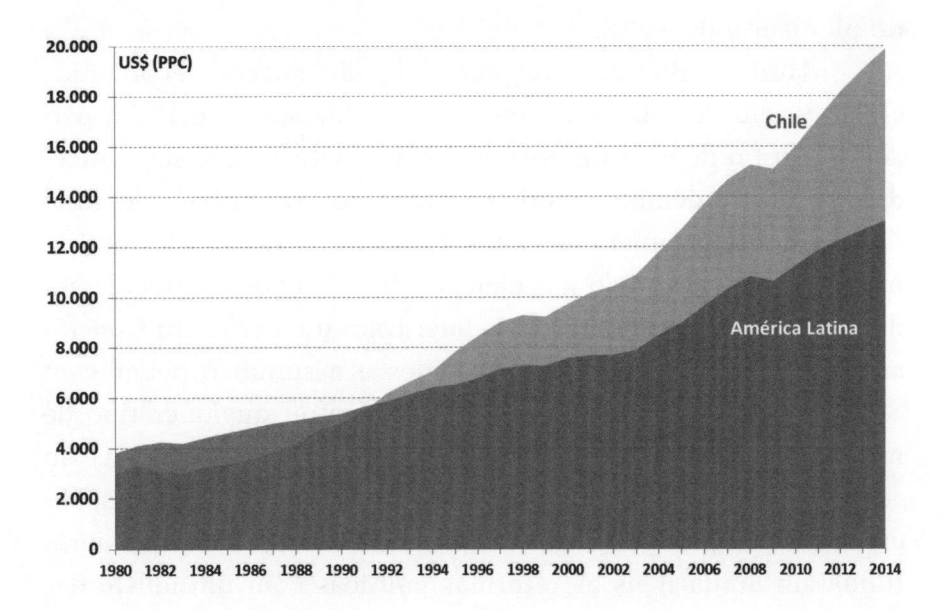

Chile e América Latina 1980-2014, PIB *per capita* (PPC)*

[Gráfico: eixo Y em US$ (PPC) de 0 a 20.000; eixo X de 1980 a 2014. Duas curvas: Chile e América Latina.]

Fonte: FMI. (*) Paridade poder de compra.

A retomada da prosperidade se consolidou com o retorno dos governos civis, na redemocratização. O Chile tornou-se um caso singular de continuidade e de aperfeiçoamento de seu regime político e de sua economia. Talvez o *tipping point* tenha sido quando os governos civis, que sucederam ao ciclo militar, decidiram aprofundar as reformas iniciadas por Pinochet, apesar de serem assinadas por um ditador. Os militares, por formação profissional e pela vida na caserna, quando no governo, têm uma tendência voluntariosa de acreditar no governo grátis. Mas os militares chilenos ouviram conselhos diferentes da sua inclinação natural e apoiaram uma experiência ousada em seu país. A partir do golpe de 1973, o Chile passou a ser caracterizado pela responsabilidade fiscal e pela abertura ao comércio exterior. As reformas da economia se fizeram acompanhar por um (muito lento e gradual) relaxamento político, inclusive na imprensa. Foi por causa dessa fresta de abertura que a democracia finalmente disse *"No"* a Pinochet no plebiscito de 1988.

Hernán Büchi, o responsável pelo sucesso econômico chileno, saiu derrotado nas eleições presidenciais de 1989, perdendo para o democrata cristão Patrício Aylwin, que seria sucedido por outro democrata cristão, Eduardo Frei Ruiz-Tagle, filho do presidente do início dos anos 1960, Eduardo Frei Montalva, ironicamente derrotado nas eleições de 1970 por Allende. Esses dois primeiros presidentes civis lideravam o movimento *Concertación*, que reuniu dezessete partidos e assumiu o poder com o fim do ciclo militar. A *Concertación* evitou qualquer tipo de revanchismo em relação à direita. Esses dois presidentes, Aylwin e Frei, foram seguidos no poder por presidentes socialistas, Ricardo Froilán Escobar Lagos e Michelle Bachelet Jeria, que aprofundaram ainda mais as reformas políticas com um ajuste das Administradoras de Fundo de Pensões e com a ampliação da reforma da saúde.

Todos esses partidos, do Democrata Cristão ao Socialista e à Renovação Nacional, de centro-direita, mantiveram o compromisso com a responsabilidade fiscal. A história do país chama também a atenção por conta da bem-sucedida transição política de uma sangrenta ditadura militar para a mais estável e próspera democracia latino-americana. O Chile tem hoje uma economia dinâmica e orientada para o mercado, caracterizada por um elevado nível de inovação e de ênfase no comércio exterior. Em 2013, o Chile se tornara o país com o maior PIB nominal *per capita* da América Latina – US$18.700 – e passou, portanto, a ser considerado um país avançado.[83] O Banco Mundial considera que o país tem, desde 2013, uma economia de alta renda e desenvolvida.

---

83. *The World FactBook*, 2012.

O Chile lidera também a América Latina em baixa inflação, desenvolvimento humano, competitividade, inserção na economia global, liberdade econômica e baixa percepção de corrupção.[84]

DO TOPO SE ENXERGA MELHOR

Olhando para o quadro de renda *per capita*, nota-se que, no caso do Chile, ela foi de US$ 4.890 em 2000 para US$ 11.736 em 2004, US$ 17.312 em 2011, e mais de US$ 18.000 em 2013 em paridade de poder de compra.[85] Conclui-se que o Chile aproveitou plenamente os anos de bonança possibilitados pela exportação de *commodities*, sobretudo, mas não exclusivamente, para a Ásia. Contribuiu também para esse aumento de riqueza da população a injeção de investimentos estrangeiros diretos, que alcançou em 2011 US$ 28,2 bilhões, 63% maior que o recorde anterior. Os IED são regulados pela Lei de Investimento Estrangeiro, que garante aos investidores o pleno direito de repatriação do capital investido. O Chile é, ademais, um país inovador onde abrir um negócio é simples e ágil, e segue os padrões da OCDE.

A mineração de cobre representa 20% do PIB do país, e 60% da receita externa do Chile é proveniente de sua exportação. O Chile responde por um terço da produção mundial de cobre. A mina de Escondida é a maior do mundo e é responsável por 5% da produção mundial. Com exceção da empresa Codelco, um dos poucos setores em que o governo permanece diretamente envolvido, seu papel é essencialmente de regulador do mercado. O país criou um fundo soberano de mais de US$ 20 bilhões com a receita da exportação do cobre, como medida contracíclica, para suavizar os anos em que a produção encolhe devido a variações na economia mundial.

---

84. "Chile". *Index of Economic Freedom*, Heritage Foundation, julho de 2013.
85. Banco Central do Chile.

O país pôde assim continuar reduzindo a pobreza e a desigualdade social de forma significativa. O número de pessoas que vivem abaixo da linha da pobreza caiu de 45,1% em 1987 para 11,5% em 2009.

Entre as sementes que o Chile plantou está a reforma previdenciária que incentivou a poupança doméstica, que atingiu 21% do PIB.[86] No atual sistema previdenciário privado, todo trabalhador tem de contribuir com 10% de seu salário para um fundo de previdência.[87] O sistema chileno transformou o processo de repartição simples (*"pay as you go"*) num de capitalização individual sustentável ao longo do tempo e que é compatível com o inevitável envelhecimento da população. Além disso deve-se levar em conta dois fatores: 1) a performance positiva dos fundos; e 2) a redução das taxas de contribuição em 50% devido ao aumento líquido do salário e da produtividade. Os fundos de pensão tiveram impacto significativo para a evolução dos mercados de capitais chilenos e para os níveis de poupança, investimento e crescimento do país.

EXISTE, AFINAL, UM CAMINHO CHILENO?

O sistema chileno de previdência é baseado na capitalização de recursos provenientes de várias fontes e em algumas características marcantes:

> Os contribuintes são os detentores das contas individuais, e as economias efetuadas na sua gestão são capitalizadas;
> A administração dos recursos pelos Administradores de Fundos de Pensão é profissional, feita por entidades dedicadas exclusivamente a esse fim;

---

[86]. *The World FactBook*, 2012.

[87]. Alejandro Ferreiro Yazigi, *The Chilean Pension System Based on Individual Capitalization*, Superintendencia de Administradoras de Fondos de Pensiones, 4ª ed., Santiago, Chile, 2003.

O Estado supervisiona e controla a arrecadação, investimentos e pagamentos, que são estritamente regulamentados.

Esses princípios vieram a ser coletivamente conhecidos como o "Modelo Chileno" de seguridade social. O modelo não é estático porque sofre aprimoramento constante. Mais de trinta emendas foram feitas à lei original (P. L. 3.500), que estabeleceu o sistema, dezessete das quais durante os governos democráticos que se sucederam aos militares quando a lei foi concebida e adotada. A mais recente e mais significativa foi a possibilidade de se investir recursos da seguridade social em "multifundos", tornando assim o sistema de AFPs mais competitivo.

O sistema de saúde chileno também merece atenção. Em 1924, ele se tornou obrigatório aos trabalhadores, mas apenas em 1939 os sistemas existentes de saúde foram unificados, ou seja, as disparidades existentes entre regiões foram amenizadas e o sistema de saúde foi universalizado, sendo acessado gratuitamente desde então.[88] A partir da década de 1970, a maior parte do sistema foi privatizada, apesar da resistência da população, sob o regime militar. Essa decisão afetou bastante o país, restando ao Estado apenas a fiscalização e regulamentação do setor e não mais a obrigação de ser um provedor de serviços de saúde.

O sistema atual é híbrido, no qual uma instituição pública, o Fundo Nacional de Saúde (Fonasa) e uma entidade privada, as Instituiciones de Salud Previsional (Isapre), dão cobertura a toda a população. A Fonasa é a seguradora pública de saúde para a qual todos os trabalhadores e pensionistas pagam mensal e compulsoriamente 7% de seus salários e pensões. A classe média, se assim o desejar, pode recorrer com-

---

[88]. Cinthia Granja Silva, *Análise comparativa das características dos sistemas de saúde nas Américas*, Gestão de Políticas Públicas da Escola de Artes, Ciências e Humanidades da Universidade de São Paulo, 2012.

plementarmente às Isapres, seguradoras privadas, criadas em 1981 – também sob Pinochet – que captam cotizações obrigatórias dos trabalhadores que optaram livre e individualmente em delas participar. Essas instituições outorgam serviços de financiamento em prestação de saúde a 16% da população chilena. Assim, essa parcela da população pode ter acesso a serviços de saúde privados e ao financiamento das licenças médicas por enfermidade.[89] Pagar compulsoriamente 10% e 7% do salário, respectivamente, para a previdência e para a saúde, parece um sistema socialmente correto e que não leva ao estouro das contas públicas.

Outro fator que contribuiu de forma significativa para a prosperidade chilena é o fato de a economia do país ser aberta ao mundo, tanto para a América Latina e a do Norte como para a Europa e a Ásia. O Chile, membro associado do Mercosul, é membro fundador da Aliança do Pacífico, com Colômbia, México e Peru. Assinou um acordo de livre comércio com os Estados Unidos, que entrou em vigor em 1º de janeiro de 2004, levando a um aumento de 60% no comércio bilateral. O Chile tem também acordos com a UE e com China, Japão, Coreia, entre outros. É também signatário da Parceria TransPacífico com os EUA e nove outros países.

Consequência da disciplina fiscal e do crescimento do Chile, a nota emitida pelas agências de risco à qualidade de crédito do tesouro chileno é excelente. Ademais, a dívida externa pública está controlada e é bastante baixa. De fato, com a acumulação de saldos expressivos na conta corrente e nas reservas, o governo central do Chile tem apresentado saldo credor na sua posição externa líquida.

---

89. Ver: www.fonasa.cl e www.isapre.cl.

Chile 2008-2013, Dívida Externa Líquida do Setor Público (% do PIB)

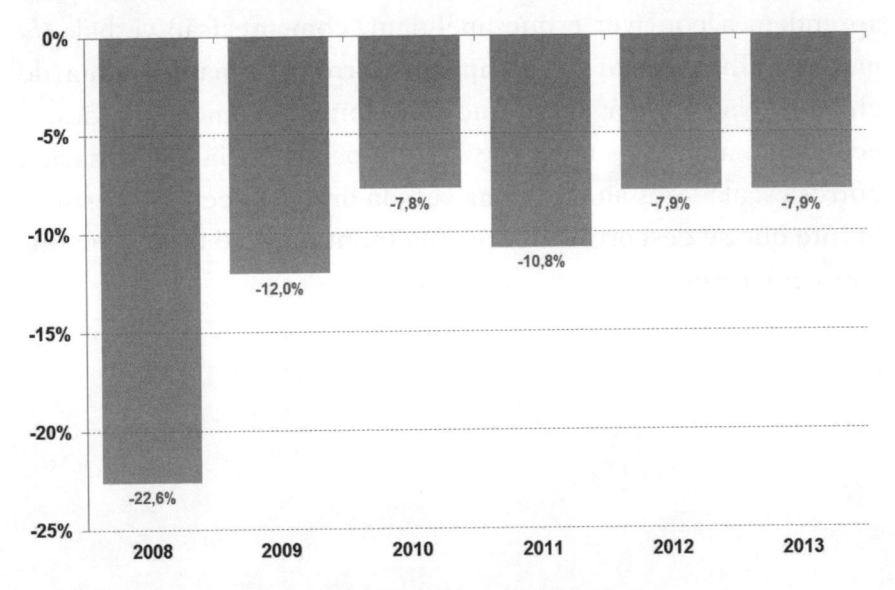

Ano	% do PIB
2008	-22,6%
2009	-12,0%
2010	-7,8%
2011	-10,8%
2012	-7,9%
2013	-7,9%

Fonte: Banco Central do Chile. Valores negativos significam que o país é credor líquido.

Com certeza, a economia do Chile é um destaque nas Américas por sua robustez, disciplina fiscal e equidade social. Ela teve seu *tipping point* com o aprofundamento das reformas econômicas promovidas durante o período militar, mas mantidas pelos governos civis subsequentes. Estabeleceu-se, assim, saudável continuidade de políticas públicas em governos de ideologias distintas, evidenciando que o nome escolhido para o movimento de transição, *Concertación,* foi extremamente adequado.

Os chilenos se deram conta, bastante cedo, de que o governo Grátis é um mito. Qualquer tentativa de se vender a ideia que o governo grátis leva à prosperidade econômica e social é pura balela, quando não má intenção. O mito leva, sim, ao descontrole dos gastos públicos, à dívida, aos déficits, à inflação, à desvalorização cambial, à fuga de capitais e, no final das contas, à pobreza. O Chile foi por outro caminho. Os chilenos gostam de escalar. Seu território é um escarpado montanhoso, de difícil acesso e de sobrevivência complicada. Há também a sombra permanente dos terríveis terremotos, com os quais os chilenos aprendem a conviver e que apelidam, com precisão verbal, *"la muerte"*. Tal espírito de desapego e arrojo formam a alma do chileno. Não foi por acaso que um alpinista começou a virar a economia, ainda nos anos 1980. Com persistência e obstinação, outros escaladores ajudaram na subida difícil. O cenário deslumbrante que se descortina do topo da montanha, só os destemidos conseguem ver.

19. COLÔMBIA: O DURO AVANÇO ENTRE EXTREMOS

AS EXTREMAS DESIGUALDADES

A Colômbia ainda hoje é mais conhecida pelo combate ao narcotráfico e às guerrilhas que, há décadas, buscam desestabilizar a sociedade civil para derrubar o governo e tomar o país, do que pela peleja das autoridades em estabelecer uma disciplina fiscal confiável e pelo esforço de bons governantes em realizar administrações públicas eficientes. A percepção geral sobre a Colômbia está, no entanto, mudando aos poucos. Casos de gestão pública exemplar em cidades colombianas altamente problemáticas, como Medellín, antes sucumbidas pelo poder da violência generalizada, vão sendo objeto de citação mundial e de estudos sobre como se pode produzir uma virada – um *tipping point* – mesmo quando tudo parece irremediavelmente perdido.[90]

---

[90]. A entrevista do prefeito de Medellín, Aníbal Gaviria, ao Instituto Global McKinsey é esclarecedora: Medellín passa por um processo de transformação – ou metamorfose, como diz o prefeito – que busca ressuscitar a autoestima e o espírito empreendedor e inovador dos Paisas, como se apelidam os moradores da cidade. No foco, está o resgate da confiança da população, antes acuada pelo caos e pela violência constantes. A reorganização do espaço urbano em favor das maiorias pobres e da redução do desconforto dos trabalhadores se deslocando diariamente é prioridade da administração de Gaviria. Ver: http://www.mckinsey.com/insights/public_sector/Medellins_metamorphosis_An_interview_with_Mayor_Anibal_Gaviria?cid=other-eml-alt-mip-mck-oth-1405. Medellín foi sede, em abril de 2014, do 7º Fórum Urbano Mundial, que discutiu o futuro das cidades.

Medellín, como outras cidades do país, com suas encostas íngremes dominadas por narcotraficantes era, até bem pouco tempo, emblemática dos extremos em conflito, com uma enorme desigualdade social proporcionando um celeiro fértil para "soldados" do tráfico e da guerrilha. As elites tradicionais da Colômbia, elites *criollas*, viveram desconcertadas por longos anos, tão perplexas quanto a população do Rio de Janeiro tem vivido até os dias atuais, com a existência de uma permanente "cidade partida", entre o asfalto e o morro, entre os documentados e os sem documentos, entre os possuidores e os meros posseiros.

Após uma decisiva virada política desde a última década do século XX, com governos centrados em metas e cumprimento de planos, a Colômbia passou a desfrutar de um conceito positivo, tornando-se um dos mais respeitados países da América Latina sob a ótica do planejamento e gestão, havendo assim, voltado a atrair a atenção de investidores estrangeiros. A Colômbia disputa no presente, com a Argentina, o segundo maior PIB da América do Sul.

Devido ao conflito interno com a guerrilha, os Estados Unidos têm estado presentes na história política da Colômbia por meio de ajuda militar significativa. Tanto envolvimento ostensivo dos EUA é objeto de grande controvérsia, para dizer o mínimo. Em 2013, porém, a Colômbia logrou uma importante vitória ao conseguir que o Congresso americano, finalmente, ratificasse o acordo de livre comércio negociado, há anos, com Bogotá. Aos poucos, os Estados Unidos vão mudando seu enfoque, de militar para comercial, e a relação com a Colômbia vai ficando menos hierárquica e subordinativa.

PLAN COLOMBIA

A virada começa com o *Plan Colombia*, deflagrado na gestão do presidente Andrés Pastrana, que governou o país entre 1998 e 2002, e estabeleceu, pela primeira vez, um conceito de "corresponsabilidade", segundo o qual, se a Colômbia é produtora de drogas, é porque alguém as consome. Esse alguém tem sido, predominantemente, os EUA. Por isso mesmo, ao se aproximar de Bill Clinton, então presidente dos Estados Unidos, numa visita de Estado a Washington, ainda em 1998, Pastrana literalmente chamou Clinton para conversar num canto do seu gabinete e, ali mesmo, combinou as bases para aprovação do *Plan Colombia* no Congresso americano.

O plano aconteceu pela sensibilidade de Clinton para o lado social da espinhosa questão, pois a ideia inicial era criar uma grande área desmilitarizada no território colombiano, de modo a permitir o início de um diálogo de paz com os insurgentes. Por seu turno, o plano não teria acontecido se não houvesse muita coragem de Pastrana, primeiro, para se encontrar de peito aberto, em plena selva, com *"Tirofijo"*, então chefe da guerrilha, e combinar as bases do processo de diálogo; em segundo lugar, coragem para enfrentar críticas de todos os lados, na Colômbia e no resto do mundo, tanto pelos que queriam a escalada da guerra contra os traficantes, quanto pelos que defendiam direitos humanos ultrajados naquela guerra suja.[91]

Ao pedir colaboração aos EUA, o presidente Pastrana objetivava, nos idos de 1998, também resgatar a economia do seu país do estado de recessão e extrema desconfiança dos investidores, a ponto de alguns se referirem abertamente à Colômbia como um "país falido". Mais outra situação extrema, desta feita oriunda da opinião pública, sobre um país de grandes recursos e potencial excepcional, porém, naquele momento, derrubado pela total impossibilidade de avançar numa estratégia de paz social.

---

[91]. Andrés Pastrana relata o curioso e histórico encontro privado com Bill Clinton em seu livro *Memorias Olvidadas*, Penguin, Random House, nov. 2013, p. 179. A concepção do Plan Colombia é atribuída por Pastrana a Juan Manoel Santos, presidente reeleito em 2014, que baseou sua campanha à reeleição justamente na consolidação de um plano de paz definitivo, que eliminasse de vez a guerrilha do país.

Dois presidentes se sucederam a Pastrana, Álvaro Uribe (2002 a 2010) e Juan Manoel Santos (2011 em diante), mantendo a linha de resgate econômico e social, como pressuposto de um combate efetivo à guerrilha. Embora de partidos distintos, os dois últimos seguiram o planejamento estratégico iniciado por Pastrana.

Na Colômbia, grande parte dos gastos públicos ainda é destinada às áreas de defesa e segurança. Mas os políticos da nova geração hoje reconhecem que a principal "segurança" é o firme apoio da população, que se consegue com eficiência e foco nas grandes questões que afligem o povo. O país é pioneiro em gastos sociais, que incluem infraestruturas de prestação de serviços e de acesso físico a comunidades vivendo em morros e outros terrenos acidentados, muito comuns à topografia urbana de cidades colombianas.[92]

A boa situação financeira colombiana levou muito tempo para se consolidar. O sucesso se deve à superação dos sérios problemas econômicos advindos das difíceis décadas de 1980 e 1990. Os anos 1980 tornaram-se conhecidos na América do Sul como a "década perdida" devido à crescente dívida externa dos países da região, seus intratáveis déficits fiscais e a inflação estratosférica em vários deles. Na Colômbia não foi diferente, mas esses indicadores vitais nunca chegaram ao ponto crítico de outros países como Peru, Bolívia, Argentina e Brasil. O sentimento de crise na Colômbia foi exacerbado por ter aquela década coincidido com o auge do poder do narcotráfico e a explosão da violência urbana.

---

92. Na Colômbia, como em outros países da América Latina, referem-se a "gastos públicos sociais". Ora, gastos públicos são, não apenas sociais, mas também de defesa, de segurança e de pagamento da dívida, entre outros itens. Os governantes preferem a expressão "gastos públicos sociais" por razões político-eleitorais. No Brasil, o presidente José Sarney cunhou a expressão "Tudo pelo social" nos anos 1980. Houve inúmeros incentivos na Colômbia para que guerrilheiros abandonassem as armas e se reintegrassem à vida civil, mas muito mais deve ainda ser feito, até porque os salários em atividades lícitas jamais chegarão ao mesmo nível dos ganhos oferecidos pelo tráfico e outras atividades ilegais.

O presidente Belisario Betancur Cuartas (1982-1986), do Partido Conservador, iniciou um processo lento e cauteloso de reformas destinadas a aumentar a competitividade e a eficiência econômica, que seriam o ponto de inflexão da Colômbia. Além disso, o presidente Betancur promoveu várias anistias fiscais que permitiram a repatriação de capitais colombianos do exterior, inclusive de "narcodólares" e pôde, assim, reter uma parte dos ganhos da *bonanza cafetalera* – a alta dos preços do café, que perdurava desde 1975. Esses fatores ajudaram a consolidação das contas públicas. É inegável que o influxo de dólares "sujos" teve impacto na Colômbia. Os grandes narcotraficantes tinham de trocar seus ganhos em dólares por pesos colombianos para bancar a vida que adotaram de alto consumo e despesas extravagantes. Eram necessários milhões de pesos para bancar a manutenção de suas mansões e o pagamento da grande "força de trabalho".

As reformas trabalhistas, financeiras e cambiais dos anos 1980 foram aprofundadas pelos presidentes do Partido Liberal que sucederam a Betancur, Virgílio Barco Vargas (1986-1990) e César Gaviria Trujilo (1990-1994), que deram continuidade às políticas econômicas adotadas pelo governo anterior. Foi possível, então, começar a prestar maior atenção à liberalização do comércio internacional.[93] Nota-se que Betancur, Barco e Gaviria estavam na Presidência no auge da ação dos narcotraficantes. Este último, aliás, assumiu o lugar do candidato original do Partido Liberal, Luiz Carlos Galán, que fora assassinado num atentado narcoterrorista. Na mesma época, o então advogado e jornalista Andrés Pastrana, futuro presidente, fora sequestrado, havendo permanecido em poder da guerrilha por sete dias, quando conseguiu escapar. Seu sequestro foi executado pelo *Extraditables*, grupo de narcotraficantes do cartel de Medellín liderado

---

[93]. Os partidos Liberal e Conservador eram rivais históricos. Apesar disso, foram aliados nas reformas econômicas. O autor colombiano Gabriel García Márquez escreveu muito sobre essa rivalidade em seus livros, inclusive em *Cem anos de solidão*.

por Pablo Escobar, que deveriam ser extraditados para os Estados Unidos. Sua sentença de morte já estava para ser executada.[94]

A crise econômica colombiana de 1990 culminou num ataque especulativo contra o peso colombiano, motivado pelo descontrole momentâneo das dívidas públicas e forte aumento do endividamento privado. Em cerca de três anos, porém, a situação já estava estabilizada, enquanto outros países da região enfrentavam crises mais graves e mais prolongadas. Por aí se percebe que a Colômbia sempre perseguiu a estabilidade econômica nas últimas décadas e, apesar de toda dificuldade da guerra contra o narcotráfico, nunca prevaleceu a propensão a se adotar lá o regime de governo grátis que tanto prejudicou vários vizinhos, inclusive o Brasil.

"EL REVOLCÓN"

Foi adotada em 1991 uma nova Constituição com importantes provisões socioeconômicas, em particular os artigos que promoviam a descentralização fiscal e maior ênfase na atuação social do Estado, como para justificar a contínua luta sangrenta contra o narcotráfico. A nova Constituição *"renovó los cimientos institucionales del país, creó nuevos espacios de participación democrática, modernizó la justicia y sentó las bases para la construcción de un Estado más eficiente y justo"*.[95] Com a nova Constituição houve o fortalecimento da Justiça e a criação de várias instituições importantes para o país naquele novo estágio que começara, como a Corte Constitucional, Fiscalía General de la Nación, la Defensoria del Pueblo y el Consejo Superior de la Judicatura.[96] O programa reformador do governo de Gaviria, denominado *"La re-*

---

94. BBC News, 15 de janeiro de 2002.

95. A nova constituição "renovou os alicerces institucionalizados do país, criou novos espaços de participação democrática, modernizou a justiça e estabeleceu as bases para a construção de um Estado mais eficiente e justo". Disponível em: http://web.presidencia.gov.co/asiescolombia/presidentes/65.htm.

96. Biblioteca Virtual, Biblioteca Luis Ángel Arango, Banco da República. Disponível em: www.banrepcultural.org.

volución pacífica" e chamado popularmente de *"El Revolcón"*, enfatizou a reincorporação à vida civil de vários grupos terroristas.[97]

A descentralização fiscal foi motivada, em parte, para complementar o processo de descentralização política que se iniciara, em meados dos anos 1980, com a eleição direta para os prefeitos das grandes cidades. Como em outros países democráticos, o desenvolvimento econômico, conjugado com o avanço social, legitima o poder político. Na Colômbia, não foi diferente.

Mais importante e de efeito mais duradouro para o impulso à economia e sua maior diversificação em relação ao café e às drogas, no entanto, Gaviria criou o Ministério do Comércio Exterior, baixou tarifas alfandegárias e cancelou as várias barreiras ao comércio, abriu o país aos investimentos estrangeiros, defendeu uma zona de livre comércio regional e sub-regional, fortaleceu o papel do setor privado e preparou planos de modernização da infraestrutura dos portos e das comunicações. Depois de seu bem-sucedido governo, Gaviria foi eleito secretário geral da Organização de Estados Americanos (OEA). A zona de livre comércio só se materializou com a recente criação da Aliança do Pacífico.

COMBATENDO DESIGUALDADES

O conceito de gasto público social é relativamente recente na Colômbia. No passado mais distante, os gastos do Estado se limitavam à manutenção do aparato das autoridades *criollas*.[98] Os investimentos na economia eram exíguos, para não dizer nulos, no início do século passado. Foi necessária a ocorrência da Grande Depressão de 1930 para que as autoridades colombianas se convencessem de que o mercado era incapaz de se autorregular sozinho e da necessidade de o governo se envolver também

---

97. *Revolcón* refere-se à "revolução constitucional".

98. Que pertenciam à elite branca europeia e não tinham nada a ver com a população afrodescendente.

na distribuição eficaz de bens e serviços públicos. O governo se viu obrigado a adotar políticas liberais de gastos governamentais para que o "Estado asumiera un papel activo en la economía que le permitiera garantizar asignación eficiente de bienes y servicios, una adecuada distribución del ingreso y propender por el desarrollo económico".[99]

Em outras palavras, o governo da Colômbia foi obrigado a promover e a tentar garantir a inclusão social. Como em outros países latino-americanos hispânicos, tais gastos são chamados "gastos públicos sociais" e durante décadas constituíram respostas políticas a problemas sociais específicos por meio de leis pontuais.

O novo papel social do Estado foi considerado indispensável como complemento às reformas econômicas, para garantir que seus benefícios alcançassem uma parcela importante da população em expansão. Reforçaram-se, assim, os gastos sociais, mesmo exercendo pressão negativa sobre as finanças públicas por não virem acompanhados de aumento de tributos nem de outra forma de receita governamental. Evidentemente, houve um desequilíbrio orçamentário, e a dívida pública foi afetada negativamente.

Os gastos sociais se enquadram em dois tipos de dispêndios: aqueles que estão previstos em dispositivos legais de prestação de bens e serviços (educação e saúde); e aqueles que são transferências monetárias (aposentadoria e auxílio-desemprego). Os gastos públicos sociais não são fáceis de ser analisados, já que englobam diversos tipos de programas e sua execução fica a cargo de entes distintos e decentralizados que respondem a metas paralelas de eficiência, equidade e desempenho. Muitas de suas funções são obrigações que emanam da Constituição, como no

---

99. "O Estado assumiu um papel ativo na economia que o permitiu garantir a alocação eficiente de bens e serviços, a distribuição adequada de salários e a propagação do desenvolvimento econômico". Juan Camilo Restrepo. *Hacienda Pública*. Tercera edición, Santafé de Bogotá: Universidad Externado de Colombia, 1996, p. 50.

Brasil, embora outras tenham sido incorporadas à órbita natural da ação estatal.[100]

Mas, como na maioria dos países emergentes, a natureza desses gastos sociais é muito diferente daquela em países adiantados. O combate à fome, por exemplo, não é mais um gasto social preponderante em qualquer dos países da América do Sul – embora ainda o seja em várias regiões da África. Os desafios em relação ao saneamento, à saúde, à educação, à infraestrutura e à boa governança, esses sim, permanecem uma prioridade em países de nossa região, por estarem muito aquém do padrão de qualidade encontrado em países de alta renda.

Um crescimento anual superior a 4% nos anos 2000 proporcionou aos governos da Colômbia a possibilidade de enfrentar com sucesso muitos desses desafios sociais em seu território, em particular o desemprego de mais de 10%, um dos maiores da América Latina. O narcotráfico, ou melhor, a luta contra sua presença, em todos seus aspectos, influenciou as políticas de desenvolvimento social e o objetivo do governo colombiano com o fim de promover uma pacificação. A adoção de políticas de gastos públicos sociais foi, portanto, motivada também por razões estratégicas e táticas na neutralização do narcotráfico.

A "Constituição Política", como é chamada a Carta de 1991, quando se referiu ao gasto público social, deixou nas mãos do Legislativo, por meio de uma Lei Orgânica, estabelecer a proporção da despesa que faz parte da rubrica "gastos sociais públicos". Um decreto de 1996 determinou os contornos dos gastos públicos sociais, estipulando que toda despesa "cujo objetivo é a solução das necessidades básicas da população em saúde, educação, saneamento ambiental, água potável, habitação [que estejam] relacionadas à qualidade de vida da população" deve ser programada como gasto administrativo e como gasto em investimento.

---

[100]. Juliana Alvarez, "Bienes y servicios. Costo de la producción", Finanzas Públicas Colombianas, El Rincon del Vago, 1997.

Estabelece, ademais, que os gastos nunca poderão ser inferiores àqueles do ano anterior, o que pode ser uma armadilha fiscal.[101]

Há três tipos de problemas relacionados aos gastos sociais. Primeiro, pelo lado da oferta. Na imputação do gasto, não há referência à "qualidade" dos bens e serviços prestados pelo Estado – o custo é o mesmo, independente de sua qualidade. A segunda questão é que seu custo pode ocultar uma subvalorização do serviço quando o Estado gera economias de escala ou, inversamente, uma sobrevalorização quando ocorrem déficits. No último caso, o valor da prestação de serviços não tem relação com os próprios bens e serviços que são realmente recebidos pelos beneficiários. Em terceiro lugar, há o problema pelo lado da demanda: os beneficiários podem considerar os bens e os serviços pouco úteis, apesar de seu custo ser elevado.

No caso colombiano, o esforço de inclusão social, embora incompleto, foi eficiente, não apenas devido à disciplina com que foi realizado, mas também pela adoção de políticas econômicas acertadas. O resultado foi um aumento da renda *per capita* do país.

AÇÃO NA SAÚDE

O sistema de saúde vigente na Colômbia também é resultado da Constituição de 1991, que determina um modelo "universal, solidário e eficiente", com o regime dividido entre os setores público e privado e financiado pelos trabalhadores e pelo governo. Somente a partir de 1993 a Colômbia obteve o modelo constitucional da saúde com a descentralização da política desse setor, que anteriormente era bastante polarizada entre público e privado, sendo o segundo braço da política acessível somente à elite colombiana, devido aos altos preços cobrados. Com a globalização da medicina, o mercado de planos de saúde privados tornou-se mais competitivo e conquistou novos clientes, como, aliás, no Brasil. Em oposição ao modelo dicotômico anterior a

---

101. Ibid.

1993, começaram a existir tanto planos de saúde obrigatórios como voluntários.

Existe o Plano Obrigatório de Saúde (POS), mandatório, que as empresas têm de oferecer a seus funcionários e suas respectivas famílias. Quem garante a existência desse plano são as Entidades Promotoras de Saúde (EPS), que se encarregam de cuidar da cobertura dos serviços para os trabalhadores. As EPS podem ser públicas ou privadas e são elas que mantêm contato direto da população com as instituições prestadoras de serviço de saúde, como hospitais e clínicas. Existe ainda a "medicina voluntária", ou seja, particular, que é mais cara, porém mais abrangente. Embora as instituições prestadoras de saúde sejam as mesmas para ambos os serviços, a saúde na Colômbia é ofertada de diferentes maneiras, de acordo com o valor pago ou com o plano adquirido.

O desafio colombiano é contextualizar as EPS junto aos maiores interessados: a população e os médicos. Atualmente, a negociação é feita diretamente com as instituições prestadoras de saúde. Ainda há a necessidade de aumentar a cobertura da saúde aos cidadãos rurais que não foram inseridos em nenhum dos planos.[102]

Somente com a reforma realizada em 2011 é que o país começou a desenvolver uma estratégia de atenção preventiva de saúde, apesar de já existir experiências vencedoras em alguns distritos do país. Os indicadores de saúde da Colômbia se destacam quando comparados a outros países da América andina. Os problemas permanentes ou crônicos se concentram na alta taxa de fecundidade de adolescentes, nas constantes epidemias de dengue e no desvio de recursos destinados à saúde, além da poluição do ar nas grandes cidades, que é exacerbada pela altitude. Nesse sentido, nada de novo em comparação ao Brasil. Como em vários outros países, a Colômbia sofre com a alta concentração de mé-

---

102. Cinthia Granja Silva, *Narrativa das características dos sistemas de saúde nas Américas*, Universidade de São Paulo, Escola de Artes, Ciências e Humanidades, 2012.

dicos e especialistas nos grandes centros urbanos, gerando carência de atendimento no interior, especialmente nas zonas rurais.[103]

MAIS COMÉRCIO, MENOS CAFÉ

Do ponto de vista macroeconômico, os gastos públicos colombianos são afetados, na atualidade, por duas variáveis: de um lado, o desempenho econômico geral do país e, de outro, o sucesso de acordos bilaterais de comércio exterior e os resultantes de Investimentos Estrangeiros Diretos (IED). A economia beneficiou-se inicialmente do aumento dos gastos públicos e da riqueza gerada pela produção de petróleo, graças a investimentos estatais a partir dos anos 1980. Mas os constantes déficits fiscais levaram ao aumento da dívida pública e da dívida externa, colocando o país numa situação externa vulnerável.

A política externa seguida por Bogotá teve sucesso em concretizar desde 2006 vários acordos de livre comércio (ALC), entre os quais se destacam o assinado com os Estados Unidos e a criação da Aliança do Pacífico, que é um acordo ambicioso com Chile, Peru e México, os outros sócios fundadores da Aliança, mais Panamá e Costa Rica, sócios prospectivos. A Aliança do Pacífico deve acelerar a concretização de acordos com China, Japão, Coreia do Sul e a UE. A Colômbia negocia, ademais, com Canadá, Suíça, Turquia e Israel a assinatura de outros acordos. Nisso, a Colômbia segue de perto a experiência de forte abertura comercial do México e do Chile.

Assim a Colômbia conquistou a confiança dos mercados internacionais com um decidido estímulo aos investimentos e a melhora do ambiente de negócios, com o objetivo de aderir à OCDE, como Chile e México já o fizeram há bastante tempo. As taxas básicas de juros estavam em 2014 em apenas 3,5%, e a inflação era inferior a 2%. O valor da dívida pública do país representava 32,3% em 2013. São indicadores financeiros que

---

103. Instituto Sul-Americano de Governo e Saúde (Isags).

revelam o excelente momento por que passa a economia colombiana, fruto de um trabalho de longo prazo na direção da sua efetiva inserção no panorama das democracias mais respeitadas do mundo. O caminho pela frente, porém, ainda é longo.

O café, outrora principal produto exportado e ícone da Colômbia, teve sua exportação afetada por altos custos e ineficiência da produção. Apesar de ser um dos poucos vendidos em todo mundo com a marca nacional "Café da Colômbia", para a Federação de Cafeicultores da Colômbia os produtores do país não se ajustaram à nova realidade da liberação do mercado de café após o fim do Acordo Internacional do Café. Durante a vigência desse acordo, o Brasil, como maior produtor e exportador mundial, providenciava um guarda-chuva de preços altos para os demais produtores. Os exportadores, como a Colômbia, disso se beneficiavam. Daí o estado de letargia e sossego de um segmento colombiano pouco estimulado ao embate constante em mercados competitivos. Produzir uma carga de café arábica na Colômbia custa, hoje, o dobro do que custa em outros países sul-americanos. A produção baixou de 16 para 8 sacas por hectare. É um terço da produtividade no Brasil e metade do que se produz na Costa Rica.[104] Enquanto se expande e brilha em outras áreas, a Colômbia permanece estagnada numa atividade que já foi marca registrada do país. O café colombiano bem que merece uma segunda chance. Para tanto, o avanço da produtividade na lavoura é fator-chave. Insumos modernos e práticas de cultivo atualizadas ainda não foram ainda introduzidas em grande escala. O valor dos insumos é exacerbado pelo alto custo do transporte dos portos às zonas de produção. Aliás, melhorar a infraestrutura é crucial para o desenvolvimento dessa e de outras atividades econômicas na Colômbia. Isso permanece um grande desafio para o país.

---

104. Disponível em: http://www.cafepoint.com.br/cadeia-produtiva/internacionais/crise-do-cafe-da-colombia-e-consequencia-dos-altos-custos-e-da-baixa-eficiencia-85905n.aspx.

EM BUSCA DO ESTADO EFICIENTE

Depois de passar por uma recessão em 1999 (primeiro ano de variação negativa do PIB desde a Grande Depressão), a recuperação da economia colombiana demorou e foi um tanto dolorosa. A Colômbia era então governada por Andrés Pastrana. O país embarcou em políticas que aprofundaram as reformas econômicas liberais introduzidas por Pastrana e que continuaram durante a presidência de Álvaro Uribe e seu sucessor, Juan Manuel Santos, ex-ministro da Defesa de Uribe, então eleito com 69% dos votos. Ao assumir a Presidência, em 2010, Santos logo se concentrou na redução do déficit público abaixo de 2,5% do PIB.

A marca de Uribe foi a *Seguridad Democrática* com uma reforma política, inclusive com a instituição da reeleição. Uribe foi reeleito em 2006 com 61% dos votos. A estratégia militar, antes concentrada no *Plan Colombia* de Pastrana, evoluiu para o fim das negociações com a guerrilha, e armou-se então uma guerra de desgaste. Uribe defendeu a recuperação da segurança e do controle militar do território nacional, o endurecimento da guerra contra o narcotráfico e a negação de qualquer legitimação aos grupos subversivos. É bom lembrar que Uribe perdera o próprio pai, assassinado pela guerrilha.

No primeiro mandato de Uribe, o número de sequestros baixou de 2.986 para 800 ao ano, os homicídios caíram 46% e o número de atentados terroristas diminuíram em 62,5%. O *Plan Colombia* começou a despejar, nessa época, bilhões de dólares em ajuda militar dos EUA, equipamentos e treinamento. O investimento concentrado contra a guerrilha deu resultado. O PIB cresceu em média 5,75%, e a taxa de desemprego passou de 15,7% para, aproximadamente, 11,8%. Esses números constam do Plano Nacional de Desenvolvimento que é publicado a cada ano.

Do ponto de vista econômico, a ênfase permaneceu sendo o apoio à iniciativa privada e aos acordos de livre comércio. Esses dois eixos foram mantidos por Juan Manuel Santos. Tal continuidade de políticas, desde Gaviria até Santos, parece ter sido fundamental para o país emergir forte da sua crise secular. A política econômica de Uribe, premiada com fluxos de investimentos diretos estrangeiros de US$ 51 bilhões entre 2002 e 2009 e um crescimento em média de 4%, criou um contraste óbvio com os vizinhos, Venezuela e Equador. Não logrou, porém, acabar com a pobreza na Colômbia, que ainda ataca quase 35% de colombianos, tampouco com o desemprego, que subiu para 12% da população ativa. As políticas governamentais foram mais efetivas em atrair o capital privado do que em estimular o emprego da mão de obra.[105]

TODOS OS SANTOS PELA PAZ

A administração de Juan Manuel Santos enfatizou quatro setores: mineração, habitação, infraestrutura e agronegócios, as "quatro locomotivas do crescimento" do país.[106] Esperava-se que os efeitos dessa política contaminasse o resto do setor produtivo para garantir a sustentabilidade fiscal, a geração de empregos, o crescimento econômico e o aumento da produtividade. Em muitos aspectos, isso era uma continuação das políticas adotadas por Uribe. Mas essa aparente união entre Uribe e Santos chegou ao fim. Uribe responsabilizou a "fragilidade" da política de segurança do governo Santos por um ataque terrorista em 2012, que teve como alvo o ex-ministro do Interior e Justiça da Colômbia, Fernando Londoño, e que matou duas pessoas, deixando mais de cinquenta feridos, entre eles o próprio Londoño.

O ex-presidente já criticara a proposta do atual governo de viabilizar uma saída negociada pela paz com as forças armadas Revolucionárias da Colômbia (Farc) e as várias reuniões entre

---

[105]. "Colombia: sucesor de Uribe mantendría la política económica", *América Economia, Política & Sociedad*, 17 de junho de 2010.

[106]. Juan Carlos Echeverry Garzón; Rodrigo Suescun Melo; Gloris Alonso Masmela, "Estrategia Económica y Fiscal 2010-2014", Notas Fiscales, Ministerio de Hacienda y Crédito Público, n. 1, janeiro de 2011.

o governo e as Farc. No dia do atentado, a Câmara de Deputados estava analisando um projeto de lei que permitiria que o governo continuasse o processo de paz na Colômbia, alternativa totalmente rejeitada por Uribe, que defende a ideia de enfrentar a guerrilha sem reconhecer nas Farc seu caráter insurgente. Segundo o cientista político Ricardo Garcia, "Uribe condena tudo o que presidente faz: as promessas de Santos de acabar com a pobreza, o projeto de casas populares, e o chama de gastador e demagogo". Uribe e Santos já "estão em caminhos diferentes".

Isso ficou claro nas eleições presidenciais de 2014. Como Uribe não podia mais concorrer à Presidência, criou um novo partido para lançar um candidato contra Santos, Óscar Iván Zuluaga. A eleição foi a mais polarizada da história da Colômbia. Enquanto Santos defendia a continuação das negociações de paz com as Farc e demais grupos guerrilheiros, Zuluaga, apoiado por Uribe, apostava num endurecimento do governo, com o fim do conflito pela via armada. Os dois candidatos foram para o segundo turno trocando acusações de traição e sabotagem. Apesar da maior votação de Zuluaga no primeiro turno, Santos foi reeleito para um novo mandato de quatro anos, com 50,9% dos votos, o que mostra o grau de divisão da sociedade colombiana. O rompimento entre Uribe e Santos já teve desdobramentos na política de segurança, mas não está claro como a política econômica de Santos será afetada pelo rompimento entre dois políticos que dominam a cena política da Colômbia há vários anos.

Apesar desse novo "extremismo", agora na alta política que governa o país, as perspectivas para a Colômbia são boas, e o país não é mais visto como socialmente "falido". Muitos investidores internacionais estão atentos às possibilidades. Um detalhe que ilustra bem essa visão otimista sobre a Colômbia é uma comparação das empresas petrolíferas colombiana e brasileira. A colombiana Ecopetrol tem hoje um valor de mercado maior que sua homóloga brasileira, a Petrobras, apesar de ser menor em ativos, produção e investimentos. Isso revela bastante, tanto sobre os acertos como erros das políticas econômicas da Colômbia e do Brasil. A Ecopetrol tinha em janeiro de 2013 um valor de mercado de US$$ 129,5 bilhões, maior que o da Petrobras, de US$$ 126,8 bilhões, apesar de a brasileira ter uma produção três vezes maior do que a colombiana. O *Financial Times* afirmou também que políticas *business friendly* ("amigáveis aos negócios") da Colômbia atraíram os investimentos da indústria internacional de petróleo para a Colômbia.[107]

A Colômbia atravessa um desfiladeiro entre dois abismos, o narcoguerrilheiro, niilista, e o conservador, *criollo*, racista e segregacionista, que teria motivado o primeiro. Os novos políticos tentam cair fora desse dualismo para alcançar um futuro melhor, embora o caminho seja difícil e cheio de armadilhas. Oxalá prevaleça a continuidade dos esforços pela paz na Colômbia, mesmo que muita firmeza tenha que ser empregada para se chegar lá.

COMO A COLÔMBIA ORGANIZA SEUS GASTOS PÚBLICOS

Os gastos públicos colombianos destinam-se atualmente a três áreas específicas:

- Gastos Administrativos
  Garantem o funcionamento do aparato estatal. Eles se dividem em: 1) gastos com pessoal; 2) gastos gerais; e 3) transferências e gastos operacionais. Obviamente, os gastos com pessoal vão para a folha de pagamento da burocracia estatal. Os gastos gerais são gastos com material de manutenção e equipamentos médicos. As transferências vão para os "Departamentos" (estados), a capital Bogotá e os "distritos especiais", Barranquilla,

---

107. "Colombiana Ecopetrol supera Petrobras em valor de mercado, diz 'FT'", *Valor Econômico*, 28 de janeiro de 2013.

Cartagena de Índias e Santa Maria.[108] Posteriormente, Cúcuta, Popayán, Tunja, Buenaventura, Turbo e Tumaco foram incluídas nessa lista. Esses distritos recebem recursos diretamente do governo federal. As transferências financiam a saúde e a educação – nos três níveis – segundo percentuais estabelecidos pela lei orgânica 60 de 1993.[109]

- Gastos de Investimentos
São os gastos com a infraestrutura, como água potável, saneamento, rodovias, ferrovias etc., e os gastos com o pagamento de juros para o serviço da dívida pública interna e externa e financiamentos.

- Gastos Públicos Sociais
Esses gastos podem ser tanto parte dos gastos administrativos como dos gastos de investimento. Por exemplo, o salário de um médico da rede pública constitui um gasto administrativo, mas também de investimento, por esse profissional pertencer ao serviço de saúde pública. Como a saúde faz parte dos gastos públicos sociais, ela se torna, consequentemente, um gasto público social como parte do gasto administrativo. O mesmo procedimento se aplica aos gastos de investimentos, e isso se torna óbvio com a construção de redes de saneamento básico.

Geralmente são incluídos também sob a rubrica "Gastos Sociais" os "seguros sociais", como seguridade social, subsídios a famílias e a obras sociais, ações distributivas nos setores do

---

[108]. Artigo 356 da Constituição colombiana de 1991.

[109]. Formación Ciudadana y Constitucional, Universidad de Antioquia, Facultad de Derecho, Vicerrectoría de Docencia, Medellín, Antioquia.

trabalho e da cultura, nos esportes e lazer, no turismo social, ciência e tecnologia e nos serviços urbanos. O desenvolvimento de um sistema de transporte público em Bogotá, um dos melhores da América Latina, foi financiado como gasto social público. Portanto, mais que uma definição precisa do conceito de gastos sociais, há uma lista de setores que deles se beneficiam.

V

UM BRASIL EFICIENTE
É POSSÍVEL

20. O GIGANTE ACORDOU[1]

PERGUNTAR É PRECISO

O Brasil se tornou, nos últimos tempos, um país "indecentemente" rico. Não faltam oportunidades, até para os menos preparados. A arrecadação para os cofres públicos também vai bem, quebrando recordes, ano após ano. Embora não faltem recursos, o que mais se vê é o poder público chorando miséria e avançando sobre mais recursos dos particulares. No entanto, enquanto as verbas federais explodiam, durante todo o período do real, crescendo num ritmo avassalador de 14,3% ao ano entre 1997 e 2013, a economia brasileira, que paga essa conta, foi capengando atrás, num ritmo de 11,5% ao ano. Quem sofre com a desaceleração relativa do PIB é o cidadão, com a falta de poupança do lado do governo, que só sabe gastar em consumo, com a carência crônica de mais investimentos, com a estagnação da produtividade, com a pouca ou nenhuma competitividade e a ausência de inovação. E nunca parece sobrar dinheiro para o governo devolver em serviços de qualidade o dinheiro que recebe na forma de impostos.

Não se trata de falta de dinheiro, mas de um problema de gestão pública. Crescimento explosivo dos gastos corren-

---
[1]. Com a colaboração de Luiza Leal.

tes do governo (aqueles que não representam investimentos), a ineficiência na aplicação de recursos, juros cavalares incidindo sobre nossa dívida interna e inchaço da máquina pública: esses são verdadeiros inimigos do desenvolvimento. Existe um "saco sem fundo" sugando a sociedade brasileira. Mesmo assim, ela tem resistido. É a prova de que vivemos num país de excepcional riqueza, muito mal gerida e muito concentrada, no governo e em seus aliados.

Apesar de os dirigentes políticos não apresentarem um programa de governo claro e objetivo para endereçar essas questões, o povo brasileiro vem demonstrando, desde as manifestações de junho de 2013, que conhece bem o cerne do problema e não pretende mais tolerá-lo.

Corremos atrás dessa "clarividência" da população para saber o que ela mesma acha sobre o que tolhe a sua prosperidade. A resposta é que o povo brasileiro, no fundo, intuitivamente, não desconhece o diagnóstico verdadeiro do que impede um desenvolvimento mais rápido e sustentado. A resposta da população ficou bastante evidente na pesquisa encomendada pelo Instituto Atlântico, uma associação independente que pesquisa grandes temas da cidadania.

Entre os dias 19 e 21 de fevereiro de 2014, a Datafolha entrevistou 2.091 brasileiros de todas as faixas de renda e condição social, homens e mulheres de todas as idades, em 120 municípios, incluindo regiões metropolitanas, capitais e cidades do interior. O objetivo foi identificar, com precisão estatística, a visão dos cidadãos brasileiros sobre o peso dos impostos no Brasil, sobre a eficiência percebida pelo povo no gasto dos recursos arrecadados pelo governo e quanto à qualidade da infraestrutura e dos serviços recebidos em retorno pelos pagadores dos impostos.

A pesquisa nacional "Gestão Pública Demandada pelo Cidadão" revelou uma população amadurecida e consciente de seus direitos. Os resultados, ao mesmo tempo, confirmam a insatisfação do contribuinte com a aplicação dos recursos públicos, trazendo constatações inéditas quando o entrevistador indaga sobre a preferência do cidadão entre investimentos em infraestrutura e gastos em mais assistencialismo.

Pesquisa Nacional Datafolha/Instituto Atlântico fev./2014 – Perfil e localização geográfica dos entrevistados

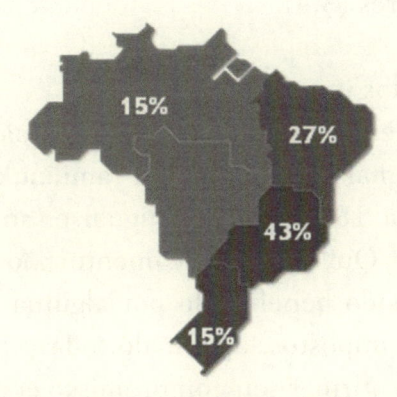

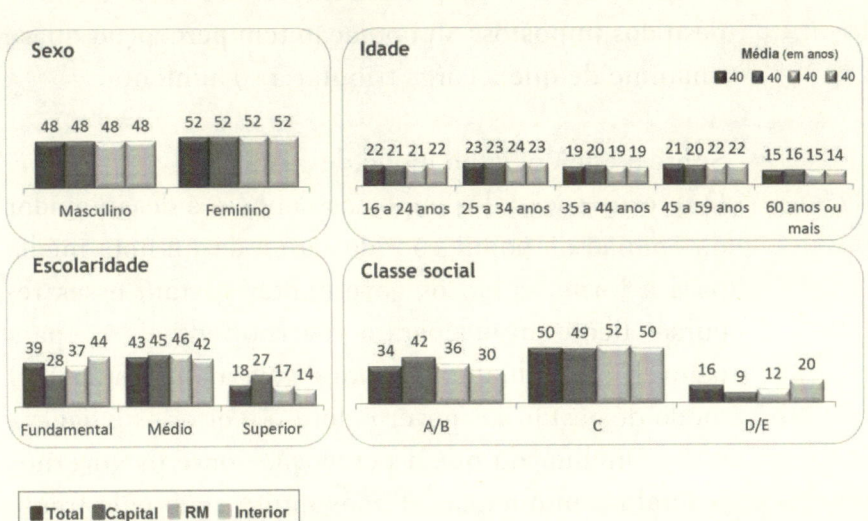

Perfil da amostra Datafolha/Instituto Atlântico.

O QUE PENSAM OS BRASILEIROS

- Sobre as lideranças do país
Os brasileiros se sentem mal representados pela classe política e até mesmo pelos representantes de bairros. Dos oito itens pesquisados, as notas médias para representação política, de zero a dez, foram: blogueiros e jornalistas (6,0), presidente da República (5,1), governador (4,7), representantes de bairro (4,0), deputados estaduais (3,8), deputados federais (3,6), vereadores (3,6) e senadores (3,4).

- Sobre o peso dos impostos
Para 74% dos entrevistados, os impostos pagos atualmente pesam mais no orçamento familiar do que há três anos. Para 18%, têm peso igual e, só para 3%, pesam menos. Ou seja, praticamente não há quem considere ter sido beneficiado por alguma desoneração efetiva de impostos, apesar de toda a insistência do governo em afirmar seu compromisso com aliviar o peso dos impostos. A população tem percepção quase unânime de que a carga tributária só aumenta.

- Sobre a eficiência no modo de gastar
O retorno social dos impostos também é desanimador na opinião da população: de zero a dez, a nota média para a forma como os governantes gastam esses recursos ficou em 4,4 para o governo federal, 4,6 para o governo estadual e 4,2 para o governo municipal. O modo de gastar dos governadores de estados é ligeiramente melhor do que a percepção sobre os governos federal ou municipais. Temos muito chão pela frente até os governos virem a ser considerados "eficientes" no modo de gastar. O chamado "padrão Fifa" para o

gasto do governo no Brasil, numa alusão às exigências que a federação internacional do futebol impõe para a realização de seus eventos, é ainda uma miragem para os brasileiros.

- Sobre para onde destinar as verbas
As áreas que deveriam receber mais investimentos, segundo a maioria dos entrevistados, são, em ordem de prioridade: saúde (58%), educação (22%), segurança pública (6%), combate à fome e à miséria (5%), combate ao desemprego (3%) e habitação (2%). Ou seja, a saúde pública é um problema totalmente escancarado a demandar urgente e eficiente resposta. O modelo de saúde é um fracasso. Deve ser revisto com coragem. A maioria dos brasileiros não deveria ficar na contingência de adquirir uma cobertura alternativa de saúde no setor privado por absoluta falta de eficiência na prestação pública.

- Sobre a prioridade de gasto das verbas no futuro
No polêmico embate entre mais infraestruturas ou mais assistência social, constatou-se um fato inédito e revelador: nada menos que 77% dos entrevistados em todo o Brasil são favoráveis a mais investimentos em infraestrutura, como estradas e equipamentos para escolas e hospitais, em vez de mais programas sociais, como o Bolsa-Família. Ou seja, embora apoiando os programas sociais até aqui, os brasileiros percebem que a ênfase deve mudar daqui para o futuro: a assistência social deve ficar mais seletiva e focada em quem de fato dela precisa, enquanto os investimentos que deflagrarão mais geração de empregos e melhor prestação de atendimento em saúde e educação mere-

cem ser priorizados na opinião quase absoluta da população brasileira.

Esse resultado inédito coloca um ponto final na discussão estéril sobre se os brasileiros estariam "comprados" pelas diversas ajudas assistenciais que os governos têm promovido nos últimos anos. Nada disso, diz a pesquisa Datafolha/IA. O povo aprecia ser assistido, contudo, apreciaria mais ser conduzido a sair da condição de dependência dos cheques mensais do governo e ter uma vida financeira independente, salvo, é claro, naquelas situações normais em que o cidadão usufrui seu direito como aposentado ou pensionista, ou ainda, quando assistido por incapacitação temporária, permanente ou perda de emprego. Não faz sentido prometer mais assistência aos brasileiros, como muleta permanente, quando eles apreciariam mais a independência pessoal.

- Sobre a situação das cidades e dos serviços públicos prestados
    Para os respondentes da pesquisa, os serviços públicos prestados nas cidades estão longe do chamado "padrão Fifa". A média geral dos 16 itens de infraestrutura urbana e social avaliados pelo Datafolha, e elencados de zero a dez conforme a qualidade do serviço, ficou em 5,4 no cômputo geral, entre todos os itens pesquisados. Entre os moradores de capitais, a nota cai para 4,6.

O QUE QUER, ENTÃO, O POVO BRASILEIRO?

Um governo que o represente com dignidade, que arregace as mangas para fazer retornar com máxima eficiência o dinheiro de seus impostos, com serviços públicos de alto padrão, principalmente em saúde, educação e investimentos em infraestrutura.

Não foi por meros 20 centavos de redução nas passagens de ônibus urbanos que milhões de pessoas tomaram as ruas em 2013. Há uma insatisfação generalizada com a má qualidade dos serviços públicos. Segundo dados do Instituto Brasileiro de Planejamento e Tributação (IBPT), entre os países com maior carga tributária no mundo, o Brasil é o último colocado (29º) no *ranking* de retorno de impostos do ponto de vista do bem-estar capturado pela sociedade. Ao não receber a contrapartida pelos tributos escorchantes que paga, o cidadão brasileiro é expropriado daquilo que é seu, e obrigado a pagar duas vezes pelo serviço que seria obrigação do poder público – plano de saúde, escola particular, transporte privado, segurança particular com alarmes e cercas altas, numa longa lista de serviços mal prestados ou nem prestados pelo poder público. Mas nem todos podem se dar ao luxo de pagar duas vezes. A maioria tem mesmo que se conformar com filas, apertos, sustos e descaso.

QUAL O RECADO DAS RUAS?

Conter o crescimento da despesa pública de consumo, planejar bem e avaliar gastos públicos com antecedência e bons critérios, em qualquer nível ou esfera de governo, investindo certo – não apenas investindo mais – em saúde e educação, e cortar custos radicalmente, assim como agir para conter a burocracia infernal, simplificar impostos para todos, criar um ambiente de negócios favorável à indústria, apoiar a classe empresarial, valorizar o lucro competitivo e os investimentos – e, consequentemente, gerar mais empregos de qualidade e aumento constante do poder de compra geral.

A Pesquisa Nacional Datafolha/IA comprovou: o governo que o brasileiro quer é o governo que entrega *eficiência*.

21. GESTÃO EFICIENTE CONTRA O ESTADO PAQUIDERME

O MOMENTO MÁGICO DE LULA

Houve um momento mágico no impulso da economia brasileira do início deste século, em que os brasileiros tiveram a sensação de que o governo grátis era uma fórmula que poderia funcionar. Afinal, todos – principalmente os mais pobres – passaram a consumir mais, sem que a estabilidade da economia fosse ameaçada. O motor de tal conquista foi menos o aumento do investimento em capacidade produtiva adicional do que a explosiva expansão do crédito. Embora tardiamente, o Brasil entrou na onda mundial de sair gastando na frente para acertar as contas depois. E, assim, desde a ascensão ao poder do governo Lula, registraram-se avanços impressionantes na renda do trabalhador. O emprego total e os salários médios tiveram alta ininterrupta e vigorosa. É inegável a mudança da condição de vida das "massas pobres".

O fato político fundamental é que as massas urbanas e rurais do nosso país ficaram menos pobres na esteira da enorme expansão da economia da China. E Lula virou o gênio acidental, ao despertar para o consumo um país considerado "quebrado" durante vários momentos do governo anterior. O Brasil, como vendedor de *commodities* para os chineses, pegou carona na explosão de liquidez mundial e, em apenas cinco anos, cobriu a dívida externa com reservas em moedas fortes. Saiu da condição de país constrangido por seu balanço de pagamentos e virou, em pouco tempo, um credor líquido no mercado financeiro internacional. Dessa forma, as atenções do mundo se viraram para nós.

O milagre da era Lula tinha uma explicação: a base agropecuária do país, duramente construída ao longo de décadas de incompreensão e de ataques ignorantes ao seu desenvolvimento autóctone, e que acabou resultando no esteio da superação do chamado "constrangimento externo", ou "restrição externa", causado pela crônica falta de dólares para cobrir as importações. O agronegócio, agora valorizado por altos preços das *commodities*, começou a pagar as contas do Brasil. E as benesses do governo para a base da população passaram a "sair de graça", deixando para trás os tempos de vacas magras. O milagre foi verdadeiro, por algum tempo. E Lula, de santo milagreiro, passou à condição de falar com Deus, sem intermediários.

As medidas de inclusão social do governo Lula foram, de fato, importantes para colocar mais poder de compra no bolso do brasileiro, na base da pirâmide de renda, como o programa Bolsa-Família – antes chamado de Bolsa-Escola, no período FHC – e, principalmente, com a fortíssima expansão do crédito para estimular o consumo, desde logo, o crédito "consignado", este sim, mérito singular de Lula e, em seguida, a impressionante onda de empréstimos para a compra de bens duráveis – muito especialmente, automóveis e eletrodomésticos. Já no segundo mandato de Lula, ocorreram os avanços espetaculares do crédito habitacional e, via BNDES, Banco do Brasil e Caixa Econômica Federal, os de investimentos, que também estimularam gastos no setor privado. O consumo anual, na década entre 2003 e 2013, acabou crescendo numa média de 4,6%, já descontada a inflação, bastante em linha com a meta de fazer o Brasil evoluir no ritmo de 5% ao ano.

O problema é que a produção nacional não cresceu no ritmo de 5%, salvo em alguns curtos períodos de euforia interna e em setores esparsos. A produção industrial praticamente estagnou após a crise de 2008. A presidente Dilma tinha consciência de que a indústria ficara para trás no período de Lula e quis intervir nesse processo de estagnação relativa. Lançou o plano "Brasil Maior" para amenizar a perda de capacidade competitiva da indústria brasileira. Travou uma luta com as consequências do processo, mas não enxergou, muito menos atacou, as causas da estagnação que estavam, e estão, "dentro de casa", no próprio governo, nos seus contumazes excessos, e na arrecadação tributária violenta e desastrosa, que tenta cobrir o gasto estéril e desenfreado. Nesse contexto, governo fica cada dia mais obeso, enquanto a economia produtiva se torna mirrada. O país consome suas melhores energias para sustentar o paquiderme governamental.

O ACERTO QUE VIROU ERRO

O acerto da política econômica de Lula virou o erro atroz de Dilma. Ambos pensaram, ou seus assessores pensaram por eles, que o Brasil era uma economia fraca pelo lado da demanda e, assim, construiram um aparato para fazer o país gastar pela mão do consumo. E o governo saiu gastando pelo povo e para o povo. Gastou muito. Mas, quando se olha pelo lado da produção *made in Brasil*, não se observa o mesmo aparato de estímulos que fora montado para fomentar a demanda de consumo. Os governos pós-real não puseram muita fé no potencial da produção industrial brasileira. Deixaram as lideranças do setor industrial falando sozinhas. E os líderes industriais se recolheram, envergonhados de sua ineficácia como interlocutores. Desistiram de denunciar, com algumas honrosas e precárias exceções. A maioria aderiu à banda de música do governo, que nunca parou de tocar a marchinha desgastada do "Pra frente Brasil".

Às vésperas da eleição presidencial de 2014, o Brasil entrou em recessão técnica. A gestão Dilma não havia combinado tal resultado negativo com a realidade. Os investimentos retrocederam em 2014 frente ao ano anterior. A indústria estancou e alguns segmentos-chave, como o automobilístico, despencaram. Os altos gastos do governo sustentaram o varejo. Mas o crescente endividamento das famílias e a inflção no teto da meta, como em cada ano do governo Dilma, levaram à queda no poder de compra líquido da classe média. A queda na construção civil indicou a perda de empregos com carteira assinada.[2]

Na área fiscal, os resultados de 2014 foram simplesmente desastrosos. O governo central, que reúne as contas do Tesouro Nacional, Previdência Social e Banco Central (BC), chegou a registrar déficits primários espelhando o pior resultado da série histórica iniciada em 1997. A única área que se expandiu na economia brasileira de modo vigoroso em 2014 foram os gastos públicos. O país chegou a uma situação limite.

O realinhamento da nossa capacidade produtiva é, portanto, medida urgente e necessária. E o elemento fundamental de perturbação da capacidade produtiva privada é a "máquina de moer eficiência" instalada no setor público. É dever da cidadania desligar essa máquina de produzir retrocessos e desativá-la o quanto antes. Enquanto isso não acontecer, haverá "aquecimentos" momentâneos no setor produtivo, que serão vendidos pelo governo como "sinal claro de retomada", mas que, de fato, repetirão pressões inflacionárias crônicas, passando a justificar, para muitos, a aplicação de juros mais altos sobre o setor privado como "remédio amargo". Trata-se do ciclo completo da estupidez econômica vendida ao povo como medida terapêutica de um governo sério. O resultado da fricção entre uma produção interna

---

2. *O Globo*, 30 de agosto de 2014.

menor e uma demanda continuamente em expansão pelo gasto público, descontrolado e sem lastro produtivo, é a inflação interna acima da meta, cronicamente pressionada sobre os 4,5% anuais previstos como alvo.

O Brasil teima, há duas décadas, em produzir com menos vitalidade do que tem consumido e importado. A poupança interna é insuficiente, mesmo diante da urgência de se investir mais. O salto no investimento não acontece e não há geração de caixa na indústria para bancar tal investimento. O próprio governo do "Brasil Maior" não permite que isso aconteça. A inclinação "consumista" do modelo econômico brasileiro, conjugada a uma fraqueza produtiva crônica, que se apresenta mais nítida no setor industrial manufatureiro, tem origem no excesso da presença do governo.[3] O Brasil não está fadado a ser uma economia especializada em produzir *commodities* agrícolas e minerais. Além de ampliar riscos à sua estabilidade macroeconômica, a perda de vitalidade da indústria brasileira não é bom negócio para o país no longo prazo, pois qualquer inversão nos termos de troca, hoje ainda favoráveis às *commodities*, nos deixará imensamente vulneráveis aos humores do financiamento externo, num mundo conflagrado por grave crise de confiança. O Brasil está com sua defesa desarmada, pronto para ser atacado e derrubado. Conta, exclusivamente, com a possibilidade implausível de ver estendida, por mais tempo, a grande onda de expansão chinesa.

As justas reclamações das lideranças, sejam entidades patronais ou de trabalhadores, têm crescido em insistência e volume, em função do fraco desempenho do segmento que deveria ser o carro-chefe da inovação e o principal responsá-

---

3. Quem mais insistente e competentemente tem apontado tal desequilíbrio é o economista Raul Velloso em seus artigos e livro recente. Ver Paulo Rabello de Castro e Raul Velloso, *Panorama fiscal brasileiro: proposta de ação*, vol. II, Movimento Brasil Eficiente/Fecomércio, 2010.

vel por avanços da produtividade total no setor privado. Tal fraqueza generalizada ocorre com intensidade suficiente para neutralizar os eventuais estímulos compensatórios que o governo federal promove, vindos do BNDES e dos programas de exploração da Petrobras, além das obras do PAC e dos investimentos de firmas estrangeiras no país. Nada disso compensa o que o Brasil perde com o enfraquecimento de seu parque industrial privado. Algo de muito grave acontece na maioria dos segmentos da indústria manufatureira, como evidenciam os números de sua estagnação, frente às crescentes importações. A produção industrial brasileira capenga, enquanto as importações vicejam. Nada poderia ser pior para o futuro de nossa indústria. O quadro da última década é horrível.

Brasil 2003-2013, Indústria de Transformação: produção doméstica vs. Importações

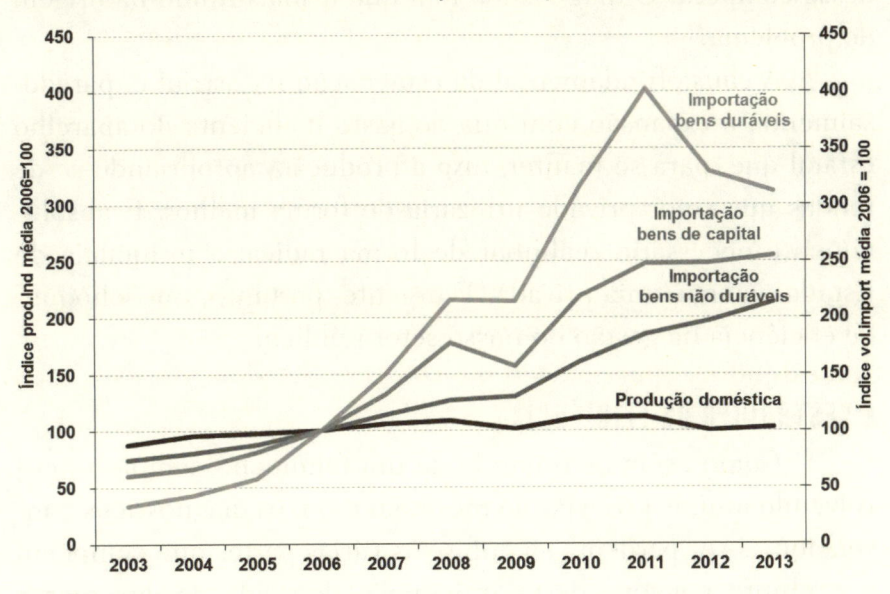

Fonte: Funcex, IBGE. Elaboração: RC Consultores.

O diagnóstico convencional da própria indústria costuma ser que o câmbio ficou muito valorizado – e, de fato, não há como negar –, favorecendo as importações e prejudicando o produtor nacional. O câmbio, no entanto, está longe de ser o único fator. São notórios os outros males do custo Brasil: custo da energia e das matérias-primas, infraestrutura arcaica, burocracia redundante, baixa produtividade e em queda, desperdícios crônicos e ineficiência generalizada. Há também a admissão de *dumping* em preços de muitos produtos importados, especialmente da China. São aspectos relevantes do problema.

Mas onde estaria a origem da distorção macroeconômica no câmbio? Seria sanável essa questão apenas com maior proteção à indústria nacional? A atenção a tal pressão aniquiladora sobre a indústria é fundamental. Mas o remédio necessário não está na "proteção compensatória", como se a indústria não pudesse competir. O diagnóstico tem que ir mais fundo na origem do problema.

A causa fundamental da estagnação industrial é, paradoxalmente, a expansão contínua do gasto ineficiente do aparelho estatal que, para se manter, taxa a produção, apropriando-se de rendas que setor privado utilizaria de forma melhor. É absolutamente necessário realinhar de forma radical a influência do Estado na economia privada. É urgente, portanto, um "choque" de eficiência na gestão do nosso setor público.

A DESTRUIÇÃO DA EFICIÊNCIA

Como estamos tratando de um fenômeno complexo, envolvendo muitas variáveis ao mesmo tempo, os diagnósticos convencionais se "perdem" na ênfase às várias partes que compõem o conjunto negativo dessa influência, deixando de enxergar o problema na sua verdadeira origem! Devemos procurar aperfeiçoar este entendimento, visualizando o problema com dimensões bem próximas à realidade, para concluir que a responsabilidade cabe, de fato, ao governo: é ele que deve, portanto, o maior esforço de realinhamento – reformar a gestão pública, que arrecada impostos enlouquecidamente e gasta de maneira incontrolável. Do contrário, continuaremos ouvindo promessas incumpríveis, com as autoridades prometendo "proteger" a indústria, mas não conseguindo conter a destruição da competitividade industrial, cuja origem está no próprio governo.

Influência do Setor Público Ineficiente na Economia Produtiva
Produção Nacional = 100; demais valores são proporções

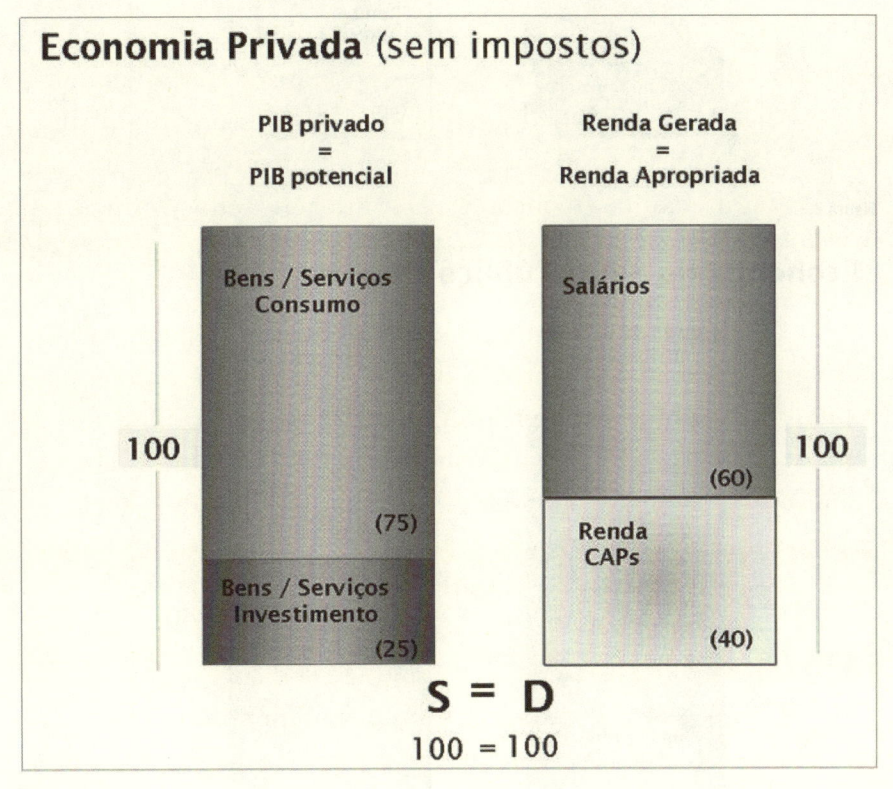

Economia Privada (sem impostos)

PIB privado = PIB potencial

Renda Gerada = Renda Apropriada

Bens / Serviços Consumo (75)

Bens / Serviços Investimento (25)

100

Salários (60)

Renda CAPs (40)

100

S = D
100 = 100

Figura I

Economia Privada (com impostos)

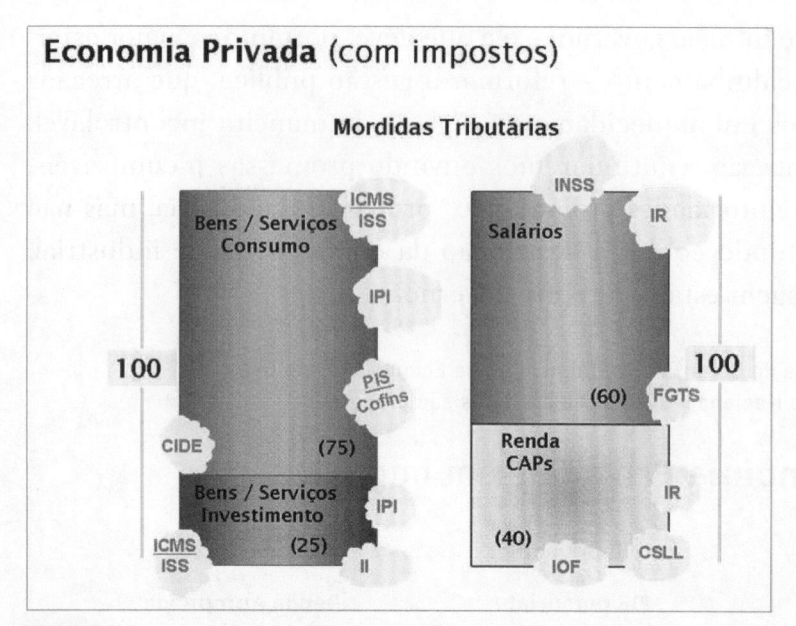

Mordidas Tributárias

Bens / Serviços Consumo — ICMS, ISS, IPI, PIS/Cofins (75)	Salários — INSS, IR, FGTS (60)
100	100
Bens / Serviços Investimento — CIDE, ICMS, ISS, IPI, II (25)	Renda CAPs — IR, IOF, CSLL (40)

Figura 2

Economia do Setor Público (*)

Lado da Receita (tributação)	Lado das Despesas (setor público total)
S/ Salários	Juros (6)
S/ Capital	Assistências + Previdências (14)
S/ Bens e Serviços	Custeio Bens e serviços (17)
S/ Investimento	Investimento (3)
37	40

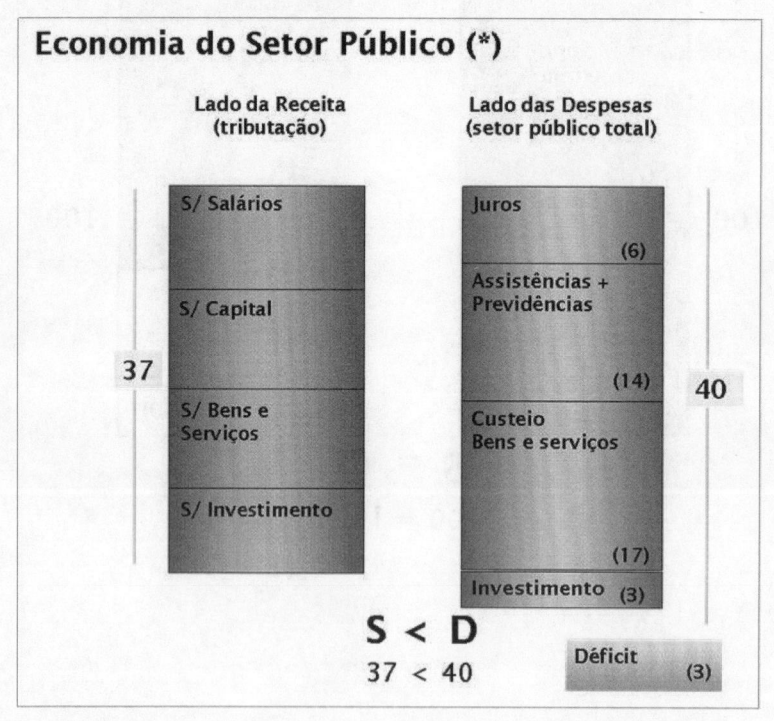

S < D
37 < 40

Déficit (3)

Figura 3

Economia Mista (privada/estatal)

Economia privada
PIB =100.
Perda macro = 2

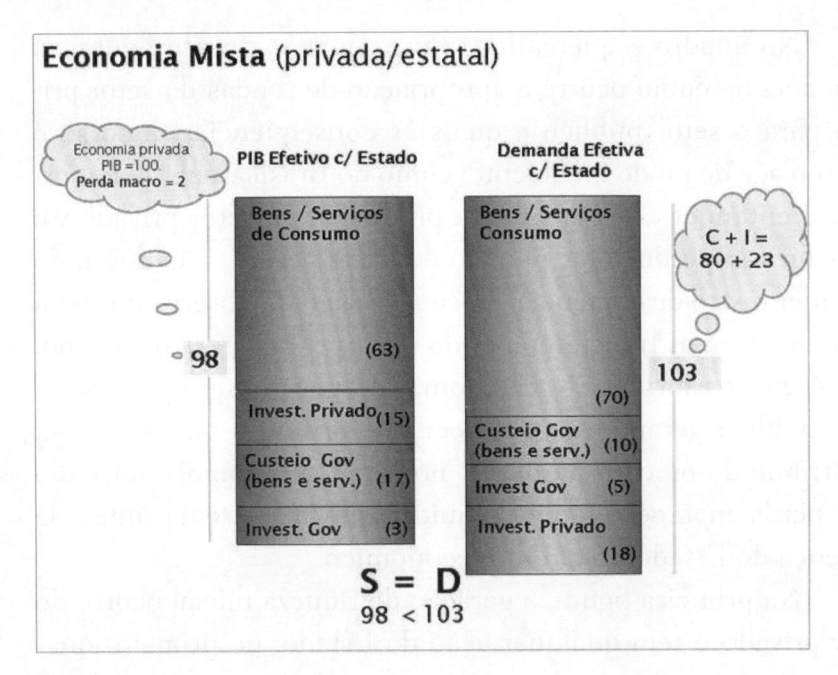

PIB Efetivo c/ Estado
- Bens / Serviços de Consumo (63)
- Invest. Privado (15)
- Custeio Gov (bens e serv.) (17)
- Invest. Gov (3)

98

Demanda Efetiva c/ Estado
- Bens / Serviços Consumo (70)
- Custeio Gov (bens e serv.) (10)
- Invest Gov (5)
- Invest. Privado (18)

103

C + I = 80 + 23

$$S = D$$
$$98 < 103$$

Figura 4
(*) União, Estados e Municípios

Desequilíbrios Ocorridos

Desequilíbrios Macro

- Consumo: 63 - 70 = -7 → + Câmbio
- Custeio de Governo: 17 - 10 = +7 → + Importação
- Invest. Gov: 3 - 5 = -2 → + Gasto do Governo
- Invest. Privado: 15 - 18 = -3 → + Juros

Figura 5

No quadro esquemático, mostramos, em cinco figuras, a sequência de como ocorre a apropriação de rendas do setor privado para o setor público e quais as consequências disso se o governo age de modo ineficiente, como no Brasil atual.[4] O importante é entender como a riqueza produzida no setor privado vai parar no campo do setor público e ali "se perde", não deixando qualquer rastro de eficiência em sua passagem. Observemos bem como ocorrem as transferências do setor privado para o governo. Esta é, por assim dizer, a "anatomia do governo grátis", com o setor público gerando para si recursos oriundos da sociedade, redistribuindo-os com perdas e, no final, a economia sofrendo uma perda macroeconômica líquida, que não existia antes da presença do Estado no circuito econômico.

Na primeira figura, a geração de riqueza inicial ocorre no setor privado e sem qualquer ação do Estado; no primeiro quadro, apenas para fixar as duas proporções mais importantes: bens e serviços de consumo (75) e investimento (25), num mundo hipotético em que a soma de ambas as despesas – consumo e investimento – compõe a produção do país (PIB total) de 100 unidades. A renda gerada por essa produção então circula, gerando pagamentos, e é apropriada. Vai para salários (60) e rendas do capital (40), em conformidade com as estimativas da Renda Nacional, sem Governo. Neste mundo simplificado, a Oferta total está em equilíbrio com a Demanda total, igualando-se em 100.[5]

Introduzimos agora a presença do Setor Público nas duas figuras seguintes.

Na segunda figura aparece o setor público, "mordendo" a sociedade com múltiplos tributos. A realidade brasileira é bem mais

---

[4]. O exemplo é apresentado sem a presença da moeda e do crédito, nem do setor externo (exportações e importações), pois complicariam o entendimento sem qualquer ganho explicativo.

[5]. No ano seguinte, como haverá investimentos programados de 25 unidades, a economia crescerá de modo significativo (entre 5% e 6%, a depender da relação entre o capital e o PIB). Mas essa dinâmica não é mostrada no quadro esquemático, ficando apenas subentendida.

dramática, com dezenas de outras taxas e contribuições que não aparecem em nossa figura. Vamos ao terceiro passo. Com os tributos que "mordeu", o Estado arrecadou 37 unidades e despendeu 40, produzindo um déficit de 3 unidades. Esses números arredondados facilitam a compreensão de como os recursos são capturados, na situação real, pelo Estado, no caso brasileiro, que pratica uma carga tributária da ordem de 37% e gasta mais do que arrecada, 40% do PIB, gerando por isso, um déficit fiscal de 3% do PIB.[6]

A figura 3 representa a ação intervencionista do Estado, importante para se compreender de onde surgem os recursos fiscais que o governo toma (de salários, de rendas do capital e de aluguéis) e como o governo gasta (previdência e assistência, consumo em geral, encargos financeiros e uma parcela, bem pequena, de investimentos). É interessante notar o déficit fiscal anual. Mas não é este o principal desequilíbrio.

Mais séria é a questão mostrada na figura 4. Aí se apresenta um desequilíbrio entre o que a sociedade pretendia fazer com os recursos gerados (a Intenção de Desempenho) e o que efetivamente teria ocorrido com a presença do governo (Oferta).

É notória a desproporção entre o que a economia privada faria com os recursos produtivos e a maneira como o Estado acabou gastando os recursos que tomou da sociedade. Esse desequilíbrio é mostrado na última figura (5), basicamente apresentando uma situação que acontece de fato, na vida real, no Brasil: o investimento do governo é muito baixo porque uma quantidade desproporcional de recursos é consumida no custeio da máquina burocrática e em encargos financeiros, além de previdências e assistências. O investimento total da Economia Mista, ou seja, setor privado mais governo, acaba sendo menor do que se apenas o setor privado investisse.

---

6. Não é apresentada nenhuma variável de estoque nem é discutido como o Estado financia seu déficit fiscal emitindo Dívida Pública, pois nosso interesse se concentra apenas no modo como acontecem os fluxos econômicos num único ano fiscal.

A figura 5 mostra como a parcela de recursos aplicada em Investimentos públicos é de apenas 3 unidades do PIB, que chamaremos de "Infraestrutura", para fixar o conceito do apoio que era esperado pelo setor privado. Por outro lado, o Estado gasta 17 unidades de PIB para seu próprio "consumo", o chamado "custeio do governo". Entre o custeio do governo e a Infraestrutura são despendidas pelo Setor Público 20 unidades. Onde, afinal, foram parar as outras 20 unidades que o governo tomou da sociedade em impostos? Essas 20 unidades restantes "passeiam" até os cofres públicos e "voltam" para outros bolsos no setor privado sob diversas formas: juros pagos (6 unidades), assistências sociais diversas e previdência social (14 unidades).[7]

Onde é, enfim, criado o desequilíbrio macroeconômico pela presença do setor público e qual o prejuízo final da sociedade? Essa "perda final" sem reposição está na diferença entre o que a sociedade "planejou" investir o que foi de fato realizado após a interferência estatal. O governo não cria infraestrutura suficiente, tampouco produz bens e serviços de administração pública geral em quantidade e qualidade que compensem a sociedade pelo que ela pagou em tributos.[8]

O PIB efetivo na economia "mista", público-privada, sofre uma perda definitiva de duas unidades em virtude da insuficiência do investimento. No exemplo, 18 unidades foram efetivamente investidas, e não as 25 unidades planejadas pela sociedade. Trata-se de um enorme desvio entre intenção de investir e investimento realizado. A presença ineficiente do Estado fez desaparecerem 7 unidades de investimento.

---

[7]. Roberto Macedo lembra que, ao final de cada mês, o governo emite quase 60 milhões de contracheques, pelos mais variados, justificados ou duvidosos motivos. Isso é discutido em detalhe no capítulo 6.

[8]. Não importa nesta discussão o tamanho do Estado. Mesmo supondo que fosse adequado o tamanho do Estado, do ponto de vista fiscal, o que interessa é identificar que há uma "falta" de infraestrutura e uma "sobra" de gastos correntes "estéreis". No final, há uma perda líquida para todos.

A taxa de investimento do país, neste exemplo, ficou reduzida a 18% do PIB, em vez dos planejados 25%. O país crescerá mais devagar em consequência disso. Menos postos de trabalho novos serão criados. O "governo" acabará custando caro para a sociedade. O custo final do governo grátis é uma perda de 2%, algo em linha com a diferença existente, de fato, entre a taxa de crescimento do PIB potencial, da ordem de 3%, e a taxa de expansão que poderíamos, em tese, alcançar, de 5%.

O "GOVERNO GRÁTIS" TEM CUSTO ELEVADO

Ainda acompanhando as figuras do exemplo, qual a influência do regime de governo grátis no comportamento do PIB? A sociedade, no exemplo, conseguiu praticar apenas 63 unidades de consumo, enquanto a demanda de consumo projetada era de 70 unidades. Portanto, houve um déficit de produção para o consumo, ou visto por outro ângulo, um excesso das intenções de demanda sobre a oferta efetiva, da ordem de 7 unidades. Essa "falha" na produção doméstica ocorre, justamente, porque a carga tributária excessiva imposta sobre os ombros da economia privada termina por inibir a rentabilidade da produção, fazendo cair o incentivo para os particulares produzirem. Aqui está a explicação sobre por que a indústria nacional capenga. Além disso, quando o Estado gasta mais unidades do que arrecadou (tal diferença é o chamado *déficit fiscal total*), o governo grátis acaba provocando uma procura por bens e serviços sem que uma produção equivalente a tal procura tenha ocorrido. É como se o governo gastador ficasse dando voltas, à procura de uma produção inexistente.

Em resumo, fortes desequilíbrios macroeconômicos são gerados pela ineficiência:

- Faltam bens de consumo produzidos domesticamente (compensados por mais importações, como de fato acontece);

- Faltam investimentos privados e mais infraestrutura pública, pois o investimento total é inferior ao desejado;

- O "custeio do governo" excede o valor efetivo que a sociedade lhe atribui, ou seja, o que o governo faz não seria "comprado" pela sociedade, se esta pudesse optar por adquirir, ou não, tais serviços.

As sequelas do governo ineficiente, na situação real da economia brasileira, são terríveis: os juros são mais altos, para coibir a pressão inflacionária causada por uma intenção de consumo sem correspondente produção. Os juros mais altos trazem valorização artificial do câmbio, fomentando a entrada de capitais especulativos. Como o primeiro a pagar juros mais altos é o próprio governo (o efeito "tiro no pé"), os encargos financeiros públicos elevarão o déficit fiscal e isso obrigará o governo a elevar mais ainda a tributação necessária para cobrir tais encargos, formando um "superávit fiscal primário".

Mais uma vez, o excesso de tributação provocará redução adicional da capacidade de investir do setor privado. O realinhamento fundamental da política econômica nacional, o primeiro de todos, deve ser sobre o excesso de gasto governamental, não em razão do tamanho do Estado em si, mas pela desproporção dos dispêndios públicos "sem contrapartida" de valor social.

Esse urgente e necessário realinhamento macroeconômico deve ser feito sobre o gasto público corrente, não para reduzi-lo, proposta politicamente inviável, mas para disciplinar e controlar melhor a eficiência e a eficácia do dispêndio do governo.

CHOQUE DE EFICIÊNCIA CONTRA O ESTADO OBESO

Boa notícia: como é muito ineficiente, o setor público pode melhorar a economia brasileira pelo mero restabelecimento da proporção adequada entre as participações econômicas do

Estado e da economia privada. O país tem, portanto, uma margem de eficiência potencial não explorada. O Estado brasileiro é grande, opera mal e gasta muito de modo "estéril", não reprodutivamente. São defeitos sérios, mas contornáveis. Se contornados, os atuais defeitos do Estado brasileiro se converterão em vantagem efetiva na retomada da economia brasileira. As medidas para tal correção não serão impopulares, como se poderia pensar à primeira vista. O crescimento mais rápido da economia trará compensação suficiente para algumas perdas de privilégios e de direitos adquiridos dentro do setor público.

As principais recomendações de política econômica para a gestão eficiente do Estado:

- Aprovar regra suplementar à Lei de Responsabilidade Fiscal, determinando-se um limite ao crescimento do gasto público corrente. Durante o tempo que for necessário para trazer a carga tributária de volta a 30% do PIB, é fundamental restringir a expansão anual do gasto público corrente a, no máximo, 1/3 da taxa de crescimento do PIB. O investimento público não está nessa restrição.

- Atrelar o percentual obrigatório de gastos em educação e saúde a uma proporção do gasto corrente não financeiro, sem prejuízo, na partida da nova regra, de que o valor absoluto desses gastos seja mantido. O objetivo é corrigir a atual vinculação de verbas ao aumento da arrecadação. A regra atual é errada em sua concepção lógica, por obrigar o governo a arrecadar mais tributos para corrigir um déficit fiscal, em função dos gastos que deve realizar quando a receita tributária se eleva.

- Aumentar, gradualmente, a produção dos bens e serviços do Estado, em proporção às parcelas de Encargos Financeiros, Assistência e Previdência, tendo em vista que a economia produtiva carece de incentivos do Estado (infraestruturas), em detrimento das chamadas transferências estéreis. Tal providência exigirá a submissão, ao Congresso Nacional, de uma Lei de Responsabilidade Previdenciária, referendada pelos eleitores e capaz de restringir o gasto previdenciário máximo em 10% do PIB, a ser atingido num certo número de anos.[9]

- Implantar com celeridade a Reforma Financeira, com um programa de eliminação dos resquícios de indexação monetária, dos quais o mais deletério é a dívida pública atrelada ao juro diário. A dívida com juros a fixar (LFTs) deve ser prontamente substituída, por impedir que a política de juros funcione de modo adequado.

- Finalmente, deve ser prontamente regulamentado o art. 67 da Lei de Responsabilidade Fiscal, que comanda a instituição de um Conselho de Gestão Fiscal, com o objetivo de produzir regras e recomendações sobre o emprego correto e eficiente dos recursos fiscais. Esse conselho faz enorme falta ao Brasil.[10]

---

[9]. No momento, o percentual do gasto previdenciário total supera 12% do PIB.

[10]. A presidente da República estava consciente dessa necessidade quando criou a Câmara de Gestão, Desempenho e Competitividade, sob a presidência do empresário Jorge Gerdau Johannpeter, uma espécie de embrião do Conselho de Gestão Fiscal preceituado pela Lei Fiscal no seu art. 67. Em abril de 2014, o senador Paulo Bauer apresentou o PLS 141/2014, que propõe definir as atribuições do Conselho de Gestão Fiscal.

22. SISTEMA TRIBUTÁRIO SIMPLIFICADO E CARGA DECRESCENTE

A DESONERAÇÃO TRIBUTÁRIA QUE NÃO HOUVE

A carga tributária crescente e fortemente baseada em tributos de "má qualidade"[11] tem sido corretamente apontada como principal responsável pela perda de competitividade dos setores produtivos nacionais, que enfrentam concorrentes internacionais muito menos taxados – às vezes, até cem por cento desonerados! A expansão contínua da carga tributária brasileira é um fato tradicionalmente negado pelas autoridades, principalmente quando argumentam, não sem alguma verdade, que elas têm promovido medidas pontuais de desoneração tributária. Uma razão não elimina a outra. Mesmo com todas as desonerações pontuais praticadas ao longo da última década – justamente por serem pontuais –, não se atinge a estrutura produtiva brasileira como um todo. A carga tributária total saltou mais de meio ponto percentual do PIB por ano, até encostar em 37% do PIB.

---

[11]. São definidos como de "má qualidade" – inspirada definição dada pelo tributarista Fernando Rezende – aqueles tributos que não discriminam os contribuintes conforme um indicador razoável de sua capacidade contributiva, casos da Cofins, do PIS, do IPI e da Cide, e que formam tributação em cascata ao longo do processo produtivo e de circulação econômica.

Brasil 1993-2013, Carga Tributária (% PIB)

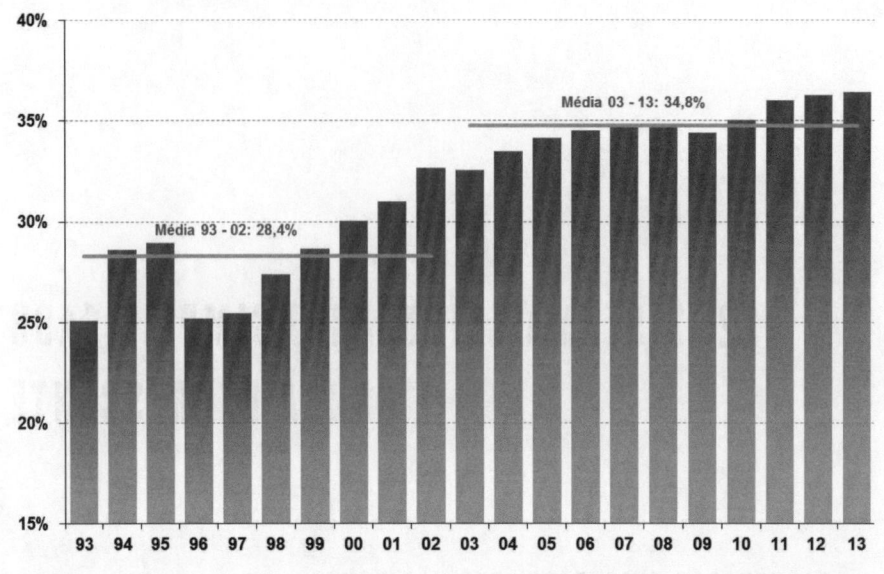

Média 93 - 02: 28,4%
Média 03 - 13: 34,8%

Fonte: IBPT

É correto afirmar, portanto, que alguns segmentos ou atividades pagam, hoje, menos tributos. Porém, é mais verdadeiro afirmar que um número crescente de cidadãos e empresas pagam mais tributos, não só pela intensificada fiscalização, como pela crescente formalização da economia. Quem antes não pagava tanto, certamente investia mais. A sociedade brasileira, como um todo, investe menos do que poderia, por causa da escalada tributária. O potencial de crescimento da economia é, hoje, fatalmente menor por causa da carga tributária. O governo, ao canalizar para si mais tributos, tornou-se *sócio majoritário* da produção e, ao se apropriar de *lucros futuros*, que nem mesmo foram gerados, ao tributar o faturamento, em antecipação de vendas na cadeia de distribuição (pela figura da substituição tributária), o governo diminui, ano após ano, a parcela dos lucros retidos como principal fonte de formação da poupança das empresas. O resultado macroeconômico, pela ótica dos investimentos não realizados, é catastrófico.

O quadro mostra como as fontes "boas" de financiamento do país, como lucros retidos e emissão primária de ações, têm sido devoradas e substituidas por empréstimos, sobretudo no sistema BNDES, que se colocou como fonte alternativa de recursos aos que o próprio governo toma via impostos.

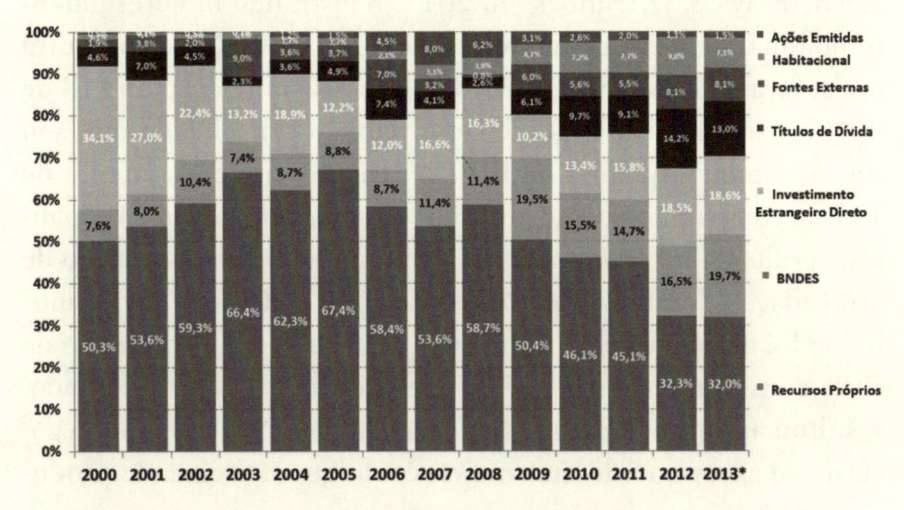

Brasil 2000-2013, Fontes de Financiamento de Empresas e Famílias

Fonte: Centro de Estudos de Mercado de Capitais – IBMEC, "Redução da taxa de poupança e o financiamento dos investimentos no Brasil – 2012/2013", Carlos Antônio Rocca. Distribuição percentual das fontes, sendo 100% igual ao total de financiamento para cada ano.
(*) Dados disponíveis até novembro de 2013.

IMPOSTO QUE DEVORA PRODUTIVIDADE

O quadro revela a nítida queda da participação dos lucros retidos na formação de capital.[12] A arrecadação fiscal é *duplamente* penalizadora do setor privado, quando ela se expande em termos reais, mas, sobretudo, como proporção do PIB, como ilustrado em 2011, quando a receita fiscal total saltou cerca de um ponto percentual do PIB em relação a 2010, evoluindo de 35% para 36%. Quando a extração de rendas via tributos ocorre de modo tão intenso, boa parte do *acréscimo de produção* (a variação do PIB) daquele ano ficará com o fisco. Essa constatação, um

---

12. O professor Yoshiaki Nakano, diretor da Escola de Economia de São Paulo da FGV, acentua esse ponto com frequência pelo seu grau de importância na explicação da baixa taxa de poupança no Brasil. Ver o artigo de Nakano, "Dois mitos sobre a poupança nacional", no jornal *Valor*, de 8 de novembro de 2011.

UM BRASIL EFICIENTE É POSSÍVEL | 421

pouco surpreendente, precisa ficar bem clara para se compreender o efeito devastador de uma carga tributária explosivamente expansionista. Vejamos como.

A soma de tudo que foi produzido em território brasileiro alcançou R$ 3,77 trilhões em 2011, registrando um crescimento nominal de 9,9% em comparação ao PIB de 2010. Sob outra ótica, foram acrescentados R$ 372 bilhões em relação ao PIB de 2010. A arrecadação total do setor público consolidado, por seu turno, somou a quantia de R$ 1,49 trilhão, um crescimento de 13% se comparado ao ano anterior, ou seja, bem acima da expansão verificada na economia. Ocorreu um acréscimo absoluto de arrecadação de R$ 171 bilhões entre 2010 e 2011. Se dividirmos o que foi acrescentado em tributos pelo acréscimo verificado de PIB, constataremos que 45,8% de tudo que foi acrescentado, resultou apropriado pelo Estado via tributos. Naquele ano, o governo se apropriou de quase metade do que a sociedade produziu a mais.

Enquanto a carga tributária média de 2011 ficou em 36%, na ponta ela já ascendia a 45,8%. Já em 2012 e 2013, as desonerações tributárias pontuais implicaram numa expansão mais moderada da carga marginal, No entanto, a carga tributária do período 2011 a 2014 atingiu 41,5%.

O quadro exibe o fenômeno da extração da renda privada pelo setor público. Desde o ano 2000, com as exceções de 2003 e 2009, a arrecadação fiscal cresceu sempre acima do PIB, ensejando que a carga tributária "na ponta" fosse sempre mais alta do que a carga tributária média, aquela que é normalmente divulgada nos jornais.

Esse aspecto, frequentemente relegado nas discussões sobre a influência da carga tributária, é o principal responsável por provocar o recuo da poupança privada e, simultaneamente, a destruição da taxa de eficiência geral.

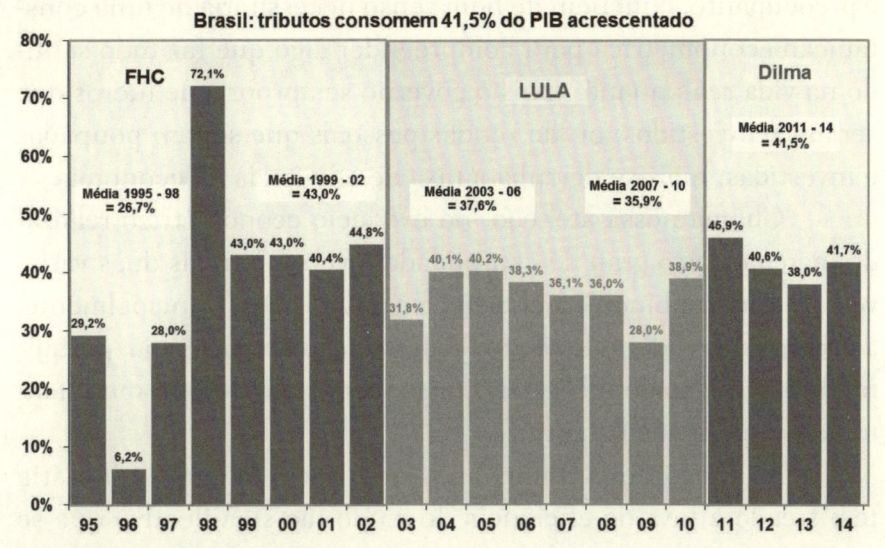

Brasil 1995-2014, Carga Tributária marginal na economia

Brasil: tributos consomem 41,5% do PIB acrescentado

FHC — Média 1995-98 = 26,7%; Média 1999-02 = 43,0%
LULA — Média 2003-06 = 37,6%; Média 2007-10 = 35,9%
Dilma — Média 2011-14 = 41,5%

Ano	%
95	29,2%
96	6,2%
97	28,0%
98	72,1%
99	43,0%
00	43,0%
01	40,4%
02	44,8%
03	31,8%
04	40,1%
05	40,2%
06	38,3%
07	36,1%
08	36,0%
09	28,0%
10	38,9%
11	45,9%
12	40,6%
13	38,0%
14	41,7%

Fonte: IBPT e IBGE. Elaboração RC Consultores.

O INIMIGO DA EFICIÊNCIA ECONÔMICA

O fisco, quando avança tão vorazmente sobre a produção do país, pratica uma taxação, na ponta, muito mais agressiva do que a carga tributária *média*. De fato, a carga tributária na ponta do processo é sempre mais relevante do que a carga média. A carga tributária marginal deveria ser mais divulgada e debatida pelo Congresso Nacional e pela sociedade.

O governo arrebanhou a maior fração do acréscimo produtivo da sociedade em 2011, o que corresponde a uma expropriação "branca" do direito das empresas e das pessoas físicas. Não espanta, portanto, que a "taxa de eficiência" geral da economia esteja capengando. Pesquisamos a proporção de causalidade, ou associação negativa, no caso, entre a carga tributária marginal e o desempenho da taxa de eficiência, (Produtividade Total dos Fatores - PTF), da economia brasileira. Sempre que o nível de taxação cresce na ponta, a taxa de eficiência macroeconômica tende a capengar.

A relação estatística que obtivemos é, de fato, significativa e preocupante. Ninguém de bom senso necessitaria de uma constatação econométrica para compreender algo que faz todo sentido na vida real: quanto mais o governo se apropria de lucros que seriam reinvestidos, ou de rendas pessoais que seriam poupadas e investidas, mais se derruba a taxa de eficiência da economia.

Chama nossa atenção, no exercício econométrico realizado, não apenas o grau de causalidade inversa entre as duas variáveis – a carga subindo e a eficiência caindo – mas, principalmente, a ordem de grandeza do efeito de destruição de eficiência, portanto, de destruição de PIB e, por consequência, de comprometimento de prosperidade futura.

Ao longo dos últimos anos, o avanço da carga tributária tem freado a taxa de eficiência de modo tão significativo que se pode afirmar, sem risco de erro, que o Brasil perdeu, pelo menos, um ano completo de PIB nos últimos dez anos. É o que está ilustrado no quadro a seguir. O PIB efetivo ficou 6% menor do que se fosse mandida uma carga tributária dem 30% do PIB.

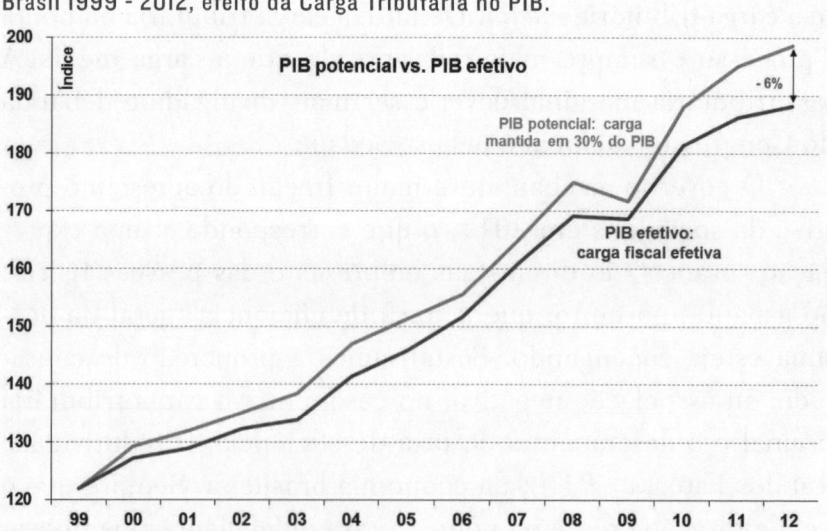

Brasil 1999 - 2012, efeito da Carga Tributária no PIB.

Fonte: IBGE, Elaboração e projeção: RC Consultores.
(*) Impacto calculado exclusivamente sobre a Produtividade Total dos Fatores (PTF).

ENQUANTO ALGUNS GANHAM, TODOS PERDEM

Há várias consequências ruins para o avanço da economia brasileira em decorrência dessa opção pela expropriação crescente do potencial de investimento da sociedade. De um lado, qualquer acréscimo de PIB deixa de ser canalizado majoritariamente para o investimento. Ao virar mais imposto, a renda tomada da sociedade e gasta pelo governo no seu consumo ou para aumentar transferências sociais, deixa de ter qualquer conotação com investimentos produtivos.[13]

A população, uma vez agraciada por pagamentos do governo via transferências sociais e outros gastos correntes, fica devendo fidelidade política e votos. O fomento equivocado ao consumo se alia à política convencional e à forma brasileira de se praticar a democracia. Este é o governo grátis brotando da política tributária brasileira. Contudo, deixamos de oferecer ao cidadão brasileiro, principalmente aos destituídos de capital, a possibilidade de começar a acumular para seu próprio futuro, ou seja, não temos um modelo de estímulo aos investimentos. Distribui-se peixe à vontade, mas falta para a população a vara de pescar, a isca e a rede. É preciso criar esses novos estímulos à socialização do capital. Se o capital crescesse mais rápido, na posse dos próprios cidadãos, este poderia ser socializado de modo mais intenso, possibilitando a milhões de brasileiros emergirem não só do nível da pobreza, como ascenderem mais depressa ao nível da classe média.

Em seguida, estimamos o PIB potencial brasileiro no horizonte 2013-2022, dentro de um novo paradigma de eficiência fiscal. Nesse novo conceito, a carga tributária seria, momentanea-

---

13. Esse fenômeno é amplamente estudado pelo economista Raul Velloso (ver Velloso, op. cit.) que o denomina de "modelo de crescimento dos gastos correntes", indicando inclusive, a crescente população que se encontra dependente, em maior ou menor grau, das variadas transferências sociais federais. A cornucópia de direitos sociais previstos na Constituição de 1988, sem adequada cobertura fiscal, está gerando aumento explosivo dos gastos "estéreis" do governo, sempre acima da carga tributária, apesar de esta também crescer em comparação ao PIB todo ano.

mente, limitada nos 37% do PIB e se determinaria um programa de desoneração gradual, sem prejuízo da evolução positiva da arrecadação fiscal em todos os níveis.

Com o objetivo de chegar aos 30% do PIB em 2022, a desoneração gradual da carga tributária possibilitaria um resgate significativo da competitividade empresarial brasileira. O efeito mais importante dessa desoneração progressiva de impostos será capturado na taxa de eficiência que, crescendo mais rápido, se refletirá favoravelmente na evolução do PIB.

UMA OUTRA TRIBUTAÇÃO É POSSÍVEL

Se a carga tributária começar a baixar gradualmente para 30% do PIB, haverá um avanço de 1,4% ao ano na produtividade (PTF) como contribuição adicional ao PIB. Traçamos a evolução do PIB nessa nova situação. O efeito singular da desoneração fiscal, associando mais eficiência à maior competitividade, gerará efeitos secundários importantes na formação de capital físico e humano. Tal nos permite supor o seguinte:

PIB dos fatores + "efeito-produtividade" = novo PIB Potencial

O futuro desempenho da economia brasileira depende, portanto, de uma desoneração tributária gradual para o país dar o salto de competitividade internacional que precisa. Os principais países concorrentes crescem acima da taxa projetada para o Brasil, mesmo com a nova PTF projetada. China e Índia, entre outros, poderão crescer, por mais tempo, com taxas anuais acima de 6%. O Brasil precisa, pelo menos, se aproximar dessa marca, se quiser estar à altura dos desafios da inserção global do país até 2050.

A vantagem futura do Brasil nessa competição é exatamente sua atual desvantagem. Detectamos o tamanho do ônus provocado pelo excesso da tributação brasileira sobre a Eficiência econômica e a Competitividade empresarial. Outros BRICs, com cargas tributárias bem mais leves, têm pouco ou nada a fazer, em termos de aliviar mais ainda sua carga. Portanto, os concorrentes têm que estimular a eficiência por meios mais custosos do que nós. No Brasil, pelo contrário, colocar a casa em ordem, arrumar a estrutura tributária de modo a torná-la mais adequada e justa, é suficiente para nos permitir colher benefícios enormes e inesperados. Por isso, temos um potencial competitivo escondido embaixo de espessas camadas de ineficiência fiscal que, uma vez removidas, nos empurrará para a frente com grande velocidade. Nossa Agenda da Desoneração Fiscal passa pelos seguintes pontos-chave:[14]

- Fixar o objetivo maior da década, de realinhar a carga tributária brasileira em 30% do PIB até 2022, distribuída entre limites de 10% do PIB para a Previdência Social, 10% para cobertura da União federal, e 10% para as despesas públicas estaduais e municipais. O Conselho de Gestão Fiscal acompanhará essa meta.

- Simplificar drasticamente o emaranhado tributário, limitando a um único tributo o imposto sobre o valor agregado, pela aglutinação de todas as categorias de tributos incidentes hoje na circulação de bens e serviços, englobando os atuais ICMS estaduais, o PIS e a Cofins, o IPI, a Cide e a Contribuição Previdenciária Patronal (CPP). Aglutinar o Imposto de Renda PJ à Contribuição Social sobre o Lucro Líquido (CSLL). Nenhuma dessas providências implicará ganhos ou

---

14. Todas as recomendações de ação aqui expostas constam do receituário do Movimento Brasil Eficiente (MBE), do qual o Lide participa com mais de uma centena de entidades associativas empresariais, profissionais e, inclusive, do setor público, como o Ministério Público do Estado do Rio Grande de Sul. Vários governadores de estados já aderiram ou pretendem aderir aos princípios do MBE. Para mais detalhes, ver o site www.assinabrasil.org e o livro básico do MBE, *Panorama fiscal brasileiro: Proposta de ação*, op. cit.

perdas para a União ou os entes federados. A arrecadação não sofrerá recuo em termos reais na partida da reformulação.

- Empregar o resultado integral do Imposto de Renda (PF e PJ), da contribuição do empregador ao INSS e da CSLL, a ser fundida ao IRPJ, na cobertura dos compromissos anuais da Previdência Social, em ambos os regimes, e limitar o financiamento desta à capacidade contributiva das rendas tributáveis dos brasileiros que trabalham e produzem.

- Regularizar todos os incentivos fiscais até o momento da reformulação e estabelecer mecanismo de garantia de recebimento da vantagem integral relativa ao incentivo até o dia da reforma. A partir desse nivel de reposição, incidirão alíquotas interestaduais decrescentes.

23. ESTIMULAR POUPANÇA E COMPARTILHAR RIQUEZA

RIQUEZA, GRANDE ESQUECIDA

O Brasil colheu significativa melhora nos índices de distribuição de renda em anos recentes. Atribui-se esse avanço aos incisivos programas de inclusão social iniciados no período FHC e prosseguidos e ampliados nos governos Lula e Dilma. A redução da pobreza contou com a ajuda de um aumento expressivo da renda salarial após 2003, inclusive com aumentos expressivos do salário mínimo. A verdade é que o Brasil tem conseguido acompanhar e reproduzir de perto uma tendência mundial observada nos países emergentes: a melhoria do índice Gini, que mede o grau de distribuição da renda numa sociedade.[15]

Muito menos falada e debatida é a distribuição da riqueza, não apenas dos fluxos de renda, na sociedade. No Brasil, são bastante escassos os estudos e mesmo as estatísticas sobre quem tem o quê, no conjunto das propriedades de terras e outros imóveis, bens mobiliários, como títulos de renda fixa, quotas de empresas, ações e outras fontes de renda variável, patentes e bens intelec-

---

[15]. Ver a respeito o interessante artigo do pesquisador da FGV, Marcelo Côrtes Neri, "O Brasil é o espelho do mundo", publicado no *Valor* de 28 de fevereiro de 2012, p. A15.

tuais e de criação, moedas, ouro e outros bens móveis. Quantas vezes já vimos publicados os resultados dessas medidas sobre o estoque de riqueza na economia brasileira? O enorme acervo de conhecimentos (educação, habilidades, experiência) acumulados dentro de cada pessoa, o chamado capital humano, também é uma riqueza pouco contabilizada. Essas são, afinal, as riquezas detidas pelos brasileiros, embora a distribuição desse valor, da ordem de uns R$ 20 trilhões na atualidade, entre formas de capital físico e humano, sejam muito mal conhecidas, até por pesquisadores.

É mais comum se debater no Brasil a distribuição da renda, que é um conceito de fluxo anual – "vulgarmente", os rendimentos, de capital e do trabalho de cada um. A mensuração da riqueza acumulada tem ficado relegada a um plano secundário nos debates sobre as políticas de redução da pobreza. Políticas distributivas são, em geral, definidas no campo fiscal, quando o Estado, no regime capitalista, como é o nosso, resolve atuar tributando os mais ricos numa parte de suas rendas e promete, com isso, distribuir a receita do imposto aos mais pobres, realizando "transferências" de quem tem mais para quem tem menos, por meio de diversas formas e programas.[16]

Seria possível alterar de modo positivo a distribuição de parte do estoque da riqueza nacional? Uma das formas de se fazer isso é pela via socialista, por meio da expropriação ou encampação de parte da riqueza (bens móveis e imóveis). Esse modo de redistribuir riqueza expropriando o que já pertence a alguém, além de altamente conflitivo, não se tem provado minimamente eficiente. Nem mesmo o propalado imposto sobre "grandes fortunas" tem apresentado qualquer resultado distributivo na prática, em todos os países que o adotaram.

---

16. Essa é a promessa de um regime fiscal correto. Entretanto, observa-se, na prática, o uso de tributos "regressivos", aplicados sobre a circulação de bens e serviços, que acabam tendo uma incidência mais pesada sobre as pessoas de rendas mais baixas. No Brasil, tal incidência inversa à justiça fiscal quase dobra a carga dos extratos de renda mais baixos perante os mais altos. Políticas compensatórias, como o Bolsa-Família, não corrigem tal distorção.

A via socialista provoca fortes reações e grandes resistências na própria sociedade, que sente insegurança política diante da proposta de uma redistribuição forçada de riquezas, até entre os mais pobres, quando se objetiva expropriar os bens de alguns em favor de outros, acabando por gerar revolta e eventual repúdio à proposta socialista.

É possível, contudo, resgatar o princípio da redistribuição de riqueza no que ele conserva de intuitivamente positivo, desde que a ideia seja adotar políticas que, sem expropriação nem arbitrariedades, possam acelerar o acesso de todos aos bens materiais e intelectuais da sociedade. É possível, sim, facilitar o acesso ao estoque de riqueza hoje em mãos do próprio setor público, por exemplo, ou que venha sendo acumulado por meio de iniciativas do governo, se alguns dos fluxos futuros de rendas geradas por tais bens puderem, de algum modo, ser antecipados como propriedade individual dos brasileiros por meio de fundos coletivos. Em vez de receber, mês após mês, um auxílio em dinheiro, o indivíduo beneficiário sentiria um "efeito redistributivo" muito mais impactante se passasse, por exemplo, a deter um título que o habilitasse a receber, pela vida, as rendas mensais do programa de assistência. Estamos falando da apropriação de certos direitos pelos indivíduos. Evidentemente, este não é o caso do Bolsa-Família, que é um benefício episódico, enquanto dure a necessidade do beneficiário. Mas é caso dos fluxos de contribuição previdenciária que hoje não constituem um "fundo individual" e, por causa disso, não representam direito certo nem riqueza definida para os contribuintes. Por isso, as contribuições previdenciárias são percebidas como "imposto" (algo que não retorna), em vez de serem consideradas um pecúlio, uma reserva segura para o futuro.

Em outras palavras, quem recebe, por direito, um estoque de riqueza, se torna muito mais afluente e próspero do que o beneficiário de um fluxo parcelado correspondente à renda dessa riqueza. A distribuição da renda nacional poderia ser muito acelerada no país se fossem tomadas algumas providências de desconcentração do capital público em favor dos credores do Estado, o povo brasileiro. Com a desconcentração do capital público, por meio de fundos sociais, uns já existentes, como o FGTS e, outros por se organizar, como o Fundo do Regime Geral da Previdência Social, uma imensa riqueza estatal reverteria para as mãos da massa da população. Infelizmente, a política social no Brasil sempre se ateve ao princípio de redistribuir apenas *rendas*, tanto assistenciais quanto previdenciárias.

Sabemos, por intuição, que a concentração da riqueza acumulada no Brasil é muito grande e, em termos de comparação internacional, até maior do que a das rendas anuais. Quem teria a coragem de mexer nesse vespeiro? Pois é exatamente tal desconcentração que precisa ser empreendida. Se o Brasil quiser "apressar o passo" e mobilizar os brasileiros em torno de um projeto de país, é imprescindível que a população entenda, perceba e confie que, no saldo das ações programáticas empreendidas, é ela que, individual e coletivamente, colherá o ganho mais expressivo, e não apenas um grupo reduzido de pessoas já bem posicionadas economicamente na sociedade. Contudo, o objetivo distributivo não pode ser alcançado por expropriação da riqueza de uns particulares em benefício de outros. A alternativa viável é desconcentrar o capital público, que é imenso no país.

A sorte grande do Brasil é ter espaços para a desconcentração de riquezas que poucos países no mundo desfrutam. Essa parcela de riqueza está em vastas reservas minerais e de energia fóssil em poder da União, como também o enorme espaço tropicultural ainda a ser explorado, nas terras devolutas.[17] Nossa principal ferramenta para concretizar tal revolução social está no mercado de capitais – até aqui muito pouco explorado – e

---

[17]. O termo "tropicultura" é uma entropia verbal que designa o fenômeno produtivo, gerado no Brasil, quando a pesquisa agrícola consegue adaptar ao clima tropical e fazer avançar, com altas produtividades, as variedades trazidas de fora para as culturas alimentares, de plantas para bebidas ou vestuário e de energia renovável.

na execução dos direitos da previdência social brasileira. Para avançar mais rápido que os demais países emergentes, podemos ganhar tempo pela remoção imediata de travas à concentração da riqueza previdenciária e de capitais mobiliários. As distorções acumuladas nesse campo são tantas e tão notórias que o Brasil facilmente conseguiria pactuar formas de acelerar a distribuição mais vigorosa de sua riqueza total.

Como seria essa transformação? Inicialmente, é preciso fixar o conceito de "por que fazer isso". A excessiva concentração de riqueza, como ainda ocorre no Brasil, desestimula a formação da poupança interna, já que uns permanecem pobres demais para poupar de modo significativo, enquanto outros são tão ricos que já perderam parte do estímulo em continuar investindo e empreendendo. Precisamos chegar ao equilíbrio social, estimulando o surgimento de uma classe média pujante e crescente, com vontade de progredir. Por enquanto, o governo tem acionado o benefício do acesso ao crédito pessoal, seja consignado ou habitacional, para promover as compras do cidadão. As famílias passam a deter mais bens de consumo e seu imóvel próprio, mas levam para casa um passivo exigível, sob forma de empréstimos onerosos que financiaram suas aquisições de ativos. As formas de ascensão econômica baseadas em endividamentos muito onerosos, como no Brasil, comprometem fortemente a renda futura dos mutuários. O perigo está no endividamento excessivo, no eventual descasamento entre o valor residual do bem adquirido e o valor da dívida assumida. Uma deterioração do valor do bem em relação ao da dívida provocará frustração do cidadão perante seu futuro.

Que outra forma existiria para o cidadão ir acumulando ativos sem comprometer rendas futuras? Essa forma está diante de nós: é por meio do mercado de capitais, que não tem contado, nos últimos anos, com lançamentos de emissões primárias de ações. Além disso, há uma clara estagnação do número de pessoas físicas investidoras na bolsa de valores. É necessário retomar os estímulos a maneiras práticas de trazer o cidadão a participar dessa forma de acumular rendas para o futuro, por meio da participação no capital de empresas negociadas.

O CIDADÃO, ENTRE ATIVOS E PASSIVOS

Além disso, é possível converter uma parte expressiva dos créditos que o cidadão detém contra o Estado – seja em termos dos benefícios previdenciários futuros, seja por conta dos valores depositados em fundos sociais como créditos em seu favor – para que ele venha a poder trocá-los por ativos negociáveis. O cidadão brasileiro não pode ficar apenas dependente do governo grátisque alimenta uma mera promessa política de que o Estado honrará tais compromissos no futuro por meio de aposentadorias.

Esse tipo de dependência do indivíduo ao Estado, típica de situações em que o cidadão permanece subalterno às eventuais vantagens emanadas de um poder público todo-poderoso, interessa aos que manipulam os cordéis do governo grátis. Para reverter esse quadro, é essencial fomentar um mercado de capitais no qual se torne fácil acumular direitos mobiliários, com liquidez para trocas de posição e a possibilidade de novos empreendedores privados buscarem os recursos para facilitar o nascimento de novas empresas. A bolsa de valores é a mais útil e democrática entre as ferramentas sociais de aproximação de poupadores individuais aos investidores empresariais. É preciso ir mais longe e organizar a participação de milhões de brasileiros na bolsa. Organizar a poupança popular é conferir tangibilidade, quer dizer, lastro confiável, aos investimentos de longo prazo da população. Falar disso é falar de previdência.

Poucas vezes conseguimos, no passado, converter créditos monetários detidos pela população em ativos tangíveis. Dois desses eventos ocorreram quando a lei[18] permitiu converter até

---

18. A lei referida é a de n. 9491 de 9 de setembro de 1997 que, no art. 31, cria o Fundo Mútuo de Privatização – FMP-FGTS. Ver também no site da CVM, http://www.cvm.gov.br/port/protinv/fgtsfaq.asp.

50% do estoque de créditos do FGTS de um trabalhador para um fundo de investimento especial, chamado Fundo Mútuo de Privatização (FMP), daí resultando a compra, por centenas de milhares de detentores de FGTS, das sobras de ações da Petrobras e da Vale, detidas pelo BNDES, e então oferecidas ao público. O lançamento do FMP foi um sucesso em termos de rentabilidade auferida inicialmente pelos optantes do novo fundo. Entretanto, poucos trabalhadores do "chão da fábrica" chegaram a concretizar tal investimento. Não foi dado tempo suficiente para o público trabalhador tomar conhecimento dessa nova forma de investimento. A razão, alegada na época, era que o foco do lançamento das ações não seria possibilitar sua aquisição pelos trabalhadores brasileiros, permitindo seu ingresso ao mundo do capital, mas o interesse do governo em oferecer uma expressiva posição de ações aos grandes investidores, a fim de levantar caixa para a redução da dívida mobiliária do Estado. No leilão, finalmente, o grosso das ações ofertadas foi adquirido por não residentes, na bolsa de Nova York.

O objetivo central do governo era fazer caixa, pois o Tesouro nacional estava bastante endividado e apertado. O que o governo tentou fazer, na ocasião, foi acomodar a insistência de alguns sindicatos em também participar do leilão, reservando uma parte menor da oferta aos detentores de FGTS.[19] Jamais houve a compreensão ou, menos ainda, o esforço do governo em explicar e promover a compra de ações de importantes empresas brasileiras, preferencialmente por brasileiros. Não se deu tempo para o amadurecimento da nova ideia entre os trabalhadores

---

19. Na época, foi importante a parceria entre o Instituto Atlântico, que sempre defendeu tal experiência de "capitalismo popular" e a central Força Sindical. Sob a orientação do IA, a Força inclusive organizou e lançou o "Fundo Força – FMP", tendo como administrador o Banco Bradesco. Contudo, apesar de três semanas de esforço concentrado de divulgar o Fundo Força, um número reduzido de investidores-trabalhadores desse perfil compareceu até a data-limite, resultando na absorção desse fundo pelo Fundo Bradesco – FMP, lançado para o público em geral. Daí se depreende como é preciso tempo e insistência nesse processo. Em seguida, a própria Bovespa, por meio de seu presidente Raymundo Magliore, foi diversas vezes a portas de fábricas lançar clubes de investimento para atrair o público trabalhador.

detentores de FGTS, de modo que milhões de brasileiros pudessem se convencer da oportunidade que lhes estava sendo dada de virarem acionistas, portanto proprietários, de uma empresa do porte da Petrobras ou da Vale.[20]

Urge, portanto, uma nova mentalidade, assim como uma nova abordagem, na inserção das poupanças populares ao mercado de capitais. É necessário o convencimento geral sobre os efeitos macroeconômicos poderosos que o país colherá, a médio e longo prazos, sob forma de aumento da riqueza das famílias. Embora controvertido na literatura especializada, esse efeito positivo decorrente da desconcentração do mercado de capitais é uma realidade evidente em situações como a brasileira. Com efeito, o espaço de interação positiva entre a vontade individual de poupar e os instrumentos de mercado se encontra, no momento, entupido com regras complicadas, tributos variados e, principalmente, por uma concorrência desleal dos mecanismos compulsórios de captura dessa mesma poupança potencial, seja pelo INSS, FGTS ou outros acumuladores oficiais de riqueza virtual ou fictícia.

Repetindo: dar tangibilidade e concretude aos fundos sociais, hoje manipulados à vontade pelo governo, por meio de uma nova e efetiva acumulação de ativos, é medida urgente, necessária e positiva para a poupança nacional e, lembrando, até legalmente obrigatória, embora seguidamente descumprida, em função da desobediência federal ao preceito estabelecido no artigo 68 da Lei de Responsabilidade Fiscal (LRF).[21]

Um país deve ser capaz de financiar seus investimentos, principalmente os de infraestrutura, com recursos de sua

---

20. Muitos desses relutantes trabalhadores, quase investidores, ainda hoje lamentam a perda da oportunidade por falta de adequado tempo para o entendimento da opção do programa.

21. De fato, no seu art. 68, a LRF determina que o governo federal organize um fundo de gestão da Previdência Social, no regime geral, que permanece letra morta apesar de decorridos mais de treze anos da sua promulgação. Não há má vontade, mas é nítida a falta de convicção dos quadros governamentais sobre os enormes benefícios potenciais de se fazer cumprir o art. 68, e fazê-lo, por que não, de modo inteligente e criativo.

poupança interna.[22] Economias populares de caráter previdenciário são particularmente adaptáveis ao esforço de empreender a infraestrutura do Brasil. Um trabalhador jovem, que hoje poupa para seu futuro, quando deposita os valores mensais de sua contribuição num fundo previdenciário, espera que o administrador desses recursos eleja boas opções de investimento em áreas que ofereçam retorno relativamente seguro num largo horizonte de tempo, como é a produção de energia, o pré-sal, por exemplo, e outros investimentos em infraestrutura, como a concessão de rodovias, portos e aeroportos. Isso simplesmente não acontece hoje. Não há um fundo previdenciário para as contribuições ao INSS. Embora omissiva, em virtude do comando do art. 68 da LRF, a ausência de um Fundo para administrar o regime geral da previdência no Brasil continua sendo a manifestação mais prejudicial do governo grátis contra os interesses dos trabalhadores.

Quando há casamento entre a capacidade de espera do investidor, em busca de uma melhor rentabilidade de longa maturação, e a conveniência de investir a longo prazo – em portos, aeroportos, rodovias e ferrovias, usinas geradoras, poços de petróleo, novas tecnologias etc. –, aí está a chance de um país de produzir o enriquecimento geral e permitir que muitos grupos empreendedores, com a população em geral, tenham o direito de enriquecer juntos. No Brasil, infelizmente, esse direito ainda é constantemente negado à grande maioria, o mais triste exemplo disso tendo sido a privatização "não popular" de empresas do Programa Nacional de Desestatização, criado em 1990, em que praticamente se proibiu o concurso da poupança popular na aquisição das estatais, salvo aos empregados das respectivas empresas, mesmo assim em grau limitado de participação.

---

22. Os novos fundos de poupança popular aqui propostos, inclusive pela chamada Previdência Associativa, são compradores, em potencial, de posições de investimento nos projetos descritos no Programa de Aceleração de Infraestrutura (PAI), esposto no capítulo 24.

DIREITOS PREVIDENCIÁRIOS COMO CAMINHO

No episódio da capitalização da Petrobras para investir no pré-sal, perdeu-se outra excelente oportunidade de se distribuir riqueza para o grande público por meio do mercado de capitais. O Brasil continua provando que o apelo populista ao governo grátis vem casado com a exclusão do direito popular à riqueza empresarial, que nasce na mão do governo por meio de empresas estatais, mas jamais se converte em riqueza compartilhada por todos. O Brasil do governo grátis é também um Brasil que exclui o povo da riqueza em ativos rentáveis. O governo grátis é especialista em oferecer renda assistencial, a conta-gotas. Deixa o povo à margem da riqueza acumulada em ativos empresariais. Descumpre a missão social maior, que seria a de desconcentrar a riqueza nacional.

É preciso recuperar o tempo perdido. O esforço do governo, até o presente, se resumiu em aprovar, no Congresso Nacional, uma legislação reformadora da Previdência Social dos servidores federais da União,[23] que beneficia os empregados no setor público. Mas os milhões de empregados no setor privado brasileiro, que constituem o regime geral da Previdência Social, continuam excluídos de qualquer fundo acumulador de riqueza. Está na hora de se rever todo o arcabouço da estrutura previdenciária brasileira, especialmente no tocante aos incentivos para os indivíduos contribuintes estabelecerem suas próprias formas de acumulação de rendas. Vários países de forte sensibilidade social, como a Suécia, fizeram reformas interessantes em seus sistemas previdenciários, que hoje acumulam as contribuições em contas individualizadas, por contribuinte. O Brasil pode chegar lá muito rápido, começando pela regulamentação do art. 68 da LRF, que

---

23. Trata-se do Projeto de Lei nº 1992/2007, que cria três fundos previdenciários para novos servidores federais, um para cada Poder. Destarte, novos servidores passam a recolher para o INSS, como qualquer cidadão, mas têm sua previdência complementar regida por estatuto legal semelhante àquele que hoje regulamenta os fundos de previdência fechados ("fundos de pensão") do setor privado, inclusive as empresas de economia mista.

comanda a criação do fundo de gestão do regime geral da Previdência Social dotado de bens imóveis e outros ativos e direitos arrecadados da União. Em suma, o que se recomenda é que, sob a forma de quotas de fundos previdenciários, os brasileiros passem a deter, em grau crescente, o acesso à propriedade dos bens de produção tangíveis do país, desse modo se distribuindo melhor a propriedade da riqueza a ser acumulada no futuro.

O conceito filosófico por trás da premente reformulação previdenciária é simples: é urgente tornar palpáveis e verificáveis os direitos previdenciários que hoje são "intangíveis" por dependerem exclusivamente do cumprimento da legislação e da boa vontade dos governos. A maneira de fazer isso acontecer é mostrada de modo esquemático comprova a enorme vantagem que pode advir de uma nova política previdenciária, voltada ao compartilhamento e acumulação da riqueza nacional.

Balanço Patrimonial de longo prazo do setor público e da sociedade

Situação ATUAL			
Balanço do Governo		Balanço da Sociedade	
Ativo	Passivo	Ativo	Passivo
Receitas previdenciárias recebidas e a receber	Benefícios previdenciários concedidos e a conceder	Benefícios a receber no futuro	Contribuições previdenciárias obrigatórias
Ações de Empresas	Futuras subscrições de capital		
Reservas fundiárias e minerais			

Situação PROPOSTA			
Balanço do Governo		Balanço da Sociedade	
Ativo	Passivo	Ativo	Passivo
Receitas de IR a receber	Benefícios previdenciários já concedidos	Quotas do Fundo Previdenciário com lastro**	IR a pagar
Ações "restantes"*			Patrimônio social do Fundo
Reservas "restantes"*			Quotas a integralizar

* Após pagamentos do lastro do Fundo
** Lastro em ativos fundiários, minerais e outros valores mobiliários

Mostramos no quadro a diferença fundamental entre as duas situações. Na situação atual da apropriação de direitos e ativos no nosso país, a sociedade brasileira, ou seja, os cidadãos comuns, detém apenas "créditos" não titularizados contra o governo, pelos benefícios previdenciários que espera receber no futuro. Quem vai se aposentar, precisa antes "validar" o conjunto de contribuições junto ao INSS, que arbitrará se a postulação é correta. Não existe um orçamento previdenciário de longo prazo, e os déficits da execução orçamentária são crônicos e elevados. Hoje, o nível de insegurança dos cidadãos participantes do regime geral da previdência, associado aos direitos esperados pelas contribuições vertidas por décadas, representa um risco de crédito da mesma dimensão. Além disso, são direitos previdenciários não transacionáveis e completamente ilíquidos, só reclamáveis quando ocorrer o evento que lhes dará forma: morte, aposentadoria ou inabilitação para o trabalho.

Aí está o ponto fraco do atual arranjo previdenciário, que afeta muito negativamente a distribuição de renda e riqueza no país: a sociedade detém um ativo "morto"[24] sob a forma de sua aposentadoria futura. Trata-se de uma riqueza não ativada, inerte, embora de enorme valor potencial, calculável, não em bilhões, mas em alguns trilhões de reais. Apesar do tamanho dessa riqueza, o mercado não a "enxerga", nem a precifica e, por isso, ela se perde. Do jeito como é definido hoje, o "direito previdenciário" da sociedade contra o governo está depreciado. Os incentivos para a sociedade acumular a poupança previdenciária, embora existam,[25] ficam muito aquém do seu potencial.

COMPARTILHANDO POUPANÇA VIA FGTS

O fato é que uma parcela significativa da poupaça do trabalhador é arrecadada pelo INSS e pelo FGTS. São recolhimentos

---

24. Parafraseando o economista peruano Hernando de Soto, ao se referir ao "capital morto", calculado em cerca de US$ 10 trilhões, nos países emergentes do mundo que não regularizam milhões de propriedades sem registro formal de domínio.

25. Os Fundos de Previdência Complementar, especialmente os abertos, organizados por bancos, estão aí para provar quanto a sociedade preza a segurança futura. São R$ 190 bilhões em ativos, sendo parte no programa PGBL (R$ 65 bi) e outra parte em VGBL (R$ 125 bi) amealhados em apenas alguns anos de existência dessas modalidades.

compulsórios. Mais de 20% da renda mensal do trabalhador brasileiro é desviada para a formação de uma "poupança" compulsória, – poupança entre aspas, porque a arrecadação previdenciária é convertida em consumo pelos aposentados atuais, em função do regime em vigor, de repartição simples da receita do INSS. No caso do FGTS, o fundo até existe, porém sem a participação decisória dos trabalhadores na direção da aplicação dos recursos.

É o governo que atualmente decide tudo sobre arrecadação e aplicação da poupanca no país pois é ele que converte os recursos arrecadados, via fundos sociais, em investimentos, pagando uma remuneração *abaixo do mercado* ao depositante compulsório. É um altíssimo grau de estatização de um setor vital da economia brasileira. O segmento da poupança compulsória no Brasil é, com certeza, o de mais elevado grau de estatização econômica. Tudo isso precisa mudar, no sentido da liberalização da formação da poupança nacional a fim de estimular sua acumulação mais rápida e, principalmente, como poderoso instrumento de distribuição antecipada da riqueza do país, com influência vital para o aumento dos investimentos.

No futuro processo de acumulação de capital pela população, o governo deixará de carregar passivos previdenciários que não tenham lastro em ativos. Esta é a proposta em síntese. Só um governo grátis deixa de formar reservas para honrar seus futuros compromissos. É, infelizmente, o caso do Brasil atual. O governo terá que renegociar sua presença ineficiente como gestor dos recursos de seguridade social da população. Em seguida, o governo terá que lastrear, passo a passo, os direitos previdenciários preexistentes, com ações e direitos reais, hoje em poder do Estado, a serem incorporados à riqueza coletiva da sociedade, como mostrado no quadro do Balanço Patrimonial de longo prazo. O governo diminuirá, então, sua exposição futura a novas obrigações sem lastro, usando ativos existentes em seu balanço patrimonial para reduzir o passivo previdenciário a descoberto no futuro.

É inquestionável a vantagem de tornar os direitos previdenciários tangíveis e palpáveis para a população. O renomado especialista peruano, Hernando de Soto, recomenda tornar explícitos os direitos em expectativa pelo cidadão como, por exemplo, os refletidos na posse precária de sua casa, numa comunidade irregular ou favela. Tornar líquido e certo o direito patrimonial do residente irregular, titularizar tal direito fundiário, sempre que isso é legalmente possível, faz uma enorme diferença, especialmente para os mais pobres, por elevar seu nível patrimonial de modo expressivo, abrindo-lhes perspectiva nova de consumo e poupança.

A conquista da prosperidade popular pode ser acelerada se as pessoas puderem "contar com seus direitos" e, eventualmente, deles puderem dispor, em maior ou menor grau. Essa será a revolução do acesso múltiplo à propriedade, tanto mobiliária (previdência) como imobiliária (terra, casa): trilhões de reais – repetindo –, trilhões, em passivos "incobráveis" ao governo, no momento retidos no balanço patrimonial do setor público, e que correspondem a trilhões de reais em ativos "mortos", direitos duvidosos, não resgatáveis, podem ser transformados em riqueza viva, em ativos detidos pelo grosso da população. O público, na situação atual, fica apenas torcendo para que "o dinheiro esteja lá", quando chegar sua vez de cobrar o que acumulou nas mãos do governo. Mudar significa antecipar a certeza desses direitos de acesso. *Prosperidade real é a possibilidade de apropriação acelerada e bem distribuída de todas as formas de riqueza.*

RIQUEZA VIVA NA LEGALIZAÇÃO FUNDIÁRIA

O mercado de capitais e a presença de instrumentos de acumulação previdenciária corretos podem ajudar a fazer trilhões de reais "mortos" se tornarem "vivos" e bastante valorizados no balanço patrimonial da sociedade. Não precisamos sublinhar o efeito de aumento de riqueza que isso geraria, sobretudo na base da pirâmide de renda, pelo simples fato de serem esses direitos previdenciários proporcionalmente elevados no "rol de bens e direitos" do cidadão pobre e do trabalhador da base. A riqueza nacional será poderosamente distribuída, sem que ninguém perca ou que, por isso, seja mais tributado.[26]

Como uma parte considerável da riqueza nacional está materializada na forma de patrimônio imobiliário, embora detido de modo irregular ou, simplesmente, ainda não registrado, é fundamental lembrar que, nesse campo, também se abre um espaço extraordinário para as ações do poder público, em associação com entes do terceiro setor. Trata-se da titulação da propriedade residencial e, por extensão, das posses rurais, em vastas comunidades Brasil afora. A possibilidade de um programa nacional de titulação urbana se abre pela inovadora inserção de um conjunto de artigos na legislação que instituiu a "usucapião administrativa" na lei do Programa Minha Casa, Minha Vida (PMCMV).[27]

O potencial da ideia de usucapião administrativa é espetacular. A titulação de cerca de 15 milhões de habitações regularizáveis, que passem a ter sua matrícula no respectivo Registro de Imóveis, daria um notável impulso à economia da construção civil autônoma. E passaria a demandar mais infraestrutura complementar urbana. Mais impostos municipais poderiam ser arrecadados pela valorização de bairros inteiros e de antigas comunidades informais. Um choque de riqueza pode ser calculado em função da valorização imobiliária a ser trazida pela titulação fun-

---

26. Por isso mesmo, nos alinhamos frontalmente antagônicos a um pretendido Imposto sobre Grandes Fortunas, por ser mais uma maneira odiosa e, principalmente, ineficiente de atingir o objetivo de uma rápida e profunda distribuição da riqueza nacional. O imposto "dos ricos" jamais atingiria os de fato milionários que têm suas fortunas fora do alcance da pretendida legislação. Seria, no máximo, o imposto das "viúvas que vivem de aluguel", para lhes infernizar o final da vida. O que se recomenda são vigorosos mecanismos de "ativação de riqueza morta", em vez da dupla taxação de um pecúlio já tributado da classe média alta. Ver, a respeito, o trabalho de Rogério Gandra Martins e Soraya David Monteiro Lacatelli, "Apontamentos acerca do Imposto sobre Grandes Fortunas", in Ives Gandra da Silva Martins (coordenador), *Tratado de Direito Tributário*.

27. Trata-se da Lei nº 11.977/2009, que criou o PMCMV. Cabe, agora, colocar essa legislação em campo.

diária, ensejando o que se chama de riqueza nova, estimada, na hipótese da legalização das 15 milhões de posses precárias atuais, no acréscimo de R$ 1 trilhão ao valor da riqueza imobiliária nacional, em poder das camadas populares da nação brasileira.[28]

Concluindo e resumindo, o Brasil só será "de todos" se conseguir operacionalizar instrumentos de rápida e profunda socialização da riqueza, hoje esterilizada nos cofres e nos balanços contábeis do governo. Uma agenda de ação distributiva de riqueza assim se define:

- As políticas de renda, de inclusão social e de redução da pobreza podem ser notavelmente potencializadas se forem introduzidos mecanismos paralelos de distribuição da riqueza "morta", parada nos balanços dos governos, ou nos cartórios, sem prejuízo da riqueza "viva" das empresas e das pessoas, cuja proteção jurídica é essencial.

- O mercado de capitais é o centro de comunicação e trocas da riqueza viva do país, do qual dezenas de milhões de brasileiros deveriam participar como acionistas diretos ou indiretos, mediante fomento dessa forma superior de "inclusão social na riqueza nacional".

- O instrumento essencial de formação da poupança pessoal e de acumulação de riqueza para o futuro é a previdência social e fundos assemelhados (fundos de pensão e previdência privada aberta), cuja organização é crucial de modo a tornar tangíveis e mensuráveis os valores acumulados por cada participante do sistema

---

[28]. O livro, do autor, *Galo cantou! A conquista da propriedade pelos moradores do Cantagalo*, Rio de Janeiro, Record, 2011, trata da descrição de um protótipo desse programa de titulação, implantado e concluído na favela do Cantagalo, no Rio de Janeiro, pelo Instituto Atlântico.

de seguridade social. Cada segurado deve ter sua conta personalizada num fundo previdenciário identificável e poder acumular de modo seguro e tangível.

- A maneira de o governo complementar as atuais providências, criando títulos de emissão para financiamento da infraestrutura, deve ser por meio da organização da oferta de fundos previdenciários, cujos recursos virão de uma legião de jovens entrantes no mercado de trabalho, tendo sua poupança de longo prazo organizada com vistas a tal finalidade.

- O Congresso deve regulamentar, e o Poder Executivo prontamente instituir, o Fundo de Gestão do Regime Geral da Previdência, prescrito no art. 68 da LRF.

- Para alimentar o Fundo de Gestão Previdenciária, as contribuições da parcela do empregado (8%) sobre sua renda salarial mensal, que hoje são recolhidas ao caixa único do INSS, deverão constituir fluxo novo para o novo Fundo de Gestão em conta personalizada do participante, sempre que este optar por tal regime.

- O FGTS deve ser realinhado à nova dinâmica de acumulação rápida de poupanças, tendo seu caráter compulsório e de recursos de alocação cativa, devidamente mitigado, pela liberação gradual de parcela do total arrecadado para ser aplicado livremente pelo detentor da conta, eventualmente em programas de aquisição de emissões novas, de empresas listadas no Novo Mercado. Desse modo fomenta-se a poupança e, simultaneamente, se amplia o acesso de novas empresas ao mercado de capitais de governança aberta.

- A caderneta de poupança deve ter seu regime de remuneração modernizado, para levar em conta as diferenças de prazo de aplicação, segurança e rentabilidade correspondentes.

- As formas de previdência complementar, que capitalizam recursos para a população, devem ser fomentadas por todos os meios cabíveis, mormente por isenção fiscal, aí se incluindo a previdência complementar dos servidores em todos os setores da Administração Pública, a previdência fechada, patrocinada por empresas e, sobretudo, por meio da chamada *previdência associativa*,[29] organizada em torno de instituidores, que serão, potencialmente, milhares de entidades associativas, profissionais, cooperativas e sindicais cuja legislação se encontra à espera do estímulo de uma sinalização prática, tal como a aplicação de uma parcela do fluxo dos depósitos do FGTS.

- Na área do desenvolvimento urbano e social, cumpre dar vida aos artigos 49 e seguintes da lei do PMCMV, cujo potencial de criação de riqueza nova, pela titulação em massa de propriedades em comunidades informais, é um dos instrumentos prontos, para uso imediato, no arsenal de políticas de redução de pobreza e de inclusão de milhões de pessoas ao capital formal da nação.

---

29. Trata-se, no caso, da Lei Complementar nº 109, de 2001, que permite a criação das entidades de previdência fechada de cunho profissional ou associativo.

24. POR UM PAÍS COM JUROS NORMAIS

ASSIM NASCE UM CAMPEÃO MUNDIAL

O avanço do governo grátis, intervindo seguidamente na vida da população, tem sido um pesado custo, refletido em oportunidades perdidas para a sociedade. É fundamental localizar as corretas proporções das contribuições de cada parte, do setor público e do lado privado. Na vida real, não apenas nos modelos econômicos, os governos excessivamente gastadores sempre se tornam grandes devedores. A dívida pública tem sido um tormento para os brasileiros que encaram os custos de sua rolagem. Isso ocorre no Brasil e em muitos países fortemente endividados da região e no mundo. A crise de 2008 formou um novo bloco de endividados no mundo, sob a "liderança" da Grécia, cuja população tem pago um altíssimo preço social, com desemprego em massa e elevação da carga tributária, para fazer frente aos custos do excesso da gastança em períodos anteriores de euforia dos governos grátis.

O Brasil é o campeão mundial em suportar ônus financeiros sobre sua dívida interna. Durante mais de duas décadas, temos adotado a leitura equivocada de que qualquer excesso de *spread* de juros pago pelo governo representa uma manifestação da austeridade pública e da vontade da sociedade em controlar as contas fiscais. Nada mais longe da verdade. O resultado fiscal primário requerido da economia brasileira anualmente é uma decorrência do próprio tamanho dos encargos da dívida, que têm sido anormais por anos sem conta. Apesar do ônus suportado pelo contribuinte brasileiro, por tanto tempo, uma significativa parcela do gasto corrente do governo federal ainda é despendida sob a forma de juros pagos ao mercado pela rolagem da dívida pública interna. São juros anormalmente elevados como mostra o quadro a seguir.

Brasil 2002-2013, Despesas Financeiras do Setor Público (% do PIB)

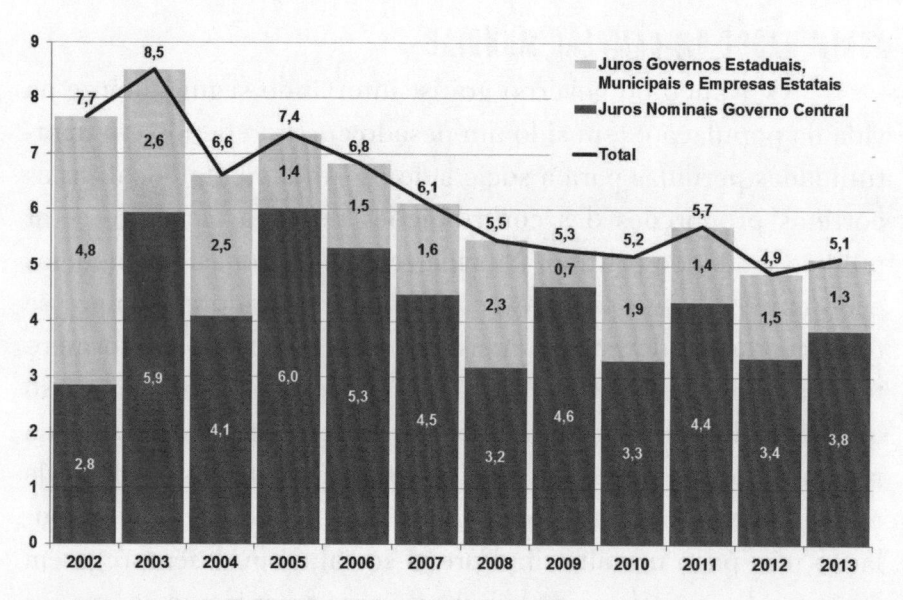

Ano	Juros Nominais Governo Central	Juros Governos Estaduais, Municipais e Empresas Estatais	Total
2002	2,8	4,8	7,7
2003	5,9	2,6	8,5
2004	4,1	2,5	6,6
2005	6,0	1,4	7,4
2006	5,3	1,5	6,8
2007	4,5	1,6	6,1
2008	3,2	2,3	5,5
2009	4,6	0,7	5,3
2010	3,3	1,9	5,2
2011	4,4	1,4	5,7
2012	3,4	1,5	4,9
2013	3,8	1,3	5,1

Fonte: Resultado do Tesouro Nacional, Bacen. Elaboração: RC Consultores.

Brasil, Despesas Financeiras do Setor Público (em milhões de reais)

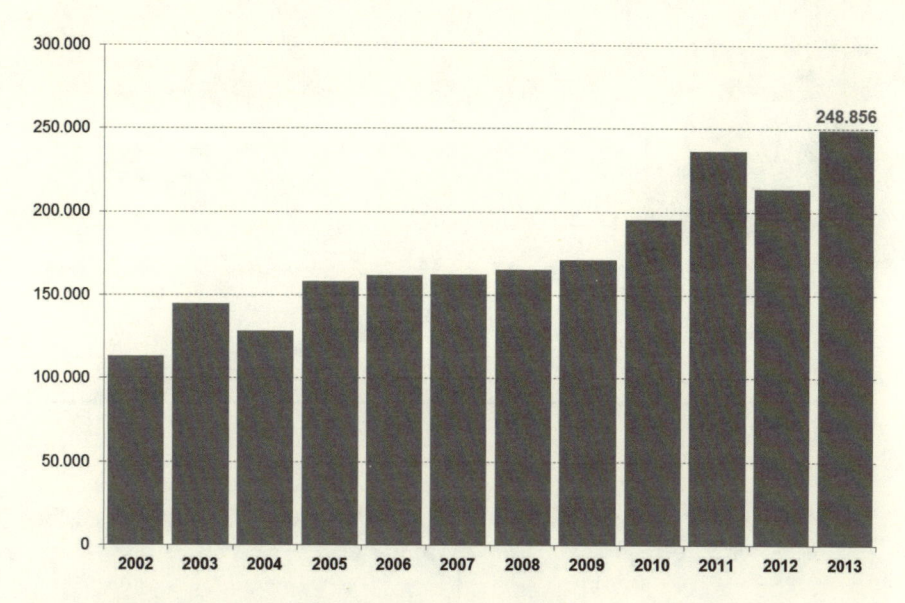

[Gráfico de barras mostrando valores de 2002 a 2013, com destaque para 2013: 248.856]

Fonte: Resultado do Tesouro Nacional, Bacen. Elaboração: RC Consultores.

Apesar do nível da dívida pública ser muito menor no Brasil do que em muitos países, os juros pagos sobre nossa dívida são, proporcionalmente, os maiores do mundo. O patamar de juros desembolsados no Brasil só é comparável a países extremamente endividados, como Itália, Grécia, Islândia e Portugal, países que passam por uma profunda crise e que tiveram que recorrer à ajuda oficial. Mas o custo da rolagem no Brasil é maior ainda. Nenhuma explicação razoável existe para tamanha distorção. Compare-se o Brasil, com reservas de mais de US$ 350 bilhões e uma base fiscal invejável (consegue sugar 40% do PIB de seus cidadãos) e que, mesmo assim, se flagela quando atinge menos de 2% do PIB em superávit primário (a economia para pagar juros). A diferença é que, "de graça", nosso país pratica uma política monetária altamente destrutiva, baseada nos juros reais mais altos do mundo e nos encargos financeiros mais onerosos do planeta, como aponta o quadro seguinte.

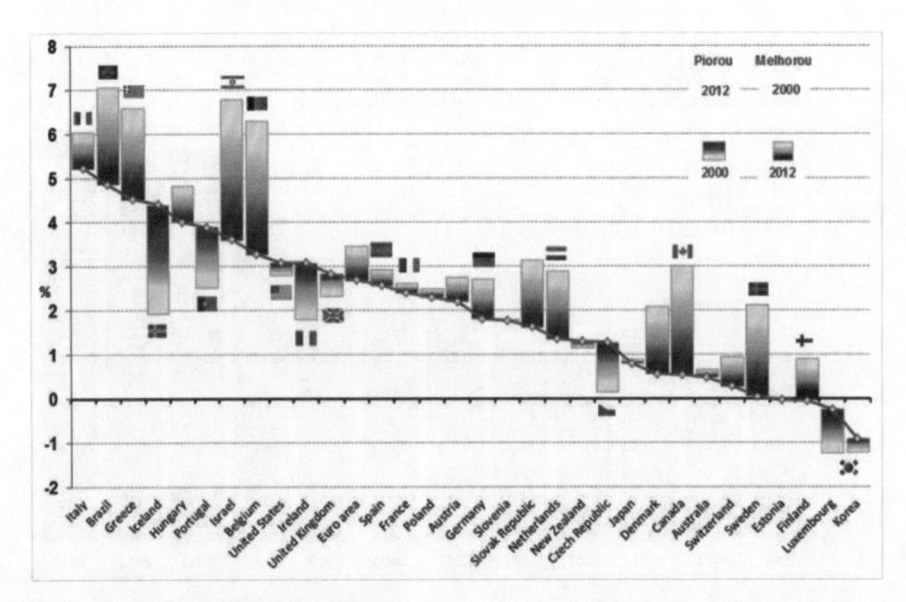

Encargos financeiros do governo (% PIB) no Brasil e na comparação internacional (2002 / 2012)

Fonte: OCDE e FMI. Elaboração: RC Consultores.

No atual modelo de gestão monetária, quando o Banco Central do Brasil percebe o potencial inflacionário contido no nível de consumo na economia e decide, então, elevar juros para coibir parte dessa demanda, ele costuma não enxergar que o excesso de demanda é, via de regra, criado pelo próprio braço gastador do governo. Com juros aumentados, o Banco Central faz explodir outro gasto corrente: o da conta de encargos da dívida pública que, em 2013, foi da ordem de 5% do PIB – ou R$ 250 bilhões –, claramente em desalinho com um padrão classificável como de país de "risco módico", como é hoje avaliado o risco de crédito soberano do Brasil.

Pagam-se juros sobre a dívida pública brasileira em completo descompasso com o nosso padrão de risco-país, pois a ferramenta de juros passou a ser empregada largamente como freio à inflação de demanda, inclusive pelo próprio governo, quando gasta demais. É o governo que se apropria de grande parte do excedente econômico, desviando tais recursos do investimento possível para o consumo imediato. A sociedade brasileira logo perceberá que está pagando uma carga mais elevada e crescendo menos do que poderia. Inadvertidamente, muitos indivíduos fazem uma leitura equivocada do que acontece, imputando ao empresariado certo desinteresse em investir e, por causa disso, endossam o argumento do governo quando este se empenha em ampliar o chamado "capitalismo de Estado", por meio de empréstimos públicos em setores selecionados como "estratégicos". O governo passa a eleger, e ele mesmo direcionar, os créditos para investimento no país, tornando o empresário individual uma espécie de associado ao governo e subalterno ao programa oficial de investimentos.

O EQUÍVOCO DO JURO ALTO

A elevação dos juros como mecanismo universal de controle de pressões da demanda – cujo desequilíbrio, no Brasil, nasce do avanço anual dos gastos públicos sobre o PIB – contém uma segunda mensagem ao empresariado: evitar investir em projetos que não recuperem, com alguma vantagem, o elevado custo do capital, que é estabelecido pelo enorme patamar de juros aqui praticados. Os encargos financeiros exagerados que se praticam no setor público criam um alto patamar de corte para a rentabilidade esperada dos investimentos privados, abaixo do qual o risco de novos projetos não mais se justifica. Os altos juros cortam parte dos investimentos que poderiam ocorrer no país.

Na comparação da taxa de retorno na aplicação em títulos do Tesouro com a rentabilidade líquida do capital das mil maiores empresas na década passada, fica patente a vantagem relativa de se deixar dinheiro aplicado em títulos do governo. Óbvio que se trata de uma comparação de médias contra médias. Haverá sempre, numa economia poderosa e diversificada como a brasileira, vários segmentos empresariais cujas rentabilidades conseguem concorrer com os altos juros aqui praticados. O que maltrata a decisão de investimentos é a altura da linha de corte da rentabilidade esperada, sempre colocada em nível alto demais, muito acima do nível observado no resto do mundo.

Na década passada, praticamente não houve redução no custo financeiro médio enfrentado pela maioria das empresas. Evidentemente, as mais poderosas têm acesso diferenciado a fontes externas ou a créditos de fontes públicas, especialmente do BNDES, especializado em selecionar as "maiores e melhores". Não é o caso da imensa maioria de empresas brasileiras, em geral as de porte médio ou pequeno. Essas têm enfrentado o mesmo patamar de custo financeiro, desde o período de crise, no início dos anos 2000. O custo financeiro enfrentado pelo empresariado pouco mudou.

Após uma década inteira dedicada à "estabilização da economia" (1994 a 2003), seguida de outra que priorizou a inclusão social (2004 a 2013), ainda não foi possível se resolver o problema central da economia brasileira, que é o absurdo custo financeiro, persistente por tantos anos. São vinte anos de acúmulos seguidos de fortes encargos financeiros suportados pela população. Esse grande impasse está na base de todas as decisões adiadas de investimento no setor privado. Por seu turno, o juro excessivamente alto "obriga" o governo a acudir o setor privado com empréstimos direcionados, quando toda a lógica deveria ser oposta à atual: começar pelo controle da carga tributária, tornando, ao mesmo tempo, o gasto público mais eficiente. Com esse duplo controle, "em tesoura", tanto da despesa quanto da arrecadação fiscal, se tornará possível dispensar o Banco Central de usar, insistentemente, o juro alto como mecanismo de contenção do excesso da demanda, que o próprio governo pratica e estimula por meio de dispêndios correntes deficitários.

Aqui está identificado o circuito da estagnação relativa da eficiência, que ainda prende o Brasil ao juro alto, desalinhando o custo das empresas em relação à concorrência externa, quer pelo excesso de custo financeiro aqui praticado (6% da receita bruta empresarial no Brasil contra 2% no exterior), quer pelo excesso de carga tributária, que se transfere, em seguida, aos preços e consumidores finais.

O papel do governo e das finanças públicas no realinhamento do modelo macroeconômico atualmente praticado é tarefa indelegável. O avanço se torna fundamental como acelerador da taxa de eficiência, ou seja, o destravamento da Produtividade Total dos Fatores (PTF). Se houver tal persuasão por parte da sociedade e dos planejadores públicos, tal realinhamento das variáveis-chave da economia propiciará a liberação automática de significativos recursos adicionais para novos investimentos, acelerando a taxa efetiva de crescimento do PIB na presente década.

PAI: PLANO DE ACELERAÇÃO DA INFRAESTRUTURA

Apesar do esforço recente de se melhorar a composição da dívida interna pública, uma parte considerável (cerca de 20%) ainda gira no mercado com taxas de repactuação diária, por se tratarem de compromissos atrelados à variação da taxa *overnight*, de notório DNA inflacionário.[30] A dívida pública rolada com papéis de marcação diária é um verdadeiro anacronismo, mormente se levarmos em conta que o país é enxergado pelos aplicadores como um risco módico ("grau de investimento"). Em 2005, cerca de metade da dívida interna federal ainda era composta por esse tipo de papéis, que apresenta rentabilidade atrelada ao juro diário. Passada uma década, o anacronismo permanece, sem justificativa, embora em grau menor.

---

30. Essa prática é uma "herança maldita" do período da megainflação, quando foram criadas as Letras Financeiras do Tesouro (LFT), ainda hoje largamente empregadas na rolagem da dívida federal, sem qualquer explicação plausível para tal.

Brasil, Composição da Dívida Federal (% do total em mercado)

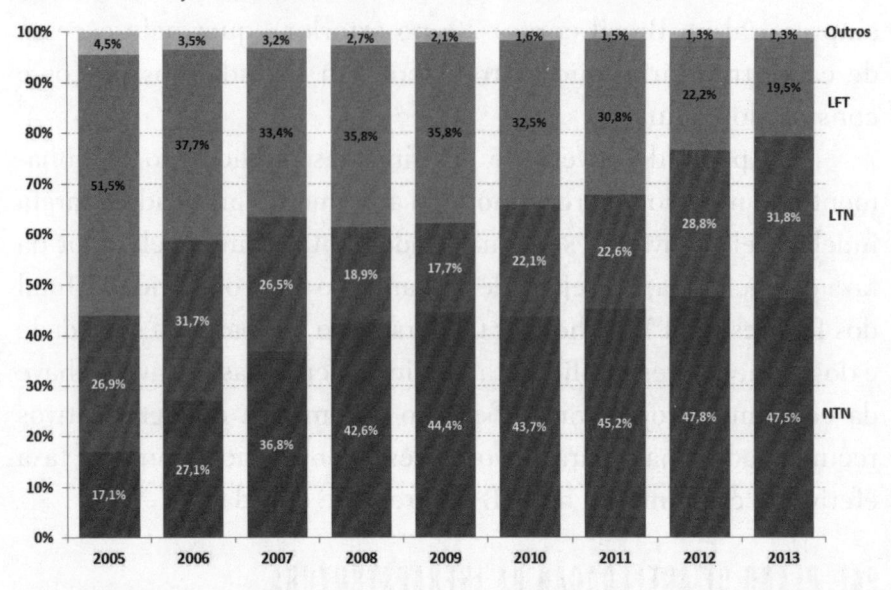

Ano	NTN	LTN	LFT	Outros
2005	17,1%	26,9%	51,5%	4,5%
2006	27,1%	31,7%	37,7%	3,5%
2007	36,8%	26,5%	33,4%	3,2%
2008	42,6%	18,9%	35,8%	2,7%
2009	44,4%	17,7%	35,8%	2,1%
2010	43,7%	22,1%	32,5%	1,6%
2011	45,2%	22,6%	30,8%	1,5%
2012	47,8%	28,8%	22,2%	1,3%
2013	47,5%	31,8%	19,5%	1,3%

Fonte: Tesouro Nacional. Elaboração: RC Consultores.

Surge daí a oportunidade de o governo federal reestruturar integralmente seu passivo financeiro. Tal providência propiciará espaço para se liberar significativos recursos para o investimento regional em infraestrutura. Se o governo federal conseguir economizar, numa hipótese, 25% de sua atual despesa líquida com a rolagem da dívida, hoje em torno de R$ 250 bilhões – gerando, portanto, uma economia fiscal de R$ 62,5 bilhões –, poderá reorientar parte dessa economia em recursos fiscais para bancar a aceleração de projetos de investimentos em infraestrutura, com impacto especial na saúde pública, na proteção de bacias hidrográficas, no uso racional da água, em saneamento para milhões de munícipes, selecionados pelos próprios estados conforme suas respectivas prioridades.

Propomos um Fundo para inversão em infraestruturas estaduais, com aportes anuais correspondentes à metade do valor dos encargos financeiros atualmente pagos pelos entes federativos em função do serviço de suas dívidas estaduais ou municipais federalizadas.[31] Ao recolher aos cofres do governo federal sua conta anual de juros, os estados e municípios devedores destinariam metade do valor desse serviço ao fundo de infraestrutura, para bancar investimentos localizados nos seus respectivos territórios estaduais ou municipais e, para tal, se habilitariam conforme as regras do programa. Não haveria qualquer afrouxamento da política fiscal, pois o que fosse liberado ao fundo estadual seria compensado pela economia de juros conseguida na rolagem diária da dívida federal. E, do ponto de vista legal, o novo fundo não seria considerado uma repactuação de dívida, dispensando a revisão do polêmico art. 35 da Lei de Responsabilidade Fiscal, que veda qualquer tipo de novação de dívidas dos entes federativos.

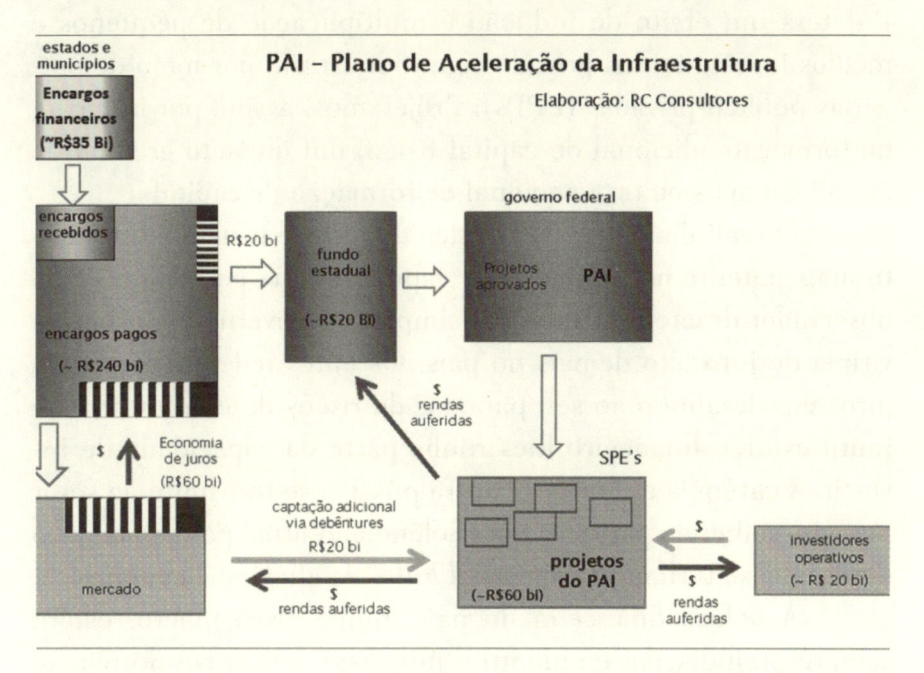

PAI – Plano de Aceleração da Infraestrutura
Elaboração: RC Consultores

estados e municípios
Encargos financeiros (~R$35 Bi)
encargos recebidos
encargos pagos (~R$240 bi)
Economia de juros (R$60 bi)
mercado
R$20 bi
fundo estadual (~R$20 Bi)
captação adicional via debêntures R$20 bi
$ rendas auferidas
governo federal
Projetos aprovados
PAI
SPE's
projetos do PAI (~R$60 bi)
$ rendas auferidas
investidores operativos (~R$ 20 bi)

---

31. Trata-se das dívidas de estados e municípios retiradas do mercado e assim federalizadas pelo Tesouro Nacional que delas se tornou credor, mediante repactuação com altas taxas de juros e correção pelo IGP-M. Uma maneira de repactuar o valor desses encargos sem ferir dispositivo da Lei de Responsabilidade Fiscal, que veda tais repactuações, seria por meio da elaboração de um Plano de Aceleração da Infraestrutura (PAI) financiado pelo estorno de metade dos juros efetivamente pagos por estados que preparassem planos de investimento complementares às obras estruturantes do PAC.

Podemos chamar esta iniciativa de Plano de Aceleração de Infraestrutura (PAI). Um substancial aumento no ritmo dos investimentos estaduais e municipais, com injeções anuais e repetitivas de até R$ 60 bilhões, espalhados por todo o território nacional, terá um efeito acelerador dos investimentos privados em nível muito maior do que, por exemplo, os pontos de intervenção em obras nas doze capitais que receberam a Copa do Mundo de 2014. Além de beneficiar milhares de centros urbanos por todo território nacional, as obras do PAI teriam, como requisito básico, se justificarem por meio de um projeto de investimento de caráter estruturante, claramente identificado, com impacto tangível sobre o desenvolvimento regional ou local.[32] O PAI terá um efeito de indução e multiplicação de pequenos e médios investimentos privados em todo Brasil, por meio de parcerias público-privadas (PPPs). Projetamos, assim, por indução, na formação adicional de capital físico, um impacto gradual de até 50% a mais na taxa nacional de formação de capital.

O realinhamento da política de juros é instrumento muito mais potente na formação de capital do que pode parecer ao observador desatento. A razão é simples. O governo é a primeira vítima do juro alto demais no país. Os entes federativos pagam juros em desalinho ao seu patamar de riscos de crédito. E esse inútil esforço financeiro lhes rouba parte da capacidade de investir. A carência de infraestrutura pública se transmite ao setor privado, tolhendo parte de sua eficiência. A atual política de juro alto acaba se tornando uma *serial killer* da eficiência econômica.

A defesa financeira do país, numa visão macro, estará sempre prejudicada, enquanto o juro pago pelo governo não se alinhar ao padrão internacional. Por seu turno, a pior sequela do juro alto é a contínua atração de aplicadores especulativos que

---

[32]. Se o ciclo de obras do PAI se iniciar por volta de 2015, o calendário de novos investimentos coincidirá com a possibilidade de continuar empregando a mão de obra liberada do esforço da Copa do Mundo.

aportam capitais para "emprestar" ao governo federal na rolagem de sua dívida. Para quê? Toda a estrutura de formação de juro para o setor privado fica comprometida e contagiada pelo juro alto. Não admira que, ao longo de uma década inteira, apesar de tantas conquistas e avanços econômicos em outros campos, inclusive no social, a taxa de juros relevante para o setor privado, naquela parte sem o acesso privilegiado a créditos especiais, esteja empacada no mesmo patamar.

O realinhamento dos juros no país é tarefa urgentíssima e inadiável, pelo que algumas providências fundamentais são lembradas.

- O Tesouro Nacional deve suspender imediatamente a emissão de qualquer dívida com juros a fixar; mesmo aquelas com cláusula de correção monetária devem ter sua emissão restringida ao mínimo. Um programa de recompra de Letras Financeiras (LFTs) em circulação no mercado deve ser estabelecido e cumprido à risca, para eliminar a presença dessas letras de modo definitivo.

- O uso do IGP-DI ou IGP-M e de suas partes componentes deve ser vedado nos contratos futuros, por ser uma fórmula de correção desatualizada, carregando 60% do seu total como preços no atacado. Os contratos em vigor, inclusive os de revisão de preços de serviços públicos, devem encarar um prazo para adotar novo indexador.

- As regras de indexação anual na economia devem ser alteradas para operar com revisões, no mínimo, trienais, de modo a eliminar o automatismo das "reposições anuais de rendas e preços".

- A chamada "cunha fiscal" – a pilha de custos tributários e parafiscais que incide sobre as operações de crédito – deve ser imediatamente revista, assim como o nível do recolhimento compulsório atualmente exigido do sistema bancário.

- O Conselho Monetário Nacional deve estabelecer um limite à expansão anual dos "créditos direcionados" – uma vez que todo crédito concedido com taxas especiais na economia sempre surge às custas de todos os demais tomadores, que enfrentarão um crédito mais caro no sistema livre a fim de compensar pelo subsídio na outra ponta. Afinal, não existe crédito grátis.

- Paralelamente à implantação do PAI, uma vez transformado o juro estéril da dívida estadual em novos programas de infraestrutura e sustentabilidade no interior do país, os estados deverão passar a utilizar o mercado de capitais para captar seus recursos de investimentos, com emissão direta de títulos de dívida estadual ou municipal, cujos papéis terão seu risco de crédito classificado e publicado, de modo a possibilitar a desova gradual dos títulos da dívida pregressa no mercado.

O realinhamento da política de juros no Brasil é, de fato, a reforma financeira de que o país tanto precisa.

25. INOVAÇÃO, INDÚSTRIA E POTÊNCIA NACIONAL[33]

O RECADO DO AUSTRÍACO

A inovação tecnológica foi tratada ao longo da história por diversos pensadores como um dos principais motores do desenvolvimento econômico. Entre eles deve-se destacar a figura de Joseph Schumpeter, um dos primeiros pensadores a apontar, em sua obra sobre a Teoria do Desenvolvimento Econômico (1911),[34] o papel das inovações, tanto em processos como em produtos, no impulso de novos ciclos de desenvolvimento do capitalismo. O Brasil precisa, agora, com urgência, de um "choque schumpeteriano" para afastar de vez a estagnação provocada pelas políticas de governo grátis, filosoficamente antagônicas aos processos de inovação estudados e descritos pelo economista e cientista político austríaco-americano.

Diferentemente de outros pensadores contemporâneos, Schumpeter apresentou uma explicação estrutural completa dos ciclos econômicos em que os acréscimos regulares dos fatores de

---

33. Colaboração de Thiago Biscuola
34. Joseph A. Schumpeter. *The Theory of Economic Development*, Transaction Books, 1934. Primeira edição em 1911.

produção "trabalho" e "capital", ou mesmo alterações na sua taxa de utilização, não seriam os principais responsáveis pelos ganhos e avanços de produção. Em sua avaliação, o empreendedorismo inovador, inerente ao capitalismo produtivo, por meio da criação de novos produtos e processos mais eficientes, é o que permite às empresas ampliarem os limites dos seus mercados e o nível de produção total da economia, sem que, forçosamente, deva ocorrer o aumento quantitativo dos fatores tradicionais. Schumpeter sinaliza que a inovação embarcada na capacidade de empreender do capitalista produtivo é capaz de aumentar a produtividade dos fatores de produção regulares, aumentando sua competitividade e sustentando o crescimento com uma taxa média superior ao potencial estabelecido exclusivamente com base no emprego do capital em máquinas e a mão de obra regular. O fator schumpeteriano da inovação é o simétrico oposto ao governo grátis, que destrói o espírito de inovação e o empreendedorismo. O país com capacidade de inovação à solta cresce mais do que o esperado, enquanto o país preso nas teias do governo grátis surpreende pelo definhamento da produção e fuga de talentos.

A indústria de transformação brasileira tem definhado nos últimos anos, como ilustrado por sua participação cada vez menor no PIB brasileiro. Viramos um país de gastadores e importadores contumazes. A capacidade de ofertar o produto brasileiro no exterior, ou mesmo competir com os importados no mercado doméstico, é cada vez menor. A indústria precisa de um ambiente menos danoso à sua atividade. O fomento e incentivo à inovação são urgentes. No Brasil, podemos identificar diversos entraves ao processo de inovação, como o protecionismo e as barreiras a novos entrantes que caracterizam o mercado brasileiro; a restrita oferta de pesquisadores e de mão de obra qualificada; falhas de mercado (direitos de propriedade intelectual mal definidos); riscos financeiros e regulatórios; e escassez de financiamento à inovação.

A economia brasileira que, por muito tempo, se caracterizou por seu viés protecionista, buscou estimular a produção manufatureira local restringindo o acesso de similares importados. Era uma maneira arcaica de se fazer política industrial. Quando se compara a abertura comercial existente no Brasil com a dos países que estão na vanguarda da inovação tecnológica fica nítido que o relativo protecionismo do mercado doméstico brasileiro funcionou, de certo modo, como um desestímulo à inovação. A maior proteção aos produtores domésticos e a burocracia antropofágica que atravanca a entrada de novos participantes no mercado impediram o surgimento de um ambiente mais competitivo. Mas isso tem uma explicação: o produtor nacional é maltratado dentro do país, com impostos cavalares e burocracia ineficiente; na tentativa de compensar o empresário pelo mau tratamento, o governo grátis vende a ideia de alinhamento com o empresário por meio de medidas de proteção.

Embora existam, no Brasil, casos em que o favorecimento inicial a empresas locais acabaram resultando em setores bastante inovadores e competitivos (como o aeronáutico e o extrativo mineral, por exemplo), tais políticas, uma vez generalizadas, desestimularam a inovação e fizeram com que a indústria de transformação se estabelecesse, de modo geral, num patamar tecnológico defasado.

POR QUE É TÃO CARO INOVAR

No Brasil ainda se verifica a existência de um arcabouço legal e institucional frágil para as atividades produtivas, incapaz de cobrir de forma eficiente todas as peculiaridades que englobam o campo da propriedade intelectual. Tais dificuldades derivam, em grande parte, do fato de o país não utilizar um marco regulatório adequado. Segundo a Pesquisa de Inovação Tecnológica (Pintec) publicada pelo IBGE em 2008, entre os problemas e obstáculos de alta relevância, estão os elevados custos de inovar, os riscos econômicos e a escassez de fontes de financiamento.

Quanto aos elevados custos de inovar, isso não deixa de ser intrínseco à atividade. No entanto, o governo pode mitigar esse problema por meio de alguns subsídios e isenções fiscais bem aplicados, como tem feito a Financiadora de Estudos e Projetos (Finep) em tempos recentes. Nesse sentido, o Brasil avançou bastante nos últimos anos, principalmente com os novos instrumentos de apoio à inovação, com destaque para os Fundos Setoriais, a equalização das taxas de juros do Fundo Verde Amarelo (2002), a Lei da Inovação (2004) e a Lei do Bem (2005). Tais normas alçaram o Brasil do abandono em matéria de inovação e o fizeram ocupar posição de certo destaque entre os países com regime tributário mais favorecido às atividades de pesquisa e desenvolvimento (P&D).

O segundo item que mais provocou dificuldades às empresas foram os chamados riscos econômicos, que envolvem tanto uma conjuntura econômica de insegurança quanto às atividades produtivas inovadoras, normalmente demandantes de pesados investimentos. Confiança é uma palavra-chave. Mas ela escasseia em regimes de governo grátis, em que a fonte de segurança passa a ser a promessa do governante, em vez de emergir dos resultados previstos e alcançados. Esse é um aspecto ligado ao terceiro problema mais citado pelos empresários nacionais, o da crônica escassez de fontes de financiamento de longo prazo. Num país com mercado de capitais nanico, essa dificuldade não chega a constituir novidade. Devido às incertezas recorrentes e às características intangíveis de um empreendimento de conteúdo inovador, há certa dificuldade em se obter financiamento para as atividades de P&D. A maioria das empresas acaba financiando essas atividades apenas com recursos próprios, uma vez que o crédito privado é escasso e caro, mesmo para financiar processos ordinários, enquanto a oferta pública de recursos para bancar inovações é ainda insuficiente diante da demanda. A compressão da rentabilidade das empresas no Brasil é, enfim, o obstáculo último e fatal à maior utilização de recursos próprios como forma de financiamento.

A educação é outro importante inibidor da inovação no caso brasileiro. Apesar dos esforços realizados, a sociedade brasileira não tem sido eficaz no avanço educacional em todos os níveis, persistindo o problema da baixa qualidade do ensino.

Brasil: Gastos públicos em educação (% PIB)

	Ensino Básico				Ensino Superior	Total
	Educação Infantil	Ensino Fundamental	Ensino Médio	Total		
2000	0,4	2,7	0,6	3,7	0,9	4,7
2001	0,4	2,7	0,7	3,8	0,9	4,8
2002	0,4	2,9	0,5	3,8	1,0	4,8
2003	0,4	2,8	0,6	3,7	0,9	4,6
2004	0,4	2,7	0,5	3,6	0,8	4,5
2005	0,4	2,8	0,5	3,7	0,9	4,5
2006	0,4	3,1	0,6	4,1	0,8	5,0
2007	0,4	3,2	0,7	4,3	0,8	5,1
2008	0,4	3,4	0,8	4,6	0,9	5,5
2009	0,4	3,6	0,8	4,8	0,9	5,7
2010	0,4	3,6	0,9	4,9	0,9	5,8

Fonte: INEP

A evolução crescente dos desembolsos em educação, do qual o aumento da participação dos gastos públicos educacionais no PIB é evidência, mostra o empenho da sociedade em promover uma virada nesse setor. Mas cedo concluímos não ser meramente a fixação de um nível de gasto em educação a melhor maneira de realizarmos uma revolução de conhecimentos, menos ainda de conhecimentos aplicados à inovação empreendedora.

FORMAÇÃO CIENTÍFICA, GRANDE LACUNA

No tocante à relação entre inovação e formação científica e gerencial, o fator mais preocupante é o perfil dos egressos nas instituições de ensino superior, uma vez que a área de conhecimento mais procurada pelos brasileiros é a de Humanidades. Embora o processo de inovação e desenvolvimento requeira também o conhecimento em "humanas", a sustentabilidade e a dinâmica do processo de criação empresarial carecem de maior contribuição advinda dos cursos que envolvem engenharia e demais ciências exatas, as *hard sciences*.

Segundo trabalho realizado pelo Instituto de Estudos para o Desenvolvimento Industrial (Iedi), "(...) os engenheiros desempenham um papel fundamental no desenvolvimento tecnológico de qualquer país. Esses profissionais estão geralmente associados aos processos de melhoria contínua dos produtos e da produção, à gestão do processo produtivo e também às atividades de inovação e pesquisa e desenvolvimento (P&D) das empresas".[35]

Segundo o Censo da Educação Superior (MEC/Inep, 2011) elaborado em parceria com o Ministério da Educação (MEC) e o Instituto Nacional de Estudos e Pesquisas Educacionais Anísio Teixeira (Inep), o número de alunos matriculados nos diversos graus acadêmicos aumentou sensivelmente na primeira década do século XXI. Os esforços em relação ao aumento da acessibilidade da população ao ensino superior tem surtido algum efeito, e uma demonstração desse fato se verifica no aumento do número de matrículas. No ano de 2001 havia algo em torno de três milhões de matriculas. Em 2011, o número havia praticamente dobrado, quando foram contabilizadas 5,74 milhões de matrículas em cursos de graduação.

No entanto, em relação à contribuição ao processo de inovação tecnológica, esses números não têm sido eficazes. O quadro aponta que, do total de matrículas apresentadas, apenas 11,3% eram na área de engenharia, produção e construção. Se ampliarmos a análise para a área de ciências, matemática e computação, o número mal alcança o patamar de 18,5%, ainda um

---

35. Pacheco, Carlos Américo. *Desafios da inovação - Incentivos para inovação o que falta ao Brasil*. Research Report, Instituto de Estudos para o Desenvolvimento Industrial. São Paulo: Iedi, 2010, 1-15

percentual reduzido, se comparado aos de países desenvolvidos e, até mesmo, de outras economias emergentes mais dinâmicas.

Brasil: distribuição de matrículas em cursos de graduação

	Matrículas	Concluintes
Ciências Sociais, Negócios e Direito	41,6%	42,3%
Educação	20,2%	23,5%
Saúde e Bem-Estar Social	13,9%	14,9%
Engenharia, Produção e Construção	11,3%	6,4%
Ciências, Matemática e Computação	6,3%	5,5%
Agricultura e Veterinária	2,3%	2,0%
Humanidades e Artes	2,3%	2,6%
Serviços	2,1%	2,9%

Fonte: Censo do Ensino Superior, INEP (2011)

Dada a necessidade de ampliar a educação profissional científica, tanto o governo quanto a iniciativa privada concentraram grande parte de seus esforços nos cursos tecnológicos. Como resultado, o número de matrículas nesse grau de ensino passou de 69,8 mil em 2001 para 781,6 mil em 2010. É um salto extraordinário, embora de uma base muito baixa. Apesar do sucesso obtido, observa-se o mesmo problema quanto à proporção das carreiras que alicerçam a inovação e a operacionalização das novas tecnologias, ou seja, a pequena participação das *hard sciences*.

Nesse sentido, para exemplificar a posição desfavorável do Brasil em relação aos demais países, mostramos no quadro a seguir a razão entre o número de engenheiros graduados no ano de 2012 e a população do país para cada 10 mil habitantes. Segundo levantamento realizado pelo Inep, graduaram-se em cursos presenciais de Engenharia cerca de 54,2 mil alunos. Utilizando-se da estimativa de população do Censo 2010 elaborado pelo IBGE, a razão assim descrita atingiu o patamar de 2,79.

O Brasil está abaixo da maioria dos emergentes nesse indicador e, sobretudo, dos países do Leste Asiático, como a Coreia do

Sul, onde esse indicador chegou a 18,8, ou seja, quase sete vezes e meia o nível brasileiro. Como esperado, em relação aos países avançados, a distância também é significativa. Para se ter uma ideia do nosso atraso relativo, para o Brasil atingir o nível relativo de engenheiros vigente nos EUA, precisaria dobrar o número de engenheiros graduados a cada ano.

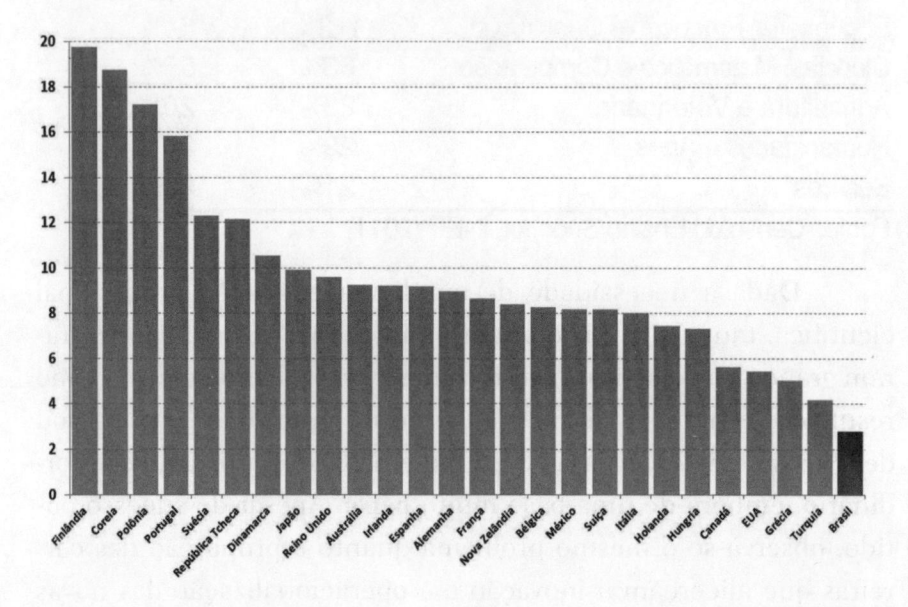

Engenheiros graduados para cada dez mil habitantes (2012)

Fonte: Organization for economic co-operation and development (OECD) e Censo do Ensino Superior, INEP 2012

Para que a inovação no Brasil desfrute de um ambiente favorável, há um longo caminho a ser percorrido no quesito capital humano. Os dados apresentados demonstram a fragilidade do sistema educacional brasileiro, principalmente no que tange ao fornecimento de mão de obra capacitada para os projetos de inovação tecnológica. Portanto, caso não haja uma mudança drástica na estrutura do ensino tecnológico e científico no Brasil, a (falta de) educação continuará sendo uma das principais barreiras à inovação.

Mas se a revolução educacional vier a se materializar, haverá um ganho na produtividade total do país – ou seja, um ganho do tipo schumpeteriano – da ordem de 0,3% a 0,5% do PIB por ano, que poderia ser chamado de "última milha" a ser percorrida pelo país, na busca da marca dos 5% de crescimento médio anuais.

Exercícios estatísticos[36] mostram que não temos o tempo de uma geração inteira para tentar abreviar nossa distância em educação, treinamento e inovação, o fosso que deixamos abrir em relação a outros emergentes, especialmente os asiáticos. O exemplo mais chocante de diferença é em relação à Coreia do Sul, por ter sido, até recentemente, um país relativamente pobre e pequeno, emergindo de uma guerra devastadora, que tinha, na altura dos anos 1970, um coeficiente de inovação ainda inferior ao brasileiro. O modelo de economia mista, que então prevalecia aqui, também era adotado lá. Eles tiveram um período de autoritarismo político, seguido de democratização. Nós também. Eles emergiram, trinta anos depois, como grandes inovadores industriais. Nós fizemos estagnar nossa indústria. E por quê?

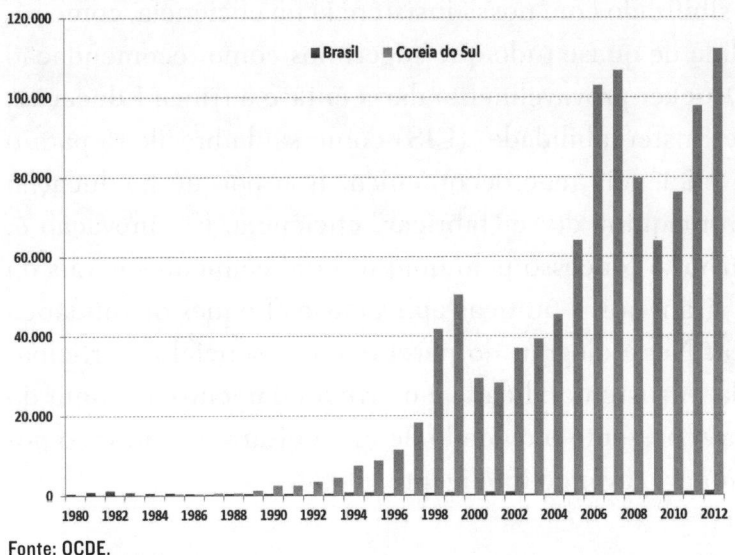

Brasil e Coreia do Sul 1996-2010, concessão de patentes pelo país de origem

Fonte: OCDE.

---

36. Ver Agenda Lide/MBE de uma *Proposta para o Desenvolvimento Acelerado*, em que apontamos, por resultados econométricos, a capacidade de a trinca Educação, Inovação e Sustentabilidade (EIS) poder influir na "taxa de eficiência" da economia.

Por que, então, a Coreia exporta hoje, para o Brasil, várias marcas de alta tecnologia, de padrão mundial, inclusive automóveis, enquanto nosso contraexemplo tecnológico se circunscreve aos êxitos da Empresa Brasileira de Aeronáutica (Embraer) e Empresa Brasileira de Pesquisa Agropecuária (Embrapa)? Seria por coincidência que nossos dois casos de sucesso têm como base a confiança no brasileiro?[37] Também não seria mera coincidência que ambos os casos passam por investimentos decisivos em preparação científica de padrão mundial, pesquisa dedicada e previsibilidade no fornecimento de verbas, administração descentralizada dos objetivos e das verbas e baixo nível de influência da politicagem crônica que grassa no país.

INOVAR É CONFIAR

Peter Drucker notabilizou-se por ser o orientador de times gerenciais que melhor sabiam pensar fora do quadrado. Se estivesse vivo, e se estivesse lendo estas páginas, estaria provavelmente sensibilizado com nossa insistência na eficiência, como régua e medida de quase tudo que sugerimos como recomendação de ação. Drucker provavelmente daria ênfase à trinca Educação, Inovação e Sustentabilidade (EIS) como saída brasileira para o avanço da eficiência macroeconômica. Isso porque a educação é a própria máquina de se "fabricar" eficiência. E a inovação é, por seu turno, o processo pelo qual os conhecimentos gerais da sociedade viram novas práticas aplicadas e choques de mudança tecnológica. Nesse degrau do percurso, é essencial a participação privada. A sustentabilidade é o arredondamento da conta do avanço: ela representa o cuidado de não deixarmos o avanço poluente arruinar o avanço inteligente.

---

[37]. Foi o grande brasileiro Ozires Silva que me chamou a atenção para este ponto crucial: o governo deve confiar e entregar a missão aos brasileiros, algo que o Estado brasileiro raramente faz.

Certamente também é fundamental a preparação do professorado brasileiro para conviver bem com o mundo digital. Para tanto serve o objetivo original do programa[38] de se levar a iniciação digital imediata a cada aluno no Brasil. Sem a universalização digital, permaneceremos como um grande restaurante servindo sem bandejas. A eficiência do serviço depende das bandejas, para fazermos uma rápida e segura distribuição das refeições. A rede mundial e o computador são as "bandejas" do conhecimento.

O avanço da inovação e, portanto, da produtividade total, nesta década, mormente no setor comercial e de serviços, dependerá da massificação do computador como ferramenta da iniciação digital na escola brasileira, mais do que qualquer distribuição de merenda, ou de qualquer outro material escolar, ou da quadra esportiva ou até do tradicional quadro-negro para o professor. Se nosso sistema já é capaz de colocar uma merendeira em todas as escolas, então conseguirá colocar um instrutor de iniciação digital, capaz de ensinar o uso dos programas básicos de computação, a 100% dos alunos brasileiros e seus respectivos professores.[39]

A banda larga, estendida ao território nacional, com metas planejadas de ganhos de velocidade, também faz parte desse imenso esforço programático na EIS. E o "reposicionamento" do

---

[38]. O programa Um Computador por Aluno (UCA), foi lançado, em 2007, pelo presidente Lula, mas fracassou parcialmente. Algumas razões atribuídas ao abandono da meta de fazer chegar "um computador para cada aluno", não foi só a falta da máquina, mas, principalmente, a falta da habilitação desse aluno com o processo digital.

[39]. A experiência do programa dirigido por Rodrigo Baggio, presidente do Comitê para Democratização da Informática, é uma recomendação óbvia. Ver seu importante artigo, com sugestões práticas, "Inclusão Digital Sustentável", em *O Globo*, 2012. Algumas outras experiências locais, como a do Instituto Maria Stella, em Cuiabá (www.institutomariastella.org.br), comprovam que o custo da iniciação digital, por aluno, não ultrapassa o custo de um salário mínimo. Assim, o custo da universalização digital de todos os alunos do ensino fundamental e médio não seria superior a R$ 10 bilhões. Leia-se: é menos do que uma bolsa-família anual e menos do que duas semanas de encargos de juros sobre nossa dívida interna.

papel do professor na sala de aula é algo que também deve merecer um programa completo de reciclagem do corpo docente.[40]

É muito o que temos a fazer, mas o país e seu povo agradecem o esforço. Pela outra forma, pelo modo tradicional de se continuar produzindo educação e inovação, será impossível diminuir a brecha da insuficiência aberta entre nós e os principais concorrentes na raia tecnológica e, repetidas vezes, corroborada pelas evidências estatísticas sobre a patética baixa qualidade do nosso ensino.

Concluindo e resumindo:

- A ferramenta essencial do avanço da produtividade total dos fatores da produção, que acelerará o crescimento a 5% anuais, é a *confiança* na sociedade brasileira, cujo fomento depende da *clareza* do governo sobre seus objetivos e motivos. Esse é verdadeiro fermento da eficiência que ainda nos falta.

- Na era do conhecimento, em que a informação compartilhada e espalhada por toda a sociedade é vital, urge informatizar o país, começando pela universalização digital das crianças e jovens brasileiros, num programa nacional de iniciação à computação, que não custará mais do que o equivalente a quinze dias no custo de rolagem da nossa dívida interna. Mas é preciso organizar de imediato, implantar e fazer rodar um programa de universalização digital, com princípio, meio e fim.

- A Inovação tem que ser um recado claro e definitivo a todo o setor produtivo nacional, que ainda espera do

---

40. Sobre a reciclagem completa dos métodos de ensinar e aprender, bem como a redefinição completa da missão do professor na sala de aula, agradecemos as considerações de Antonio Augusto Almeida.

governo esse sinal. Portanto, para começar, na prática, é urgente desburocratizar a aplicação da nossa Lei de Inovação, que é boa, mas se perdeu nos liames do regulamento que a engessou.

- O Brasil precisa falar inglês, se quiser liderar e expandir sua influência e comércio no mundo. A China implantou a política de introduzir o inglês de modo universal como segunda língua. A Índia já fala o inglês como meio de comunicação entre as diversas etnias no seu território. Ao lado da iniciação digital, a introdução à língua inglesa deveria, há anos, ter sido objeto de nosso esforço concentrado. Nas escolas, o inglês deve estar presente em todos os níveis de aprendizado. E o espanhol, para nossa integração com os países da região.

26. EDUCAÇÃO DE ALTO PADRÃO

A SÍNTESE DO CONHECIMENTO COMPARTILHADO

Muito diferente do que parece à primeira vista, o capitalismo pós-moderno ou, como o denomina o guru da ciência da administração, Peter Drucker, o pós-capitalismo,[41] é um pantagruélico acumulador de informação no sentido mais amplo da palavra.[42] Mas só a informação compartilhada gera riqueza social. Daí o termo "era do conhecimento", período identificado por Drucker e outros, com grande nitidez, por suas múltiplas implicações para o ser humano na sociedade do século XXI.

Esse pós-capitalismo representa um choque de transição em relação a outras formas convencionais de acumulação e apropriação do capital. A força do empreendedorismo, quer dizer, as formas quase infinitas de inovação postas em prática, e contidas na gênese de uma Microsoft, Apple, Facebook ou Google, desmistificam arcaicos preceitos de acumulação e distribuição de riquezas, centrados apenas no conceito do capital físico. Falamos, agora, de uma riqueza imaterial, muito mais valiosa, cujo

---

[41]. Ver Peter F. Drucker, *Post-Capitalist Society*, 1994.

[42]. Nesse sentido, todos os preços da economia são informação, assim como todas as transações nos mercados e toda espécie de dados armazenados, as opiniões, análises, conhecimentos individuais, experiências etc.

valor aumenta na medida em que "se espalha": a informação, as ferramentas do conhecimento. Alfred Marshall, gênio econômico do século XIX, professor de Keynes em Cambridge, já previra a prevalência do capital do conhecimento sobre os processos físicos. Os *Principles*, obra-prima de Alfred Marshall, publicada em 1890, revelam a antevisão do mundo baseado na acumulação e troca de informação, em nível planetário, que ocorreria nada menos que um século depois, com a massificação da sociedade em rede nos anos 1990, fenômeno também capturado e estudado por Manuel Castells na sua poderosa trilogia sobre a era da informação.[43]

Os exemplos empresariais de sucesso na era do conhecimento encerram outra mensagem para quem se propõe a planejar uma agenda para o Brasil: a civilização do conhecimento é a antítese da proposta de um plano nacional de desenvolvimento baseado em assistencialismos, na proteção permanente às ineficiências e às reservas de mercado perpétuas. Queiramos ou não, no mundo do futuro próximo, para não dizer do presente, cada indivíduo deve estar intelectual e emocionalmente muito bem preparado para escalar, com seu time, uma parede de alpinismo, enfrentando graus variados de dificuldade. Em primeiro lugar, é forçoso reconhecer que, sozinhos, não vamos a lugar algum. A utilização do conhecimento em estruturas complexas[44] não permite abordagens solitárias. Portanto, organizar o "querer coletivo" é, talvez, a principal tarefa de um líder político na atualidade.

Temos uma parede de alpinismo para escalar e não podemos trocar de parede, nem de time, nem de adversários. Somente nos é dado, como opção, trocar de atitude, revisar compor-

---

43. Manuel Castells, *The Information Age*: *Economy, Society and Culture* (trilogia): Vol. I. The Rise of the Network Society. *The Information Age* (1996; 2000) Cambridge, MA; Oxford, UK: Blackwell.

44. A complexidade, em si, passou a ser uma ciência. Parte da crise financeira global que vivemos decorre da própria complexidade da estrutura econômica mundial. O Santa Fe Institute, nos EUA (www.santafe.edu), se dedica ao exame permanente da Complexidade como área de pesquisas.

tamentos, realinhar nossas próprias estratégias. Nesse sentido, não desperdicemos energias ressaltando nossas insuficiências coletivas. A crítica que nos interessa é aquela que facilita a melhor maneira de introduzir uma sugestão prática de mudança, uma recomendação de ação, o caminho alternativo, sempre na esperança de que nosso "coletivo", o time Brasil, possa ter desempenhos cada vez melhores, com resultados surpreendentes para todos.

A falta de uma crítica coletiva audível nos corredores do poder em Washington, por exemplo, colaborou para que até a nação mais dedicada à experiência capitalista, os EUA, afundasse na contradição monstruosa de operar suas trocas sociais num "mercado de bolha",[45] num ambiente de mentiras e fraudes, numa "viagem" de pura alavancagem financeira, daí resultando a apropriação de supostos lucros, de fato inexistentes no mundo real, por uma parcela ínfima de indivíduos, cuja criatividade e habilidades se concentraram apenas em construir esquemas financeiros insustentáveis. O Brasil deve estar atento à diferença entre os incentivos à criatividade inovadora e aquela que nasce e viceja na sombra de algum tipo de proteção ou conluio com o setor político da sociedade. A criatividade inovadora toma riscos para si e não reclama do eventual insucesso. Assume prejuízos e toca para a frente. Já a minoria apaniguada se especializa em socializar insucessos, sobretudo os decorrentes de grandes fraudes.

Está na hora de o país fazer opções mais sérias, pois a geração de jovens está atenta, lendo e interpretando os sinais que provêm de todas as frações de informação que circulam a qualquer momento no coletivo brasileiro. O papel das lideranças políticas e intelectuais do país é afirmar e provar aos jovens qual é o melhor caminho. Será que estamos cumprindo essa missão? O resultado econômico que chamamos de PIB, no fi-

---

45. Ver, a propósito, nossa obra *A Grande Bolha de Wall Street*, Editora da Fecomércio, 2008.

nal do argumento dependerá mais dos exemplos concretos das lideranças do que de qualquer iniciativa de política financeira ou social.

A produtividade total dos fatores (PTF), ou seja, a "taxa de eficiência" da economia brasileira, não é produto apenas de uma ou outra providência, por mais importante que seja. O conjunto do planejamento nacional é que revelará a intenção real dos políticos no poder, e é sua atitude que conduzirá, ou não, a sociedade à mudança e à melhoria de padrão do seu comportamento coletivo.

EDUCAÇÃO NO BRASIL: MUITO ESFORÇO E POUCO RESULTADO

Aqui se insere o delicado e crucial tema da preparação do capital humano no país. Tem havido melhora significativa de vários indicadores de produção educacional. Tem havido também crescente empenho da sociedade como participante ativa do mutirão educacional. O governo tem dado efetiva prioridade ao assunto. Contudo, os resultados colhidos e esperados no futuro próximo se mantêm muito aquém do sonho de quem quer ser uma nação líder entre os blocos mundiais. Há contradição flagrante entre a vontade nacional de ter sucesso na educação e os resultados obtidos nas aferições comparativas entre países. A nova geração quer saber por onde deve caminhar: se corre para uma sala de aula, para se preparar para um mundo competitivo, ou, no extremo oposto, se entrará em mais uma fila de assistidos (há no Brasil, inclusive, os "assistidos" de luxo, que usufruem de aposentadorias e pensões para as quais jamais contribuíram).

Apesar de o crescimento econômico brasileiro na última década ter elevado o país à condição de sétima economia do mundo e com melhor distribuição da renda, os principais indicadores sociais, e principalmente educacionais, apresentam um país que permanece nos últimos lugares dos *rankings* internacionais, seja, em relação aos demais países comparados, como, particularmente, quando comparado com seus pares mais diretos – os Brics.

Os resultados do Pisa,[46] índice internacional de qualidade da educação medido pela OCDE a cada três anos (os grupos de observação são em leitura, matemática e ciências), em sua versão 2012, revelou que, entre os 65 países voluntariamente participantes, o Brasil ficou na 58ª posição, atrás do Chile, Uruguai e Colômbia, para citar alguns. Os tigres asiáticos, entre as economias emergentes mais bem posicionadas, como Hong Kong, Coreia do Sul e Singapura, ocuparam os primeiros lugares, com a China na liderança e a Rússia no 34º lugar.

Destaca-se, ainda, que o esforço realizado pelo coletivo Brasil nas duas últimas décadas, seja na avaliação do sistema ou nas medidas adotadas para seu melhoramento, embora apresente resultados positivos, parece não superar – ou nem mesmo acompanhar – a dinâmica da melhoria na qualidade educacional dos países com os quais o Brasil compete no mundo globalizado.

Entre 2003 e 2012, o desempenho médio dos alunos brasileiros em matemática passou de 356 para 391 pontos, sendo esse o maior ganho absoluto registrado por um país nesse período. Mesmo assim, isso não foi suficiente para melhorar a colocação do Brasil, que ainda se situou em 60º lugar na amostra, uma vez que os demais países de mais fraco desempenho também conseguiram melhorar suas notas. Ciência e leitura no Brasil também tiveram um avanço significativo nesse intervalo. O quadro a seguir registra a evolução do Brasil nos três indicadores ao longo dos anos.

---

[46]. O Pisa é o melhor índice de avaliação internacional de qualidade da educação. Ele depende da adesão voluntária de cada país e se aplica em escolas públicas e privadas, escolhidas por sorteio, avaliando alunos de 15 anos de idade. A última avaliação foi em 2012.

Brasil, quadro comparativo dos resultados no Pisa

Quadro comparativo dos resultados do Brasil no PISA

	Pisa 2000	Pisa 2003	Pisa 2006	Pisa 2009	Pisa 2012
Número de alunos participantes	4.893	4.452	9.295	20.127	18.589
Leitura	396	403	393	412	410
Matemática	334	356	370	386	391
Ciências	375	390	390	405	405

Fonte: OCDE (Pisa 2012), Inep.

O sistema Pisa de aferição educacional também divulgou, na versão de 2012, o resultado de um teste lógico de avaliação sobre entendimento e resolução de problemas do dia a dia. O Brasil ficou em 38º lugar numa amostra de 44 países cujos jovens participaram da pesquisa de desempenho. Em primeiro lugar, ficou Singapura, com 562 pontos, logo acima da Coreia do Sul, Japão e China, que vêm em seguida na pontuação. Os EUA pontuaram 508, ficando em 18º lugar. Na região sul-americana, o Chile ficou em 36º, bem próximo ao Brasil. Os brasileiros, no entanto, ficaram na frente de jovens uruguaios (42º) e colombianos (44º).

O teste de lógica aplicada é importante para aferir habilidades resolutivas no mundo do trabalho. O aumento da produtividade geral dos colaboradores de empresas depende de treinamento, desde tenra idade, na solução de questões da vida diária. Determinados jogos digitais podem ser úteis para estimular essas habilidades nas crianças e jovens. A convivência com professores muito bem treinados também faz toda a diferença. A maioria absoluta dos estudantes brasileiros ainda não tem acesso a qualquer meio digital na sua formação. Esse é o grande salto a ser dado, o acesso a que Peter Drucker chamou de *Web-ucation*, numa alusão a *education through the Web*. O Brasil tem chance de melhorar cerca de dez posições no *ranking* do Pisa em uma década – ou seja, uma posição por ano, em média –, mas, para tanto, precisa, urgentemente, universalizar métodos digitais para todos os estudantes e, ao mesmo tempo, viabilizar a presença virtual de professores de alto nível nas salas de aula de milhões de alunos por meio de transmissão à distância.

As pesquisas educacionais, em sua maioria, correlacionam a disponibilidade de computadores nas escolas com o rendimento dos alunos nos testes padronizados. Suas descobertas, entretanto, não permitem uma conclusão geral sobre a eficácia das tecnologias da informação na sala de aula.

WEB, A SOLUÇÃO DE DRUCKER

O projeto UCA do governo federal de colocar "um computador por aluno", iniciado em 2007 com um piloto em cinco cidades, foi ampliado para 300 municípios em 2010, com a distribuição de 150 mil *laptops* em algumas escolas selecionadas. Em 2011 foram beneficiados os alunos (10.500) e professores de todas as escolas de seis municípios selecionados. Até o momento, foram investidos cerca de R$ 200 milhões.

Nesse processo, em 2010, foram oferecidos, através de pregão eletrônico, 600 mil *laptops* a governadores e prefeitos com preços que variavam de R$ 344 a R$ 377. Entretanto, apenas pouco mais da metade desse estoque encontrou comprador e foi vendido para 240 cidades.

Também em 2010 o projeto foi formalmente lançado, através da Lei nº 12.249/2010, que trata, entre outros assuntos, de duas iniciativas complementares:[47]

- Criação do Programa *Um Computador por Aluno* – Prouca, com o objetivo de promover a inclusão digital nas escolas públicas e naquelas sem fins lucrativos, de atendimento a deficientes, através da aquisição e utilização de soluções de informática (equipamentos,

---

[47]. Este trecho da proposta para a educação contou com a valiosa ajuda do especialista Antonio Augusto Almeida.

software neles instalados e assistência técnica) para uso por alunos e professores, exclusivamente como instrumento de aprendizagem, sem, entretanto, especificar os níveis de ensino a serem atendidos;

- Instituição do Regime Especial de Aquisição de Computadores para Uso Educacional – Recompe, que provê benefícios fiscais e tributários à industrialização dos referidos equipamentos, como a suspensão do IPI, PIS/Pasep e Cofins incidentes sobre matérias-primas e produtos intermediários, quando adquiridos de pessoa jurídica habilitada ao regime, entre outros benefícios.

Uma característica importante do projeto é que o equipamento portátil distribuído se baseia na tecnologia de um protótipo, apresentado ao governo federal pelo Massachussetts Institute of Technology (MIT), de um *laptop* de baixo custo (em torno de US$ 100), cujas especificações técnicas, desenvolvimento, capacidade de produção nacional e funcionalidade pedagógica foram avaliadas por especialistas nas primeiras etapas do projeto.

A fase mais recente do projeto foi avaliada pela Universidade Federal do Rio de Janeiro (UFRJ), por solicitação da Secretaria de Assuntos Estratégicos da Presidência da República (SAE). O relatório produzido (com cerca de 200 páginas) teve alguns aspectos destacados em matéria do jornal O *Estado de S.Paulo*, dos quais reproduzimos as principais:

- "O desenho do projeto subestimou as dificuldades de apropriação da tecnologia pelos professores do ensino fundamental e médio em comunidades relativamente carentes, o que levou a um subaproveitamento do UCA em sala de aula."

- "Os alunos com a posse e o domínio sobre os computadores, usando-os ao seu bel-prazer, parecem revestidos de um poder que, somados à pouca capacidade dos professores e à falta de estrutura das escolas, confunde o processo ensino-aprendizagem, assombra e inibe a ação e a autoridade dos professores e diretores."

- "É impossível não se comover com o deslumbramento dos jovens e de alguns adultos, que se sentem parte de um mundo novo, o mundo da era digital."

- "Não há dúvida de que houve um processo de aprendizado sobre a inclusão digital, porém com custos elevados e efeitos aquém do esperado."

Essas conclusões do relatório apenas confirmam o que a maioria das pesquisas realizadas nos países em desenvolvimento diz sobre a distribuição em massa de computadores para uso em sala de aula: pouco ou nenhum efeito é objetivamente percebido na melhoria da qualidade do ensino. No caso brasileiro, em especial, fica evidente a ênfase do projeto no desenho, especificação, produção e distribuição de um novo produto, que "encantou" não somente os alunos, mas, seguramente, os criadores e gestores do projeto, mas "amedrontou" os professores. O projeto, aparentemente, não contribuiu para o aprendizado dos alunos, inclusive porque esse objetivo não está explícito em sua lei de criação.

Um novo programa anunciado pelo MEC, de fornecer tablets aos quase 600 mil professores de ensino médio, embora tenha diferenças do ponto de vista de tecnologia, nível de ensino atendido e, principalmente, de usuários, pode apresentar semelhanças com o malogrado projeto UCA, se não forem tomadas as devidas precauções e levadas em consideração as lições aprendidas.

É necessário objetivar metas em torno de como esses computadores – sejam eles *notebooks*, *laptops* ou *tablets* – são efetivamente usados em sala de aula e como estão relacionados, pelo professor, à sua prática pedagógica e ao projeto pedagógico da escola.

Para que o computador, seus aplicativos educacionais e todo o potencial que possui atinjam o grande impacto que se espera no ensino básico brasileiro é fundamental, antes de tudo, que se adote um modelo de ensino-aprendizagem centrado no aluno, ou seja, que se mostre capaz de se aproximar das necessidades pedagógicas de cada estudante, e modulado de acordo com sua característica, motivação e capacidade de aprender.

O PROFESSOR DEVE APRENDER PRIMEIRO

Em resumo, exemplificamos como deveriam ser redefinidas as funções dos principais atores, em particular:

- O professor – como tutor da aprendizagem centrada no aluno.

- As estruturas organizacionais, principalmente a escolar – criando unidades de desenvolvimento em inovações educacionais.

- Os processos de gestão na escola – com o envolvimento da liderança, da equipe, da comunidade (pais e responsáveis), e das secretarias estaduais e municipais, garantindo a infraestrutura física e o apoio técnico adequados, do governo federal – definindo os requisitos essenciais para a plena utilização dos computadores, inclusive propondo aos Conselhos Nacional e Estaduais de Educação a adequação dos currículos (com a inclusão do inglês como disciplina obrigatória).

- Os cursos de formação e capacitação docente – redesenhando o conteúdo dos cursos de pedagogia, de prática em sala de aula e de informática, para garantir a plena viabilidade e sustentabilidade do modelo.

Sugerimos, finalmente, o desenho de uma estratégia de implementação, monitoramento e avaliação que proporcione um rápido, eficiente e sustentável início, capaz de servir como demonstração para sua eficaz continuidade. É evidente a importância, oportunidade e pertinência da reflexão e do debate da sociedade organizada e dos governos federal, estadual e municipal em torno da proposta. A avaliação do projeto UCA é um importante subsídio para o entendimento dos principais fatores que podem tornar bem-sucedida a adoção da *"web-ucation"* pelas escolas no Brasil de hoje.

O país tem atualmente capacidade científica, tecnológica e gerencial para desenvolver um programa de envergadura nacional, e a proposta aqui apresentada quer responder ao desafio lançado a todo o povo brasileiro.

Estímulos sociais e financeiros, finalmente, são fundamentais e têm que estar na direção certa. Não basta apenas vincular despesas em educação ao PIB e empilhar gastos sobre mais gastos ineficientes. Remunerar professores como lanterninhas sociais e esperar que a leitura da sociedade seja a de que damos ênfase à educação e à escolaridade é querer perpetuar um estado de mentira. Por outro lado, permitir que o sistema educacional se ajuste para baixo, deixando que os profissionais da educação nivelem sua produtividade e sua qualidade de resposta em classe ao nível de suas péssimas remunerações é algo igualmente ruim, pois permite que a sociedade conclua, erroneamente, ser a corrupção das missões profissionais um estado crônico da nossa sociedade.

É preciso exigir muito de todos e remunerar a todos adequadamente. Traçar metas convincentes para a educação nacional e jamais deixar de cobrá-las. Dar a cada um o tempo para agir e se ajustar; em seguida, controlar os resultados pelo mérito efetivo de cada etapa vencida. E avançar sempre.

EPÍLOGO
CARTA DO POVO BRASILEIRO

QUEM FALA DESTA VEZ

Quem aqui se manifesta é o coletivo que chamamos Brasil, povo que nasceu e cresceu numa terra que todos reconhecemos como única e como nossa. Nossa voz aprendeu, desde cedo, a reconhecer, respeitar e defender a terra onde escrevemos nossa história e a transmitimos à geração seguinte, pelo amor fazedor de gestos e de obras, sejam pequenas ou enormes, e pelo legado dos séculos dos nossos pais e avós e dos pais dos pais deles. Esse é o verdadeiro Brasil que fala agora.

Temos recebido, de líderes importantes da pátria, cartas, até recados, que se converteram em pontos de recomeço ou de virada. Nossa própria história começa com uma carta, a de Pero Vaz de Caminha, que predizia, "Este é o lugar!". Depois, fomos defendidos por Pedro, o primeiro, que nos mandou dizer que "Fico!" – e de fato ficou, como prometera – para nos trazer a almejada independência política. Crescemos e evoluímos. Tornamo-nos nação percebida e admirada por outras gentes que

---

48. Uma versão resumida desta carta foi lida no Seminário Lide/MBE, realizado em 5 de agosto de 2014, que discutiu os programas de governo dos candidatos à Presidência.

daqui nada queriam sacar, mas queriam, como migrantes, nos acrescentar o benefício de seu amor, novo e eterno.

A cobiça também aumentou, ao longo de nossa história, pois sempre houve, entre maus brasileiros e piratas estrangeiros, quem cogitasse extrair e depreciar nosso patrimônio comum, a ponto de um governante, Getúlio Vargas, também nos haver deixado um alerta em sua carta-testamento para o permanente cuidado com a defesa de nossas imensas riquezas e a urgência de avançarmos até uma verdadeira democracia, que ele assim definia ao povo: "Um dia, sereis governo".

É sobre ser governo que tratamos nesta carta e neste livro. Todo governante aspira ao governo, para nele entrar e ficar. Mas, em pleno século XXI, o século do conhecimento e da comunicação, não podemos mais tolerar a governança que não tenha diálogo permanente com o povo e não faça dessa relação uma forma de autogoverno. O governante que queremos não pode mais governar apenas *para* o povo; deve estar e governar *com* o povo. O governante moderno aprende com o povo porque, primeiro, o escuta; em seguida, planeja as ações de governo e depois executa o combinado com o povo. Governo sem plano não é governo, é desgoverno. E há bastante tempo não temos tido um grande plano. É preciso mudar isso já.

Em 2002, alguns candidatos ao governo compreenderam, em parte, a demanda do povo: a última carta escrita por aspirantes ao governo prometia ao povo um plano, uma nova forma de conduta, livre de corrupção e baseada no respeito absoluto ao que ficasse combinado no momento do voto, pelo respeito às leis e ao Congresso que as delibera, pelo cumprimento dos contratos, pela defesa do valor do nosso dinheiro, pela obediência às decisões da Justiça. Mas a conduta geral do governo pouco mudou desde então e, no campo moral e ético, com certeza, piorou.

BRASÍLIA NÃO É BRASIL

Chegamos ao ponto-limite. Não porque as finanças do Brasil estejam mal. Poderiam estar melhor, mas, na verdade, poucas vezes, se alguma vez na história, estiveram tão bem. É o governo, o modo de governar, que vai mal. Nem tanto pelo governante da hora, mas seguramente pela forma de governar. Não existe gestão de governo. O que mal se planeja não se cobra e quase nunca se cumpre. Brasília virou a ilha da fantasia. Uma fantasia bilionária, cercada por corrupção e má intenção. Como povo, fizemos nas ruas essa denúncia em junho de 2013. Aquele recado deveria ter sido suficiente, mas caiu no vazio.

Nesta carta traduzimos o mesmo recado, repetido e repercutido das ruas, agora em letras e palavras.[49] Esta carta é parte da mudança de atitude de que precisamos: nunca mais o governante deveria poder, sozinho, ditar mensagens ao povo, por melhores que sejam. Agora é a vez de o povo mandar um recado claro ao governante. Essa virada é mais do que necessária porque o velho monólogo dos marqueteiros do governo, soprando crenças no ouvido do povo, não funciona mais. O povo que lê e escreve nas redes sociais não precisa de intérpretes de pensamento. Chegou a hora de mudar a relação. Definitivamente.

Brasília não é Brasil. Distanciou-se. O poder que manipula bilhões de reais, aliás trilhões, nos orçamentos públicos, tem a petulância de afirmar ao povo que "faltam recursos". Não. Recursos abundam. Desde que nosso maior manifestante civil – Tiradentes – foi enforcado pelo governante da época, por conspirar contra a tirania, a briga do povo é a mesma, tanto quanto a desculpa esfarrapada dos governos tiranos. Tiradentes não teve tempo de deixar sua carta-testamento. Deixou-nos como exemplo a própria morte. Nesta carta, retomamos a luta dele, que é igual

---

49. As posições aqui estabelecidas têm como base as pesquisas de opinião pública no país, inclusive a Pesquisa Nacional Datafolha/Instituto Atlântico que aparece reproduzida e comentada no Capítulo 20 do livro.

à nossa: não aceitamos mais carregar nas costas um governo que governa mal, escalando a tributação impiedosa sobre o bolso do povo, que paga imposto sem poder enxergar sequer uma parte do sacrifício que faz, e que, quase nunca, é convertido em serviços decentes e confiáveis de saúde, educação, transporte e segurança. O mau governo, em qualquer esfera, é intolerável.

O CUSTO INSUPORTÁVEL DO GOVERNO

Um casal assalariado de classe média recolhe como imposto mais da metade de sua renda bruta. Entre os da base da pirâmide, o imposto escondido no preço de tudo, comida, remédio e escola, não é inferior a 30% da renda total de uma família. O imposto é mais brando quando incide sobre a remuneração do dinheiro que o governo toma emprestado na dívida pública. E quem é que banca, no final, o alto juro da dívida brasileira senão o povo, mais uma vez, com mais imposto... Não é preciso explicar mais nada.

Esta carta quer falar de respeito e exigir respeito à verdade das coisas, para começarmos a encarar nosso futuro tal como é, e não como a propaganda oficial nos quer fazer pensar. O país, como grande economia, entre as maiores do mundo, tem se destacado negativamente, por apresentar um desempenho incompatível com seu potencial. Se o país não se ajeita, não ponham a culpa na conta do povo. Esse povo brasileiro já pagou a conta do ajustamento da nossa economia mal administrada, como poucos no mundo o fizeram. E o povo continua carregando uma das cargas tributárias mais onerosas do planeta: trabalha até a metade do ano só para sustentar o governo e os governantes.

Os economistas oficiais lembram a baixa produtividade do nosso trabalhador. Não ponham mais essa cobrança nos ombros do povo! Se existe baixa produtividade do trabalho, baixo investimento, pouca infraestrutura e escolaridade ruim, esta é uma conta cem por cento do governo. Onde nasce tanto fracasso? É no imposto escorchante, que vira gasto estéril do governo, este sim, o ralo por onde se esvai a produtividade perdida, a geração de caixa das empresas que nunca chegou a virar investimento, a rodovia, o porto, a escola e o hospital que jamais aconteceram. É o mau gasto, sempre o mau gasto.

E diante da governança mais desmazelada, o governo se volta para espalhar na população o pior dos venenos, uma assistência social desmesurada e esperta, o cheque do ócio, que convida a sociedade civil ao sossego do conformismo e à anestesia da crítica inteligente que o povo saberia fazer na hora certa. A assistência social é boa para os reais necessitados, enquanto dela necessitem. Esta é a moral do povo brasileiro, que não quer se corromper com a multiplicação dos milhões de cheques mensais do ócio emitidos por Brasília. O povo brasileiro quer treinamento e trabalho. Quer aposentadorias e pensões compatíveis com o que cada trabalhador, ao longo da vida, construiu de pecúlio e merece gastar como quiser. O povo quer, daqui para a frente, ser dono de parte do capital do Brasil. O Estado não o representa nisso.

O dinheiro suado do imposto-trabalho, que o governo transforma em vantagem-esmola, é a total corrupção das mentes e corações, que o povo repudia, como repudiou, nas ruas. E como sempre repudiará todas as formas de manipulação esperta: como fazer do Simples, na área tributária, a salvação contra o manicômio dos impostos convencionais, quando a simplificação fiscal deveria ser para todos, reservando-se as alíquotas mais baixas apenas para estimular os que estão começando; ou, então, fazer do apoio oficial ao empreendedor uma forma de compensação pela extrema complicação de se abrir ou tocar uma empresa; ou fazer dos carimbos da burocracia a desculpa pela total falta de confiança na palavra do cidadão; ou roubar descaradamente o tempo e a saúde do povo nas filas do atendimento médico e nas paradas de ônibus; ou queimar o futuro dos jovens com as classes sem professores ou com aulas mal explicadas, com a falta de material para todos os alunos.

É o governo que deixa tudo se complicar para, em seguida, se vender como salvador da pátria. O povo brasileiro não precisa de salvadores, precisa mesmo é de gestão séria e confiável, rotativa e verificável, em todos os níveis de governo.

Esta carta é um ponto de virada contra a mistificação de verdades simples. O povo brasileiro só precisa de condições e ambiente adequado para trabalhar, para empreender seus negócios, para desenvolver sua pesquisa, educar-se, cuidar-se e preservar a terra e a natureza, que também será sua amanhã. E o governo precisa se autogovernar melhor, sob pena de lhe ser suprimida a legitimidade do mandato recebido nas urnas. A legitimidade do governo depende da permanente vigilância de um Congresso que, aliás, não pode continuar decepcionando o povo. E de uma Justiça limpa e eficaz. O governo no Brasil está muito próximo da ruptura da legitimidade que o sustenta. Todo governo tem fim. O povo permanece para continuar escrevendo sua história. É o povo que faz a caminhada. O governo, sendo útil, não passa de um bom mapa do caminho.

QUANDO PERDAS SÃO GANHOS

Perdas são pedagógicas. A perda, numa competição esportiva, especialmente se chocante, representa poderoso sinal de alerta. Perdas mais relevantes, já as tivemos no passado, e sempre aprendemos com elas. E melhoramos com o sofrimento. Perdemos, um dia, a democracia, para aprendermos a não perdê-la nunca mais; perdemos o sentido e o valor do dinheiro para, hoje, darmos valor à moeda estável. Também, há várias décadas, temos perdido tempo e energia demais com governos que governam mal e nos custam cada vez mais caro. Não temos mais tempo a perder. Nossa paciência não tem o tamanho da vida inteira. O povo brasileiro exige ser senhor do seu tempo.

Para se projetar como um líder em sua região e um exemplo no conjunto dos povos.

    Queremos de volta a ordem no governo, para termos o progresso que perdemos, na terra que amamos.

POST-SCRIPTUM

Dificilmente, o povo brasileiro elegerá um "ismo" qualquer como sua opção explícita, quer seja o capitalismo, o socialismo ou o liberalismo.

O fundamental é que o modus operandi da sociedade seja, na prática, liberal. Essa opção não será propriamente ideológica, mas pragmática. Ela advém de anteriores experiências frustradas, tanto aqui como no resto do mundo. Vem, porém, com a bagagem de um importante aprendizado: que o homem deve ser livre (ou "selvagem") para criar, mas não para destruir. Para aprender a ser liberal, é preciso saber conformar-se às restrições impostas pela natureza, ao mesmo tempo que sempre atento às suas quase infinitas possibilidades.

A opção liberal desmistifica, enfim, a camisa de força entre uma "direita" e uma "esquerda", seja para uma significar pró-social, e a outra, pró-capital. A vanguarda do pensamento do futuro é ser pró-capital e, portanto, também pró-social. A distinção contemporânea é, essencialmente, entre alcançar ambos ou coisa nenhuma. O elo de ligação entre capitalização individual e os interesses sociais está na utopia liberal.

(apud *O Futuro Invisível, inédito, 1990, do Autor*)

ANEXO I

1974-2014: Linha do tempo, no Brasil e no mundo

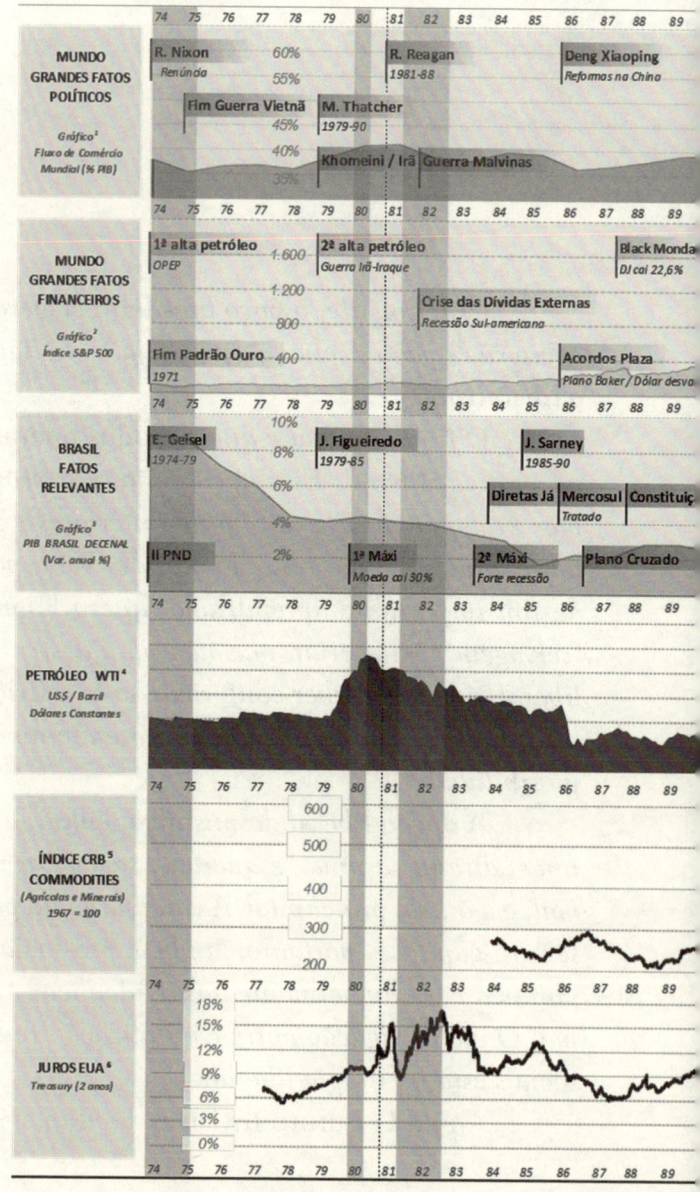

	74	75	76	77	78	79	80	81	82	83	84	85	86	87	88	89
MUNDO GRANDES FATOS POLÍTICOS *Gráfico¹ Fluxo de Comércio Mundial (% PIB)*	R. Nixon *Renúncia* 60% 55%			Fim Guerra Vietnã 45% 40% 35%			M. Thatcher *1979-90* Khomeini / Irã		R. Reagan *1981-88* Guerra Malvinas				Deng Xiaoping *Reformas na China*			
MUNDO GRANDES FATOS FINANCEIROS *Gráfico² Índice S&P 500*	1ª alta petróleo *OPEP* Fim Padrão Ouro *1971*		1.600 1.200 800 400		2ª alta petróleo *Guerra Irã-Iraque*			Crise das Dívidas Externas *Recessão Sul-americana*						Black Monday *DJ cai 22,6%* Acordos Plaza *Plano Baker / Dólar desva*		
BRASIL FATOS RELEVANTES *Gráfico³ PIB BRASIL DECENAL (Var. anual %)*	E. Geisel *1974-79* II PND	10% 8% 6% 4% 2%				J. Figueiredo *1979-85* 1ª Máxi *Moeda cai 30%*			2ª Máxi *Forte recessão*			J. Sarney *1985-90* Diretas Já	Mercosul *Tratado* Plano Cruzado	Constituiç		
PETRÓLEO WTI⁴ *US$ / Barril Dólares Constantes*																
ÍNDICE CRB⁵ COMMODITIES *(Agrícolas e Minerais) 1967 = 100*					600 500 400 300 200											
JUROS EUA⁶ *Treasury (2 anos)*		18% 15% 12% 9% 6% 3% 0%														

NOTAS: 1) Fonte: Banco Mundial; O fluxo do comércio mundial é a soma do total das exportações e imp
3) Fonte: IBGE e IPEA Data; Média centrada de 10 anos do crescimento do PIB do Brasil 4) Fon
5) Fonte: Bloomberg; O Índice CRB de commodities capta as variações dos preços nos mercado

| 94 | 95 | 96 | 97 | 98 | 99 | 00 | 01 | 02 | 03 | 04 | 05 | 06 | 07 | 08 | 09 | 10 | 11 | 12 | 13 | 14 |

nton 60% / 55% / 50% / 45% / 40% / 35%

H. Chavez 1999-13

Putin e G. W. Bush 2001-08

B. Obama 2009-até hj

Euro e BCE

11 de setembro
Ataque terrorista ao WTC

---

aastrich

Crise asiática — Fuga de capitais

Bolha da Internet — Especulação ações

Crise sub prime — Redução liquidez

Rússia - Crise do Rublo

"Tapering"

Calote Argentino

Era "QE" — Liquidez

Canadá / México

FHC 1995-02

Lula 2003-10

Dilma 2011-14

achment

Apagão — Corte de energia

Bolsa Família — Mais crédito

Mensalão — Denúncia

Plano Real / Privatização — Federalização dívidas

Câmbio Flutuante — Regime Metas e LRF

Commodities — Hipercido

PAC

US$ 150 / US$ 100 / US$ 50

---

600 / 500 / 400 / 300 / 200

18% / 15% / 12% / 9% / 6% / 3% / 0%

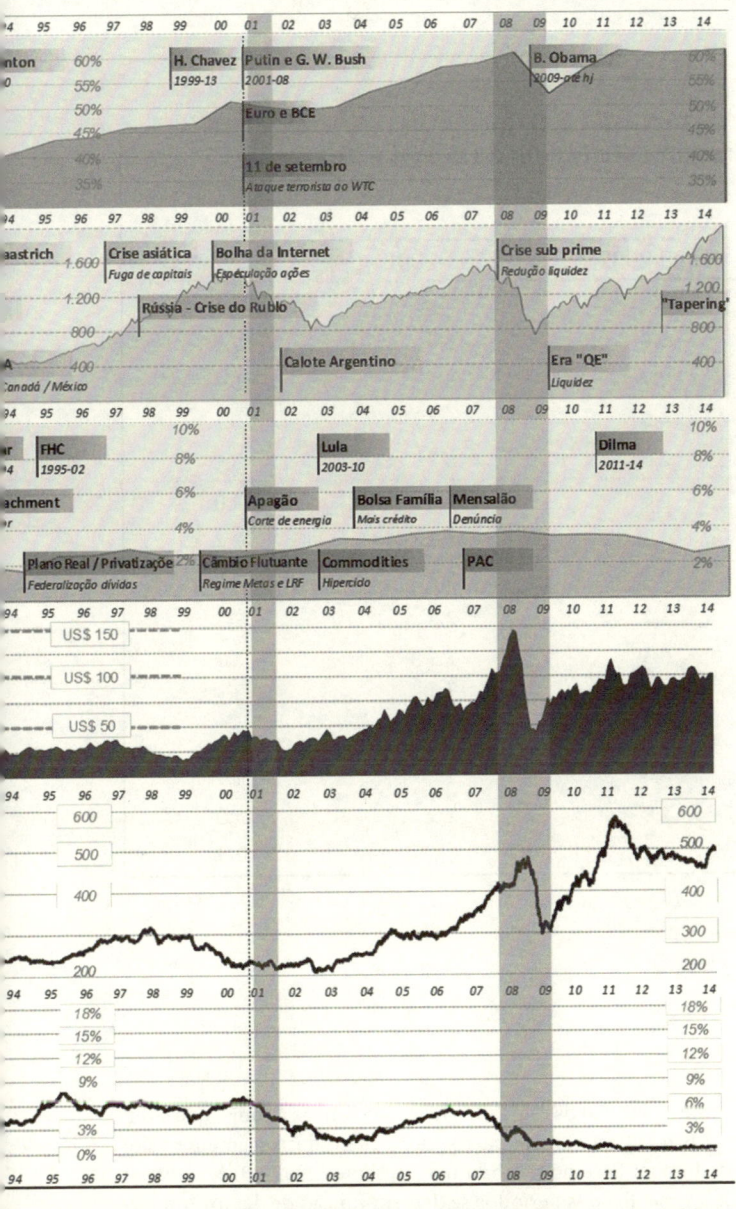

rviços no mur 2) Fonte: Bloomberg; O índice S&P 500 é composto pelas 500 maiores companhias americanas de capital aberto
lo barril de petróleo WTI a dólares constantes de março/2014
produ 6) Fonte: FRED - St. Louis Fed; Taxa de juros dos títulos públicos dos EUA com prazo médio de 2 anos

ANEXO II: REFERÊNCIAS ESTATÍSTICAS

Indicadores econômicos de países selecionados[50]

		Crescimento Médio do PIB (% a.a)		
		1995-2002	2003-2008	2009-2012
1	China	8,9	11,3	9,2
2	Índia	5,8	8,0	7,5
3	Argentina	-0,6	8,5	5,2
4	Singapura	4,9	6,7	5,1
5	Colômbia	2,0	5,2	4,1
6	Chile	4,6	4,7	4,0
7	Brasil	2,3	4,2	2,7
8	México	2,4	3,1	2,0
9	Suécia	3,2	2,8	1,3
10	Venezuela	0,3	7,5	1,3
11	Canadá	3,5	2,3	1,2
12	Rússia	1,8	7,1	1,1
13	EUA	3,4	2,4	1,1
14	Suíça	1,5	2,5	1,0
15	Grécia	3,4	3,6	-5,4

---

50. Os países selecionados neste anexo são os estudados neste livro, mais a Índia, que completa a informação sobre os Bric. O *ranking* de países, por ordem decrescente de valor em cada tabela, é sempre feito com base no período mais recente (2009-2012), salvo se especificado de outro modo. A escolha dos períodos se deu em função de definir um primeiro período anterior ao hiperciclo de *commodities*, em seguida o período pré-estouro da bolha financeira e, por fim, o período recessivo mundial. Fonte: Banco Mundial. http://data.worldbank.org

PIB per capita (US$ corrente)

		1995	2003	2008	2012
1	Suíça	46.014	45.589	68.555	78.928
2	Suécia	28.739	35.131	52.731	55.040
3	Singapura	24.702	23.320	39.383	52.052
4	EUA	28.782	39.682	48.407	51.749
5	Canadá	20.117	27.335	45.199	51.206
6	Grécia	12.274	17.494	30.399	22.442
7	Chile	4.941	4.866	10.672	15.452
8	Rússia	2.670	2.976	11.700	14.037
9	Venezuela	3.390	3.242	11.223	12.729
10	Argentina	7.408	3.413	8.231	11.573
11	Brasil	4.750	3.040	8.623	11.340
12	México	3.640	6.683	9.560	9.749
13	Colômbia	2.529	2.261	5.405	7.748
14	China	604	1.274	3.414	6.091
15	Índia	384	565	1.042	1.503

Gastos de consumo final do Governo Geral (% PIB)

Governo Geral corresponde à soma dos governos central e locais

		1995-2002	2003-2008	2009-2012
1	Suécia	26,7	26,2	27,0
2	Canadá	19,6	19,3	21,7
3	Brasil	20,2	19,8	21,1
4	Rússia	17,8	17,4	19,0
5	Grécia	17,2	17,9	18,5
6	Colômbia	18,5	15,8	16,6
7	EUA	14,4	15,3	16,4
8	Argentina	13,0	12,2	15,5
9	China	14,9	14,0	13,4
10	Chile	11,4	10,7	12,3
11	Venezuela	11,4	12,0	12,2
12	México	11,7	10,7	11,8
13	Índia	12,0	10,8	11,6
14	Suíça	11,5	11,3	11,1
15	Singapura	10,2	10,6	10,2

Formação Bruta de Capital Fixo (% PIB)

		1995-2002	2003-2008	2009-2012
1	China	34,2	40,1	46,0
2	Índia	23,7	30,0	31,2
3	Singapura	32,9	23,3	24,5
4	Colômbia	17,8	20,6	22,9
5	Chile	23,4	20,7	22,4
6	Canadá	19,2	21,5	22,1
7	México	18,4	21,6	22,0
8	Argentina	17,0	21,1	21,8
9	Rússia	17,9	19,4	21,8
10	Suíça	22,6	21,3	20,2
11	Venezuela	22,1	20,6	20,1
12	Brasil	16,9	16,7	18,7
13	Suécia	16,9	18,4	18,4
14	EUA	21,9	22,0	18,3
15	Grécia	20,6	23,3	16,5

Poupança Doméstica Bruta (% PIB)

		1995-2002	2003-2008	2009-2012
1	China	40,7	48,3	51,8
2	Singapura	47,8	49,3	50,0
3	Suíça	27,6	30,0	31,1
4	Rússia	29,8	33,4	31,1
5	Índia	23,5	30,8	30,3
6	Venezuela	31,2	38,0	29,5
7	Chile	24,3	29,7	27,2
8	Argentina	18,0	27,4	25,1
9	Suécia	24,2	26,0	24,5
10	Colômbia	14,9	18,5	21,3
11	México	20,6	21,3	21,2
12	Canadá	23,5	25,0	20,6
13	Brasil	16,0	20,0	18,0
14	EUA	19,9	17,3	15,0
15	Grécia	11,2	12,6	8,0

Gastos Militares (% PIB)

		1995-2002	2003-2008	2009-2012
1	EUA	3,2	3,9	4,5
2	Rússia	3,8	3,5	3,9
3	Singapura	4,8	4,2	3,5
4	Colômbia	3,4	3,4	3,4
5	Grécia	3,4	2,8	2,7
6	Índia	2,8	2,6	2,7
7	Chile	2,6	2,4	2,1
8	China	1,9	2,1	2,1
9	Brasil	1,8	1,5	1,5
10	Suécia	2,0	1,5	1,2
11	Canadá	1,2	1,2	1,2
12	Venezuela	1,5	1,4	1,0
13	Suíça	1,2	0,9	0,8
14	Argentina	1,0	0,8	0,8
15	México	0,5	0,4	0,6

Gastos Públicos em Educação (% PIB)

		1995-2002	2003-2008	2009-2012
1	Suécia	7,1	6,9	7,1
2	Venezuela	N.D.	3,6	6,9
3	Argentina	4,3	4,4	6,0
4	Brasil	4,2	4,8	5,7
5	EUA	5,1	5,3	5,3
6	Canadá	5,6	4,9	5,3
7	Suíça	5,3	5,4	5,3
8	México	4,0	4,9	5,2
9	Colômbia	4,0	4,0	4,6
10	Chile	3,4	3,4	4,3
11	Índia	3,7	3,3	3,3
12	Singapura	3,7	3,5	3,1
13	China	1,9	2,3	3,4
14	Grécia	3,4	3,9	N.D.
15	Rússia	3,3	3,8	N.D.

Gastos em Saúde (% PIB)

		1995-2002	2003-2008	2009-2012
1	EUA	13,8	15,9	17,7
2	Canadá	9,0	9,9	11,2
3	Suíça	9,9	10,6	11,0
4	Suécia	8,3	9,1	9,6
5	Grécia	8,5	9,5	9,4
6	Brasil	7,0	7,9	9,0
7	Argentina	8,7	8,2	8,5
8	Chile	7,3	6,6	7,2
9	Colômbia	7,4	6,0	6,8
10	México	5,1	5,8	6,2
11	Rússia	5,9	5,3	6,2
12	China	4,3	4,6	5,2
13	Venezuela	4,9	5,7	4,9
14	Singapura	2,8	3,7	4,4
15	Índia	4,2	4,1	3,9

Gastos em Saúde (US$ per capita)

		1995-2002	2003-2008	2009-2012
1	EUA	4.524	6.908	8.406
2	Suíça	3.939	5.847	8.300
3	Canadá	1.977	3.672	5.299
4	Suécia	2.380	4.005	4.947
5	Grécia	1.078	2.257	2.413
6	Singapura	680	1.131	2.042
7	Brasil	287	445	974
8	Chile	372	539	945
9	Argentina	621	448	835
10	Rússia	126	350	721
11	Venezuela	197	373	596
12	México	275	499	589
13	Colômbia	185	226	443
14	China	37	95	250
15	Índia	19	34	55

Inflação - Preços ao consumidor (% a.a.)

		1995-2002	2003-2008	2009-2012
1	Venezuela	35,6	21,7	25,6
2	Argentina	3,5	9,4	23,0*
3	Índia	7,0	5,4	10,3
4	Rússia	53,9	11,7	8,0
5	Brasil	14,9	6,9	5,5
6	México	17,9	4,3	4,2
7	Singapura	0,9	2,0	3,3
8	Colômbia	14,2	5,8	3,3
9	Grécia	5,0	3,4	2,7
10	China	3,2	3,2	2,7
11	Chile	4,7	4,0	2,6
12	EUA	2,5	3,0	1,6
13	Canadá	1,9	2,2	1,6
14	Suécia	1,2	1,6	1,1
15	Suíça	0,9	1,1	-0,1

(*) Dado referente a estimativas de mercado.

Reservas externas - Total em meses de importação

Número de meses que as reservas internacionais poderiam arcar com as importações

		1995-2002	2003-2008	2009-2012
1	China		16,8	21,4
2	Rússia		12,8	13,4
3	Brasil		7,8	12,4
4	Suíça		2,7	9,1
5	Índia		9,1	7,4
6	Argentina		7,5	6,9
7	Singapura		4,9	5,7
8	Colômbia		5,3	5,4
9	Venezuela		8,1	5,4
10	México		3,1	4,3
11	Chile		3,3	4,3
12	Suécia		1,5	2,4
13	EUA		1,0	2,0
14	Canadá		0,9	1,2
15	Grécia		0,3	0,8

Corrente de Comércio (%PIB)

Soma das importações e exportações

		1995-2002	2003-2008	2009-2012
1	Singapura	341,4	413,3	368,5
2	Suíça	76,4	90,2	92,2
3	Suécia	79,2	90,6	91,9
4	Chile	57,9	72,0	69,5
5	México	49,9	55,3	61,8
6	Canadá	76,4	68,8	60,8
7	Grécia	54,2	58,1	55,3
8	China	40,7	65,3	52,6
9	Rússia	58,1	55,4	50,7
10	Índia	24,4	41,8	50,6
11	Venezuela	47,8	55,5	46,2
12	Colômbia	34,8	36,8	36,2
13	Argentina	20,2	36,1	31,7
14	EUA	23,0	26,1	28,5
15	Brasil	19,6	26,8	24,0

Custo para exportar (US$ por container)

		1995-2002	2003-2008	2009-2012
1	Venezuela		1510	2590
2	Rússia		1720	2386
3	Colômbia		1755	2116
4	Brasil		765	1874
5	Canadá		1504	1660
6	Argentina		1364	1523
7	Suíça		1313	1512
8	México		1345	1448
9	Grécia		962	1069
10	EUA		968	1060
11	Índia		873	1054
12	Chile		670	816
13	Suécia		615	719
14	China		408	520
15	Singapura		426	456

Custos para abrir uma empresa (% do PNB per capita)

		1995-2002	2003-2008	2009-2012
1	Índia		64,7	54,8
2	Venezuela		31,7	27,0
3	Grécia		25,4	20,4
4	México		25,5	19,7
5	Argentina		11,7	14,3
6	Colômbia		21,8	10,9
7	Brasil		10,6	6,1
8	Chile		9,7	5,8
9	China		12,2	3,8
10	Rússia		6,3	2,2
11	Suíça		5,4	2,1
12	EUA		0,7	1,2
13	Singapura		0,9	0,7
14	Suécia		0,7	0,6
15	Canadá		0,7	0,4

Tempo gasto para abrir uma empresa (dias)

Tempo gasto, em dias, para abrir uma empresa legalmente

		1995-2002	2003-2008	2009-2012
1	Venezuela		141,0	141,8
2	Brasil		150,5	119,0
3	China		42,5	36,8
4	Índia		57,8	28,8
5	Rússia		31,5	26,3
6	Argentina		36,1	25,1
7	Suíça		18,3	18,0
8	Suécia		16,0	16,0
9	Chile		27,0	15,9
10	Colômbia		44,2	15,8
11	Grécia		34,8	15,3
12	México		41,7	7,5
13	Canadá		3,3	5,0
14	EUA		5,8	5,0
15	Singapura		6,1	2,5

Tempo gasto para pagamentos de Impostos (Horas)

Tempo gasto, em horas, para preparar, arquivar e pagar os principais impostos, incluindo impostos trabalhistas

		1995-2002	2003-2008	2009-2012
1	Brasil		2600	2600
2	Venezuela		864	846
3	Argentina		453	432
4	México		537	401
5	China		740	380
6	Chile		316	310
7	Rússia		448	277
8	Índia		268	257
9	Grécia		254	219
10	Colômbia		359	203
11	EUA		291	184
12	Canadá		119	128
13	Suécia		122	122
14	Singapura		81	84
15	Suíça		63	63

Capitalização de mercado companhias listadas (% PIB)

Preço das ações vezes o montante de ações das companhias listadas em Bolsa

		1995-2002	2003-2008	2009-2012
1	Suíça	214,4	238,1	186,6
2	Singapura	146,5	200,8	143,7
3	Chile	82,2	107,7	126,0
4	Canadá	89,5	114,7	118,6
5	EUA	128,0	124,0	108,7
6	Suécia	103,7	105,5	106,7
7	Índia	29,8	75,2	75,7
8	China	26,7	73,1	68,0
9	Colômbia	14,4	31,2	65,1
10	Brasil	28,2	57,9	62,1
11	Rússia	20,7	69,5	55,4
12	México	22,5	27,1	40,1
13	Grécia	58,9	60,6	17,8
14	Argentina	33,8	24,5	10,1
15	Venezuela	8,6	4,5	3,0

Preço Gasolina na bomba (US$ / litro)

		1995-2002	2003-2008	2009-2012
1	Grécia	0,8	1,2	2,1
2	Suécia	1,1	1,5	2,0
3	Suíça	0,9	1,3	1,8
4	Singapura	0,8	1,0	1,6
5	Brasil	0,7	1,1	1,5
6	Chile	0,6	1,0	1,5
7	Colômbia	0,4	0,9	1,3
8	Canadá	0,5	0,8	1,3
9	China	0,3	0,7	1,2
10	Argentina	0,8	0,7	1,2
11	Índia	0,6	1,0	1,2
12	Rússia	0,3	0,7	0,9
13	EUA	0,4	0,6	0,9
14	México	0,5	0,7	0,8
15	Venezuela	0,1	0,0	0,0

AGRADECIMENTOS

Muitos talentos se disponibilizaram para viabilizar este livro. Como pesquisa apoiada na experiência de muitos líderes políticos e de seus países, a narrativa sobre o governo grátis, como o chamamos, não existiria sem a reunião dessas histórias, extraordinárias ou bizarras, tanto faz, pois todas ensinam. Tampouco sem seus protagonistas: presidentes, ditadores, pensadores, ministros, economistas e juristas. Todos compõem o imenso painel de vidas intensamente vividas, percorridas nestas páginas, pelo que lhes sou imensamente grato, mesmo que eles não saibam disso. O pesquisador encarregado de escavar os pormenores de cada uma das experiências de países, inclusive as do Brasil, foi Augusto Cattoni, cientista social talentoso e incansável minerador de fatos e razões pelos quais caímos na trama de um governo grátis ou dela conseguimos escapar. Cattoni não só pesquisou, mas deu cor e sabor a muitas das passagens mais interessantes do livro. E é sobretudo por sua perseverança e otimismo que o livro não ficou para sempre preso num arquivo digital.

Contei também com a bravura técnica de uma equipe de jovens economistas, todos – menos um – da geração Y, pela qual alio total simpatia com uma admiração silenciosa por suas cabeças descomplicadas e entusiasmo de cruzados a caminho de uma Jerusalém imaginária. Para Thiago Biscuola, Marcel Caparoz, Everton Carneiro e Vitor Passos, nenhuma planilha de milhares de entradas parece ser motivo de desalento. Para esses bravos economistas do amanhã, o trabalho se mede pelo tamanho do desafio, e não há por que não enxergar um *game* divertido até em coisa séria. Por isso, tudo fica mais leve, e por causa deles conseguimos ir muito mais longe, especialmente nos Quadros aqui apresentados, que tanto enriquecem o material de suporte para os argumentos mais complexos e controvertidos do livro.

Como disse, um colaborador não é Y: Valter Almeida, inseparável companheiro de bordo, na navegação da economia nacional e mundial, cujas opiniões tanto prezo e das quais me valho para não errar tanto. Valter é um profundo e discreto conhecedor da natureza dos mercados e dos atores da economia política. Vários dos seus *insights* estão espalhados ao longo das páginas.

Num plano mais amplo, o livro toma coragem de ser livro por causa da generosidade de todos que no Instituto Atlântico e no Movimento Brasil Eficiente têm produzido as escoras para fazer avançar as propostas de um plano de resgate da economia brasileira. Lembrando os diretores do Instituto, cabe nomear, pelos demais, Roberto Carvalho e Ricardo Largman, cujo entusiasmo cruza décadas para construir um edifício de cidadania. O mesmo se pode dizer do coordenador geral do Movimento Brasil Eficiente, empresário e pensador Carlos Rodolfo Schneider, cujas contribuições de ideias me foram sempre muito valiosas. E contribuições notáveis também nunca faltaram de Erika de Oliveira e Silva e de Luiza Leal, por suas oportunas inserções em várias partes do livro. Tampouco de estelares intelectuais e líderes brasileiros, como Ives Gandra Martins, Roberto Teixeira da Costa, Gastão Toledo, Rafael Vecchiatti, Sérgio Reze, apenas para citar os que mais próximos estão dos argumentos aqui expostos. Igualmente líderes e estrelas de intenso brilho são os nove comentaristas do livro, que me premiaram com palavras de suporte e elogios, sem dúvida exagerados.

A parte propositiva do livro é compartilhada com tanta gente talentosa que a todos seria impossível citar. Da maioria, o registro está feito diretamente no texto ou nas notas de pé de página. Mas cabe ao Lide, Grupo de Líderes Empresariais, brilhantemente conduzido por João Dória Jr., carismático líder de líderes, uma menção de destaque, tendo em vista a interação que a agenda de país aqui proposta teve com seu formidável Comitê de Gestão, a quem se agrega, agora, Paulo Uebel, promissor novo executivo do grupo. A Agenda Brasil do Lide, proposta endossada por esse conjunto de mentes privilegiadas, é a que aqui reproduzo livremente, ao arcar com suas possíveis falhas, essas por minha conta.

Por último, um registro de pura sorte, sem a qual não se vai a lugar algum: ter encontrado o Zé Luiz, na versão editor, à frente do timaço de profissionais das Edições de Janeiro. Sim, porque o intelectual e grande empresário José Luiz Alquéres eu já conhecia, como consultor e amigo, há muitos anos, durante os quais aprendi a apreciar o homem que não dorme enquanto não chegar perto do perfeito e do belo em tudo que faz. Porque faz para durar.

Fazer para durar lembra os filhos que temos e os filhos e filhas deles. E os que virão em seguida. Este livro é para eles. Uma obra para tentar fazer da prosperidade sustentável um objetivo possível para todos e algo duradouro para gerações que nem conhecemos ainda. Este é o tamanho do amor por nossa família mais ampla e pelo generoso, ainda que confuso, grande país que a todos nós abriga.

Paulo Rabello de Castro
São Paulo, no Brooklin, agosto de 2014

Este livro foi editado na Cidade de São Sebastião do Rio de Janeiro na primavera de 2014. O texto foi composto com a tipografia Fairfield e impresso em papel Chambril Avena 70g/m2 nas oficinas da gráfica Edelbra. Este é um exemplar da 4ª reimpressão, feita na primavera de 2015.